Breustedt · Radreparatur leicht gemacht

Einbandgestaltung:
Johann Walentek, unter Verwendung einer Aufnahme von Heinz D. Kupsch.

Bildnachweis:
Fotos stammen von Breustedt 170; Clesle 2; ESGE 1; Schwalbe 3.
Zeichnungen stammen von Breustedt 38; Campagnolo 3; ESGE 7; Fichtel & Sachs 5;
Magura 2; Orth (VAR) 6; RTV (Suntour) 1; Schwalbe 3; Shimano 24.

Die Ratschläge in diesem Buch sind von Autor und Verlag sorgfältig erwogen und geprüft, dennoch kann eine Garantie nicht übernommen werden. Eine Haftung des Autors bzw. des Verlages und seiner Beauftragten für Personen-, Sach- und Vermögensschäden ist ausgeschlossen. Änderungen durch Weiterentwicklung der beschriebenen Fahrräder und deren Komponenten nach Drucklegung dieser Auflage sind möglich.

ISBN 3-613-50222-4

1. Auflage 1995
Copyright © by Pietsch Verlag, Postfach 103743, 70032 Stuttgart.
Ein Unternehmen der Paul Pietsch Verlage GmbH & Co.
Sämtliche Rechte der Speicherung, Vervielfältigung und Verbreitung sind vorbehalten.
Satz: Fotosatz Schönthaler, 71638 Ludwigsburg.
Druck: Maisch & Queck, 70839 Gerlingen.
Bindung: K. Dieringer, 70839 Gerlingen.
Printed in Germany.

Klaus Breustedt

PIETSCH VERLAG
STUTTGART

Inhaltsverzeichnis

Vorwort

Das Fahrrad ist mit dem dichter werdenden Autoverkehr in den vergangenen Jahren mehr und mehr zu einem alternativen Fortbewegungsmittel geworden, das einem zudem abseits vom Verkehrsgewimmel hilft, schon verloren geglaubte Landschaften mit deren Naturidyllen neu zu entdecken.

Was immer noch verkannt wird – die Masse der Radfahrer sind zu ernst zu nehmenden Verkehrsteilnehmern geworden. Deshalb sollte gerade der Sicherheit am Fahrrad besonderes Augenmerk geschenkt werden, denn trotz aller High-Tech am Bike gehört der Radfahrer mit dem Fußgänger zu den »Schwachen« im Straßenverkehr.

Daher verwundert es um so mehr, daß z.B. viele Fahrrad fahrende Autofahrer zwar ihr Auto gewissenhaft zur fälligen Inspektion geben, ihr Fahrrad jedoch nach der Saison oder nach einer Radtour einfach in die Ecke stellen und »gammeln« lassen. Vor der nächsten Saison wird dann oft nur eben mal die Luft in den Reifen kontrolliert – und die nächste Saison ist eröffnet – mit dem Risiko der unverhofften Panne. Die Jahres-Dunkelziffer von einer Viertelmillion Fahrradunfällen durch »technisches Versagen« bestätigt, wie hoch der Anteil der durch fehlende Wartung verkehrsuntauglichen Fahrräder sein muß.

Wie bei einem Auto ist jedoch auch beim Fahrrad das Zusammenspiel vieler wartungsbedürftiger Einzelteile ausschlaggebend für dessen Funktion und damit Sicherheit. Deshalb darf auch bei allgemein steigenden Lebenshaltungskosten gerade das Fahrrad nicht zum »Stiefkind der Nation« werden.

Jeder kann mehr, als er glaubt – dies gilt für beiderlei Geschlecht. Deshalb sei hier auch einmal besonders das sogenannte schwache Geschlecht angesprochen, denn es verkörpert unter der radfahrenden 60-Millionenschar nahezu 50 Prozent.

Auch an Ihrem Fahrrad gibt es einfache Handgriffe, die nicht schwerer sind, als andere Handgriffe im täglichen Leben. Denken Sie dabei nur einmal an das Auswechseln von Glühbirnen – hier ist oft nicht mal mehr Werkzeug vonnöten. Aber auch das Auswechseln der Bremsgummis, die Kontrolle und das Nachstellen der Bowdenzüge für die Bremsen oder der Gangschaltung sind Punkte, die jeder mit etwas Interesse in Eigenregie erledigen kann.

Je nach Interessenslage – dieses Buch gibt jedem Auskunft: z.B. mit dem farbigen Wartungsplan in der hinteren Umschlagseite. Darin finden Sie genau aufgeführt, was Sie als verantwortungsbewußter Radfahrer selbst erledigen können und welche Arbeiten die Werkstatt rationeller bzw. fachgerechter erledigt.

Durch die enge technische Verwandtschaft von City-, Trekking- bzw. Mountainbike sowie deren Ausstattung und ineinander greifender Einsatzgebiete befaßt sich dieses Handbuch ausschließlich mit diesen drei Radtypen. Damit Sie sich im Innern des Handbuchs leichter zurecht finden, ist bereits im Inhaltsverzeichnis auf den vorangegangenen Seiten eine Auswahl der Stichworte herausgegriffen, die in den einzelnen Kapiteln zur Sprache kommen. Eine weitere Orientierungshilfe bietet das Stichwortverzeichnis hinten im Buch. Ebenfalls der besseren Orientierung dient die Gestaltung der einzelnen Seiten. So sind Passagen, die der Information dienen, im Druck neutral gehalten, während die reinen Reparaturarbeitsschritte generell mit einem Raster unterlegt sind. Wem das »Fachchinesisch« in den einzelnen Beschreibungen nicht geläufig ist, kann sich im Fachwortverzeichnis »schlau« machen.

Viel Erfahrung und Vorarbeit waren notwendig, um dieses Reparatur-Handbuch herauszubringen. Herzlichen Dank deshalb an dieser Stelle den vielen hilfsbereiten Menschen in der Werkstatt, besonders Herrn Wolfgang Röckle, Obermeister der »Zweiradmechanikerinnung Mittlerer Neckar« und Herrn Dietmar Meister (Zweiradmechanikermeister) mit dem Team der Fa. Zweirad-Röckle in Leonberg und der Filiale Weil der Stadt sowie anderen Radenthusiasten und den einzelnen Herstellerfirmen, die mich mit Rat und Tat unterstützt haben.

Sollten Sie mit Ihrem Fahrrad spezielle Erfahrungen gesammelt haben oder einen ergänzenden Tip oder Hinweis wissen, wären wir Ihnen dankbar, wenn Sie uns diese schriftlich mitteilen würden. Die Adresse des Pietsch Verlages finden Sie im Impressum auf Seite 2.

Klaus Breustedt

Typenmerkmale und Praxistips

Entwicklungsgeschichte

Auf den ersten Blick sehen alle drei in diesem Buch behandelten Fahrradtypen gleich aus. Schon beim näheren Hinschauen offenbaren sich aber gravierende Unterschiede. Sie resultieren ausnahmslos aus den unterschiedlichen Einsatzmöglichkeiten. Natürlich kann man auch mit einem Mountainbike Brötchen holen und andere Besorgungen erledigen, doch wird sich der Vielfahrer kaum auf die Dauer mit einem »reinrassigen« Mountainbike durch die Stadt quälen, wenn ihm ein Citybike, auch Stadtrad genannt, mit seiner genau auf diese Nutzung zugeschnittenen Ausstattung wesentliche Erleichterungen z.B. beim Transport von Einkäufen bringt. So ist jeder Fahrradtyp auf sein ganz spezielles Einsatzgebiet ausgelegt.

In seiner bald zweihundertjährigen Entwicklungsgeschichte hat sich das Fahrrad besonders in der »Drahtesel-Renaissance« der letzten Jahre durch neue Technologien fast revolutionär von »Großvaters Lastenesel« zu einem oft mit High-Tech ausgestatteten Sportgerät entwickelt.

Bis Anfang der 70er-Jahre verlief die technische Entwicklung am Fahrrad eher gemächlich, denn selbst Gangschaltungen als Ketten-, Naben- oder gar Tretlagerversion gab es schon in der ersten Hälfte dieses Jahrhunderts. Erst als der erwachende Fahrradboom in den 70er-Jahren mit dem BMX- und in den 80er-Jahren dann mit dem Mountainbike von Amerika zu uns nach Europa »herüberschwappte«, begann im Trend wachsender Freizeit der rasante technische Fortschritt des Fahrrades auch bei uns.

Gleichzeitig hat sich das Erscheinungsbild des Fahrrads über eine Vielzahl von Konstruktionsformen und Mischtypen nach speziellen Einsatzgebieten in verschiedene Fahrrad-Grundtypen aufgesplittet – dem Mountainbike, dem Trekkingbike, dem City- und dem Rennrad.

Einsatzbereiche

- **Citybike** (Stadtrad): Es ist ein sportlicher »Allround-Nachfolger« des früher allgemein und weit verbreiteten Nutz- und Tourenrads. Das Citybike ist zumeist mit Nabenschaltung und speziellem Gepäckständer und vielem anderen nützlichen Zubehör ausgestattet.
- **Trekkingbike** (Tourenrad): Straßentaugliches Querfeldein-Tourenrad, auch »Hybridrad« genannt. Das Trekkingbike deckt mit seiner speziellen Ausstattung (u.a. Schutzbleche und Gepäckträger etc.) einen erweiterten Einsatzbereich ab, der zwar auch vom Mountainbike abgedeckt wird, aber durch eine Kombination aus Teilen vom Mountainbike und Rennrad speziell für Touren mit besonderem Fahrcomfort entwickelt worden und in der Regel voll Straßenverkehrstauglich ist.
- **Mountainbike** (Querfeldein-Sportrad): Auf das Wesentliche am Fahrrad »abgespecktes«, reines Sportgerät mit breiten Stollenreifen, mit dem auch abseits ausgewiesener Wege querfeldein gefahren werden kann.
- **Rennrad**: Reines Sportgerät, besonders für Geschwindigkeit gebaut, dessen »Heimat« die asphaltierte Piste ist.

Qualitätsmerkmale beim Kauf

● Kaufen Sie möglichst nur bei einem Händler in Ihrer Nähe.

● Vergleichen Sie die Preise und schauen Sie auch schon einmal beiläufig vergleichend beim Zubehör.

● Verlangen Sie eine fachmännische Beratung – sie läßt besonders in Kaufhäusern manchmal zu wünschen übrig.

● Gute Fachgeschäfte überlassen Ihnen ein Rad auch gerne zu einer Probefahrt. Nutzen Sie dieses Angebot ausgiebig.

● Falls Sie Ihr Fahrrad nicht selber warten möchten oder können, vereinbaren Sie Inspektionen in regelmäßigen Abständen. Eine Hilfe bietet Ihnen unser Wartungsplan in der hinteren Buchklappe.

● Die Erstinspektion ist bei guten Fachgeschäften manchmal unentgeltlich oder aber es wird ein symbolisch geringer Pauschalbetrag erhoben. Erkundigen Sie sich danach!

● Vermeiden Sie möglichst Billigangebote. Ein Qualitätsrad kostet um die 1000 DM.

● Falls Sie das Fahrrad auf öffentlichen Radwegen und Straßen bewegen wollen, achten Sie auf die vorschriftsmäßige Ausstattung. Die Grundforderungen für ein sicheres Fahrrad sind in der DIN 79 100 (Deutsche-Industrie-Norm) festgelegt. Achten Sie deshalb zumindest auf die DIN-Plakette (siehe folgenden Absatz), denn gute Qualitätsräder übertreffen die DIN-Norm um ein Vielfaches.

● Setzen Sie bei den Bremsen immer die höchsten Qualitätsansprüche an. Am zuverlässigsten ist immer noch die gute alte Rücktrittbremse und die Trommelbremse.

● Bei Felgenbremsen sollten Sie immer sogenannte Cantilever-Felgenbremsen (siehe auch Kapitel »Die Bremsen«) wählen. Sie sind wegen ihrer Konstruktion durch die steifen Bauteile mittlerweile schon Standard. Doch auch die leichtgängigen Seitenzugbremsen neuer Bauart sind sehr gut.

● Bei den Felgen sollten Sie darauf achten, daß die Flanken möglichst angerauht sind. Dies ist besonders bei Bremsungen im Regen wichtig.

● Achten Sie auf rutschfeste, atmungsaktive Griffe am Lenker.

● Der Dynamo sollte an den Sitzstreben und kippsicher befestigt sein. Am Vorderrad kann er böse Stürze verursachen.

● Zu Ihrer eigenen Sicherheit sollten Sie als wichtige Zusatzeinrichtung gleich eine Standlichtanlage mit Batterie oder wiederaufladbarem Akku installieren lassen.

● Den Kaufvertrag kontrollieren und mit eingetragener Rahmennummer gut aufbewahren. Dies ist bei Reklamationen und im Versicherungsfall bei einem unverschuldeten Unfall und bei Diebstahl sehr wichtig.

● Sehr bewährt hat sich der Fahrradpaß der Polizei. Er ist mit umfangreichen Detailangaben versehen und ist so bei der Schadensregulierung besonders bei Diebstahl nützlich.

● Zum Fahrradpaß gehört auch ein Foto Ihres Fahrrades.

Das vorschriftsmäßige Fahrrad (nach der StVZO)

Was beim Fahrradkauf, ob aus Unwissenheit oder aus erster Begeisterung, immer wieder außer Acht gelassen wird, ist die verkehrsvorschriftsmäßige Ausstattung des Fahrrads nach der StVZO (Straßenverkehrs-Zulassungs-Ordnung). Oft ist die Überraschung dann groß, wenn man erst bei einer Polizeikontrolle darauf aufmerksam gemacht wird. Besonders die sogenannten »Lichttechnischen Einrichtungen« bei Mountainbikes in der reinen Sportversion lassen meist sehr zu wünschen übrig. Mehr dazu im Kapitel »Die Beleuchtung«.

Um dieser Unsicherheit beim Fahrradkauf vorzubeugen, sind die meisten Fahrräder, die der StVZO entsprechen, mit einer DIN-Plakette versehen. Klebt diese Plakette am Rahmen, können Sie davon ausgehen, daß folgende Teile der Sicherheitsnorm nach DIN 79 100 entsprechen: *Rahmen, Gabel, Lenkung, Bremsen, Reifen, Pedale, Kettenschutz, Lichtanlage mit Verkabelung, Klingel, Sattel, Gepäckträger.*

Gebrauchtradbörse

Mit dem Fahrradboom haben sich sogenannte Gebrauchtradbörsen etabliert. Das Kaufrisiko ist aber nur dann gering und kann sich lohnen, wenn die Gebrauchtradbörse von einem guten Fahrradhändler oder einem Radverein abgehalten wird. Denn nur dann können Sie sicher sein, daß die angebotenen Räder überprüft wurden und in fahrtechnisch einwandfreiem und sicherem Zustand sind. Oder es wurde von einem Fahrradprofi eine detaillierte Mängelliste erstellt, die Ihnen beim Erwerb des Fahrrades überlassen wird. Außerdem ist bei einer von Radprofis veranstalteten Gebrauchtradbörse sicher ein Fachmann »vor Ort«, der Ihnen beratend zur Seite steht und Ihnen eventuell sogar genau das »Rad nach Maß« vermitteln kann. So kann man bei einer Gebrauchtradbörse sogar recht oft ein »Schnäppchen« machen.

Falls Sie ein gebrauchtes Fahrrad erwerben wollen, hier eine grobe Checkliste, nach der Sie ein Fahrrad begutachten können:

- **Allgemeinzustand:** Ist das Fahrrad einigermaßen gepflegt und sind alle Teile wie Luftpumpe und Schloß vorhanden und funktionieren? Sind Verschraubungen verrostet, locker oder fehlen Muttern. Sind die Schutzbleche verbogen oder locker?
- **Bremsen:** Funktionskontrolle an Vorder- und Hinterradbremse vornehmen. Ist der Bremshebel schwergängig oder hat die Bremse zuviel Spiel? Sind die Bremsklötze bzw. -gummis abgenutzt?
- **Beleuchtung:** Funktionskontrolle durchführen. Läßt sich der Dynamo einwandfrei aus- und einklappen. Fluchtet der Dynamo zur Radnabenachse? Funktioniert die Standlichteinrichtung (falls eingebaut)? Sind Teile der Beleuchtung innerlich verschmutzt oder beschädigt? Sind Tret- und Rückstrahler vollzählig vorhanden und nicht beschädigt? Sind alle Speichenreflektoren vorhanden oder Reflektorstreifen an den Reifen? Stimmt die vorschriftsmäßige Höhe von Rückstrahler und Schlußlicht?
- **Schaltung:** Funktionskontrolle in allen Gängen durchführen.
- **Tretkurbeln und Pedale:** Sind die Tretkurbeln und Pedale fest und nicht verbogen? Etwas Spiel in den Pedalachsen ist unerheblich.
- **Tretlager:** Tretlagerspiel kontrollieren. Wenig Spiel ist belanglos.
- **Kettenblätter:** Runden Lauf der Kettenblätter kontrollieren. Sind einzelne Zähne verbogen, deutet dies auf einen Sturz oder harten Aufsetzer hin.
- **Kette:** Ist die Kette gepflegt und nicht angerostet? Eine lockere Kette bei Rücktrittnaben ist besonders gefährlich. Fluchten Kette und Ritzel?
- **Schalt- und Bremszüge:** Zustand kontrollieren. Sind die Außenhüllen gerissen oder geknickt? Sind die Innenzüge geschmiert und nicht aufgesplissen? Sind Rostspuren sichtbar?
- **Rahmen:** Zustand der Lackierung kontrollieren. Zugepinselte Stellen verdecken oft Unfallschäden. Läuft das Rad aus der Spur (zweispurig), ist meist der Rahmen oder die Vordergabel verzogen und Sie sollten von einem Kauf absehen, auch wenn der Allgemeinzustand des Rades gut ist.
- **Lenker:** Stellung von Vorbau und Lenker kontrollieren. Ein verbogener Lenker bzw. Vorbau deutet auf einen schweren Sturz. Sind die Brems- und Schalthebel in Ordnung und nicht verbogen? Sitzt der Lenker fest im Gabelschaft des Steuersatzes?
- **Steuersatz:** Spiel kontrollieren. Wenig Spiel ist ohne Belang. Sind Rostspuren am Gabelschaft erkennbar, ist der Steuersatz bald »fällig«.
- **Klingel:** Ist eine Klingel vorhanden und wenn ja, funktioniert sie auch?
- **Reifen:** Sind die Reifen abgefahren? Stimmt der Luftdruck? Felgenschläge deuten auch auf Durchschläge im Reifenunterbau hin.
- **Räder:** Rad hochheben und Räder auf einwandfreien Lauf kontrollieren. Ein Felgenschlag beeinträchtigt das Bremsen erheblich. Sind die Speichen lose oder fehlen Speichen?

- **Nabenspiel:** Spiel kontrollieren. Wenig Spiel ist belanglos. Schlimmer ist ein zu stramm eingestelltes Nabenspiel.
- **Zubehör:** Funktioniert der Radständer oder ist er verbogen? Funktioniert das Radschloß (falls vorhanden) oder fehlt der Schlüssel?

Fahrtips

Obwohl die nachfolgenden Tips für richtiges Fahrverhalten immer wieder von den verschiedensten Institutionen publiziert und verbreitet werden, sind sie offenbar doch vielen Radfahrern nicht geläufig.

Trotz aller Freiheiten, die einem durch das Fahrrad abseits vom Verkehr geboten werden, dürfen Sie aber einige wenige, dafür aber um so wichtigere Regeln nie außer acht lassen. Wenn Sie sich einigermaßen nach diesen Regeln im Fahrradalltag verhalten, vermeiden sie einen Großteil der Risiken, denen ein Radfahrer täglich ausgesetzt ist.

- So traurig es ist, aber Ihrer eigenen Gesundheit wegen sollten Sie als »Schwächerer« im Straßenverkehr immer daran denken, im Zweifel auf Ihr Recht zu verzichten.
- Tragen Sie einen Schutzhelm, auch wenn Sie ein noch so sicherer Radfahrer sind.
- Beim Geradeausfahren an einer Rechtsabbiegerstraße auf rechtsabbiegende Autos achten.
- An Grundstücksausfahrten aufpassen – am besten mit dem Tempo herunter.
- Auf Landstraßen nicht nebeneinander fahren, da die Überholabstände der Autofahrer ohnehin oft viel zu gering sind.
- Wo immer möglich, sollten Sie Radwege benutzen, achten Sie dabei aber besonders auf den Gegenverkehr.
- Auf Hindernisse (z.B. parkende Autos oder sich unversehens öffnende Autotüren) auf den Radwegen achten.

Übersichtsbilder

Obwohl auf den ersten Blick alle Anbauteile (Komponenten) gleich aussehen, wie die Teile seiner »Artverwandten«, bestehen besonders bei der reinrassigen Sportversion des Mountainbikes große Unterschiede zu den »Zivilversionen«. Im Bild das »Arrowhead« aus der Arrow-Serie nach dem Konzept des Schweizer Qualitäts-Radherstellers Villiger.

Es bedeuten: 1 – hinteres Laufrad mit spezieller Geländebereifung, Alufelge und rostfreien Speichen; 2 – Sitzstreben; 3 – Hinterradbremse (Deore XT); 4 – Bremszug; 5 – Ledersattel; 6 – Sattelstütze aus Alu; 7 – Oberrohr (Rahmen aus Easton Elan 3; konifiziertes Alurohr, oversized); 8 – Steuerrohr mit Steuersatz; 9 – Vorbau aus Alu; 10 – Lenker aus konifiziertem Alurohr; 11 – Schalthebel (Deore XT); 12 – Bull Horns; 13 – Bremsgriff (Deore XT); 14 – Vorderradbremse (Deore XT); 15 – vorderes Laufrad mit spezieller Geländebereifung, Alufelge und rostfreien Speichen; 16 – Ritzelpaket (Deore XT, 8-Gang); 17 – Radnabe mit Schnellspanner (Pulsstar); 18 – Schaltwerk (Deore XT); 19 – Kettenstreben; 20 – Kette (Hyperglide); 21 – Sitzrohr (oversized); 22 – Umwerfer (Deore XT); 23 – Pedale (Shimano PD-M535); 24 – Tretkurbeln (Deore XT); 25 – Innenlager (Shimano BB-UN 71); 26 – Kettenblätter (Deore XT); 27 – Flaschenhalter; 28 – Unterrohr (oversized); 29 :– Vorderradnabe mit Schnellspanner (Pulsstar); 30 – Federgabel (Rock Shox Mag 21, Öl/Luftsystem).

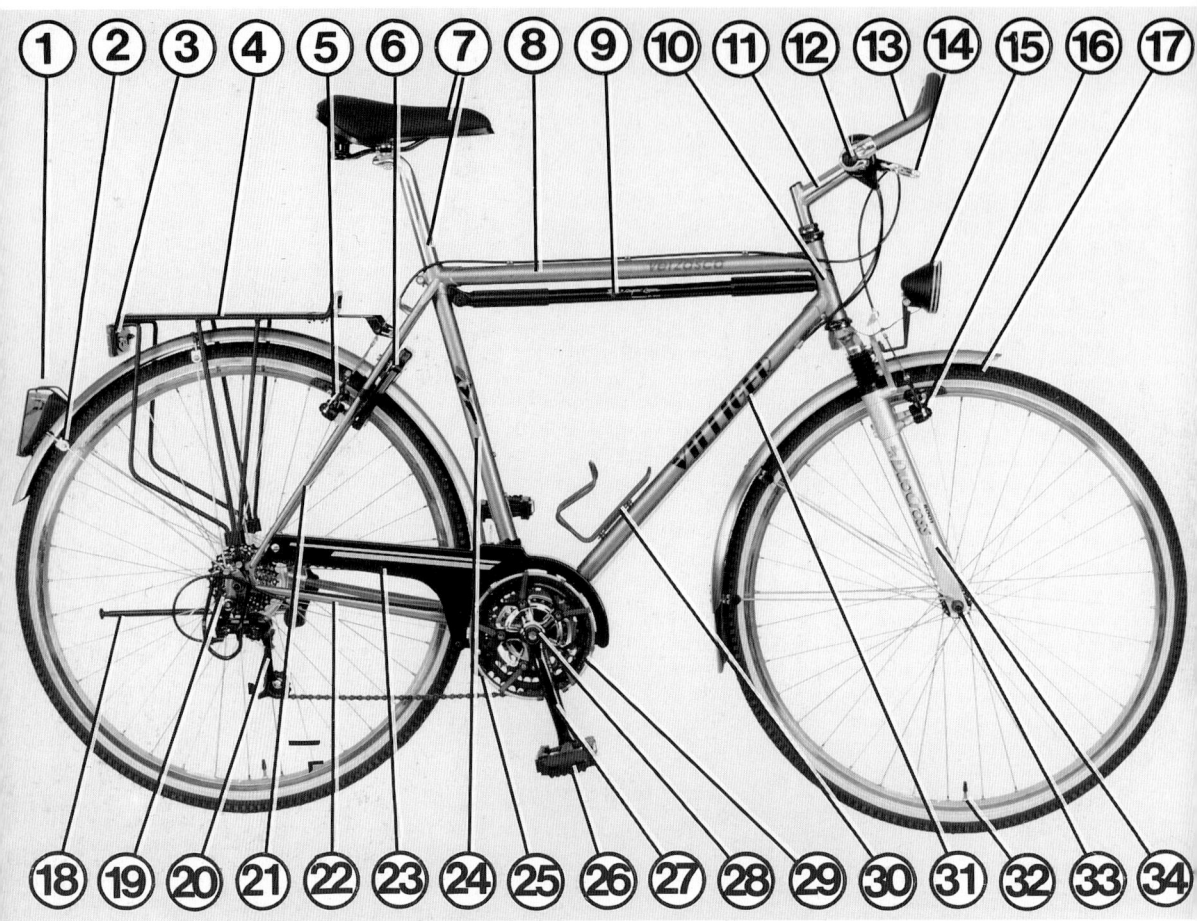

Trekkingbikes sind in der Hauptsache Tourenräder und eine Kombination aus Rennrad- und Mountainbike. Zudem sind sie so ausgerüstet, daß sie den verkehrstechnischen Vorschriften nach der StVZO
entsprechen. Für mehr Fahrkomfort werden Trekkingräder vermehrt gleich ab Werk mit einer Federgabel ausgerüstet. Im Bild das Verzasca von Villiger mit besonders verstärktem Hinterbau für hohe
Beanspruchung.
Es bedeuten: 1 – Rücklicht mit elektronischer Standlichteinrichtung; 2 – Schutzblech (Kunststoff
ESGE P 50) mit leicht einstellbaren Streben; 3 – Rückstrahler nach der StVZO; 4 – Gepäckträger besonders geeignet für Satteltaschen und hohe Belastung; 5 – Hinterradbremse (Shimano STX RC);
6 – Ringschloß; 7 – Sattel mit Sattelstütze; 8 – Oberrohr (Rahmen aus VITUS 999 Chrommoly mit geschmiedeten Ausfallenden); 9 – Luftpumpe; 10 – Steuerrohr mit Steuersatz (Shimano STX); 11 –
Lenkervorbau; 12 – Lenker mit Drehgriffschaltung; 13 – Lenkerhörnchen (Bull Horns bzw. Bar Ends);
14 – Bremshebel (einstellbar); 15 – Halogenscheinwerfer; 16 – Vorderradbremse (Shimano STX RC);
17 – vorderes Laufrad (Bereifung mit Reflexstreifen); 18 – Seitenständer mit Arretiervorrichtung;
19 – Kassettenritzel (Shimano Hyperglide, 8-Gang); 20 – Schaltwerk (Deore LX); 21 – Sitzstreben;
22 :– Kettenstreben; 23 – Kettenschutz; 24 – Sitzrohr; 25 – Walzendynamo; 26 – Pedale; 27 – Tretkurbel (Shimano STX RC); 28 – Innenlager (Tretlager); 29 – Kettenradsatz (Shimano STX RC) mit zu-
sätzlichem Kettenschutzring; 30 – Flaschenhalter; 31 – Unterrohr; 32 – Alufelge mit rostfreien
Speichen; 33 – Vorderradnabe mit Schnellspanner (Parallaxnabe Deore LX); 34 – Federgabel mit
"Elastomer-Dämpfungssystem (Suntour Duo Track).

Für den schnellen Einkauf ist das Citybike die »einzige« Alternative zum Auto, denn durch die
speziellen Ausstattungskomponenten läßt es sich in Minuten von einem »Kindertaxi« zu einem
»Lastenesel« verwandeln und die geplagte Hausfrau kann selbst den wöchentlichen Großeinkauf bis
vor die Haustüre fahren. Selbstverständlich können mit einem Citybike auch größere Touren gemacht
werden. Im Bild die besonders komfortabel ausgestattete Damenversion »Geneva« mit 3-Brems-
system vom Schweizer Hersteller Villiger.
Es bedeuten: 1 – Rücklicht mit elektronischer Standlichteinrichtung; 2 – Schutzblech (Kunststoff
ESGE P 55) mit leicht einstellbaren Streben; 3 – Rückstrahler nach der StVZO; 4 – Gepäckträger mit
abnehmbarem Einkaufskorb oder Kindersitz; 5 – Hinterradbremse (Shimano Altus); 6 – Ringschloß;
7 – Ledersattel mit Sattelstütze; 8 – Alulenker; 9 – Bremshebel kombiniert mit Drehgriff-Schalthebel
(Sachs); 10 – Lenkervorbau; 11 – Steuerrohr mit Steuersatz; 12 – Halogenscheinwerfer; 13 – Vorder-
radbremse (Shimano Altus); 14 – vorderes Laufrad (Bereifung mit Reflexstreifen, Alufelge mit rost-
freien Speichen); 15 – Sachs-7-Gang-Nabenschaltung mit Rücktrittbremse; 16 – Vollkettenschutz aus
Kunststoff; 17 – Kettenstreben; 18 – Sitzstreben; 19 – Rollendynamo (Union); 20 – Sitzrohr; 21 –
Tretlager (Innenlager); 22 – Pedal mit Rückstrahlern; 23 – Tretkurbel; 24 – Oberrohr (Rahmen aus
VITUS 999 Chrommoly mit geschmiedeten Ausfallenden); 25 – Unterrohr; 26 – Luftpumpe; 27 –
Gabel; 28 – Vorderradnabe (Sachs).

Regelmäßige Wartung

Der Wartungsplan

Regelmäßige Wartung und Pflege sind die wichtigsten Voraussetzungen für die Fahrsicherheit und die Zuverlässigkeit Ihres Fahrrades. Damit Sie sich die Freude daran so lange wie möglich erhalten, sollten Sie häufiger selber nach dem Rechten sehen, denn gerade am Fahrrad gibt es unzählige kleine Kontrollstellen, die auf gar keinen Fall vernachlässigt werden sollten.

Für die Wartung Ihres Fahrrades, gleich welcher Typenvariante, geht jede Werkstatt nach einem ganz bestimmten Plan mit einer ganzen Reihe von Servicepunkten vor. Der **Wartungsplan in der hinteren Umschlagseite** wurde in Anlehnung nach einem solchen Werkstattplan aufgestellt, doch sind die einzelnen Wartungspunkte noch stärker differenziert und speziell auf die Bedürfnisse des Freizeit-Schraubers abgestimmt worden. So sind auch zusätzliche, aus praktischer Erfahrung gewonnene wichtige Punkte in den Plan eingefügt worden.

Viele Wartungs- und Einstellarbeiten lassen sich zu Hause in wenigen Minuten erledigen, was bei einer Panne unterwegs oft größere Probleme bereitet. So können Sie Ihr Fahrrad nach Plan mit geringstem Aufwand in Schuß halten und bleiben weitgehend von unangenehmen Überraschungen verschont.

Damit Sie während der Arbeit nicht ständig im Buch herumblättern müssen, um den Wartungsplan zu finden, haben wir ihn in der hinteren Umschlagseite untergebracht. So haben Sie ihn ständig vor Augen und können die einzelnen Wartungs- und Pflegearbeiten »planmäßig« erledigen.

Die entsprechende Arbeitsbeschreibung finden Sie anhand der angegebenen Seitenzahl. Dort steht Punkt für Punkt, wie diese Arbeit vonstatten geht. So können Sie auch reiflich überlegen, ob mangels praktischer Erfahrung oder Ausrüstung Ihr Fahrrad nicht doch besser in der Werkstatt aufgehoben ist.

Die Wartungsintervalle

Die Wartungsintervalle für ein Fahrrad festzulegen ist natürlich etwas schwieriger, als z.B. bei einem Auto, das ja auf jeden Fall einen Tacho hat. Nicht nur deshalb empfiehlt sich neben dem Kilometerintervall beim Fahrrad besonders auch das Zeitintervall, nach dem eine Wartung erledigt bzw. in Angriff genommen werden sollte. Wichtig ist hierbei auch wieder, daß Sie nicht sklavisch nach diesen Intervallvorschlägen die »Boxenstops« einlegen. Wann die Wartung durchgeführt wird, hängt nämlich besonders auch von der Qualität der zurückgelegten Strecke, also von der Beanspruchung der einzelnen Teile zwischen zwei Wartungsintervallen, ab.

 Gute Fachwerkstätten bieten für die jährliche Wartung eine sogenannte Winterinspektion zu einem Komplettpreis an. Erkundigen Sie sich bei Ihrer Werkstatt nach dem Preis und dem Umfang der die Jahresinspektion umfassenden Wartungsarbeiten. Danach können Sie immer noch entscheiden, ob Sie die Arbeiten »aus Spaß an der Freud« nicht doch in Eigenregie machen wollen.

Zeit oder Kilometerintervalle?

Auch ein nicht benutztes Fahrrad altert. Wer sein Fahrrad nur relativ wenig fährt, muß daher in jedem Fall öfter mal »nach dem Rechten« sehen, egal wieviel Kilometer gefahren wurden.

Auch wenn Ihrem Fahrrad größere Belastungen bevorstehen, wie z.B. im Urlaub oder gar bei Hängerbetrieb, eventuell sogar mit dem Nachwuchs besetzt, sollten Sie eine außerplanmäßige Kontrolle in Betracht ziehen.

Ganz gleich, ob Sie ein Mountain- bzw. Trekking- oder City-Bike fahren, sollten Sie alle bei einer Wartungsinspektion entdeckten abgenutzten Teile sofort austauschen. Das erhält die Sicherheit Ihres Fahrrades und hält gleichzeitig die Kosten niedrig.

Wer soll was machen?

Fast alle Wartungspunkte an Ihrem Fahrrad können Sie selbst ausführen – das entsprechende Wissen hierzu liefert Ihnen dieses Handbuch. Wenn dennoch die Fachwerkstatt mit ihren speziell ausgebildeten Zweiradmechanikern den einen oder anderen Wartungspunkt rationeller durchführen können, ist dies im Wartungsplan vermerkt. Die »Selbsthelfer-Ampel« weist Ihnen dabei den richtigen Weg:

● **Grün:** Freie Fahrt für den Selbsthelfer. Diese Arbeit können Sie mit den Kenntnissen aus diesem Handbuch fachgerecht ausführen und so Zeit und Geld sparen.
● **Gelb:** Die Arbeit ist zwar nicht schwierig, doch es fehlt meist das richtige Werkzeug. Falls Sie sich nicht zur Anschaffung des benötigten Werkzeugs (z.B. mit Bekannten) entschließen können oder wollen, sind Sie in diesem Fall in der Werkstatt am besten aufgehoben.
● **Rot:** Halt, hier lassen Sie am besten die Werkstatt ran. Spezielle Werkzeuge oder Meßeinrichtungen sind erforderlich. Der Aufwand an Eigenarbeit lohnt sich nicht, weil die Werkstatt wesentlich schneller arbeitet oder weitergehende Kenntnisse erforderlich sind.

Einschränkungen während der Garantiezeit

Die meisten Fahrradhersteller geben eine Bruchgarantie für den Rahmen von mehr als 10 Jahren, manche versprechen sogar lebenslange Garantie. Unklar formulierte Garantiebedingungen schränken im Schadensfall aber meist den Garantiefall erheblich ein.

Solange Ihr Fahrrad noch innerhalb der Garantiezeit ist, oder wenn ein neues Teil (z.B. eine Gangschaltung) eingebaut wurde, verlangen viele Hersteller, daß die entsprechenden Montage- und Wartungsarbeiten von der Vertrags- oder Fachwerkstatt erledigt werden. Achten Sie darauf in den Ihnen übergebenen Unterlagen. Andernfalls können auch berechtigte Garantieansprüche abgelehnt werden.

 Haben Sie Ihr Fahrrad bei einem vertrauenswürdigen Händler gekauft, ist alles gründlich gecheckt und er setzt sich im berechtigten Garantiefall bei seinem Hersteller für Sie ein.

Der Arbeitsplatz

Der Pflegeplatz

Für die Pflege und Wartung Ihres Fahrrades ist der richtige Arbeitsplatz zumindest genauso wichtig wie gutes Werkzeug. Deshalb ist besonders bei größeren Reparaturen oder Wartungsarbeiten fester Untergrund von vornherein unabdingbar. Auch über Dinge wie z.B. eventuelle Ölrückstände sollten Sie sich Gedanken machen. Was also ist der richtige Platz für Reparatur, Pflege und Wartung eines Fahrrades?

Am günstigsten ist natürlich ein Keller- oder Hobbyraum, der ausreichend groß und gut beleuchtet ist. Bei warmem, trockenen Wetter eignet sich genauso ein Plätzchen mit festem Boden im Freien. Vor der Arbeit sollten Sie den Arbeitsplatz natürlich sauberkehren, damit nicht Kleinteile unauffindbar z.B. unter Blättern verschwinden können.

Vorsicht mit Waschbenzin, Petroleum und Öl auf Asphalt. Diese Flüssigkeiten greifen dessen Oberfläche an. Falls sich ein Wasserablauf in der Nähe befindet, sollten Sie ihn während der Arbeit abdecken, sonst verschwinden garantiert Kleinteile darin.

Weiter gilt es folgendes zu beachten: Dämpfe von Reinigungsflüssigkeiten wie z.B. Waschbenzin können sich in einem schlecht belüfteten Raum sammeln und zu einem entzündlichen Gemisch entwickeln. Vorsicht deshalb mit offenem Feuer und beim Rauchen!

 Nicht selten bleiben nach der Arbeit Ölspuren auf dem Boden zurück. Dagegen hilft fürs erste ein scharfer Haushaltsreiniger oder Geschirrspülmittel. Besser sind spezielle Ölfleckentferner, wie sie z.B. im Autozubehörhandel angeboten werden.

Die »bequemste« Möglichkeit, in aufrechter Arbeitshaltung an sein Rad Hand anzulegen, ist die mit Unterstützung eines stabilen Montageständers. Dazu gehört nach Möglichkeit auch ein Platz in einem Hobbyraum, an dem der teilzerlegte »Drahtesel« auch mal für eine größere Reparatur ein paar Tage aufgebockt bleiben kann.

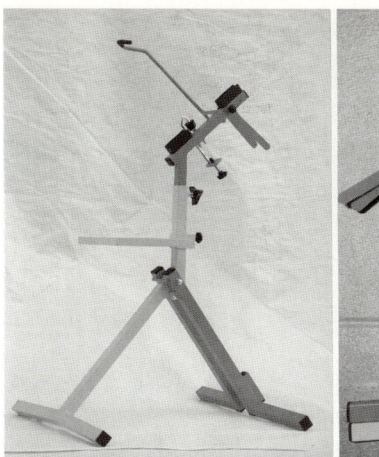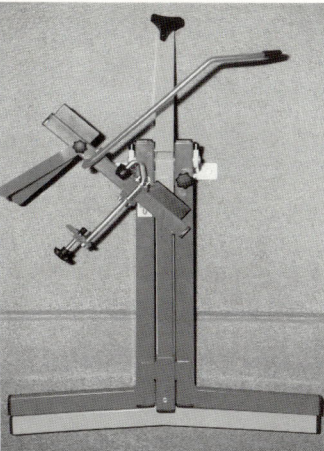

Schon etwas hochwertigere Montageständer können nach der Arbeit platzsparend zusammengepackt und auf die Seite gestellt werden. Die Abbildung zeigt den »Clewa-Fahrradboy«, der sich nach getaner Arbeit platzsparend verstauen läßt. Er kann im Fahrradhandel, aber auch direkt bei der Fa. Clesle, Kanaustraße 13, 79336 Herbolzheim bestellt werden.

Montagehilfen

Um beide Hände zum Montieren frei zu haben, sollte Ihr Fahrrad bei fast allen anfallenden Wartungs- und Reparaturarbeiten kippsicher stehen. Die einfachste Art, dies zu erreichen ist die, es einfach auf den Kopf zu stellen. Damit Schaltungs- und Bremshebel sowie der Lenker selbst und der Sattel keinen Schaden erleiden, muß aber zumindest eine ausreichend große schützende Unterlage unter diese Teile gelegt werden. Noch besser ist jedoch, Sie bauen sich eine genügend breite und stabile Holzunterlage mit eingearbeiteten Kerben für das Lenkerrohr. Mit einer solchen Lenkerstütze haben Sie sich schon eine ausreichend kippsichere Montagehilfe für viele Wartungsarbeiten geschaffen.

Unterschiedliche Montagehilfen

Ein fast unentbehrlicher und recht praktischer Helfer für alle am Fahrrad anfallenden Wartungs- und Reparaturarbeiten ist ein speziell für das Fahrrad geschaffener Montageständer oder ein sogenannter Fahrradlift.
Montagehilfen gibt es für jeden Geldbeutel und Einsatzzweck. Bei allen Montagehilfen ist nur eine stabile Ausführung ratsam. Hier die verschiedenen Typen:
- **Montageständer:** Er ist die beste Montagehilfe schlechthin und besonders für den Selbermacher empfehlenswert, der den gesamten Fahrradpark seiner Familie warten will. Aber auch für eine Radgemeinschaft lohnt sich diese Anschaffung. Das Fahrrad ist in einem Montageständer absolut stabil eingespannt. Zum Fixieren der Lenkerstellung wird zusätzlich eine spezielle Schraubstrebe angeboten. Beachten Sie beim Kauf, daß der Montageständer höhenverstellbar ist und eine Werkzeugablage aufweist. Ein guter Ständer sollte mit einer genügend großen (500 x 500 x 8 mm) und schweren (ca. 25 kg) Bodenplatte versehen sein. Allerdings können solche Montageständer recht teuer sein (1000.- DM sind keine Seltenheit). Leichtere Montageständer mit einem Bodenständer in Rohrkonstruktion müssen entsprechend kippsicher sein. Die Ausleger-Halteklaue sollte in der Länge verstellbar und vertikal voll schwenkbar sein.
- **Montageklaue mit Wandhalterung:** Besonders preiswert in der Anschaffung. Diese Vorrichtung bewährt sich im Keller oder der Garage auch als Fahrradständer, in dem das Fahrrad über die Wintermonate »aufgeräumt« ist. Für häufige Montagearbeiten ist diese Aufhängung allerdings nur bedingt tauglich.

Oft sind Hobbykeller zu kompletten Werkstätten ausgebaut. So findet sich im Notfall sicher ein gleichgesinnter Biker, der Ihnen für eine Wartungs- oder Reparaturarbeit seinen Hobbyraum zu Verfügung stellt.

- **Montageklaue mit Tischhalterung:** Preiswerte und platzsparende Einrichtung. Wichtig ist hierbei die volle Schwenkbarkeit in allen drei Ebenen, sonst muß das Rad während der Arbeiten immer wieder umgehängt werden.
- **Fahrradlift:** Er bietet die preiswerteste Möglichkeit, das Fahrrad für Wartungs- und Reparaturarbeiten aufzuhängen. Dazu wird eine Rollenkonstruktion mit Seilen an die Decken montiert. Vorteil: Der Lift an der Decke beansprucht keinen Platz und das Fahrrad ist schnell aufgeräumt. Nachteil: Das Rad hängt für bestimmte Reparaturarbeiten etwas instabil und muß oft mit einer Hand festgehalten werden, während mit der anderen geschraubt wird.

Die Fahrradwerkstatt

Steht Ihnen zu Hause oder im Bekanntenkreis kein geeigneter Platz zum Fahrradbasteln zur Verfügung, oder muß bei Eiseskälte im Freien geschraubt werden, dann sollten Sie einmal mit Ihrem Fahrradhändler reden. Oft lassen die Leute in der Fachwerkstatt nämlich mit sich reden und Sie können sich dort für kleinere Arbeiten einquartieren. Außer Spezialwerkzeug gibt es dann sogar manchmal meist noch Reparaturtips. Probieren Sie's aus, Sie glauben nicht, was es unter den Fahrradmenschen für nette Leute gibt! Mit einer Absage ist natürlich am Wochenende eher zu rechnen als unter der Woche, wenn alle Fahrradbastler zum Werkzeug greifen.

Werkzeug und andere Hilfen

Die Grundausstattung

Wollen Sie sich als Einsteiger ins Lager der Selbermacher für Ihr Bike mit Werkzeug eindecken, sollten Sie sich für den Anfang nur das Wichtigste, dafür aber Qualität besorgen. Schlechtes Werkzeug, das sich schon bei der ersten verrosteten Schraube verbiegt oder gar ausbricht, bringt nur Probleme und verdirbt die Freude an der Bastelei. Deshalb gilt hier als Wahlspruch: Lieber weniger im Werkzeugkasten, als eine Menge Ramsch.

Die meisten Probleme am Fahrrad lassen sich mit einigen wenigen Grundwerkzeugen beheben, doch sollten Sie bei diesem Gedanken nicht so weit gehen und glauben, mit einer Kombizange und einem Schraubendreher ausgerüstet kommen Sie »über die Runden«. Mit den nachfolgend aufgeführten Werkzeugen können Sie schon viele Wartungsarbeiten und Reparaturen ausführen:

- Doppelgabelschlüssel, SW 6 x 7, 8 x 9, 10 x 11, 12 x 13, 13 x 15, 17 x 19;
- Gabel-/Ringschlüssel, kurz, SW 6, 8, 10, 13, 15 und 17 beidseitig;
- Ringschlüssel, gekröpft, 10 x 13 und 15 x 17;
- Satz Innensechskantschlüssel am Ring oder Klapphalter, SW 2 - 8;
- Schraubendreher für Schlitzschrauben, 3, 6 und 8 mm breit;
- Schraubendreher für Schlitzschrauben, kurz;
- Schraubendreher für Kreuzschlitzschrauben, klein und mittelgroß;
- Schraubendreher für Kreuzschlitzschrauben, kurz, mittelgroß;
- Kombizange;
- Seitenschneider.

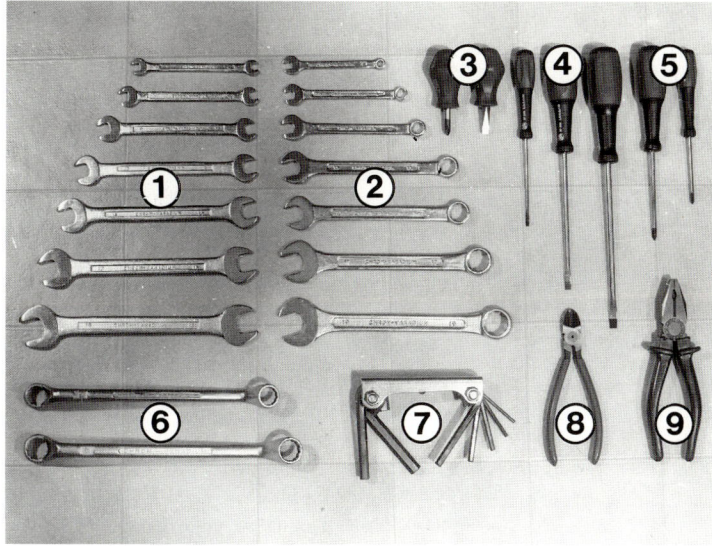

Die hier empfohlene Grundausstattung ist schon deshalb gut angelegtes Geld, weil mit dem Werkzeug auch die meisten Arbeiten »rund um Haus und Hof« bewerkstelligt werden können. Es bedeuten:
1 – Gabelschlüssel;
2 – kombinierte Gabel-/ Ringschlüssel;
3 – Schlitz- und Kreuzschlitz-Schrauben-dreher kurz;
4 – Schraubendreher für Schlitzschrauben;
5 – Schraubendreher für Kreuzschlitzschrauben;
6 – gekröpfte Ringschlüssel;
7 – Innensechskantschlüssel;
8 – Seitenschneider;
9 – Kombizange.

Die erweiterte Ausstattung

Mit diesem Werkzeug können Sie zusätzlich mit der zuvor beschriebenen Grundausstattung alle Wartungsarbeiten und die meisten Reparaturen selber ausführen:

● Winkelschraubendreher für Schlitz- und Kreuzschlitzschrauben;
● Rohr- oder Universalzange, mindestens 240 mm lang;
● Schlosserhammer, 300 g schwer;
● Kombinierter Gummi- und Kunststoffhammer;
● Durchschlag, 3 mm Durchmesser;
● Elektrik-Prüflampe;
● Schieblehre.

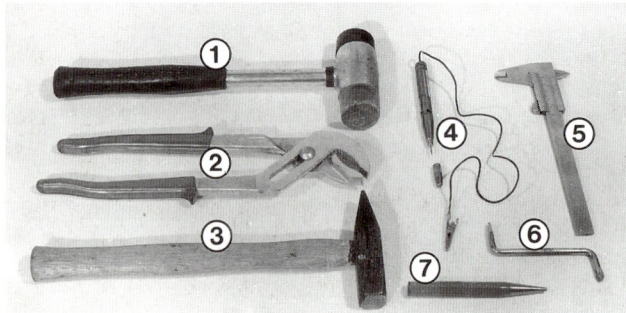

Selbst die erweiterte Werkzeugausstattung beinhaltet Werkzeug, das außer zur Fahrradreparatur für andere Arbeiten genauso geeignet ist. Deshalb ist auch diese Anschaffungen lohnenswert. Es bedeuten:
1 – Kombihammer (Kunststoff/Gummi);
2 – Rohrzange;
3 – Hammer;
4 – Prüflampe (12 V);
5 – Schieblehre;
6 – Winkelschraubendreher;
7 – Durchschlag.

Schraubenmaße und Schlüsselweiten

Werkzeuge und Maschinenteile werden in den meisten Ländern nach dem metrischen Maßsystem gemessen – in Millimeter oder Zentimeter. Eine metrische Schraube kann beispielsweise mit M8 x 30 oder M8 x 1 x 30 gekennzeichnet sein. Hierbei bedeuten:

M: Kennzeichen für metrisches Gewinde;
8: Gewinde-Außendurchmesser in mm;
1: Gewindesteigung, die nur bei Fein- und Sondergewinden angegeben wird, nicht aber bei allgemein üblichen Normgewinden;
30: Schraubenlänge in mm.

Jedem Gewindedurchmesser ist eine bestimmte Schraubenkopfabmessung zugeordnet. Bei Sechskantschrauben sieht das folgendermaßen aus:

Gewindebezeichnung	M4	M5	M6	M8	M10	M12
Schraubenkopf-Flankenabstand in mm	7	8	10	13	17	19

Bei Schrauben und Muttern mißt man den Abstand der einander gegenüberliegenden Flanken und kennzeichnet den passenden Schraubenschlüssel mit der jeweiligen Schlüsselweite (Kurzbezeichnung: SW). Ein Doppelgabelschlüssel – man nennt den Gabelschlüssel vielfach auch Maulschlüssel – mit der Bezeichnung 10 x 13 hat also je eine Gabel oder ein Maul für eine 10 mm breite und auf der anderen Seite für eine 13 mm breite Schraube.

Spezielle Fahrradgewinde

Manch erfahrener Schrauber hat sich schon gewundert, wenn er mit seinem Wissen über metrische Maße beim Reparieren am Fahrrad plötzlich Schwierigkeiten z.B. beim Nachschneiden eines Gewindes hatte.

Die Gewindemaße bei manchen Fahrradteilen und Schrauben haben ihren Ursprung in ehemaligen Zollgewinden und sind nach DIN 79012 genormt und werden mit »FG« (Fahrrad-Gewinde) bezeichnet.

Die metrischen Gewinde sind dagegen nach DIN 517 genormt. Bei allen Gewinden ist jedoch der Gewindeflankenwinkel mit 60° gleich. In der folgenden Tabelle sind die häufigsten Gewinde und ihre Verwendung aufgeführt.

Gewinde	Steigung in mm	Verwendung bei
FG 2	0,454	Speichen und Nippel
FG 2,3	**0,454**	**Speichen und Nippel**
FG 2,6	0,454	Speichen und Nippel
M 3	**0,5**	**Speichen und Nippel bei BMX- und Transportfahrrädern**
M 5	**0,8**	**Verschraubungen der Schutzbleche; Klemmnippel der Felgenbremse**
M	**1,0**	**Bremsbolzen; Bremsschuhe; Bowdenzug-Stellschrauben; Verschraubungen der Schutzbleche; Kettenspanner; Klemmschellenschraube der Rücktrittnabe**
FG 6,35	0,977	Keil der Tretkurbel und Muttern
M 7	**1,0**	**Keil der Tretkurbel und Muttern; Sattelschrauben; Kontermutter und Konen der Pedalachse**
FG 7,9	**0,977**	**Vorderradachsmutter und Konen**
M 8	1,25	Lenkervorbauspindel; Sattelklemmbolzen; Sattelschrauben und Muttern
M 8x1	1,0	Vorderradachsmutter und Konen
M 9x1	1,0	Vorderradachsmutter und Konen (BMX-Räder); Bremstrommelnaben; Schnellspannachse des Vorderrads
FG 9,5	**0,977**	**Hinterradachsmutter und Konen**
M 10x1	**1,0**	**Tretkurbelschrauben; Hinterachsmutter und Konen; Schnellspannachse des Hinterrads**
FG 10,5	**0,977**	**Hinterradachsmutter und Konen**
M 12x1	1,0	Tretkurbelschrauben
FG 14,3[1]	**1,27**	**Pedalachse an Tretkurbel**
M 18x1[2]	1,0	Tretlagerachsenkonus und Kontermutter (Thomson)
M 22x1	1,0	Tretkurbel-Abziehgewinde
M 25x1	1,0	Gabelschaft und Steuersatz (Frankreich)
FG 25,4	**1,058**	**Gabelschaft und Steuersatz**
M 26x1	1,0	Gabelschaft und Steuersatz
FG 32,8[2]	1,058	Zahnkranzkonterring
FG 34,8	**1,058**	**BSA-Tretlager[1]; Freilaufzahnkranz[3]**
M 35x1	1,0	BSA-Tretlager[1]

[1]Rechts- und Linksgewinde; [2]Linksgewinde; [3]Rechtsgewinde
Die am häufigsten auftretenden Gewindemaße sind fett gedruckt

Je nach Bedarf und geplantem Arbeitsumfang ist noch weiteres Handwerkszeug empfehlenswert:

- **Steckschlüssel bzw. Nüsse:** Mit den dazugehörigen Verlängerungsstücken und Betätigungswerkzeugen wie Knarre (Rätsche) und Hebel ermöglichen sie wesentlich schnelleres Arbeiten. Bei der Anschaffung sollten Sie folgendes bedenken: Entweder Sie kaufen sich nur die am häufigsten benötigten Schlüsselweiten und Betätigungswerkzeuge in erstklassiger Qualität, oder Sie erwerben einen preisgünstigen kompletten Rätschenkasten und ergänzen die verschleißenden Teile nach und nach mit Werkzeugen von guter Qualität. Kaufen Sie aber ausschließlich Sechskantnüsse! Die Zwölfkantausführung rutscht auf einer beschädigten oder verrosteten Schraube leichter durch.
  Zum Einstecken der Betätigungswerkzeuge haben die Steckeinsätze ein Vierkantloch mit 1/2" (Zoll) oder 3/8" Kantenlänge. Die 3/8"-Ausführung ist beim Basteln am Fahrrad handlicher. Für größere Schlüsselweiten (ab SW 24) wird allerdings ein Adapterstück gebraucht, das den 3/8"-Vierkant auf 1/2" vergrößert.
- **Innensechskant- und Innenvielzahnschlüssel:** Diese gibt es mit 1/2"- und 3/8"-Antrieb zu kaufen. Gerade diese Schrauben lassen sich mit dem Betätigungshebel und der Rätsche wesentlich leichter öffnen.
- **Kleiner Stecknußkasten mit 1/4"-Antrieb:** Ein handliches Werkzeug für kleine Schrauben, die nur mit geringen Kräften angezogen werden. Manche dieser Kästen haben auch noch Einsätze für Schlitz-, Kreuzschlitz- und Innensechskantschrauben.
- **Schlagschrauber:** Damit lassen sich Schlitz-, Kreuzschlitz- sowie Innensechskantschrauben lösen, wenn alle anderen Werkzeuge versagen.
- **Gripzange:** Sie dient zum Halten oder auch zum Lösen von Verschraubungen. Ihr Vorteil gegenüber herkömmlichen Zangen – sie kann z.B. auf Schrauben festgeklemmt werden.
- **Metallbügelsäge:** Sie wird zum Aufsägen verrosteter Muttern verwendet sowie zu allerlei anderen Arbeiten.

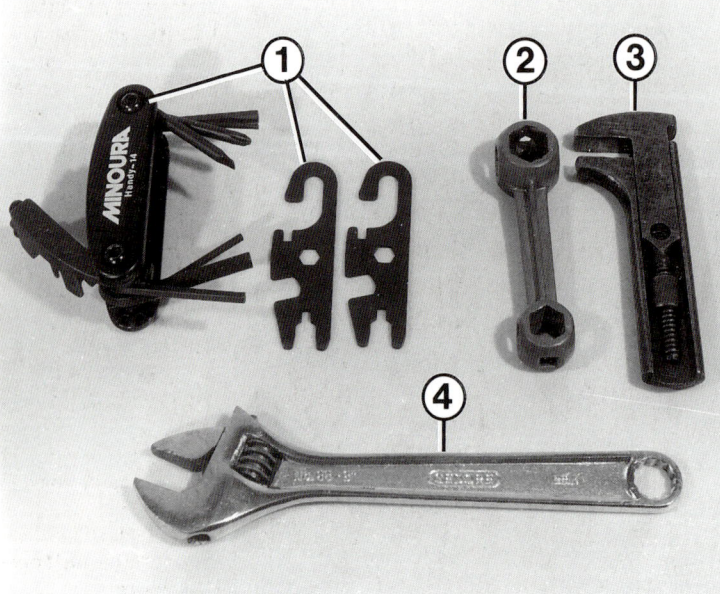

Nicht nur für unterwegs ist das Kombiwerkzeug in Form eines Taschenmessers von Minoura (1) zu empfehlen. Außer den gängigsten Innensechskantschlüsseln ist je ein Schraubendreher für Schlitz- und Kreuzschlitzschrauben vorhanden. Auch ein voll funktionsfähiges Kettennietwerkzeug sowie zwei als Reifenheber ausgebildete Kombischlüssel für die meisten Schlüsselweiten vom Speichenschlüssel bis zum Bremsschuh sind raumsparend untergebracht. Unter »2« ist der gute alte Knochenschlüssel gezeigt. Weiter bedeuten: 3 – verstellbarer Schraubenschlüssel (»Franzose«); 4 – verstellbarer Schraubenschlüssel (»Engländer«).

Sinnvolle Hilfsmittel

- **Stabhandlampe:** Bei der Tagestour hat man sie kaum dabei, doch ist sie auf einer größeren Tour besonders bei einer Panne ein ganz wichtiges Hilfsmittel und gibt helles Licht. Sie hat an der Rückseite einen Blendschutz und kann auch gelegentlich unbeschadet zu Boden fallen.
- **Drahtbürste: :** Sie ist unentbehrlich, wenn verrostete Schraubengewinde oder Teile gesäubert werden sollen.
- **Waschpinsel:** Er leistet gute Dienste z.B. bei der Kettenwäsche und bei der Reinigung ölverschmierter Teile (z.B. Radnabe oder Zahnkränze). Er sollte ohne Metallfassung sein.
- **Kabelbinder:** Wenn ein Kabel oder Zug nicht lose am Rahmen, Gepäckständer oder Schutzblech herumbaumeln soll, nehmen Sie am besten Kunststoff-Kabelbinder. Das eine Ende des Kabelbinders wird durch die Öse an seinem anderen Ende gezogen. Eine Sperrklinke verhindert Herausrutschen, so daß eine einmal gebildete Schlaufe erhalten bleibt. Kabelbinder gibt es am billigsten in Elektronik-Läden.
- **Lüsterklemmen:** Bei der Fahrradelektrik eignen sie sich nicht nur zum Verbinden zweier Kabel. Unterwegs können sie auch zum Flicken eines gerissenen Brems- oder Schaltzugs als Notbehelf dienen.
- **Selbstsichernde Muttern:** Diese leider immer noch zu wenig am Fahrrad eingebauten Muttern sollten grundsätzlich nur ein Mal verwendet werden. Eine Auswahl an Muttern in den gängigsten Größen erspart unnötige Wege.
- **Flüssige Schraubensicherung:** Am Fahrrad, das ja besonders im Gelände erheblichen Erschütterungen ausgesetzt ist, hat sich die flüssige Schraubensicherung (z.B. von Loctite für wieder lösbare Verschraubungen) recht gut bewährt.
- **Handwaschmittel:** Ölverschmierte Hände sind mit Seife allein kaum zu säubern. Achten Sie beim Kauf von Handwaschpaste darauf, daß sie hautschonend ist – also ohne Sandzusatz. Gut geeignet sind auch Handwaschgelees. Im Notfall können Sie auch unverdünntes Geschirrspülmittel nehmen.

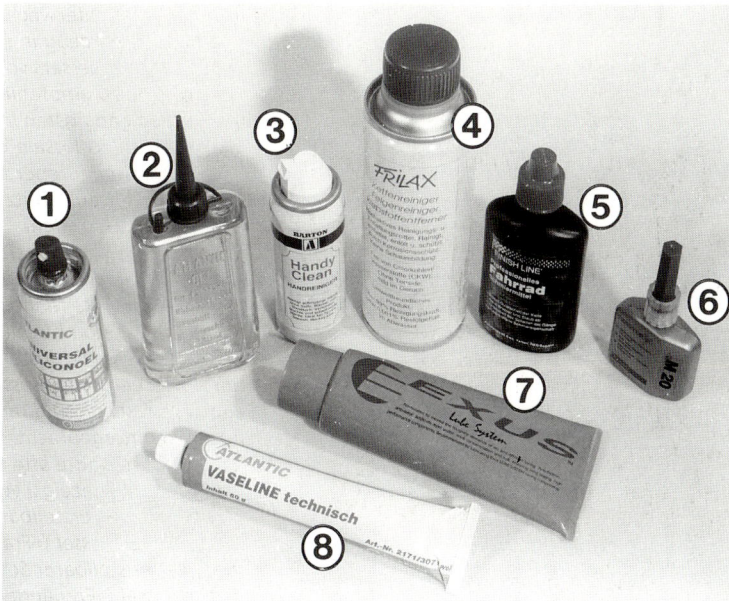

Mit diesen wenigen Hilfsmitteln sind Sie für Reparatur- und Wartungsarbeiten »rund ums Fahrrad« schon optimal ausgerüstet.
Es bedeuten:
1 – Silikonöl;
2 – Haushaltsöl;
3 – Handwaschmittel für unterwegs;
4 – Entfettungsmittel sowie Ketten- und Felgenreiniger;
5 – Spezialschmiermittel für Kette und Bowdenzüge;
6 – flüssige Schraubensicherung für mittlere Festigkeit;
7 – Schmierfett für Bremsteile und Lager;
8 – Vaseline.

Spezialwerkzeuge

Spezialwerkzeug für Fahrräder gibt es vereinzelt schon in Warenhäusern zu kaufen und wird auch in Versandhäusern über Kataloge angeboten. In ausreichender Qualität ist dieses Spezialwerkzeug jedoch nur im Fahrradfachgeschäft und im Fachhandel erhältlich. Meist ist es auch so teuer und wird zudem so selten gebraucht, daß sich die Anschaffung eigentlich nur in Gemeinschaft mit mehreren »Fahrrad-Schraubern« lohnt. Besonders interessant ist hier ein komplett eingerichteter Koffer mit allem am Fahrrad benötigten Werkzeug.

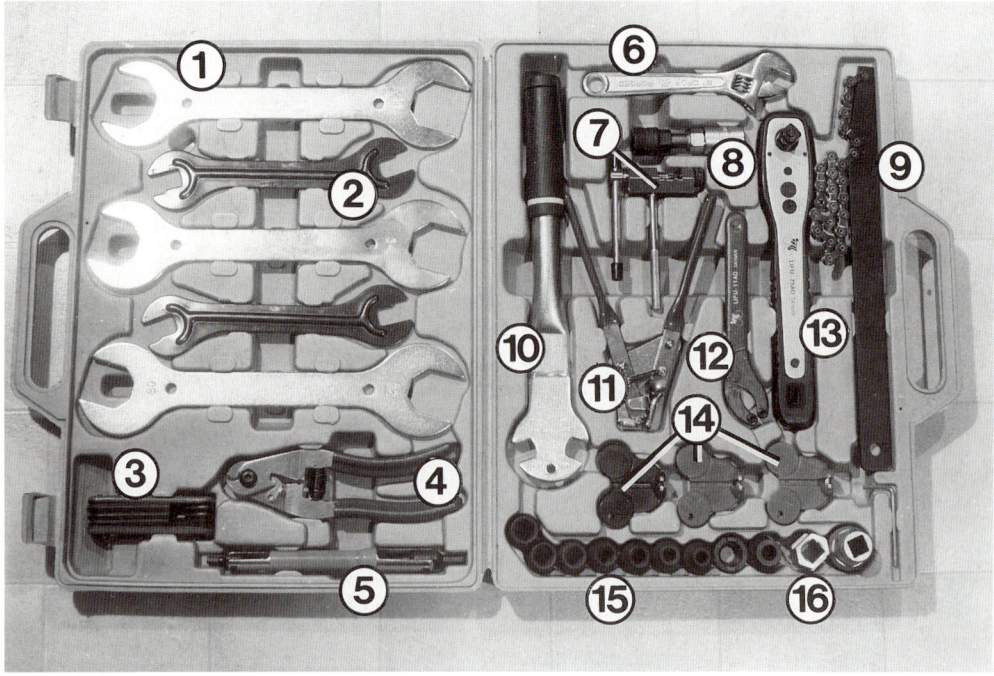

Mit einem solchen Spezialwerkzeug-Komplettset gehören Sie zu den Profis unter den Selbermachern.
Es bedeuten:
1 – Gabelschlüssel für Steuersatz;
2 – Gabelschlüssel für Rad- und Pedalnabe;
3 – Kombiwerkzeug mit Innensechskantschlüsseln und Schraubendrehern für Schlitz- und Kreuz-
*   schlitzschrauben;*
4 – Schneidewerkzeug für Bowdenzüge;
5 – Kombihebelschlüssel mit vier Innensechskantschlüsseln;
6 – verstellbarer Schraubenschlüssel (»Engländer«);
7 – Kettennietaus- und -eindrücker;
8 – Tretkurbelabdrücker;
9 – Ritzelhalter;
10 – Pedalschlüssel;
11 – Bremseinstellzange (»dritte Hand«);
12 – Stiftschlüssel für Tretlagerschalen;
13 – Ratsche für Stecknußeinsätze;
14 – Speichenschlüssel für verschiedene Nippelgrößen;
15 – verschiedene Stecknußeinsätze;
16 – verschiedene Adapter für Tretlager und Ritzelfreiläufe.

Werkzeugaufbewahrung

Nur wenige Fahrradbastler haben in der Garage, im Keller bzw. Hobbyraum so viel Platz, daß sie das Werkzeug an einer Steckwand säuberlich aufreihen können. Die beste Lösung ist deshalb ein fünfteiliger Blech- oder Kunststoffwerkzeugkasten mit Tragegriff, den es in Kaufhäusern usw. preiswert zu kaufen gibt. In solch einem Kasten lassen sich das Werkzeug und oft auch noch viel Kleinteile übersichtlich unterbringen. Zudem ist das Werkzeug gleich zur Hand – etwa, wenn vor dem Haus schnell noch eine Einstellarbeit erledigt werden soll.

Prüf und Meßgeräte

- **Reifendruckprüfer:** Er ist zur genauen Kontrolle des Luftdrucks unerläßlich und nimmt wenig Platz in Anspruch.
- **Kombinationsmeßgeräte:** Die nachfolgend genannten Geräte gibt es in den unterschiedlichsten Kombinationen zusammengefaßt. Achten Sie beim Kauf auf folgende Meßbereiche: 0 – 20 Volt, 0 – 10 Ampere, Widerstandsbereiche 0 – 50 Ω und 0 – 50 kΩ. Meßgeräte mit einer Trockenbatterie als eigene Stromquelle (für Ohmmeter unerläßlich) zeigen genauer und stabiler an als solche, die von einer Fremdstromquelle gespeist werden. Dafür sind sie aber auch wesentlich teurer. Achten Sie beim Kauf unbedingt auf eine ausführliche, gut verständliche Betriebsanleitung.
- **Volt-Meßbereich:** Gibt Auskunft, ob bei laufendem Dynamo überhaupt Spannung anliegt und dient auch zur Messung der Spannung von Batterien. Ampere-Meßbereich: Wird bei der Fahrradelektrik nicht benötigt. Dient zum Prüfen eines Stromkreises, wenn der Verdacht besteht, daß ein Stromverbraucher heimlich z.B. an der Batterie zehrt.
- **Ohm-Meßbereich:** Das Ohmmeter im Kombi-Meßgerät wird nicht nur zur reinen Widerstandsmessung gebraucht, sondern kann auch ein unterbrochenes Kabel aufspüren.

 Wie schon erwähnt, ist manches Spezialwerkzeug recht teuer, um die Anschaffung für einen einzelnen Selbermacher rentabel zu machen. Wenn sich jedoch zwei oder drei ambitionierte radfahrende »Schrauber« zusammentun, kann sich diese oder jene Anschaffung durchaus lohnen.

Flüssige Hilfen

- **Rostlöser** für festgerostete Verschraubungen gibt es genügend im Angebot. Diese Flüssigkeiten sollten Sie schon einige Zeit vorher aufsprühen, damit sie den Rost z.B. auf einem Gewinde weit genug unterwandern können. Anders ist das bei sogenannten Schnellrostlösern wie z.B. »Caramba Rasant« oder »mo Schnellrostlöser« von Teroson. Bei Anwendung dieser Mittel kann die festsitzende Schraube bzw. Mutter sofort losgedreht werden.
- **Isoliersprays** sind ebenfalls ausgesprochen kriechfähig. Vielfach sind die Rostlöser (z. B. alle oben genannten) zugleich solche Isoliersprays, die bei Feuchtigkeit in der Elektrik den feinen Wasserfilm unterwandern und dadurch verhindern, daß der vom Dynamo erzeugte Strom über den leitenden Wasserfilm als Kurzschluß oder »Kriechstrom« abgeleitet wird. Zu den bereits genannten Rostlösern wären als Spezial-Isoliersprays beispielsweise zu nennen »Aral intact« oder »4xSilikon-Spray« von Molykote.

Die Vielseitigkeit dieser Sprays erweist sich auch an den verschiedenen Schlössern des Fahrrads: Das in ihnen enthaltene Schmiermittel hält das Schloß leichtgängig und die Feuchtigkeitsverdrängung verhindert im Winter das Einfrieren.

● **Kaltreiniger** dient zum Säubern ölverschmierter Zahnkränze und Fahrradketten und sonstiger fettverkrusteter Teile. Die Reinigungsflüssigkeit gibt es in Sprühdosen oder – billiger – in Dosen oder Kanistern. Zum Lösen der Schmutzkrusten darf ein Waschpinsel nicht fehlen. Anschließend wird mit scharfem Wasserstrahl abgespritzt. Aus Gründen des Gewässerschutzes sollte die Säuberungsaktion nur über einem Benzin- oder Ölabscheider stattfinden.

Zu größeren Reinigungsaktionen fahren Sie am besten an eine Tankstelle mit Dampfstrahlgerät. Dort können Sie die zuvor mit Kaltreiniger eingeweichten Schmutzschichten in aller Ruhe abdampfen.

 Wenn Sie Ihr Fahrrad abspritzen oder abdampfen, sollten Sie es tunlichst vermeiden den Strahl direkt auf die einzelnen Lager zu halten, da sonst unweigerlich Wasser eindringen kann und die Lager auf Dauer zerstört.

Das Dampfstrahlgerät nie über 50bar benutzen sonst kann der Lack abgetragen werden.

Spezial-Schmierstoffe

● **Haushaltsöl** in kleinen Spritzkännchen ist dünnflüssiges Universalöl, das man überall dort verwenden kann, wo keine besonderen Schmieransprüche gestellt werden.
● **Graphitöl** enthält den »Festschmierstoff« Graphit, der die Schmierkraft des Öls erhöht.
● **Vaseline** als Gleitmittel für seltener beanspruchte Gleitflächen, wie z.B. am Sattelrohr oder am Lenkervorbau.
● **Schmierstoff-Suspensionen** liegen an der Grenze zwischen Öl und Fett. Sie sind wie Vaseline für seltener beanspruchte Gleitflächen vorteilhaft. Nach dem Auftragen bilden sie einen wachsähnlichen Schmierfilm, der erst bei Druckbeanspruchung flüssig wird und auch gegen Rost schützt.
● **Silicon- und Teflonspray** sind fett-, öl- und lösungsmittelfreie Gleit-, Trenn-, Schutz- und Pflegesprays auf Silicon- bzw. Teflonbasis.
● **Kettenfett** ist ein speziell für Fahrradketten entwickeltes Schmiermittel, das möglichst wenig Schmutz bindet.

Ausrüstung für unterwegs

Sie sind für eventuelle Pannen auf der Strecke gut gewappnet, wenn Sie das im Absatz »Die Grundausstattung« aufgeführte Werkzeug bei sich führen. Da aber beim Fahrrad besonders das Werkzeug ein Gewichtsproblem darstellt, finden Sie nachfolgend das Werkzeug, das zumindest bei einer Wochenendtour nicht fehlen sollte:

● Arbeitshandschuhe,
● Draht,
● Ersatzglühlampen, siehe Kapitel »Die Beleuchtung«,
● Handreinigungsmittel,

- Klebeband,
- Klebstoff,
- Lappen,
- Kleiner Schraubendreher,
- Ein Satz Innensechskantschlüssel,
- Knochenschlüssel oder verstellbaren Gabelschlüssel (»Engländer«),
- Kettennietenausdrücker,
- Reifen-Montierhebel,
- Flickzeug,
- Luftpumpe.

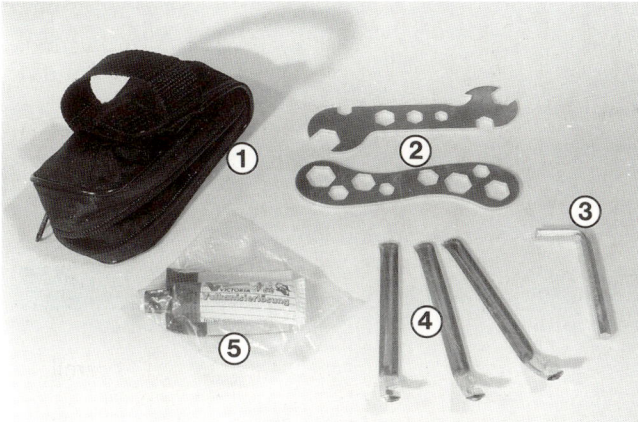

Einem guten Fahrrad wird vom Hersteller meist schon recht brauchbares Werkzeug mit auf den Weg gegeben. Solcherart ausgestattet ist man schon für größere unliebsame Überraschungen gerüstet. Es bedeuten:
1 – gegen Feuchtigkeit schützende flexible Werkzeugtasche;
2 – Sechskantschlüssel mit den meisten am Fahrrad gebräuchlichen Schlüsselweiten;
3 – 6-mm-Innensechskantschlüssel für Sattel- und Lenkerverstellung;
4 – Reifenheber;
5 – Reifenflickzeug.

 Wenn Sie sich ein kleines Universal-Pannenwerkzeug zulegen, sparen Sie sich einige der oben aufgeführten Werkzeuge (z.B. Innensechskantschlüssel; Schraubendreher, Kettennietenausdrücker und Gabelschlüssel) und damit Gewicht. Universalwerkzeuge gibt es in vielen Ausstattungsvarianten und Qualitäten. Wie eingangs des Kapitels bereits erwähnt, lohnt sich aber eigentlich nur Qualitätswerkzeug und eine schon etwas erweiterte Ausführung.

Arbeitstips

Eine unlösbare Verschraubung, eine abgerissene Schraube oder lediglich fehlendes Wissen einfacher Praxistips haben schon manchen Selbermacher von seinem Reparaturvorhaben wieder abgebracht.

Die hier gegebenen Arbeitstips gehen manchmal etwas über das »Reparaturumfeld« am Fahrrad hinaus. Dies ist jedoch Absicht, weil gerade diese etwas umfassenderen Ausführungen dem »Einsteiger« ins Lager der Selbermacher ungewohnte Arbeiten etwas erleichtern helfen.

Verrostete Verschraubungen

Bevor der Schraubenschlüssel an einer auf ihrem Gewindebolzen festgerosteten Mutter angesetzt wird, sollten Sie die freiliegenden Gewindegänge unbedingt von Schmutz und Rost befreien. Gewinde mit einer Drahtbürste säubern und anschließend mit Rostlöser besprühen. Bei Schnell-Rostlösern die Mutter sofort losdrehen. Bei anderen Rostlösern einige Zeit warten. Das gleiche gilt für Schrauben, die in ein eingeschnittenes Gewinde oder am Rahmen festgeschweißte Muttern eingedreht sind. Hier ist die gleiche Vorbehandlung des freiliegenden Schraubengewindes erforderlich. Andernfalls wird der Schraubenkopf beim Loswuchten abgedreht.

Beschädigte Muttern

Wenn »unwissende« Bastler die Kanten einer Mutter bereits rund gedreht haben oder wenn Rost die Anlageflächen für den Schraubenschlüssel deformiert hat, hilft nur noch Gewalt. Als erste Möglichkeit kommt eine Gripzange in Betracht. Damit läßt sich die Mutter fest greifen und oft auch losdrehen. Hilft das nicht weiter, wird ein scharfer Meißel angesetzt und die Mutter aufgemeißelt.

Eine gut zugängliche Mutter kann auch entlang des Gewindes mit einer Metallsäge aufgesägt werden. Werkstätten benutzen zum Lösen solcher Muttern einen sogenannten Mutternsprenger, der aber für den Hausgebrauch zu teuer in der Anschaffung ist.

Gripzangen gibt es in verschiedenen Größen mit unterschiedlichen Maulformen, so daß selbst etwas unzugängliche und »vermurkste« Muttern gelöst werden können. Gripzangen sind jedoch auch für andere Arbeiten nützlich. So kann eine Gripzange auch zum Gegenhalten beim Festziehen einer Schraube verwendet werden oder sie hält zwei Teile durch Zusammenklemmen genau auf Position, bis diese festgezogen sind.

Innensechskant- und Innenvielzahnschrauben

Bei beiden Schraubenarten muß das Schraubenloch von jeglichem Schmutz gesäubert sein, ehe Sie das entsprechende Werkzeug ansetzen. Am besten geeignet zum Lösen solcher Schrauben sind Steckeinsätze mit langem Sechskant bzw. Vielzahn. Im Gegensatz zu den gebräuchlichen Winkelschlüsseln (bei denen die Kraft übrigens immer schräg ansetzt) vertragen die Steckeinsätze auch einen Hammerschlag auf der Adapterseite mit dem Vierkant. Der Schlag mit dem Hammer auf das Werkzeug – oder im Notfall auch direkt auf den Schraubenkopf – lockert nämlich den Sitz der Schraube ein wenig und erleichtert das Lösen.

Schlitz- und Kreuzschlitzschrauben

Schon nach relativ kurzer Zeit können Schrauben so fest sitzen, daß sie sich nicht mehr einfach mit einem Schraubendreher herausdrehen lassen. Bei Kreuzschlitzschrauben kommt erschwerend hinzu, daß sich der Schraubendreher auch bei starkem Druck auf den Griff aus dem Kreuzschlitz herausdreht. Dies bringt natürlich folgendes unweigerlich mit sich: Nach wenigen erfolglosen Versuchen ist der Kreuzschlitz »vermurkst« – die Schraube ist praktisch unlösbar.

Wenn sich eine Schraube nicht gleich losdrehen läßt, sollten Sie einen passenden, stabilen Schraubendreher ansetzen und mit einem kräftigen Hammerschlag auf das Griffende versuchen, die Schraubverbindung zu lösen. Meistens bricht die normalerweise nur mit dem Kopf festkorrodierte Schraube los. Sie läßt sich dann meistens ganz normal herausdrehen.

Hilft das nichts, brauchen Sie einen Schlagschrauber. Bei jedem Hammerschlag auf die Griffoberseite des Schlagschraubers dreht dieser den Schraubendrehereinsatz unter Druck ein klein wenig weiter. Das löst praktisch jede Schraube.

Blechschrauben ausbohren

Ist in einem Schraubenkopf kein Werkzeug mehr anzusetzen, hilft nur noch Ausbohren. Erst wird mit einem entsprechend großen Bohrer der Schraubenkopf entfernt; notfalls mit einem kleineren Bohrer vorbohren. Das Gewindeteil einer Blechschraube läßt sich jetzt entweder durchstoßen oder mit einer Zange von der Rückseite her abnehmen. Andernfalls mit einem dünnen Bohrer das Gewindeteil ausbohren. Wenn Sie hierfür einen zu großen Bohrerdurchmesser wählen, wird das Loch für die Schraube so vergrößert, daß später nur eine dickere Blechschraube hält.

Eindrehen von Schrauben an schlecht zugänglichen Stellen

Wollen Sie eine Schraube an einer nur schwer zugänglichen Stelle eindrehen, läßt sich mit folgendem Trick vermeiden, daß die Schraube immer wieder vom Werkzeug abfällt: In den Schraubenschlitz etwas Kaugummi ankleben oder die Schraube mit einem Klebebandstreifen am Werkzeug anheften.

Selbstsichernde Muttern

Damit die Mutter auf dem Gewinde klemmt und sich auch durch Vibrationen nicht lösen kann, besitzt sie eine Einlage aus Kunststoff oder ein enger geschnittenes Gewinde. Derartige Muttern sollten grundsätzlich nur einmal verwendet werden, sonst ist die sichernde Wirkung dahin.

Lösen und Festdrehen von Stehbolzen

Da ein Stehbolzen (auch Gewindestange genannt) keine Anlagefläche für einen Schraubenschlüssel besitzt, muß diese natürlich erst geschaffen werden. Dazu auf dem freien Gewindeteil des Bolzens zwei Muttern fest gegeneinander festdrehen (kontern). An den so blockierten Muttern den Schraubenschlüssel ansetzen und den Bolzen lösen bzw. anziehen.

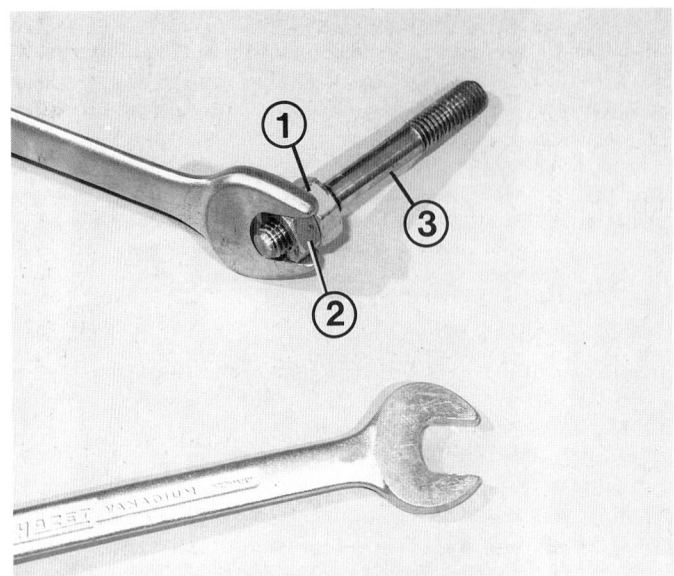

Lösen eines Stehbolzens (3): Mit zwei Schraubenschlüsseln werden zwei gleich große Muttern (1 und 2) auf dem freien Stehbolzengewinde fest gegeneinander verschraubt (gekontert). Die Muttern klemmen sich dadurch auf dem Gewinde fest, und der Bolzen kann an einer der beiden Muttern gedreht werden.

Abgerissene Schrauben ausbohren

Das Gegengewinde, in dem die abgerissene Schraube steckt, sollte möglichst wenig Schaden nehmen. Deshalb den Schraubenrest genau in der Mitte mit einem Körnerschlag versehen. Jetzt kann gebohrt werden: Bis zur Schraubengröße M 8 geht dies gleich mit dem sogenannten Kernlochbohrer. Das ist der Durchmesser einer »rasierten« Schraube, also ohne Gewindeflanken. Bis zur Schraubengröße M 6 gilt die Faustregel: Gewindedurchmesser multipliziert mit 0,8. Beispiel: Verschraubung M 6 x 0,8 = Kernlochdurchmesser 4,8. Ab Schrauben der Größe M 8 sollten Sie mit einem dünneren Bohrer vorbohren.

Die in den Gewindegängen verbliebenen Metallreste lassen sich bisweilen mit einer Reißnadel »herausoperieren«. Meistens muß jedoch das Gewinde nachgeschnitten werden. Abgerissene Gewindestücke können aber auch mit einem Linksgewindebohrer (auch Schraubenausdreher genannt) herausgedreht werden. Dazu wird in den festsetzenden Gewindestift ein Loch gebohrt, in das der konisch zugespitzte Schraubenausdreher gesteckt wird. Beim Linksdrehen frißt sich der Bohrer fest und dreht das Gewindestück mit heraus. Das klappt allerdings nur, wenn das Gewinde nicht festgerostet war.

Gewinde schneiden

Das Nach- oder Neuschneiden von Gewinden geht in drei Stufen vor sich. Die entsprechenden Gewindeschneider heißen daher Vorschneider (ein Ring am Schaft), Mittelschneider (zwei Ringe am Schaft) und Fertigschneider (ohne bzw. drei Ringe am Schaft). Diese drei Gewindeschneider werden nacheinander unter ständigem Ölen in das vorgebohrte Kernloch (siehe vorangegangenen Abschnitt) hinein- und wieder herausgedreht.

Um ein Abreißen des Gewindeschneiders zu vermeiden, muß beim Hineindrehen immer wieder abgesetzt und ein Stück zurückgedreht werden. Sonst werden die Metallspäne zu lang und klemmen.

Ausgerissenes Gewinde

Die in Leichtmetall eingeschnittenen Gewinde reißen besonders leicht aus, da das Material eine wesentlich geringere Festigkeit hat als etwa Stahl. Bei genügend »Fleisch« im Metall kann ein größeres Gewinde eingeschnitten werden. Andernfalls muß eine Gewindebuchse eingesetzt werden – eine Angelegenheit für die Werkstatt.

Die Anlötaugen oder besser die Halterungen für die Schutzbleche am Rahmen sind bei manchen Rahmenherstellern mit Gewinden versehen. Ist ein solches Gewinde einmal ausgerissen oder überdreht, sollten Sie besser gleich eine Schraube mit einer selbstsichernden Mutter verwenden oder besser flüssige Schraubensicherung zu Hilfe nehmen.

Schraubengröße und Drehmoment

Schrauben und Muttern, die keinen speziellen Belastungen ausgesetzt sind, werden mit Standard-Drehmomenten angezogen. Wird die Verschraubung mit aller Kraft »angeknallt«, reißt der Gewindebolzen ab. Für die gebräuchlichsten Schrauben/Muttern-Verbindungen gelten folgende Drehmomente, die auch auf die entsprechenden FG-Verschraubungen mit den etwas »ungeraden« Gewindemaßen (siehe voriges Kapitel) angewendet werden können:

Gewindedurchmesser in mm	6	8	10	12	14
Drehmoment in Nm	10	25	49	85	135

Natürlich treffen die angegebenen Drehmomente nicht für Sonderschrauben zu und für Schrauben, die in Leichtmetall eingedreht werden.

Nm oder mkp

Auch heute noch taucht die längst veraltete Maßeinheit mkp oder kpm immer wieder auf, oder ist auf alten Drehmomentschlüsseln zu lesen. Wer's nicht weiß: 1 mkp entspricht etwa 10 Nm.

 Erfahrungsgemäß werden einfache Verschraubungen nach Gefühl angezogen. Gelegentlich kann es aber nicht schaden, wenn Sie Ihr Schraubgefühl anhand obiger Tabelle mit einem Drehmomentschlüssel kontrollieren.

Kabel bzw. Bowdenzug durchziehen

Bisweilen ist eine Elektrikleitung oder ein Bowdenzug in ein Rahmenrohr zurückgerutscht oder ein neues Kabel soll in ein Rahmenrohr eingezogen werden. Dann benötigen Sie einen stabilen, geraden Draht, der länger ist als das Rahmenrohr. Draht durch das Rohr schieben, Kabel am Drahtende befestigen und mit dem Draht durch das Rohr ziehen.

Werkzeug instand halten

- **Schraubendreher** müssen eine gerade und am Ende der Spitze leicht abgestumpfte Klinge haben. Wurden sie zwischenzeitlich als Meißel mißbraucht oder sind Ecken ausgebrochen, können sie nachgeschliffen werden. Hierbei die Klingenflächen parallel zueinander schleifen. Eine spitz zulaufende Klinge dreht sich aus dem Schraubenschlitz – hohe Verletzungsgefahr. Beim Schleifen den Schraubendreher immer wieder in einem bereitgestellten Wasserbehälter abkühlen! Verfärbt sich die Schraubendreherspitze plötzlich blau, ist sie ausgeglüht. Das verändert ihr Metallgefüge, und sie ist nicht mehr hart genug.
- **Hammer:** Sein Stiel muß absolut fest im Metall stecken, um Verletzungen durch einen unversehens losfliegenden Hammerkopf zu vermeiden. Bei einem Hammer mit Holzstiel muß ein Sicherungskeil im Stiel sitzen; darauf sollten Sie achten.
- **Meißel:** Durch die Schläge mit dem Metallhammer bildet sich bei fortgeschrittener Benutzung oben am Schaft des Meißels eine Krone aus dicken Metallspänen. Die müssen unbedingt abgeschliffen werden, sonst sind böse Hand- und Augenverletzungen möglich.

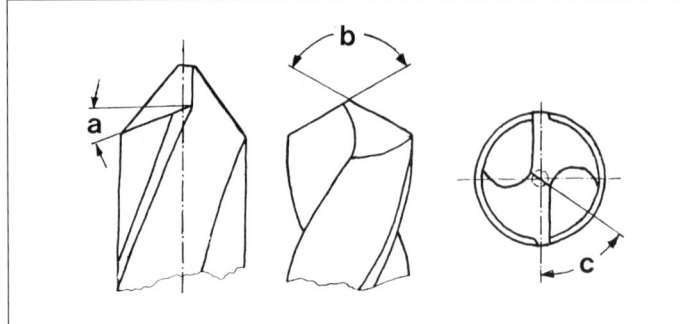

Ein richtig geschliffener Bohrer für Stahl muß folgende Winkel aufweisen: Freiwinkel a = 6 - 9°; Spitzenwinkel b = 116 - 120°; Querschneidenwinkel c = 55°.

● **Bohrer:** Wollen von Zeit zu Zeit geschliffen werden, sonst drücken sie statt zu schneiden. Dadurch werden sie zu heiß, glühen aus und werden unbrauchbar. Man kann Bohrer nachschleifen, doch das ist Übungssache und erfordert viel Geschick. Richtig geschliffene Bohrer weisen ganz bestimmte Winkel an den Schneiden auf. Einfacher geht es mit einem Bohrerschleif-Vorsatz für die Bohrmaschine. Wichtig auch hier: Der Bohrer muß während des Schleifens immer wieder in Wasser abgekühlt werden.

Arbeitsvorbereitungen

Säubern Sie zuerst den Arbeitsplatz. Schrauben und Teile von früheren Zerlegearbeiten sollten unbedingt weggeräumt werden, damit Sie nichts Falsches wieder einbauen.
Abgenommene Teile legt man sinnvollerweise in der Ausbaureihenfolge ab. Das erleichtert den Zusammenbau. Kleinteile packen Sie sicherheitshalber in kleine Schachteln bzw. Gläser, oder Sie drehen nach dem Ausbau die Schrauben gleich wieder in das zugehörige Gewinde. So werden ganz sicher keine Schrauben verwechselt.

Egal was Sie gerade zerlegen wollen, am Fahrrad gibt es viele Kleinteile, die verloren gehen können und in falscher Reihenfolge zusammengebaut schwere Funktionsstörungen verursachen können, so daß ein solcher sogar unterteilter Kasten sehr zu empfehlen ist. Dadurch wird von vorne herein weitgehend ausgeschlossen, daß Pannen mit eingebaut werden.

Funktionskontrolle

Nach beendeter Reparatur prüfen Sie zuerst, ob noch irgendwelche Teile herumliegen, die zu Ihrem Fahrrad gehören. Jetzt bewährt sich, daß Sie den Arbeitsplatz vorher gründlich aufgeräumt und gereinigt haben. Dann ein prüfender Blick auf die Reparaturstelle am Fahrrad: Ist dort alles richtig und komplett montiert? Dann wird die Funktion geprüft.

- Stimmt mit der Reparatur scheinbar etwas nicht oder tritt gar ein neuer Defekt auf?
- Kontrollieren Sie zuerst die gesamte Umgebung der Reparaturstelle am Fahrrad. Möglicherweise wurde versehentlich ein Zug vergessen einzuhängen bzw. einzustellen, oder ein scheinbar unbedeutendes Kleinteil an der falschen Stelle eingebaut.
- Haben Sie sich eine Skizze angefertigt oder gar zusätzlich die Reihenfolge bestimmter Teile aufgeschrieben, erleichtert einem dies nun die Fehlersuche ganz erheblich.

Unfallverhütung

- **Schutzbrille verwenden**, wenn Metall geschliffen oder gemeißelt wird.
- **Schweißbrille aufsetzen**, auch wenn Sie beim Schweißen nur zusehen.
- **Augen sofort ausspülen**, wenn sie mit ätzenden Flüssigkeiten benetzt wurden. Zum Spülen eignen sich neben klarem Wasser alle »harmlosen« Flüssigkeiten, wie Sprudel, Limonade, Milch, Bier etc.
- **Kleine Verletzungen** sofort desinfizieren und verpflastern, damit kein Schmutz in die Wunde gerät. Übrigens: Wann war Ihre letzte Wundstarrkrampf-Impfung?
- **Eine ruhige Hand und Geduld** ist die beste Unfallverhütung. Wer schon entnervt an die Arbeit geht, ist besonders einem erhöhten Verletzungsrisiko ausgesetzt.

Ersatzteile

Welche Teile werden benötigt?

Schon manche Reparatur mußte unterbrochen werden, weil versäumt wurde, rechtzeitig die entsprechenden Ersatzteile zu besorgen. Der teilzerlegte Untersatz blockiert dann nicht nur Garage, Hobbyraum oder gar Wohnzimmer, sondern, wenn's schlecht geht, auch noch die schöne Wochenendtour.

Stellen Sie zuerst zusammen, was an Ersatzteilen gebraucht wird. Dabei ist besonders wichtig, daß Sie nicht nur an die direkt betroffenen Teile denken, sondern auch an Unterlegscheiben, Sicherungsringe, selbstsichernde Muttern usw. Der Mann im Fahrradgeschäft ist meist auch Werkstattmann und deshalb gewöhnlich mit diesem Problem vertraut und sucht Ihnen die zusätzlich erforderlichen Teile mit heraus.

Reparaturen, deren tatsächlicher Umfang sich erst im Laufe der Zerlegung herausstellt, sollten Sie zeitlich so legen, daß Sie im Notfall die benötigten Teile noch kaufen können. Beachten Sie aber, daß auch im Ersatzteillager der Fahrradwerkstatt nicht alle Teile vorrätig sind.

Weniger gängige Teile müssen erst bestellt werden. Weiter sollten Sie Ihre Ersatzteileinkäufe am besten auf einen normalen Wochentag legen, denn dann hat der Mann am Ladentisch mehr Zeit für Ihr Reparaturproblem. Samstags oder kurz vor Anfang der Schulferien bei entsprechendem Andrang sollten Sie schon ganz präzise Ersatzteilwünsche äußern können.

Das richtige Ersatzteil

Da sich im Laufe der Zeit natürlich auch beim Fahrrad und seinen Teilen bestimmte Ersatzteile geändert haben, sollten Sie besonders ein älteres Rad zum Ersatzteilkauf mitnehmen, zumindest jedoch das ausgebaute Altteil dabei haben. So vermeiden Sie Mißverständnisse und ein kundenfreundlicher Fachmann berät Sie zusätzlich noch mit ein paar Reparaturtips.

Überzeugen Sie sich am besten noch gleich an der Ladentheke, ob Ihnen das richtige Teil ausgehändigt wurde – auch wenn der Fachmann im Laden dabei noch so kritisch schaut. Den besten Vergleich haben Sie natürlich, wenn Sie das ausgebaute Altteil gleich mitgebracht haben.

Original oder Fremdteile einbauen?

Sämtliche Ersatzteile, die Sie im Reparaturfall für Ihr Fahrrad benötigen, erhalten Sie in jedem gut geführten Fahrradgeschäft. Aber Sie müssen nicht ausschließlich dort einkaufen. Manche Teile werden in gleicher Qualität von denselben Herstellern, die den Fachhändler beliefern, über Warenhäuser vertrieben. So werden die Teile dort oft billiger verkauft, doch kann es im Reklamationsfall Probleme geben.

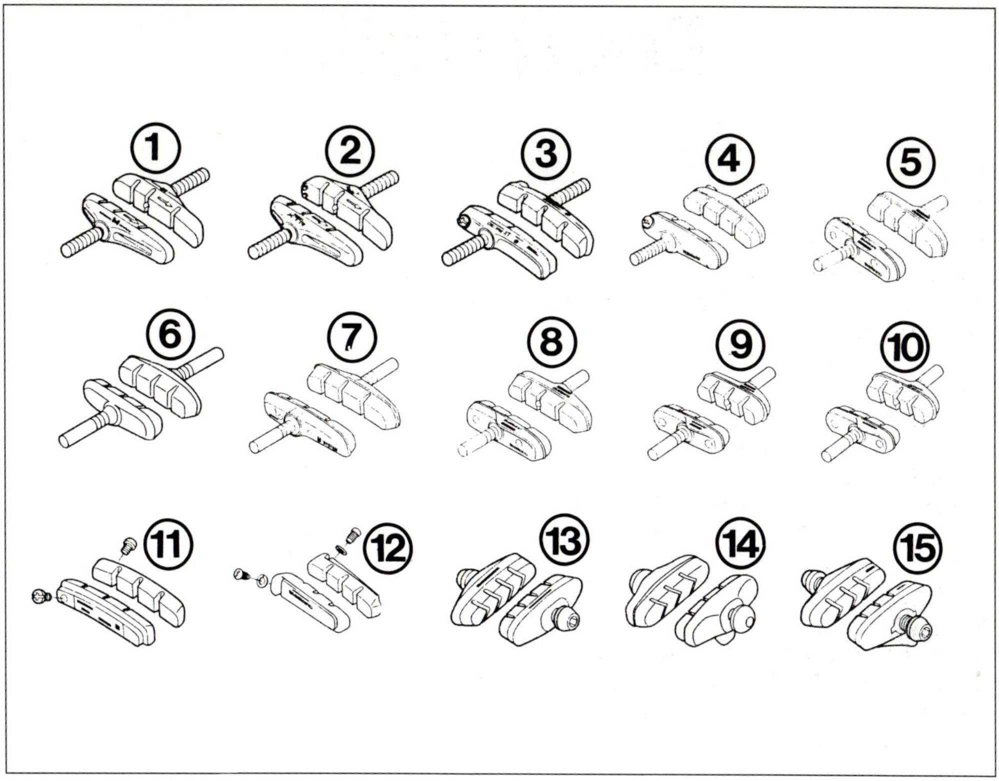

Als Beispiel für die Typenvielzahl für ein und dasselbe Ersatzteil sind hier die Bremsgummi- bzw. Bremsschuhtypen von Shimano gezeigt. Obwohl mit dem gleichen Durchmesser für die Bremsschuh-befestigung ausgestattet und von der Form her fast nicht zu unterscheiden, sind sie doch grundlegend unterschiedlich und genau auf ihr Bremssystem abgestimmt. Es lohnt sich also, das auszuwechselnde Ersatzteil mit zum Fachhändler zu nehmen. Es bedeuten:

1 – M-System (lang);
2 – XTR;
3 – Deore XT;
4 – Deore LX und STX RC;
5 – STX;
6 – 400 CX und 700 CX;
7 – und 8 – STX, Alivio, MJ II;
9 – Acera X;
10 – Altus;
11 und 12 –Cartridge-Bremsschuhe für Deore XT und LX;
13 – Dura-Ace;
14 – 105 SC; RX 100;
15 – Ultegra 600.

Tip
Preisunterschiede bestehen nicht nur zwischen Originalersatzteilen und Ersatzteilen von Warenhäusern – die verschiedenen Fachhändler der Fahrradbranche können gleiche Ersatz- und Zubehörteile zu unterschiedlichen Preisen verkaufen. Fragen Sie daher vor größeren Ersatzteil- oder Zubehörkäufen erst bei verschiedenen Händlern nach.
Je älter ein Fahrrad wird bzw. je weiter das Baujahr zurückliegt, desto teurer werden die Ersatzteile, was meistens auf die Lagerzuschläge zurückzuführen ist.

Gelegentlich erhält man auch bei seinem Fahrradgeschäft »um die Ecke« gebrauchte Teile aus einem ausgeschlachteten Unfallrad. Fragen Sie ruhig einmal nach, Sie werden sich wundern, wie entgegenkommend und hilfsbereit die Leute aus der Fahrradbranche sind. Wer bei einem Fahrradhändler gebrauchte Ersatzteile aus einem »Totalschaden« erwirbt, sollte aber darauf achten, daß ein Verschleißteil nicht mehr als ein Drittel des Neupreises kostet. Erfahrungen zeigen jedoch, daß sich gebrauchte Verschleißteile nur selten lohnen. Falls das entsprechende Ersatzteil noch im oder am Fahrrad eingebaut ist, sollten Sie vor dem eigenhändigen Ausbau den Preis klären.

Pannenset für unterwegs

Umfang und Bestückung des richtigen Pannensets richten sich immer ganz individuell nach der zu erwartenden Beanspruchung des Bikes, der geplanten Entfernung und vor allem der Region, in die die Fahrradtour gehen soll. Deshalb ist nachfolgend nur das allerwichtigste aufgeführt und es bleibt Ihnen überlassen, die Liste nach Ihren eigenen Erfahrungen zu erweitern. Immer sollten Sie jedoch daran denken, daß Sie jedes Gramm Gewicht auch bewegen müssen.

- Kombiwerkzeug mit Reifenhebern, Gabelschlüsseln, Innensechskantschlüsseln, Schraubendrehern,
- Universaltaschenmesser,
- Speichenschlüssel,
- Ersatzschlauch,
- Flickzeug mit Sandpapier,
- Kettennietenausdrücker zum Öffnen bzw. Schließen einer Endloskette,
- ein Stück Kette zum Auswechseln defekter Kettenglieder,
- ca. 50 cm kräftigen Draht,
- Schnur oder eine Rolle Leinenklebeband, das zur Schnur gedreht werden kann.

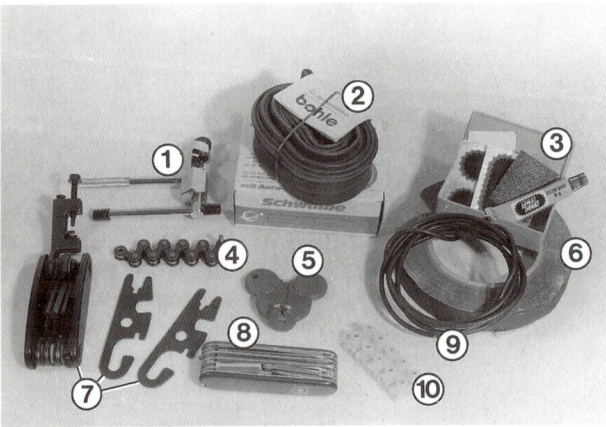

Das zuvor beschriebene Pannenset.
Es bedeuten:
* 1 – Kettennietaus- bzw.*
*   -eindrücker;*
* 2 – Ersatzschlauch;*
* 3 – Flickzeug;*
* 4 – Kettenstück;*
* 5 – Speichenschlüssel;*
* 6 – beschichtetes Gewebe-*
*   klebeband;*
* 7 – Kombiwerkzeug;*
* 8 – Taschenmesser;*
* 9 – Draht;*
10 – Lüsterklemmen.

Der Rahmen

Rahmenaufbau

Unter einem Rahmen stellt man sich gemeinhin etwas anderes vor. So ist auch der sogenannte Rahmen beim Fahrrad eher ein Gerüst, das eine ähnlich statische Funktion wie das
Rückgrat beim Menschen hat. Und so hängt von seiner ausgeklügelten Geometrie maßgeblich das Fahrverhalten des Rads sowie die günstigste Fahrposition des Fahrers ab.
Der Rahmen eines »klassischen« Fahrrades besteht aus einem aus Rohren zusammenge-
setzten Trapez. Die Rohre sind meist kalt gezogen und nahtlos aus einer Spezallegierung
hergestellt, die ein geringes Gewicht bei hoher Stabilität aufweisen. Je nach Rahmenhersteller und Qualitätsstandard können die Rahmenrohre endverstärkt und zusätzlich an
den Verbindungen durch sogenannte Rahmenmuffen verstärkt sein. Die einzelnen Rohre
können stumpf aneinander oder in den Verbindungsmuffen hartgelötet oder gar geklebt
sein.

- Die **Rahmenrohre** werden meist durch eine Silber-Hartverlötung (Niedertemperaturlö-
tung) zusammengefügt, damit die volle statische Rahmenfestigkeit erhalten bleibt. Bei
einer normalen Schweißung, einer sogenannten Hochtemperaturschweißung würden
die Rohre in ihrer Struktur geschwächt.
- Auch das **Rohrprofil** ist bei der Rahmenbauweise wichtig, denn es ist ausschlaggebend
für dessen Steifigkeit. So werden heute vermehrt sogenannte konifizierte Rohre im
Rahmenbau eingesetzt. Dabei werden die Rohre aus hochlegiertem Stahl entweder an
einem oder an beiden Enden durch Stauchen in der Dicke konisch verstärkt. Man
spricht in diesem Fall, von »einfach«oder »doppelt« konifizierten Rohren.
- Einfach konifizierte Rahmenrohre werden am Gabelschaft und am Sitzrohr eingesetzt,
während doppelt konifizierte Rohre am Ober- und Unterrohr sowie am Hinterbau zu
finden sind. Die Rohrquerschnitte sind auch manchmal oval um seitlichen Verwindungs-
druck besser zu absorbieren.

Die Muffen eines
»vollgemufften
Rahmens«. Die
Form der Muffen
gehen auf eine lan-
ge Entwicklung im
Fahrradrahmenbau
zurück. Es bedeu-
ten:
A – obere und unte-
re Steuerrohr-
muffe;
B – Tretlagermuffe;
C – Sitzkopfmuffe.

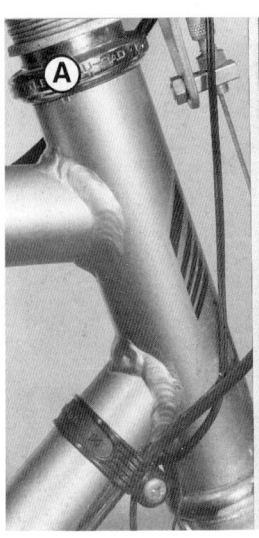  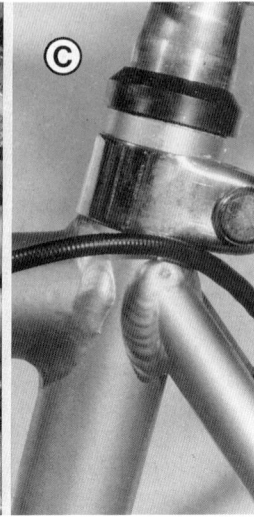

Ohne Nachbehandlung zeugen die Schweißraupen von der Qualität der Schweißnähte. Trotzdem können immer noch unsichtbare Einschlüsse die Festigkeit der Rohrverbindung mindern.
Es bedeuten:
A – obere und untere Steuerrohrnaht;
B – Tretlagernähte;
C – Sitzkopfnähte.

- Um Alurahmen eine größere Verwindungssteifigkeit zu geben, werden besonders bei Rahmen mit dünnen Wandstärken überdimensionierte Rahmenrohre verwendet. Diese Rahmenrohre heißen im Bikerjargon »Oversized« (Übergröße).
- Neben Rahmen, die aus einem Material gefertigt sind, gibt es auch noch Rahmenbauweisen, die aus mehreren Materialien bestehen. Bei den sogenannten Komposit-Rahmen wird versucht, die Vorteile aller Materialien gezielt bei der Rahmenbauweise einzusetzen. So können z.B. bei einem Komposit-Fahrradrahmen die Hauptrohre aus Aluminium bestehen, während die Vorder- und Hinterradgabel aus Stahl sind.
- **Rahmenmuffen** geben einem Rahmen mehr Festigkeit und sind gleichzeitig Verbindung zwischen den einzelnen Rahmenrohren. Man unterscheidet teilgemuffte und vollgemuffte Rahmen.
- Die **Ausfallenden** sind je nach Rahmenqualität auf unterschiedliche Art gefertigt und mit den Rahmenteilen verbunden. Während die Ausfallenden bei hochwertigeren Rahmen geschmiedet sind und in die geschlitzten und durch Stauchen oder Hämmern hochverfestigten Strebenenden hart eingelötet sind, werden aus Kostengründen bei billigeren Fahrrädern die gestanzten Ausfallenden durch eine sogenannte elektrische Preß-Schweißung mit den Strebenenden zusammengefügt.

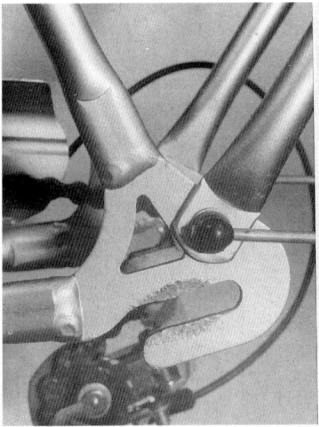 

Links: Ein nach vorne offenes Ausfallende des Rahmenhinterbaus, wie es weit verbreitet bei den meisten Sportrahmen zu finden ist. Beim Einsetzen des Laufrades kann ein Längenausgleich z.B. bei zu kurzer oder zu langer Kette vorgenommen werden. Hauptsächlich ist der lange Einschub jedoch für die genaue symmetrische Ausrichtung des Laufrades im Hinterbau des Rahmens gedacht.
Rechts: Geschmiedetes hinteres Ausfallende, nach unten offen. Hier sitzt das Laufrad konstruktionsbedingt gleich exakt ausgerichtet im Hinterbau des Rahmens.

Das Rahmenmaterial

- **Carbon** ist ein Kohlefaserprodukt und findet seinen Einsatz bei hochwertigen Rahmen-konstruktionen. Carbonrahmen sind sehr verwindungssteif und dabei extrem leicht. Besonders problematisch sind aber die geklebten Verbindungen zwischen den einzelnen Rahmenrohren. Eine besonders hohe Verwindungssteifigkeit wird sogenannten Mono-coque-Rahmen nachgesagt. Bei ihnen wird um ein Rahmenskelett der Rahmen in einem Stück aus Carbon- bzw. Kevlar laminiert. Das hat den weiteren Vorteil, daß der Rahmen nach modernsten Windkanalstudien designt werden kann. Diese Rahmen sind jedoch kaum mehr bezahlbar.
- **Chrom-Molybdän** (CrMo) ist eine Metallegierung, aus der die meisten Rahmen gebaut sind. Rahmenrohre aus diesem Metall werden z.B. auch von Mannesmann geliefert.
- **Dur-Aluminium** hat sich in den letzten Jahren beim Rahmenbau immer mehr durchge-setzt und wird außer bei Rennrädern immer häufiger auch bei Mountainbikes verwen-det.
- **Tange-Infinity-Stahl** ist eine speziell von der Rahmen-Herstellerfirma Tange entwickelte Stahllegierung
- **Titan** ist ein Edelmetall und wird mit Aluminium oder Vanadium legiert. Titanrahmen sind besonders leicht und verwindungssteif, dafür aber auch entsprechend teuer.

Die Rahmentypen

Je nach Fahrradtyp und damit Einsatzgebiet ist die Rahmenform bzw. -geometrie bei den in diesem Handbuch beschriebenen Radtypen recht unterschiedlich. So ist der Rahmen z.B. beim Mountainbike für ausreichende Stabilität und gutes Lenkverhalten recht flach mit ei-nem hochliegenden Tretlager gebaut und die Sattel- und Kettenstreben sowie die Gabel so ausgelegt, daß auch sehr breite Stollenreifen gefahren werden können. Das Trekking- und Cityrad, auch Hybridrad genannt, hat als Mischform aus Mountainbike und Rennrad dagegen einen Rahmen, bei dem durch ein tiefer angesetztes Tretlager (Tretlagerabsen-kung) besonders auf einen niedrigen Schwerpunkt und damit mehr Fahrkomfort Wert ge-legt wird. Auch können bei diesen Rahmentypen nicht mehr so breite Reifen montiert wer-den.

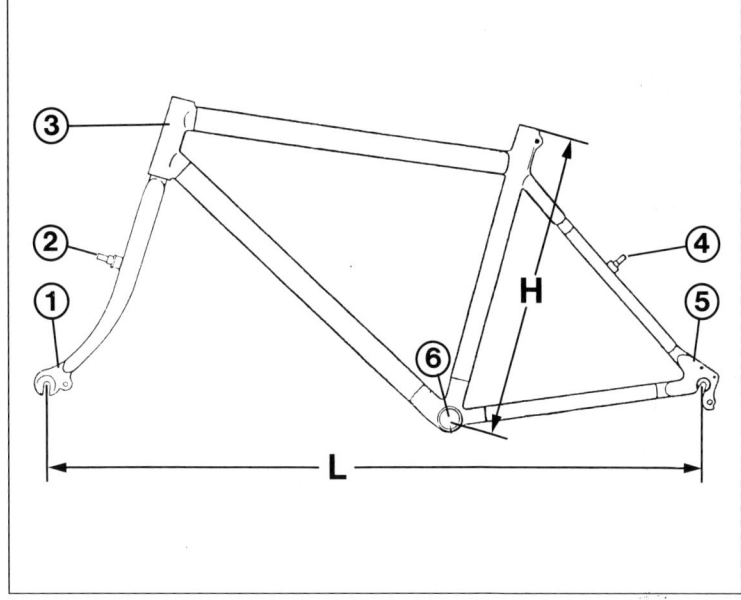

Der typische Mountain-bikerahmen mit abfal-lendem Oberrohr.
Es bedeuten:
H – Rahmenhöhe;
L – Radstand;
1 – Ausfallende der Gabel;
2 – Anlötteil für vor-dere Cantilever-bremse;
3 – Steuerkopfrohr;
4 – Anlötteil für hintere Cantilever-bremse;
5 – hinteres Ausfall-ende;
6 – Tretlagergehäuse.

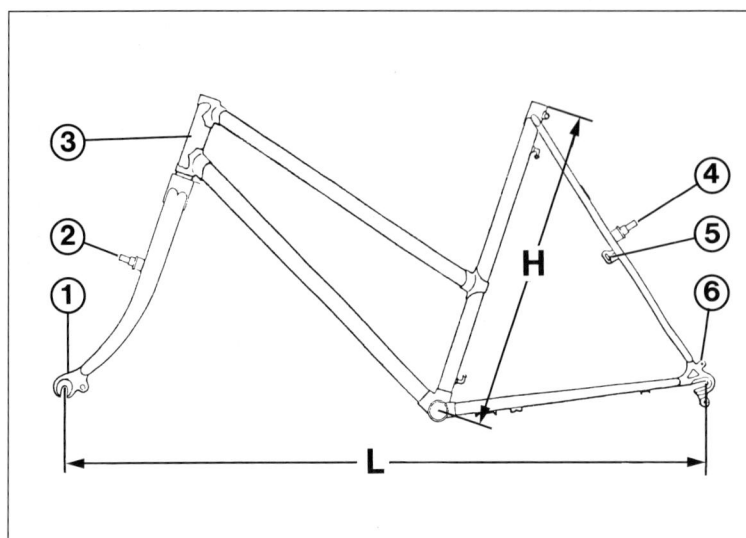

Die Damenausführung eines Mountainbikerahmens zeigt bei:
H – Rahmenhöhe;
L – Radstand;
1 – Ausfallende der Gabel;
2 – Anlötteil für vordere Cantileverbremse;
3 – Steuerkopfrohr;
4 – Anlötteil für hintere Cantileverbremse;
5 – Anlötteil für Rollendynamo (Seitenläufer);
6 – hinteres Ausfallende.

Die Rahmenmaße

Die für Sie richtige Rahmengröße ist beim Fahrradkauf sehr wichtig, denn bei einer zu klein oder zu groß gewählten Rahmengröße haben Sie durch die unpassenden Rahmendimensionen eine falsche Sitzposition. Die so schlechte Fahrposition beeinflußt die Fahreigenschaften des Fahrrades negativ und das Sturzrisiko ist erhöht. Lassen Sie sich deshalb auch beim Festlegen der für Sie richtigen Rahmengröße von einem Fachmann beraten und fahren Sie ein Rad mit Ihrer Rahmengröße Probe. Für ein gutes Fahrradgeschäft ist dies kein Problem. Probieren Sie dann auch ruhig mal Räder mit anderen Rahmengrößen aus.

Als Faustregel für die richtige Rahmengröße gilt: Wenn Sie mit dem Fahrrad stehen, sollte zwischen Oberrohr (bei Damenrädern zwischen gedachtem Oberrohr) und Schritt etwa eine Handbreit (8-10 cm) Zwischenraum sein.

Natürlich gibt es bei den Rahmenabmessungen außer Rahmenhöhe und -länge von Lenkkopfwinkel und Gabelvorbiegung über Sitzwinkel bis zur Tretlagerabsenkung eine Unzahl anderer Maßangaben, doch sind die meisten davon schon Herstellerphilosophie. Deshalb hier nur kurz Angaben für die beiden Hauptmaße eines Rahmens:

● Die **Rahmengröße** wird durch die Länge des Sitzrohres bestimmt. Dabei wird von der Mittelachse des Tretlagers bis zum oberen Rand des Sitzrohres gemessen. Während bei Rennrädern die Rahmen noch in Größenunterschieden von ein bis zwei Zentimetern zu haben sind, gibt es die Trekkingbikerahmen in Abstufungen von drei bis fünf Zentimeter. Mountainbikes mit ihren größeren Verstellmöglichkeiten von Sattel und Lenker gibt es in Rahmengrößenabstufungen von fünf Zentimetern.
● Die **Rahmenlänge** eines Fahrrades wird durch den Achsabstand von Vorder- zu Hinterrad gemessen, wobei das Hinterrad in der Aufnahme des Rahmens ganz nach hinten gestellt sein muß.

Rahmenkontrolle

Nach einem schwereren Sturz sollten Sie, zumindest wenn Sie ein verändertes Fahrverhalten feststellen, den Rahmen auf Stauchungen untersuchen. Bei der Suche nach Deformierungen müssen Sie besonders an den Verbindungen (Muffen) der Rahmenrohre genau kontrollieren. Ihr Fahrradhändler hat für solche Deformierungen ein geschultes Auge.

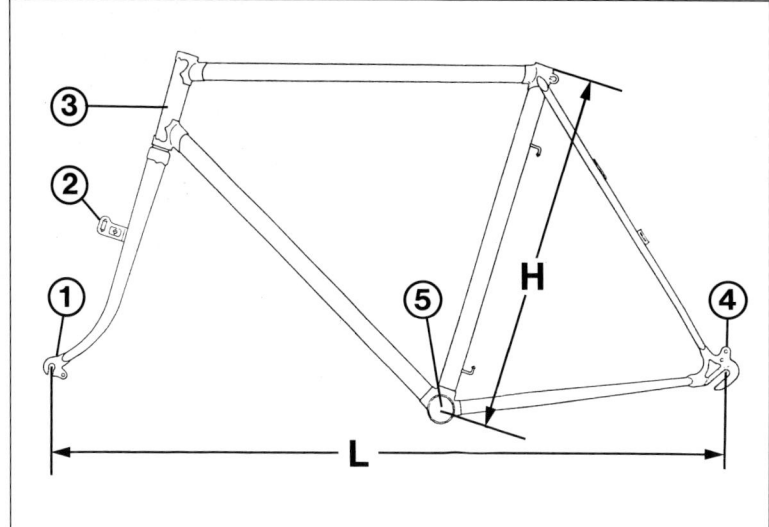

Der vollgemuffte Trekkingbikerahmen zeigt bei:
H – Rahmenhöhe;
L – Radstand;
1 – Ausfallende der
Gabel;
2 – Anlötteil für Rollen-
dynamo (Seitenläufer);
3 – Steuerkopfrohr;
4 – hinteres Ausfallende;
5 – Tretlagergehäuse.

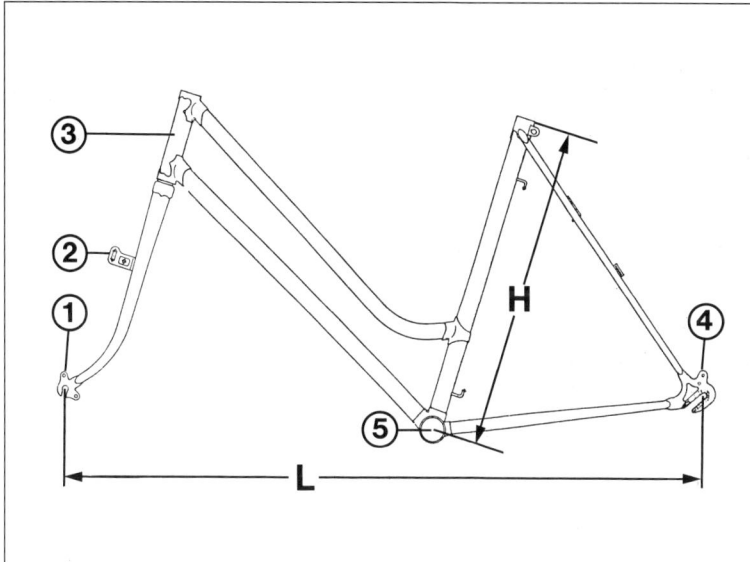

Die typische Rahmen-
form eines Damen-
Citybikes zeigt bei:
H – Rahmenhöhe;
L – Radstand;
1 – Ausfallende der
Gabel;
2 – Anlötteil für
Rollendynamo
(Seitenläufer);
3 – Steuerkopfrohr;
4 – hinteres Ausfallende;
5 – Tretlagerge-
häuse.

Rahmen vermessen

Die Fachwerkstatt hat eine spezielle Rahmenlehre, mit der durch entsprechend angesetzte Meßschieber jedes einzelne Rahmenrohr präzise ausgemessen werden kann. So lassen sich selbst kleinste Rahmenungenauigkeiten, wie z.B. leicht schräg eingebaute Lagergehäuse, oder ein einzelnes verbogenes Rohr feststellen, was mit einem normalen Lineal nicht festzustellen ist.

- Bei Verdacht auf einen Rahmenschaden kann der Selbermacher sein Rad jedoch bis zu einem gewissen Grad selbst kontrollieren.
- Dazu muß das Fahrrad absolut gerade in einem Montageständer fixiert werden. Dann muß ein Schnurgerüst symmetrisch so um den Rahmen aufgespannt werden, daß bestimmte Messungen links und rechts immer verglichen werden können.

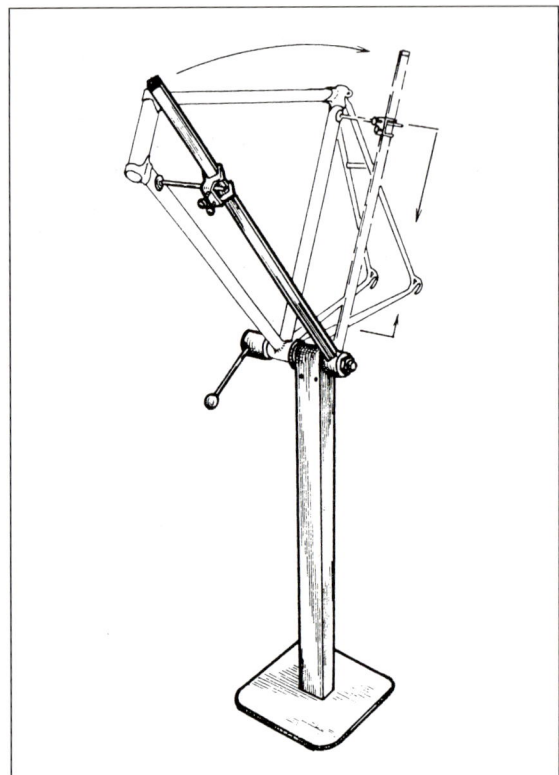

Der Werkstatt steht zur Vermessung des Rahmens eine Präzisions-Rahmenlehre zur Verfügung. Mit einem Meßschieber kann damit nicht nur das Rahmengerüst genauestens auf Verzug kontrolliert werden, sondern selbst schräg eingesetzte Lagergehäuse (Steuersatz und Tretlager) können als Übeltäter für schlechtes Fahrverhalten entdeckt werden.

● Für einfachere Kontrollen, z.B. ob die Ketten- bzw. Sattelstreben und die Ausfallenden fluchten, genügt es, wenn Sie eine genügend lange Schnur von einem Ausfallende nach vorne um den Steuerkopf und zurück zum anderen Ausfallende spannen. Von diesem Schnurgerüst aus können Sie dann schon eine ganze Menge Messungen zu den einzelnen Rahmenrohren vornehmen.
● Bei absolut symmetrisch aufgebauten Schnurgerüsten ergibt dann die Differenz der beiden Messungen durch zwei geteilt den Verzug des entsprechenden Rahmenrohres.

Rahmen richten

Haben Sie festgestellt, daß der Rahmen Ihres Fahrrades sichtbar verzogen ist, sollten Sie es baldmöglichst zur Werkstatt bringen und den Rahmen vom Fachmann kontrollieren und ausmessen lassen. Er kann dann auch durch sein Fachwissen entscheiden, ob der Rahmen gerichtet werden kann oder »Schrott« ist. Außerdem hat er auch das nötige Meß- und Richtwerkzeug. Im eigenen Interesse sollten Sie aber ein Fahrrad mit einem gestauchten und damit in seiner Struktur geschwächten Rahmen nicht mehr fahren.

Unterwegs einen deformierten Rahmen zurechtzubiegen, sollten Sie möglichst unterlassen, da speziell bei den Rahmenrohren durch die geschwächte Metallstruktur erhöhte Bruchgefahr besteht.
Ist ein Rahmenrohr gebrochen, können Sie versuchen, ein kurzes Stück passend geschnitztes Holz in die Rohrstümpfe zu schieben und die Bruchstelle außen ringsum mit Stöcken zu schienen. Die Bruchstelle dann mit ein paar Lagen Lassoband fest umwickeln. Die gibt der Bruchstelle soviel Festigkeit, daß Sie bei vorsichtiger Fahrt die nächste Werkstatt erreichen können.

Die Gabel

Die Vorderradgabel ist bei allen Fahrrädern eine »Schwachstelle«, denn sie muß selbst die gröbsten Fahrbahnstöße federnd absorbieren. Deshalb sollten Sie der Gabel bei der Rahmenkontrolle nach extremen Beanspruchungen besonderes Augenmerk schenken.
Die Gabel besteht aus dem Gabelschaft, der mit Teilen des Steuersatzes im Steuerkopf des Rahmens sitzt, der Gabelbrücke bzw. Gabelkopf und den daran sitzenden Gabelscheiden mit den Ausfallenden. Bei Mountain- und Trekkingbikes, aber auch bei Cityrädern sind die beiden Gabelscheiden heute oft aus Festigkeitsgründen oben zu einer Einheit gebogen und mit dem Gabelschaft am Gabelkopf verschweißt.

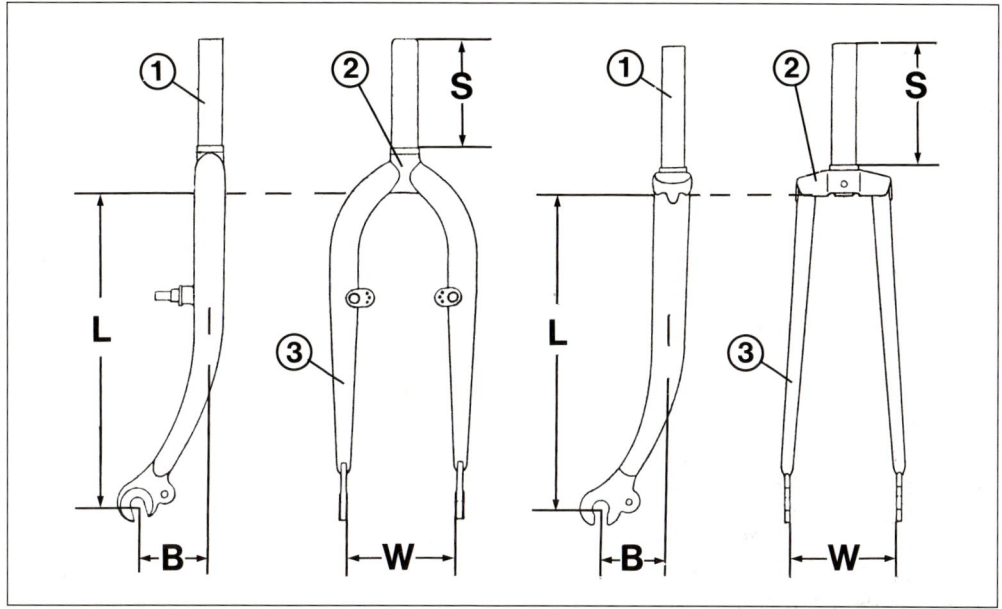

Links eine Mountainbikegabel, wie sie auch beim Trekking- und Citybike eingebaut wird, rechts eine »klassische« Gabel, wie sie besonders in Fahrrädern mit Seiten- und Mittelzugbremsen eingebaut ist.
Es bedeuten: L – Gabellänge (abhängig vom Laufraddurchmesser);
B – Gabelvorbiegung (wichtig für das Lenkverhalten);
W – Gabelweite (abhängig von der Bereifung);
S – Gabelschaftlänge (abhängig vom Steuerkopfrohr).
1 – Gabelschaft;
2 – Gabelbrücke bzw. Gabelkopf;
3 – Gabelscheide.

Gabel verbogen

Falls Sie nach einem Sturz den Eindruck haben, Ihr Fahrrad spurt nicht mehr genau und zieht nach einer Seite, weil vermeintlich der Rahmen verzogen ist, kann dies auch an einer verzogenen Vorderradgabel liegen. Eine leicht deformierte Gabel kann aber oft vom Fachmann noch einmal gerichtet werden.
Stärker verbogene oder gar geknickte Gabelscheiden dürfen jedoch nicht gerichtet werden. Auch Schweißarbeiten an der Gabel (z.B. Dynamohalterung oder Anlötsockel der Felgenbremse) dürfen nicht vorgenommen werden, da sich die Metallstruktur verändert und ein Bruch für den Fahrer tödlich enden kann.

Gabel auf Verzug kontrollieren

- **Sichtkontrolle:** Sind Risse im Lack sichtbar?
- Verlaufen beide Gabelscheiden symmetrisch zu den Ausfallenden?
- Fluchten die Gabelscheiden mit dem Steuerrohr des Rahmens?
- Sind Knicke oder Eindellungen an den Gabelscheiden erkennbar? Liegt eines der aufgeführten Merkmale vor, sollten Sie Ihr Fahrrad vom Fachmann begutachten, und ihn entscheiden lassen ob Richten oder Tausch der Gabel angesagt ist.
- **Maßkontrolle:** Hierzu muß das Vorderrad ausgebaut werden.
- Dann ein genügend breites, nicht verzogenes Brett hinten an den beiden Gabelscheiden anlegen und mit Schraubzwingen festklemmen.
- Links und rechts vom Brett aus das Maß zu den Ausfallenden ermitteln.
- Bei genau ausgerichtetem Brett ergibt die Differenz der beiden Messungen durch zwei geteilt den Verzug der Gabelscheiden.

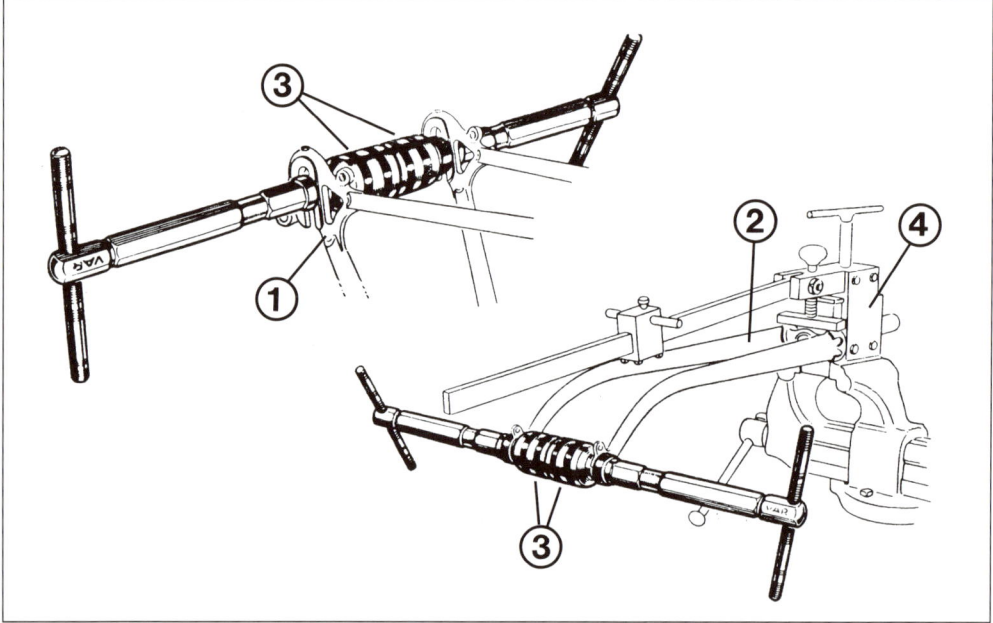

Eine leicht verzogene, nicht jedoch eine deformierte und verbogene Gabel oder ein verzogener Rahmenhinterbau kann mit einem solchen Gabelrichtwerkzeug genau ausgerichtet werden. Dazu müssen die exakt eingespannten geteilten Glocken zwischen den Ausfallenden genau parallel zueinander fluchten. Für die vordere Gabel steht der Werkstatt noch zusätzlich ein Werkzeug mit Meßfühler zur Verfügung. Es bedeuten:
1 – hintere Ausfallenden; 2 – eingespannte Gabel; 3 – Meßglocken; 4 – Werkzeug mit Meßfühler.

 Ist die Gabel nach einem Sturz »fern der Heimat« einmal so verbogen, daß selbst nach Abbau des Schutzblechs der Reifen am Unterrohr des Rahmens schleift oder hängen bleibt, so daß Lenken nicht mehr möglich ist, kann eine Notreparatur weiterhelfen. Dazu das Vorderrad ausbauen, die beiden Gabelscheiden in je eine Hand nehmen und sich mit den Beinen gegen das Tretlagergehäuse stemmen. So können Sie zumindest die nächste Werkstatt erreichen, wenn auch mit viel Glück und »Restrisiko«.

Gabel ausbauen

Ist eine Gabel einmal so deformiert, daß sie ersetzt werden muß, sollten Sie sich als Ersatz möglichst den gleichen Gabeltyp besorgen. Falls dies nicht möglich ist oder aber, weil Sie auf einen bestimmten Gabeltyp umsteigen wollen, sollte zumindest die Scheiden- und die Gabelschaftlänge zum Rahmen passen. Ganz wichtig ist auch der zum Steuersatz passende Gewindetyp, siehe im folgenden Kapitel »Der Lenker« unter »Der Steuersatz«.

Die Federgabel

Schon sehr früh wurde versucht, aus dem im Volksmund »Knochenschüttler« genannten Fahrrad ein gefedertes Gefährt zu entwickeln. So ist es aber über teils abenteuerliche Entwicklungen erst in den letzten Jahren gelungen, mit moderner Technologie zufriedenstellende Federgabeln auf den Markt zu bringen. Durch den zudem erschwinglich gewordenen Preis werden nun immer mehr Mountainbikes und auch schon Trekkingbikes, also Reiseräder, ab Werk mit gefederten Gabeln ausgestattet. Dadurch werden mit Federgabeln ausgerüstete Fahrräder nicht nur sicherer, weil eine gefederte Gabel wesentlich bruchfester ist als eine filigrane und noch dazu starre Gabel, sondern auch komfortabler, was sich besonders auf schlechten Wegstrecken bemerkbar macht. Durch moderne Fertigungstechniken wiegt eine Federgabel nur 600 – 700 g mehr als eine starre Gabel. Die Federwirkung wird durch unterschiedliche Federsysteme erreicht: Durch die Kombination von Öl und Luft, durch Elastomere, einem gummiartigen Vielzweckkautschuk, und durch Spiralfedern. Alle Federsysteme haben durch ihre eigene Dämpfungscharakteristik Vor- und Nachteile.

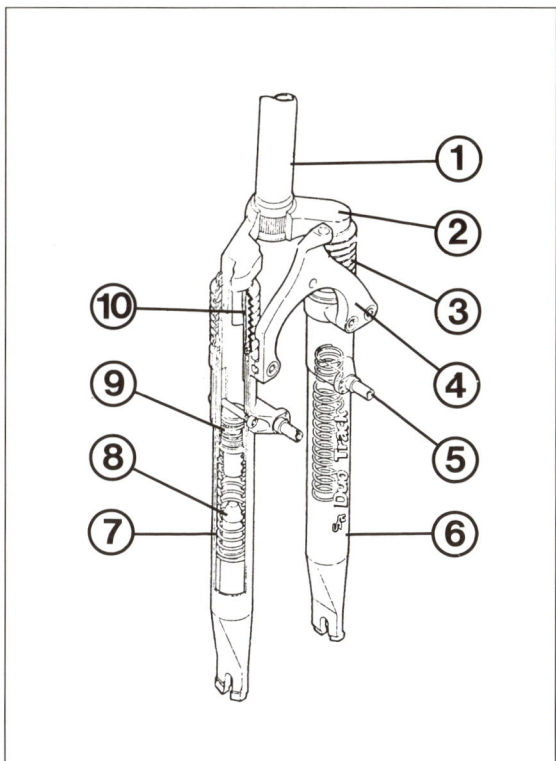

Die Phantomzeichnung zeigt eine Federgabel von Suntour mit Spiralfedersystem. Es bedeuten:
1 – Gabelschaft;
2 – Gabelkrone;
3 – Faltenbalg (Staubschutz);
4 – Gabelbrücke;
5 – Anlötsockel für Cantileverbremse;
6 – Gabelholme;
7 – progressiv gewickelte Druckfeder;
8 – Anschlagpuffer;
9 – Anschlagdämpfungsfeder für Anschlagpuffer;
10 – hartverchromte Gabelstandrohre.

Durch den vom Fahrrad begrenzten Federbereich ist jedoch nur ein kurzer Federweg möglich. Er ist aber auch konstruktiv gewollt, denn eine Fahrrad-Federgabel darf nicht gleich bei der kleinsten Unebenheit ansprechen, sonst würden z.B. durch die pendelnden Bewegungen des Radlers beim »Geigen« am Berg unkontrollierbare Schwingungen auftreten, die eher lästig wären, weil sie zusätzlich Kraft kosten.

Wollen Sie Ihr Fahrrad mit einer Federgabel nachrüsten, lassen Sie sich ausgiebig von Ihrem Fachhändler beraten, denn abhängig von der Geometrie des Rahmens kann durch eine falsche Federgabel Lenkwinkel und Nachlauf nachteilig beeinflußt werden.

Lackpflege (Wartung Nr. 34)

Die Lackierung des Rahmens ist beim Fahrrad schon immer eine besondere Kunst gewesen. Besonders die heutigen Spritztechniken erlauben ausgefallene Lackierungen. Der Aufbau der Lackschicht entspricht der des Autos und genau wie beim Auto werden schon häufig Wasserlacke verwendet. Deshalb können bei der Lackpflege auch die gleichen Pflegemittel wie beim Auto benutzt werden.

Für die normale Lackpflege reicht schon eines dieser beiden Pflegemittel. Sowohl das Wachspray (links) als auch die Radglanz-Flüssigkeit auf das gereinigte Fahrrad gesprüht, löst festgebackenen Schmutz, schützt alle Teile vor Korrosion und erleichtert die Reinigung des Fahrrades nach einer »Schlammfahrt« erheblich. Zudem wird Rostansatz verhindert.

Lackschäden ausbessern

Kleinere Lackschäden können Sie mit einem Lackstift beheben. Bei größeren Schäden sollten Sie aber zur Spraydose greifen und nach vorbehandelndem vorsichtigem Naßschleifen mit feinem Sandpapier die Umgebung abdecken.

Ist der Lack bis aufs Metall durchgescheuert und kommt es zur Rostbildung, muß die Stelle beigeschliffen und mit Rostumwandler vorgestrichen werden. Erst dann mit der Spraydose nachlackieren.

Lenker und Steuersatz

Der Lenkervorbau

Zwischen dem sogenannten »Gesundheitslenker« aus Großvaters Radfahrzeit und den heutigen Lenkerformen liegt eine lange Entwicklungszeit. Obwohl moderne Lenker oft gewöhnungsbedürftig sind, vermeiden sie bei richtiger Einstellung eine verkrampfte Haltung und verhindern vor allem vorzeitige Ermüdung.

Der Lenkervorbau, mit dem Vorbauschaft in den Gabelschaft geklemmt, bestimmt durch seine Länge maßgeblich die richtige Sitzposition und dadurch auch die optimale Position der Hände an den Lenkergriffen. So können die Bremsgriffe effektiver bedient werden und durch die richtige Griffstellung des Lenkers wird vorzeitiges Ermüden und Verkrampfen der Hände vermieden.

Ob der Lenkervorbau abfallend, waagrecht oder ansteigend geformt ist – den für Sie richtigen Vorbautyp in Kombination mit dem Lenker zu finden, sollten Sie beim Radkauf durch Probefahren verschiedener Räder selbst herausfinden.

Höheneinstellung des Lenkervorbaus

Genauso wichtig wie die Satteleinstellung (siehe nächstes Kapitel) ist die Einstellung der Höhe des Lenkervorbaus, denn trotz richtiger Satteleinstellung können Sie mit einem falsch eingestellten Lenker durch eine verkrampfte Körperhaltung z.B. die Beinarbeit nicht optimal auf die Pedal übertragen. Die richtige Lenkereinstellung und damit auch Ihre Körperhaltung auf dem Fahrrad ist deshalb nicht nur für entkrampftes Fahren und Manövrieren besonders im Gelände äußerst wichtig.

Die optimale Einstellung des Lenkervorbaus ist individuell verschieden und muß von Ihnen ausprobiert werden. Sie soll zwischen 2,5 cm und 6 cm unter der Sattelhöhe eingestellt sein, doch hängt die Einstellung auch von der Vorbauform ab.

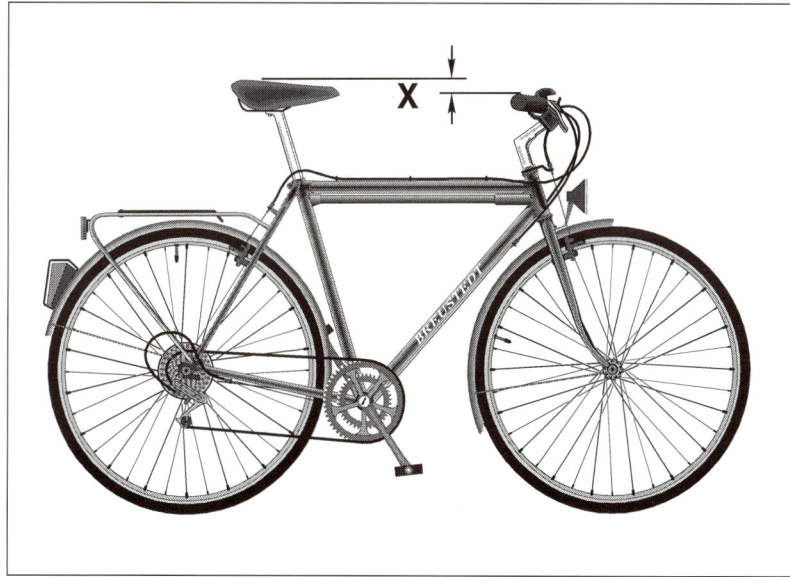

Die Höheneinstellung des Lenkers sollte immer etwas unter der Sattelhöhe eingestellt werden. Je nach Körpergröße liegt sie abhängig von der Form des Lenkervorbaus bei X zwischen 2,5 und 6 cm.

Zur Lenkerhöheneinstellung muß lediglich diese 6-mm-Innensechskantschraube (Pfeil) so weit gelöst werden, daß der im Rohrinnern sitzende Klemmkeil den Lenkervorbau im Gabelschaft freigibt. Dann kann der Vorbau in der Höhe verschoben werden. Bei der Lenkerhöheneinstellung unbedingt darauf achten, daß die »MAX«-Kennzeichnung nicht sichtbar wird.

Lenkerhöhe einstellen

- Schraubbolzen im Lenkervorbau lösen (Gabel- oder Innensechskantschlüssel).
- Sitz der Vorbau fest, ein Hartholzstück auf den Kopf des Schraubbolzens legen und den Bolzen mit einem Hammerschlag vorsichtig zurückschlagen. Steht ein Kunststoffhammer zur Verfügung, erübrigt sich das Hartholzstück.
- Lenker durch hin und her bewegen in die neue Stellung bringen.
- Nach Ausrichten des Lenkers den Schraubbolzen wieder festziehen.
- Abschließend sollten Sie sich vor das Rad stellen, das Vorderrad zwischen die Beine klemmen und am Lenker durch hin und her bewegen die Klemmwirkung und damit Festigkeit der Verbindung des Vorbauschaftes im Gabelschaft kontrollieren.

Der maximale Auszug aus dem Gabelschaft für die höchste Lenkerstellung ist durch eine Markierung am Schaft des Lenkervorbaus vorgegeben. Weiter als bis zu dieser Markierung darf der Vorbauschaft auf keinen Fall aus dem Gabelschaft des Steuerkopfes herausgezogen werden, da sonst die Klemmkraft des Schraubkonus bzw. -keils nicht mehr ausreichend ist und zudem der Vorbauschaft durch die erhöhte Hebelwirkung verbogen und gar brechen kann. Außerdem wird der obere Teil des Gabelschaftes verbogen oder gar aufgerissen.

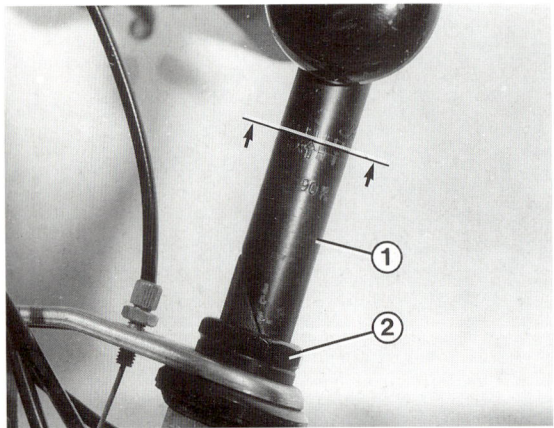

Beim Einstellen der Lenkerhöhe darf der Lenkervorbau (1) höchstens bis zur »MAX«-Marke (Pfeile) aus dem Gabelschaft an der oberen Steuersatzmutter (2) herausgezogen werden, sonst besteht bei Belastung, wie sie beim Fahren auftritt, erhöhte Bruchgefahr.

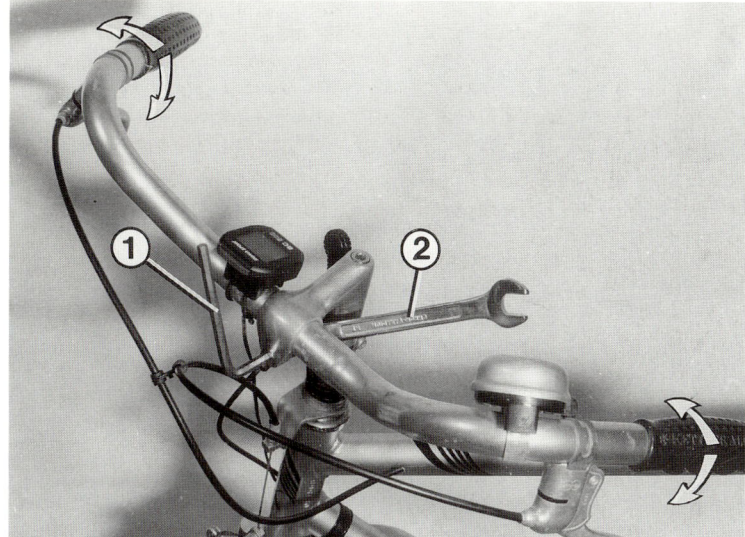

Zum Verstellen der Lenkerneigung lediglich den Klemmbolzen lösen. Dazu die Mutter mit einem Gabel- oder Ringschlüssel (2) lösen und mit einem 6-mm-Innensechskant-schlüssel (1) gegenhalten. Dann kann der Lenker für die bequemste Griffhaltung geneigt werden (Pfeile).

Lenkerneigung einstellen

- Mutter des Klemmbolzens am Klemmflansch des Lenkervorbaus lösen.
- Lenker in die neue Stellung drehen und in dieser Position festhalten.
- Klemmschraube festziehen.
- Nach Probefahrt Lenkerposition ggf. etwas korrigieren.

Festen Sitz von Lenker und -vorbau kontrollieren (Wartung Nr. 13)

Der feste Sitz des Lenkers und des Vorbaus muß regelmäßig kontrolliert werden. Dies gilt besonders nach Fahrten durchs Gelände.

- Sitzt der Lenker noch ausreichend fest im Klemmflansch des Vorbaues?
- Zur Kontrolle mit beiden Händen versuchen, das Lenkerrohr zu verdrehen oder durch Hin- und Herwippen eventuelles Spiel in der Lenkerklemmung aufspüren.
- Ggf. Klemmschraube etwas anziehen.
- Fluchtet der Vorbau mit dem Vorderrad?
- Sitzt der Vorbauschaft noch fest im Rohr des Gabelschaftes?
  Dazu das Vorderrad zwischen die Beine nehmen und versuchen, den Lenker seitlich zu verdrehen.
- Wenn nicht, Vorbauklemmschraube etwas nachziehen.

 Läßt sich der Lenker im Klemmflansch des Vorbaus trotz festgezogenem Klemmbolzen hin- und herwippen, passen Lenkerrohrstärke und Durchmesser des Klemmflansches am Vorbau nicht zusammen. Um einem Lenkerbruch vorzubeugen, sollte entweder Vorbau oder Lenker gegen ein passendes Teil ausgetauscht werden.
Der Vorbau muß im Gabelschaftrohr so fest sitzen, daß sich der Lenker im harten Geländeeinsatz nicht selbst verstellen kann.

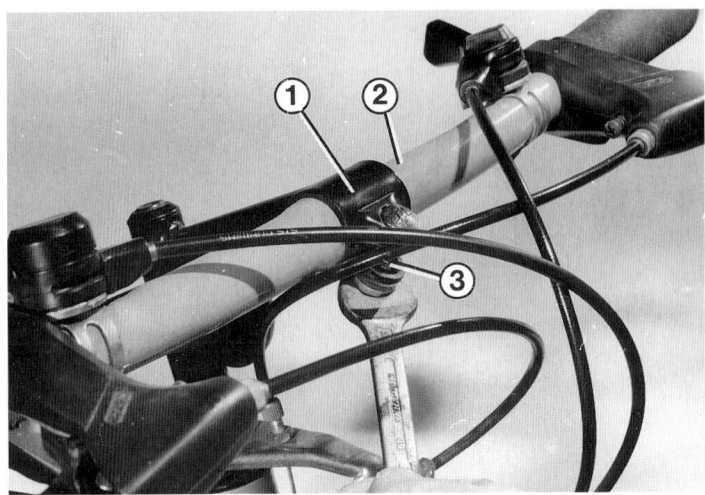

Zum Ausbau des Lenkers (2) lediglich den Klemmbolzen (3) lösen. Dazu meist einen Gabelschlüssel SW 13 benutzen und ggf. mit einem 6-mm-Innensechskantschlüssel gegenhalten. Dann kann der Lenker aus dem Klemmflansch (1) des Vorbaus gezogen werden. Vorher müssen jedoch von einer Lenkerseite der Lenkergriff und der Bremshebel sowie ggf. auch der Schalthebel abgebaut werden.

Lenker ausbauen

Da der Lenker nicht nur die Lenkkräfte übertragen muß, sondern auch noch Zug und Druck des Oberkörpers, sollte ein durch einen Sturz gestauchter oder angeknickter Lenker möglichst bald ausgewechselt werden.

- Alle am Lenker montierten Teile wie z.B. Bremshebel, Schalthebel, Klingel etc. abbauen.
- Griffe abziehen. Dazu die Griffe ggf. ausschneiden.
- Mutter des Klemmbolzens am Klemmflansch des Vorbaus abschrauben und Klemmbolzen entfernen.
- Lenker drehend seitlich aus dem Klemmflansch ziehen. Zur Erleichterung können Sie den Klemmflansch etwas mit einem breiten Schraubendreher spreizen.
- Nach Einbau des Lenkers die richtige Stellung erst nach Anbau der Brems- bzw. Schalthebel und Anbringen der Griffe einstellen.

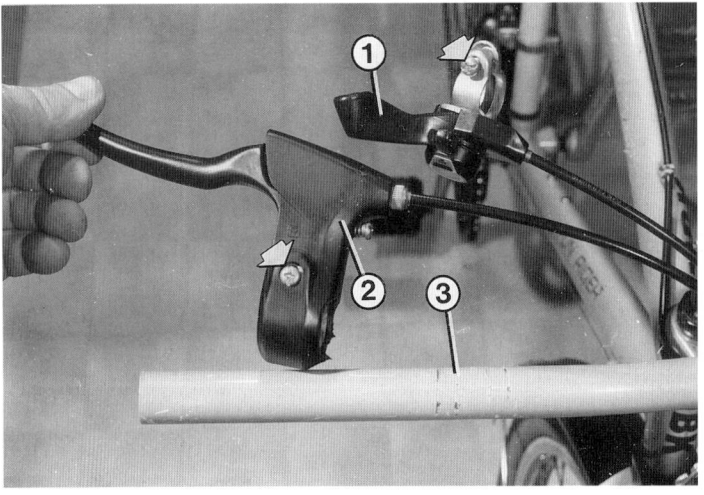

Zum Abbauen von Brems- (2) oder/und Schalthebel (1) vom Lenker (3) braucht lediglich die Klemmschelle des jeweiligen Hebels soweit gelockert werden, bis er vom Lenkerrohr leicht abgezogen werden kann, ohne daß der Lenker zerkratzt wird. Die Klemmschellen können meist von der Unterseite her mit einem Kreuzschraubendreher gelöst werden (Pfeile).

Nicht selten sind die Griffe (1) am Lenkerrohr (2) so festgebacken, daß sie zum Abbauen nur noch aufgeschnitten werden können. Ein lockerer Lenkergriff kann jedoch zum Sicherheitsrisiko werden. Deshalb sollte ein gelockerter Griff abgezogen und mit Kleber, Gummilösung aus dem Flickzeug oder Haarspray versehen wieder auf dem Lenkerrohr fixiert werden.

Lenkergriffe wechseln

- Mit einer Hand das Lenkerrohr umfassen, mit der anderen Hand den Griff mit einer schraubenden Drehbewegung vom Lenkerrohr ziehen. Dazu ist oft viel Kraft nötig.
- Rührt sich der Griff trotz aller Anstrengung nicht, können Sie versuchen, den Griff ringsum vorsichtig mit einem Schraubendreher anzuheben. Meist läßt er sich dann bewegen.
- Falls dies nichts hilft, können Sie zwischen Lenkerrohr und Griff etwas Spülmittel angeben.
- War dies immer noch vergebens, hilft nur noch Aufschneiden des Griffes. Vor der Montage das Lenkerrohr reinigen.
- Werden die alten Griffe wieder montiert, sollten Sie auch die Innenseiten von eventuellen Spülmittelresten reinigen, sonst sitzt der Griff nach der Montage nicht fest.
- Das Aufschieben der Griffe auf das Lenkerrohr sollte ohne Gleitmittel gehen, sonst sitzen sie später nicht fest.

In warmem Wasser weichgemachte Griffe lassen sich leichter aufschieben. Lockere Griffe können nach Abziehen vom Lenkerrohr mit Kontaktkleber festgeklebt werden.

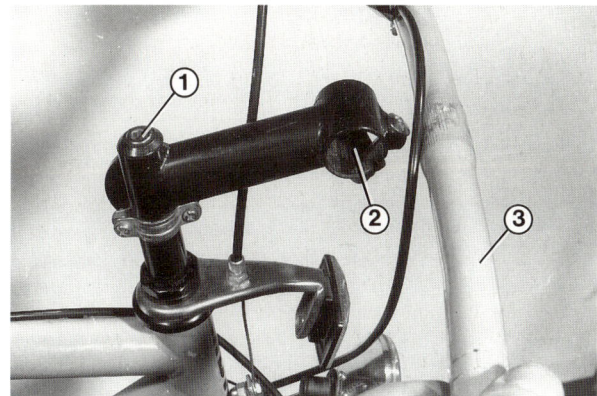

Nachdem der Lenker (3) aus dem Klemmflansch (2) des Lenkervorbaus gezogen worden ist, braucht lediglich noch die Klemmschraube (1), mit der der Vorbau im Gabelschaft fixiert ist, gelöst zu werden und kann aus dem Gabelschaft gezogen werden.

Lenkervorbau ausbauen

- Griff und alle Hebel auf einer Lenkerseite abbauen.
- Klemmbolzenschraube auf dem Vorbauschaft ein paar Umdrehungen lockern (Gabel- oder Innensechskantschlüssel).
- Wenn nötig, ein Hartholzstück auf den Kopf des Schraubbolzens legen und den Bolzen mit einem Hammerschlag vorsichtig zurückschlagen, damit sich der Klemmkonus bzw. -keil im Gabelschaft lockert. Steht ein Kunststoffhammer zur Verfügung, erübrigt sich das Hartholzstück.
- Vorbau durch hin und her bewegen aus dem Gabelschaft ziehen.
- Lenker ausbauen, wie zuvor beschrieben.
- Zum Einbau den Vorbauschaft einfetten und den Klemmkonus bzw. -keil sauber ausrichten. Dazu die Klemmbolzenschraube handfest beidrehen.
- Vorbauschaft in den Gabelschaft einschieben und in Position bringen.
- Schraubbolzen etwas fester ziehen und Lenker komplett montieren.
- Nach Ausrichten des Lenkers den Schraubbolzen endgültig festziehen.
- Abschließend sollten Sie sich vor das Rad stellen, das Vorderrad zwischen die Beine klemmen und am Lenker durch hin und her bewegen die Klemmwirkung und damit Festigkeit der Verbindung des Vorbauschaftes im Gabelschaft kontrollieren.

Der Steuersatz

Da auf den Steuersatz und damit auch auf die Gabel große Hebelkräfte einwirken, muß diesem Teil besondere Aufmerksamkeit geschenkt werden. Dabei muß besonders der Gabelschaft am unteren Ende des Steuerkopfrohres kontrolliert werden.

Je nach Rahmenhersteller ist der Steuersatz oben und unten mit je einem Kugellager oder Kegelrollenlager versehen. Dazu sitzen in jeweils einer äußeren Lagerschale, die oben und unten im Steuerrohr des Rahmens sitzen, frei umlaufende Lagerkugeln oder aber Lagerlaufringe mit Kugeln bzw. Wälzlagern. Besonders gute Steuersatzlager sind mit Dichtringen versehen, die ein Eindringen von Spritzwasser und Schmutz verhindern.

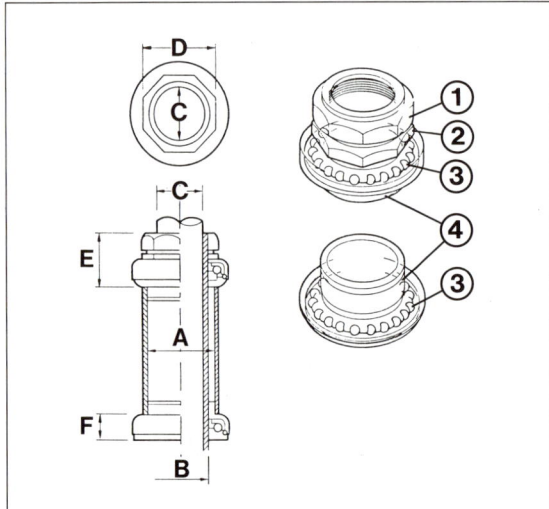

Der Auf- und Seitenriß des Steuersatzes zeigt die vielen Maße, die es beim Ersatzteilkauf zu berücksichtigen gilt:

A – Durchmesser des Steuersatzrohres;
B – Durchmesser des Gabelschaftes;
C – Durchmesser des Lenkervorbaus;
D – Schlüsselweite (SW) für Gewindekonus und Sicherungsmutter;
E – Maß für oberes Steuersatzlager mit Gewindekonus, Nasenring und Sicherungsmutter;
F – Maß für unteres Steuersatzlager.

Die Teile der Phantomdarstellung zeigen bei:
1 – Sicherungsmutter;
2 – Gewindekonus;
3 – Lagerlaufring;
4 – obere und untere Lagerschale.

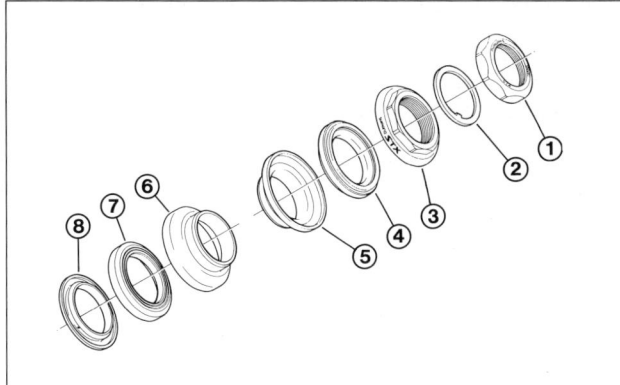

Stellvertretend für die Fülle von Steuersatztypen hier der Steuersatz »STX« von Shimano. Es bedeuten:
1 – Sicherungsmutter;
2 – Nasenring;
3 – Gewindekonus;
4 – oberer Lagerlaufring;
5 – obere Lagerschale;
6 – untere Lagerschale;
7 – unterer Lagerlaufring;
8 – Festkonus des Gabelschafts.

Wie bei vielen Teilen des Fahrrades ist auch beim Steuersatz keine einheitliche Norm zu finden. So sind auch die Gewindedimensionen des Steuersatzes auf dem Gabelschaft je nach Gabel- bzw. Rahmenhersteller unterschiedlich. Der Gabelschaft ist entweder mit einem englischen Zollgewinde oder einem französischen Gewinde mit metrischen Angaben versehen. Deshalb bringen Sie beim Neukauf am besten die alte Gabel mit zu Ihrem Händler. Oft ist auch der Gabelschaft einer neuen Gabel extra lang, damit er auf das erforderliche Maß mit einer Eisensäge gekürzt werden kann.

Spiel des Steuersatzes prüfen (Wartung Nr. 22)

Axiales Spiel und eventuell knackende Geräusche, Schwergängigkeit des Steuersatzes mit mahlendem Drehgeräusch sind untrügliche Zeichen eines falsch eingestellten, oft sogar defekten Steuersatzes. Da die Lager des Steuersatzes nicht wie bei anderen Kugellagern rundum laufen, sondern sich nur in dem begrenzten Weg des Lenkeinschlages bewegen, treffen die Fahrbahnstöße und Lenkkräfte fast immer auf die gleichen Lagerlaufflächen und Lagerkugeln, so daß sich mit der Zeit regelrechte kleine Laufmulden bilden. Durch zuviel Spiel nachlassende Lenkpräzision vermittelt dann bald ein unsicheres Fahrgefühl. Das durch das Spiel undicht gewordene Steuerlager läßt Feuchtigkeit und Schmutz eindringen und im schlimmsten Fall können sogar Lagerringe und Kugeln zerbrechen.
Der Steuersatz darf kein Spiel aufweisen. Deshalb muß diese Kontrolle regelmäßig alle zwei- bis dreihundert Kilometer erfolgen.
- Spüren Sie beim Fahren über unebenen Untergrund harte Schlagvibrationen, sollten Sie den Steuersatz auf zuviel Spiel kontrollieren.
- Sitzt die Sicherungsmutter des Steuersatzes fest?
- **Steuersatz zu fest eingestellt:** Lenker bei auf dem Boden, also unter Belastung stehenden Streuersatzes, langsam von Hand nach links und rechts schwenken.
- Spüren Sie unharmonische ruckelnde Stockungen in der Schwenkbewegung?
- Wenn ja, Steuersatz einstellen, siehe folgenden Absatz.
- **Steuersatz zu locker eingestellt:** Fahrrad am Lenker vorsichtig anheben und wieder abstellen oder Rad mit angezogener Vorderradbremse vor und zurückruckeln.
- Während der Wechselbelastung das Spiel kontrollieren. Voraussetzung für diese Kontrolle ist natürlich ein mit dem Gabelschaft fest verbundener Lenker und feste Lagerschalen.
- Ist spürbar Spiel vorhanden, Steuersatz einstellen, wie im folgenden Absatz beschrieben.

Nach der mit Fein-gefühl vorgenom-menen Einstellung des Steuersatz-lagerspiels ist die Sicherung der Lagereinstellung durch Kontern des Gewindekonus (2) mit der Kopf- bzw.-Sicherungsmutter (1) genauso wich-tig, sonst verstellt sich die Einstellung schon auf den er-sten Kilometern wieder.

 Besonders bei zuviel Spiel sollten Sie den Steuersatz umgehend einstellen, da die Belastung der Lager recht hoch ist und die Lagerschalen von den Lagerkugeln re-gelrecht eingehämmert werden können.

Spüren Sie bei der Kontrolle des Steuersatzspiels trotz korrekter Einstellung ein ruckelndes, also unrundes mahlendes Drehverhalten, das möglicherweise viel-leicht sogar von einem knackenden Lagergeräusch begleitet ist, hilft Ihnen Schmieren und Einstellen meist nicht mehr und der Steuersatz muß komplett ausgetauscht werden.

Spiel des Steuersatzes einstellen

Der gewissenhafte Schrauber kann bei dieser Kontrolle auch den Lenker kurz abbau-en, den Steuersatz öffnen und den Fettvorrat kontrollieren. Falls Fett fehlt, sollten die Lager ausgebaut, gereinigt und mit neuem Fettvorrat versehen, wieder eingebaut werden (siehe nächster Absatz). Benötigt werden entweder ein Spezial-Gabelschlüssel SW 32 oder SW 36, oder ein genügend großer Engländer.

● Ggf. Sicherungsschrauben der Kopfmutter lösen.
● Kopfmutter etwas aufschrauben. Dabei darauf achten, daß Sie nicht von den Flan-ken abrutschen und die Mutter unschön »vermauern«.
● Mit Schlüssel oder von Hand die einstellbare Lagerschale des oberen Steuersatzla-gers so gegen das Lager verdrehen, bis kein Spiel mehr spürbar ist.
● Lagerschale wieder ein paar Grad (ca. 90°) lösen.
● In dieser Stellung die Kopfmutter gegen die Einstell-Lagerschale drehen und festzie-hen.
● Das Steuersatzspiel kontrollieren, wie zuvor beschrieben und gegebenenfalls etwas korrigieren.
● Nicht vergessen, die Sicherungsmutter wieder mit den Sicherungsschrauben (falls

---

 Auf keinen Fall dürfen die Lager des Steuersatzes zu stramm eingestellt sein, da sonst in kürzester Zeit irreparable Lagerschäden entstehen können.

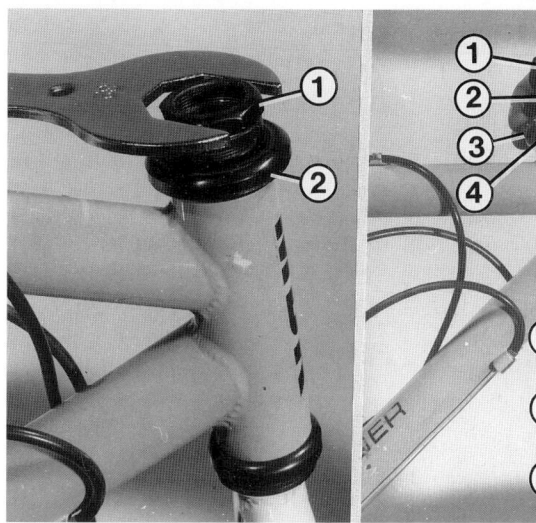 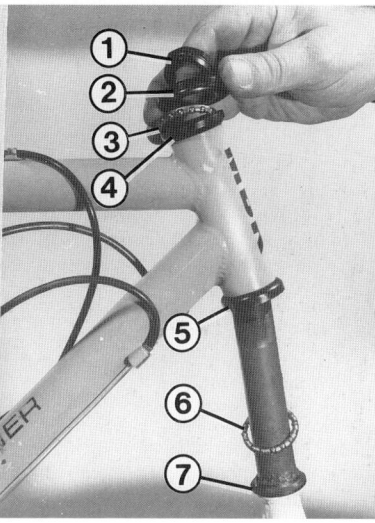

Links: Nachdem Vorderrad und Vorbau komplett mit Lenker aus- bzw. abgebaut sind, kann der Steuersatz durch Lösen der Kopfmutter und Abschrauben des Gewindekonus ausgebaut werden. Rechts: Die Reihenfolge der Teile eines ausgebauten Steuersatzes (im Bild eine einfachere Bauart):
1 – Sicherungs- bzw. Kopfmutter;
2 – Gewindekonus;
3 – oberer Lagerlaufring;
4 – obere Lagerschale;
5 – untere Lagerschale;
6 – unterer Lagerlaufring;
7 – Festkonus des Gabelschaftes.

Steuersatz ausbauen

- Lenker ausbauen, wie in diesem Kapitel beschrieben.
- Kopfmutter lösen und abschrauben.
- Zwischenring abnehmen.
- Je nach Ausstattung Widerlager für den Bremszug bzw. Lampenhalterung abheben.
- Einstellbare Schraublagerschale abschrauben. Dabei ist es wichtig, die Gabel von unten fest gegen die untere Lagerschale zu drücken, damit keine Lagerkügelchen verloren gehen können.
- Falls die Lagerkügelchen lose eingesetzt sind, die Kügelchen aus der oberen Lagerschale nehmen, sonst den oberen Lagerring abheben.
- Gabel vorsichtig absenken und dabei die Lagerkügelchen auffangen. Ggf. Rahmen vorher umdrehen und Gabel nach oben aus dem Steuerkopfrohr ziehen.
- Gabel vollständig aus dem Steuerkopfrohr drehen und ggf. unteren Lagerkäfig vom Gabelschaft ziehen.
- Alle Lagerteile reinigen und auf Verschleiß kontrollieren.
- Falls die Lagerschalen im Steuerkopfrohr ausgetauscht werden müssen, diese mit einem Dorn oder einem Schraubendreher mit durchgehender Klinge ringsum von innen aus dem Steuerkopfrohr treiben. Dabei darauf achten, daß das Rohr nicht beschädigt bzw. verbeult wird. Die Werkstatt benutzt hierzu einen speziellen Austreiber.
- Beim Einbau müssen die Lagerschalen ohne zu verkanten mit einem zwischengelegten Holzstück mit Gefühl ins Steuerkopfrohr getrieben werden. Auch hierfür hat die Werkstatt ein spezielles Einpreßwerkzeug.
- Mangels eines Austreibers muß der untere feste Lagerkonus auf dem Gabelschaft mit einem Dorn oder Schraubendreher wechselseitig vor und hinter dem Gabelkopf losgeschlagen werden. Dabei darf das Gewinde des Gabelschafts nicht beschädigt werden.
- Zum Auftreiben des neuen unteren Lagerkonus brauchen Sie ein genau auf den Rohrdurchmesser des Gabelschaftes passendes Rohr, mit dem der Lagerkonus mit vorsichtigen Hammerschlägen wieder bis zum Anschlag getrieben wird.

- Zum Zusammenbau des Steuersatzes alle gereinigten Teile mit Fett versehen in richtiger Reihenfolge aufstecken bzw. -schrauben.
- Bei Lagerringen darauf achten, daß der Kugelkäfig nicht auf dem Lagerkonus zu sitzen kommt.
- Bei losen Lagerkügelchen die unteren Kügelchen mit Fett auf den Lagerkonus »kleben« und die Gabel vorsichtig in den Steuerkopf schieben, oder die Gabel in das umgedrehte Rad einsetzen und die Kügelchen einsetzen. Beim Umdrehen dann die Gabel fest gegen die untere Lagerschale drücken.
- Steuersatzspiel einstellen, wie zuvor beschrieben.
- Probefahrt unternehmen und Steuersatzeinstellung nochmals kontrollieren und ggf. etwas korrigieren.

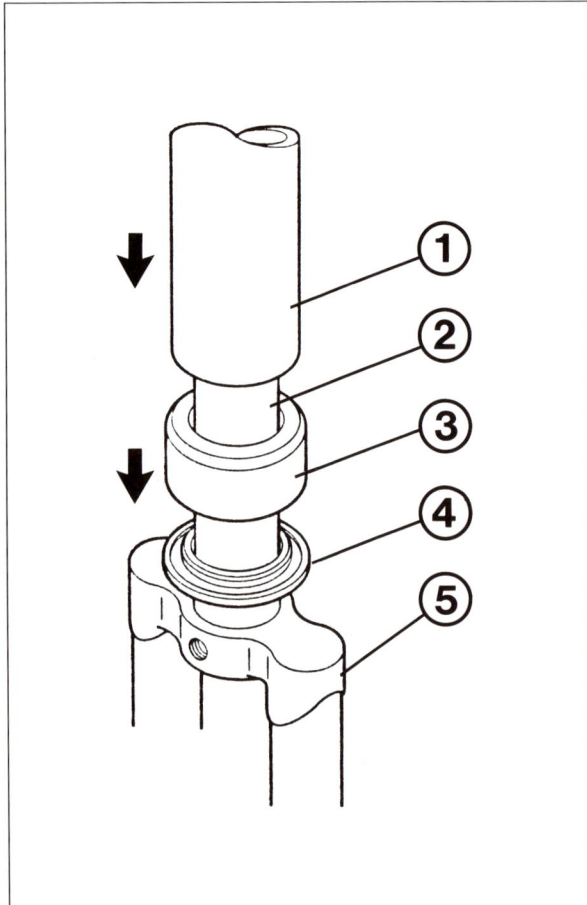

Die Werkstatt hat zum Aus- und Auftreiben sowohl für die Lagerschalen des Steuersatzrohres als auch für den Festkonus der Gabel jeweils verschiedene Spezialwerkzeuge. Im Bild ist gezeigt, wie der Festkonus (4) der Gabel (5) mittels eines genau passenden »Kloben« (3) und einem Schlagwerkzeug (1) auf den Gabelschaft (2) getrieben wird.

Der Tausch nur bestimmter Teile am Steuersatz ist nicht unbedingt zu empfehlen, da beispielsweise beim Tausch nur vernarbter Kugeln der nächste Lagerschaden durch mikroskopisch feine Rauhigkeiten auf den Laufbahnen der Lagerschalen nicht lange auf sich warten läßt.

Steuersatz

Störung	Ursache	Abhilfe
A Fahrrad ist nicht »kursstabil«	1 Steuersatz zu stramm eingestellt	Korrekt einstellen
	2) Gabel verbogen	Austauschen
B) Unruhiges Fahrverhalten	1) Siehe A 1 und 2	
	2) Zuviel Spiel im Steuersatz	Einstellen
	3) Radnabenspiel zu groß	Einstellen
C) Lenker »flattert« beim Bremsen	1) Siehe A 1	
	2) Siehe B 2 und 3	
D) Lenkung rastet in bestimmten Stellungen ein	1) Siehe A 1	
	2) Deformierte Lagerlaufbahn im Steuersatz	Austauschen
E) Knacken beim Lenken	1) Siehe C 2	
	2) Verdrecktes Lager durch zuviel Spiel	Reinigen und neu einstellen

Der Sattel

Die Satteltypen

Der »Radneuling« spürt den Sattel meist schon nach einer kleineren Radtour, doch erst der Vielfahrer weiß, daß dem Sattel besonderes Augenmerk gelten sollte, denn eine falsche Sattelwahl kann sogar zum Abbruch einer Radtour führen.

Für die jedem eigene Anatomie gibt es sowohl für »Weiblein« als auch »Männlein« eine Unzahl Satteltypen von breit bis schmal und hart bis weich mit Bezugsstoffen von Kunststoff über Seide und vom hochwertigen Hirschleder bis zum honigfarbenen Kernleder.

Auch beim Unterbau des Sattels haben moderne Technologien nicht Halt gemacht. So wird neben der althergebrachten Schraubenfederung bis zum Gelsattel, der sich Ihrer individuellen Gesäßanatomie anpaßt, alles angeboten. Welcher Sattel der genau richtige für Sie ist, sollten Sie ausgiebig selbst testen und auch hier empfiehlt sich neben dem Erfahrungsaustausch mit anderen Radlern die fachmännische Beratung Ihres Fahrradhändlers.

Die richtige Sitzposition

Genauso wichtig wie die Sattelqualität ist jedoch die Satteleinstellung, denn trotz hochwertigem Sattel ist schon so manche Radtour wegen vorzeitiger Ermüdung des »Sitzfleisches« zur Tortur geworden oder mußte gar abgebrochen werden. Die richtige Satteleinstellung und damit Ihre Sitzposition auf dem Fahrrad ist deshalb nicht nur für entkrampftes Fahren äußerst wichtig, sondern auch für die sichere Beherrschung des Fahrrades maßgebend.

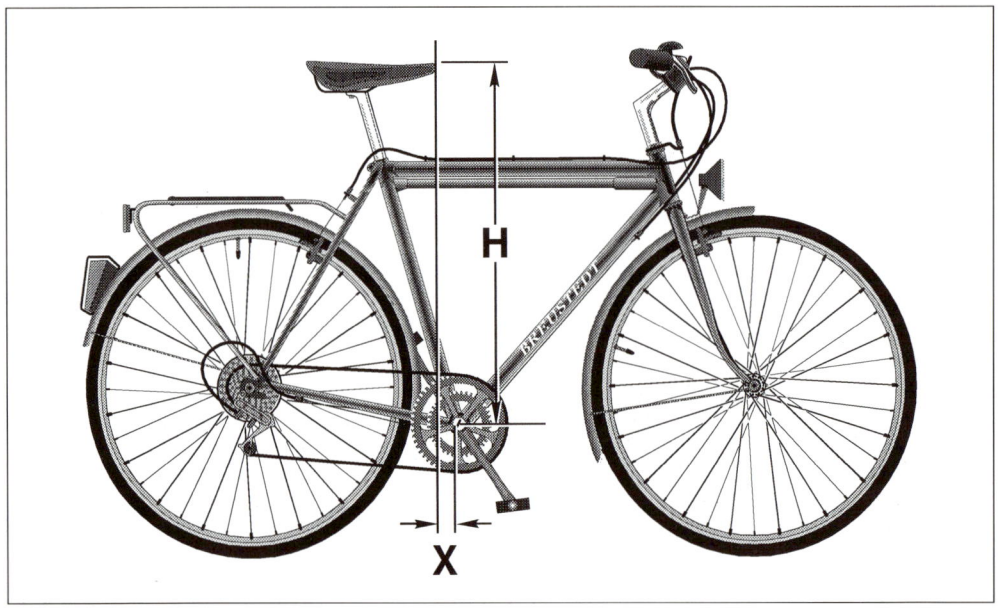

Zur Verdeutlichung sind hier die beiden Sattel-Einstellgrößen für die Höhe (H) und die Längsrichtung (X) gezeigt. Die für Sie optimale Satteleinstellung weicht jedoch von den auf diesen Seiten gegebenen Maßangaben individuell ab und muß selbst gefunden werden. Die Angaben können daher nur als Richtwert gelten.

Um diesen Bolzen (Pfeil) kann der Sattel bei einer sogenannten Klobenbefestigung nach hinten oder vorne geneigt werden. Dabei kann er gleichzeitig in der Längsrichtung verstellt werden. Zum Verstellen müssen links und rechts beide Muttern (SW 13) gelöst werden.

Die optimale Einstellung des Sattels ergibt sich aus Sattelneigung (nach vorne, hinten oder waagrecht), der Sattelstellung in der Längsrichtung zur Sattelstütze und der Sattelhöhe zu den Pedalen.

- Die Sattelstellung in der Längsrichtung ist für die richtige Körperstellung und für den Körperschwerpunkt wichtig. Dazu sollte sich die Sattelspitze, senkrecht zur Fahrbahn gemessen (Senkblei oder Schnur mit Schraubendreher verwenden), immer hinter der Tretkurbelachse befinden. Wie weit, ist individuell verschieden und muß ausprobiert werden. Der Abstand liegt im Mittel bei 5 cm. Bei richtiger Sattel-Längseinstellung sollten bei waagrecht nach vorne stehender Tretkurbel Schulter Knie und Pedalachse eine senkrechte Linie bilden.
- Die Sattelneigung ist ebenfalls eine auf Ihr individuelles Bedürfnis abzustimmende Einstellgröße. Die allgemein übliche Ausrichtung ist waagrecht. Deshalb sollten Sie von einem allzu stark geneigten Sattel nach vorne wie nach hinten absehen.
- Die Sattelhöhe dagegen ist die wichtigste Einstellgröße und kann entsprechend Ihrer Beinlänge ziemlich genau eingestellt werden. Dabei gibt es verschiedene Methoden, die richtige Sattelhöhe zu ermitteln. Für eine optimale Arbeit des ganzen beim Radfahren eingesetzten Muskelapparates ist dann jedoch immer noch die richtige Rahmengröße verantwortlich.

Bei der »Patentsattelstütze« (2) wird die Sattelneigung sowie die Verstellung in Längsrichtung (Pfeile) mittels Lösen einer 6-mm-Innensechskantschraube (1) bewerkstelligt. Durch die gleichzeitig gelockerte Klemmbefestigung der Sattelholme kann der Sattel auch in der Längsrichtung verschoben werden (dicke Pfeile).

Sattelhöhe ermitteln

- **Methode »A«:** Tretkurbel so nach unten stellen, daß sie mit dem Sattelrohr eine Linie bildet. Dann den Sattel so einstellen, daß bei locker gestrecktem Bein die Ferse auf dem Pedal zu stehen kommt.
- **Methode »B«:** Tretkurbel senkrecht nach unten stellen. Dann den Sattel so einstellen, daß bei locker gestrecktem Bein der Fußballen auf der Pedalachse zu stehen kommt und die Ferse ca. 30° nach hinten unten zeigt.
- **Methode »C«:** Sie ist die genaueste Methode, die richtige Sattel-Einstellhöhe zu ermitteln. Dazu messen Sie Ihren »Schritt« (innere Beinlänge) mit angezogenen »Radschuhen«. Ihre gemessene Schrittlänge multiplizieren Sie mit 0,88 (Beispiel: Schrittlänge 75 cm x 0,88 = 66 cm). Das errechnete Maß muß zwischen Tretlagerachse und Satteloberkante eingestellt werden.

Da die beschriebenen Einstellmethoden auf den »normalen Mitteleuropäer« ausgelegt sind, kann es je nach Ihren individuellen Proportionen (Beinlänge zu Rumpf und Armlänge) zu Abweichungen kommen. Deshalb empfiehlt sich das »Nachtrimmen« der Satteleinstellungen solange, bis Sie die für Sie beste Satteleinstellung gefunden haben.

Festen Sitz des Sattels kontrollieren (Wartung Nr. 27)

Selbst ein locker befestigter, sich unverhofft lösender Sattel kann zu einem Sturz führen. Deshalb muß auch seine korrekte Befestigung regelmäßig kontrolliert werden. Dies gilt besonders nach Fahrten durchs Gelände.

- Sitzt der Sattel noch fest auf der Sattelstütze? Dazu versuchen, den Sattel nach vorne oder hinten zu neigen.
- Falls er locker ist, Klemmschraube(n) bzw. Muttern der Klemmschelle (Kloben) etwas nachziehen.
- Sitzt die Sattelstütze noch ausreichend fest im Klemmflansch des Sattelrohrs?
- Zur Kontrolle mit beiden Händen versuchen, den Sattel zu verdrehen oder durch Hin- und Herwippen eventuelles Spiel im Sattelrohr aufspüren.
- Ggf. Klemmschraube etwas anziehen.
- Fluchtet der Sattel mit dem Rahmen?
- Falls nicht, Klemmschraube am Sattelrohr losen und Sattel ausrichten.

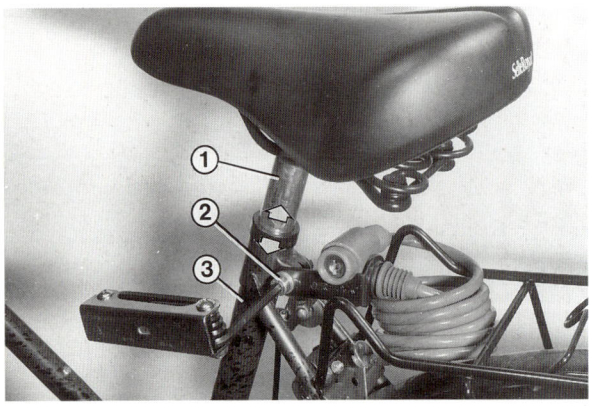

Zum Verstellen der Sattelhöhe den Klemmbolzen (2) mit einem 6-mm-Innensechskantschlüssel oder einem Gabelschlüssel SW 13 lösen. Dann kann die Sattelstütze (1) im Sitzrohr (3) des Rahmens verschoben werden. Darauf achten, daß die Sattelstütze noch genügend weit im Sattelrohr steckt.

Tip

Wenn Sie bei normaler Sitzhaltung ins »geigen« kommen – die Hüfte sich also nach links und rechts neigt – ist die Satteleinstellung zu hoch.

Wird der Sattel einmal ausgebaut oder öfter verstellt, sollten Sie die Sattelein-stellung mit einem kleinen Ritzer in der Sattelstütze markieren. Dies empfiehlt sich besonders bei Sattelstützen mit Schnellspanner.

Läßt sich der Sattel im Klemmflansch des Sattelrohrs trotz festgezogener Klemm-schraube hin- und herwippen, passen Rohrstärke der Sattelstütze und Durchmes-ser des Sattelrohrs nicht zusammen. Um einem Sattelstützenbruch rechtzeitig vorzubeugen, sollte die Sattelstütze am besten gegen ein passendes Teil ausge-tauscht werden.

Sattel einstellen

- **Sattelhöhe:** Je nach Klemmbolzentyp die Verschraubung am Sattelrohr mit Innensechskant oder Gabelschlüssel lösen. Dabei ggf. auf die Bowdenzüge der Bremse achten.
- Bei einem Klemmbolzen mit Schnellspanner nur den Schnellspannhebel umlegen.
- Sattel mit einer Drehbewegung höher oder tiefer in die ermittelte Höhenposition drücken bzw. ziehen.
- Klemmbolzen wieder festziehen.
- **Sattel-Längseinstellung:** Bei einem Sattel mit Klemmschelle, auch Kloben genannt, beide Muttern lösen. Bei einem Sattel mit Patentsattelstütze Innensechskantschrau-be(n) lösen.
- Sattel in Längsrichtung nach vorne oder hinten in die gewünschte Stellung verschie-ben.
- Klemmmuttern bzw. Innensechskantschraube wieder festziehen.
- **Sattelneigung:** Bei einem Sattel mit Klemmschelle an der Sattelstütze beide Muttern lösen.
- Sattel in die gewünschte Richtung neigen und festhalten.
- Muttern der Klemmschelle wieder festziehen.
- Bei einer Patentsattelstütze mit Innensechskantschrauben wird die Sattelneigung entweder durch Verschieben des Sattels auf einer gewölbten Gleitscheibe, durch ei-ne spezielle von vorne zugängliche Einstellschraube (3-mm-Innensechskant) oder durch wechselseitiges Lösen bzw. Anziehen von vorderer und hinterer Innensechs-kantschraube erreicht.

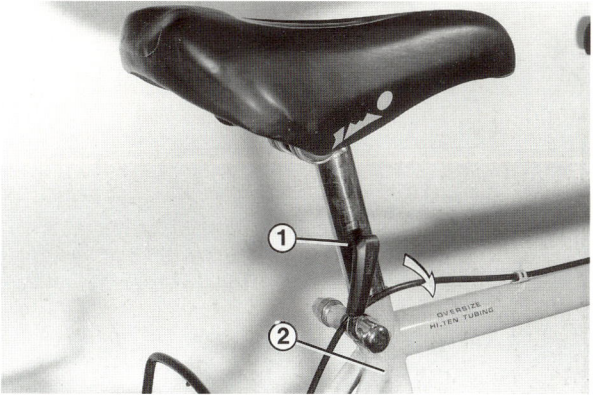

Da ein Mountainbikesportler den Sattel für optimale Schwerpunktlage je nach Geländebeschaffenheit öfter verstellen muß, sind die Sattelklemm-flansche oft mit einem Schnellspanner versehen, ähnlich, wie er auch bei den Radnaben eingesetzt wird. Durch Öffnen des Schnellspannhebels in Pfeilrichtung kann so die Sattelstütze (1) problemlos schnell und ohne Werkzeug im Sitzrohr (2) verstellt werden.

Die meisten Sattelstützen sind mit einer Markierung versehen, die verhindern soll, daß die Stütze zu weit aus dem Sattelrohr gezogen wird und beim Festziehen nicht mehr genügend »Material« im Sattelrohr steckt. Bei fehlender Markierung darauf achten, daß mindestens 65 mm Rohrlänge (nach DIN) der Sattelstütze im Sattelrohr des Rahmens eingeschoben sind, sonst kann es zu fatalen Rahmen- oder Sattelstützenbrüchen kommen.

Müssen Sie zur Einstellung der ermittelten Sattelhöhe die Sattelstütze zu weit aus dem Sattelrohr herausziehen, ist der Rahmen für Ihre Körpergröße meist zu klein. Sie können sich jedoch eine besonders lange Sattelstütze mit gleichem Rohrdurchmesser besorgen.

Sattel auswechseln

Bevor Sie den Sattel an Ihrem Fahrrad auswechseln, sollten Sie sich über dessen Befestigungsart bzw. über den Sattelstützentyp informieren. Bei einer normalen Sattelstütze, die meist am Rohrende verjüngt ist, brauchen Sie einen Sattel mit Klemmschelle, auch Kloben genannt. Bei einer Patentsattelstütze wird der Sattel ohne Klemmschelle meist zwischen zwei Klemmplatten befestigt und mit einer bzw. zwei Innensechskantschrauben gesichert.

- Je nach Satteltyp bzw. -stütze Muttern der Klemmschelle bzw. Innensechskantschraube(n) lösen.
- Sattel mit Klemmschellenbefestigung durch Links/Rechts-Drehbewegungen nach oben von der Sattelstütze abheben.
- Bei einer Patentsattelstütze die obere Klemmplatte um 90° verdrehen und den Sattel nach oben von der Sattelstütze abnehmen.
- Der Einbau erfolgt sinngemäß in umgekehrter Ausbaureihenfolge.

 Vor dem Kauf eines neuen Sattels sollten Sie nicht nur über die Befestigungsart des Satteltyps und der -stütze Bescheid wissen, sondern auch das Profil der Sattelschiene berücksichtigen, sonst muß ggf. der Sattel komplett mit Sattelstütze ausgewechselt werden.

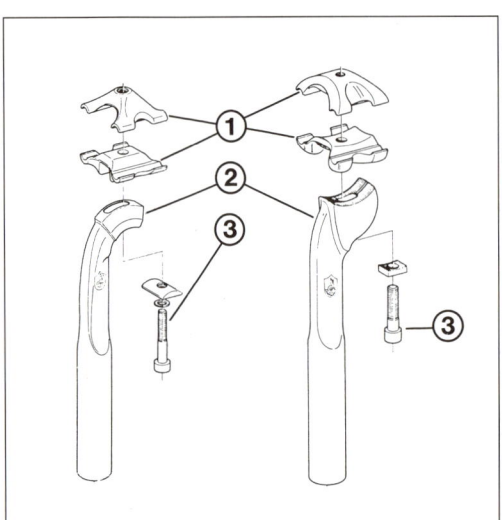

Die Abbildung zeigt zwei Sattelstützen von Campagnolo mit unterschiedlich gewölbtem Schwenkbereich für die Sattelneigung.
Es bedeuten:
1 – Klemmschlitten für die Sattelholme;
2 – Sattelstützen;
3 – Befestigungsbolzen (6-mm-Innensechskant).

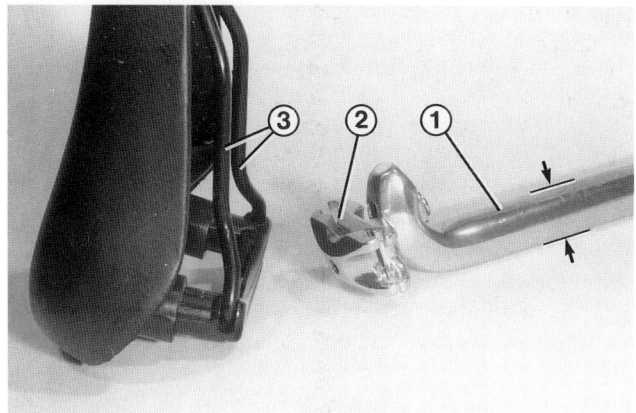

Soll nur die Sattelstütze (1) ausgewechselt werden, muß der Durchmesser (Pfeile) zum Sitzrohr passen. Aber auch die Sattelholme (3)
müssen in der Stärke zum Klemmschlitten (2) der Sattelstütze
passen. Wenn also der Sattel nicht
komplett mit Sattelstütze erneuert
werden soll, nehmen Sie am
besten beides mit zu Ihrem
Fachhändler.

Sattelstütze auswechseln

Beim Kauf einer neuen Sattelstütze müssen Sie unbedingt auf den passenden Rohrdurchmesser für das Sattelrohr des Rahmens achten. Gegen Kratzer auf dem Rohr der
Sattelstütze müssen die Klemmschlitzkanten des Sattelrohrs mit einem Dreikantscha-
ber oder einer Rundfeile entgratet werden. Es gleitet dann beim Verstellen auch besser auf und ab, ohne häßliche Kratzer an der Sattelstütze zu hinterlassen.

● Klemmverschraubung am Sattelrohr mit Innensechskant oder Gabelschlüssel lösen.
  Dabei ggf. auf die Bowdenzüge der Bremse achten.
● Bei einem Klemmbolzen mit Schnellspanner nur den Schnellspannhebel umlegen.
● Sattel mit einer Links/Rechts-Drehbewegung aus dem Rahmenrohr ziehen.
● Sattel von der Sattelstütze abbauen, wie im Absatz zuvor beschrieben.
● Vor dem Einschieben der neuen Sattelstütze in das Sattelrohr des Rahmens das
  Rohrder Stütze im Einschubbereich mit Vaseline einfetten.
● Sattelstütze handfest mit Klemmschraube sichern.
● Sattel auf Stütze setzen und handfest befestigen.
● Sattel einstellen wie beschrieben und endgültig festziehen.

Die Laufräder

So alt die Geschichte des sogenannten »Drahtspeichenrades« auch ist, es zeichnet sich auch in der heutigen »High-Tech-Zeit« durch ein gutes Federungsvermögen, ein geringes Gewicht und vor allem durch eine geringe Angriffsfläche gegen Seitenwind aus. Da im allgemeinen das ganze Fahrrad gemeint ist, wenn vom Rad gesprochen wird, nennt man das einzelne Rad eines Fahrrades »Laufrad«.

Das Speichenrad des Fahrrades besteht aus der Radnabe im Zentrum des Rades, einer bestimmten Anzahl Speichen und der Felge. Felge und Radnabe sind durch die Speichen so miteinander verbunden, daß die größtmögliche Festigkeit erreicht wird. Dazu sind die Speichen in einem ganz bestimmten Schema von der Radnabe zur Felge verspannt.

Hauptaufgabe der Speichen ist die Aufnahme und Übertragung der unterschiedlichsten Kräfte. So müssen sie direkte Fahrbahnstöße auffangen, gleichzeitig aber die Antriebskräfte des Ritzels weitergeben. Bei einer Trommelbremse oder einem mit einer Rücktrittnabe ausgerüsteten Laufrad müssen zusätzlich Bremskräfte abgeleitet werden. Und nicht zuletzt wird von den Speichen die ganze Last von Fahrer und ggf. Gepäck getragen, so daß die Speichen je nach Laufradstellung wechselseitig Zug- und Druckkräfte auffangen müssen, wobei die Druckkräfte durch die Speichenspannung praktisch neutralisiert werden. Um die auf das Laufrad einwirkenden Kräfte gleichmäßig zu verteilen, sind die Speichen an der Radnabe tangential zum Nabenflansch eingesetzt, so daß immer eine ganze Speichengruppe gleichzeitig die auf die Felge des Laufrades einwirkenden Kräfte aufnehmen kann.

Trotz des ausgeklügelten Spannmusters der Speichen gehört das Laufrad aber zu den empfindlichsten Bauteilen am Fahrrad.

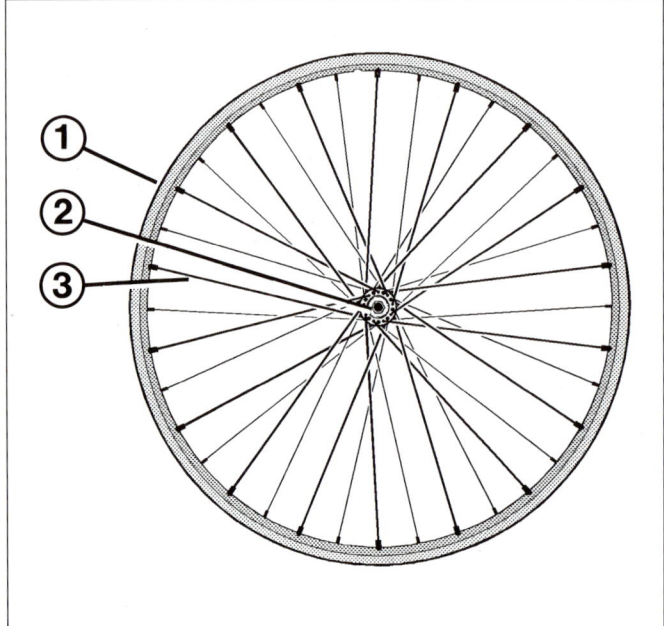

Der Aufbau des Laufrades mit dreifach gekreuzten Speichen. Es bedeuten:
1 – Felge;
2 – Radnabe;
3 – Speichen (2 x 18 Stück).

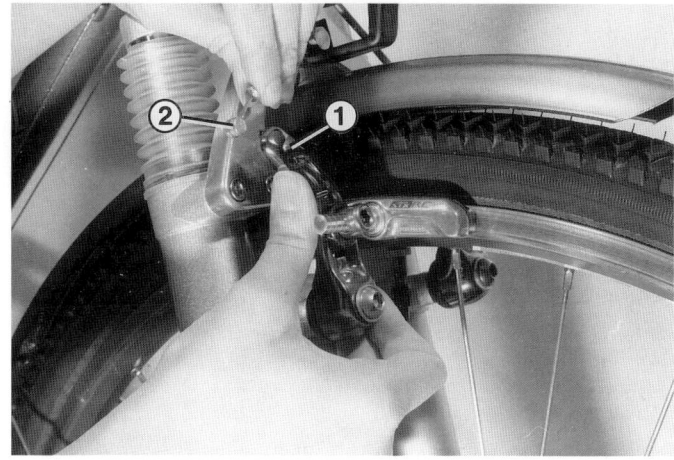

Zum Ausbau des vorderen Laufrades muß zum Aushängen des Bremsseils bei Cantileverbremsen lediglich der rechte Bremshebel (1) auf die Felge gedrückt werden, damit der Nippel des Bremsquerzugs (2) aus der Aufnahme im Bremshebel herausgezogen werden kann. Nach Aushängen des Bremszugs öffnen die beiden Bremshebel so weit, daß das Laufrad bequem nach unten aus der Gabel genommen werden kann.

Rad ausbauen

Das Vorderrad auszubauen, dürfte im allgemeinen kein Problem bereiten. Doch auch bei einem mit Schnellspann-Naben ausgerüsteten Rad müssen Sie einige einfache Standardhandgriffe beherzigen, damit der Schnellspanner seinem Namen auch gerecht wird. Bei der Schnellspann-Nabe wird das Rad durch den Schnellspannhebel in die Ausfallenden gespannt. So ermöglichen Schnellspann-Naben einen schnellen Aus- und Einbau eines Laufrades ohne Werkzeug.

Beim Hinterradausbau kann es schon eher kleine Probleme geben, denn Kette, ggf. Kettenschutz bzw. -kasten, Ritzel und Schaltwerk oder der Bremsstützbügel (korrekter aber etwas irreführender Name = Bremshebel) bei Rücktrittnaben behindern den schnellen Ausbau etwas.

- **Vorderrad:** Einstellschraube der Bremse soweit zurückstellen, bis sich die Bremszange soweit geöffnet hat, daß der Reifen zwischen den Bremsgummis durchpaßt.
- Bei Cantileverbremsen braucht meist nur an einer Seite der Querzug ausgehängt werden (siehe Kapitel »Die Bremsen«), damit ein Bremshebel den Durchlaß für den Reifen freigibt.
- Bei einer Trommelbremse den Bowdenzug am Radbremshebel aushängen und ggf. den Bremsstützbügel auf der anderen Seite des Laufrades an der Gabel aushängen bzw. die Klemmschelle lösen.
- Flügelmuttern lösen bzw. links und rechts an der Nabenachse jeweils einen Gabelschlüssel SW 15 an der Hutmutter ansetzen und Nabenmuttern lösen.
- Bei einer Schnellspann-Nabe den Schnellspannhebel nach außen schwenken. Ist die Nabenachse nicht ganz gelöst, Schnellspannhebel festhalten und Mutter auf der anderen Nabenseite etwas weiter aufdrehen.
- Rad von den Ausfallenden der Gabel abnehmen und aus der Gabel ziehen.
- Der Einbau geht in umgekehrter Ausbaureihenfolge vor sich.
- Vor Festziehen der Radnabe muß das Laufrad zentriert werden, d.h. von der Felgenflanke zur Gabelscheide muß links und rechts der Abstand gleich sein.
- Bei einem Laufrad mit Trommelbremse nicht vergessen, den Bremsstützbügel wieder richtig einzuhängen bzw. die Klemmschelle zu befestigen.
- Bremszug einhängen.
- Bremse einstellen nicht vergessen (siehe Kapitel »Die Bremsen«).

- **Hinterrad:** Ggf. Kettenschutz bzw. -kasten abbauen.
- Bremseinstellung soweit lösen, daß das Laufrad durch die Bremszange gezogen werden kann oder Querzug (bei Cantileverbremse) der Bremse aushängen (siehe Kapitel »Die Bremsen«).
- Bei einem Hinterrad mit Kettenschaltung die Kette auf das kleinste Ritzel legen. Dazu entsprechenden Gang schalten und Tretkurbel bei angehobenem kurz durchdrehen.
- Bei Rücktrittnaben oder bei Trommelbremsen den Bremsstützbügel aus der Klemmschelle an der Hinterradstrebe lösen.
- Nabenmuttern bzw. Schnellspannabe lösen.
- Mit einem leichten Schlag von hinten auf den Reifen sollte sich das Laufrad in den Ausfallenden nach vorne bewegen.
- Kette vom hinteren Ritzel abheben. Dazu bei einer Kettenschaltung die Kette durch Schwenken des Schaltwerks entspannen. Vorher muß die Kette durch Schalten auf das kleinste Ritzel gelegt werden.
- Mit etwas Hin- und Herbewegen das Hinterrad nach schräg unten aus den Ausfallenden des Rahmens nehmen.
- Beim Einbau das Hinterrad vorsichtig in die Rahmenstreben einschieben und vor Einsetzen in die Ausfallenden die Kette auf das kleinste Ritzel legen. Dazu bei der Kettenschaltung gleichzeitig das Schaltwerk zurückziehen.
- Wenn beides korrekt sitzt, das Laufrad von hinten in die Ausfallenden zurückziehen.
- Ist das Hinterrad korrekt zentriert, die Nabenachse festziehen.
- Bei einer Rücktrittnabe oder einem Hinterrad mit Trommelbremse dürfen Sie nicht nicht vergessen, den Bremsstützbügel wieder mit der Klemmschelle fest zu verschrauben. Dabei darauf achten, daß kein Spiel zwischen Schelle und Rahmenrohr vorhanden ist.
- Nun müssen Sie den Bremszug einhängen und die Bremse einstellen (siehe Kapitel »Die Bremsen«).
- Falls damit ausgestattet, Kettenkasten bzw. -schutz wieder anbauen.

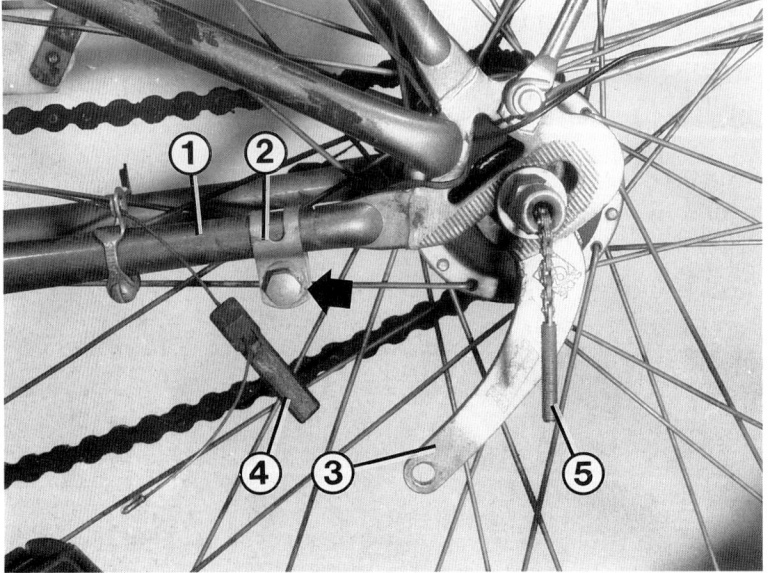

Bei einer Nabe mit Rücktrittbremse muß zum Ausbau des Hinterrades der Bremsstützhebel (3) an der Klemmschelle (2) der Kettenstrebe (1) gelöst werden. Die Schraube mit Mutter sollte vorübergehend wieder eingedreht werden (Pfeil), damit sie nicht verloren geht. Bei der 5-Gang-Nabenschaltung von Sachs mit zwei Schaltkettchen muß zusätzlich noch der Schaltzug an der Klemmkupplung (4) vom Schaltkettchen (5) getrennt werden.

Vor Ausbau des Hinterrades muß bei der Kettenschaltung die Kette auf das kleinste Ritzel geschaltet werden. Zum Entspannen und Abheben der Kette (2) dann lediglich das Schaltwerk (1) nach vorne schwenken (Pfeil) und beim Absenken bzw. Herausheben des Laufrades die Kette vom Ritzel abheben.

Beim Aus- und Einbau des Hinterrades keine Gewalt anwenden, da sonst Schäden an Kette und Schaltwerk unausbleiblich sind.

Falls sich ein Laufrad trotz Zurückstellen der Bremszange nicht oder nur schwer aus der Gabel bzw. den hinteren Rahmenstreben herausnehmen läßt – dies ist meist bei breiter Bereifung der Fall – hilft es manchmal, wenn Sie aus dem Reifen etwas Luft ablassen.

Die Radnabe

Wie bei vielen anderen Teilen des Fahrrades, wird auch bei den Radnaben die gesamte Bandbreite der Metallurgie eingesetzt. So gibt es Radnaben aus Stahl, Aluminium, Titan, Kunststoff oder Carbon. Die Wahl des Nabenmaterials ist jedoch hauptsächlich wegen des Gewichts von Bedeutung. Auch durch neuartige Nabentypen wie z.B. die Kassettennabe wurde das Nabenangebot erweitert. Durch die steck- bzw. aufschiebbaren Ritzelpakete konnte die Radnabe konstruktiv so stark verbessert werden, daß es kaum noch zu Achsbrüchen kommt. Wesentlich wichtiger als das Gewicht und die Qualität des Nabenmaterials ist aber die Lagerqualität. So laufen billigere Radnabentypen sogar oft schon im Neuzustand etwas rauh. Deshalb ist besonders bei diesen Nabentypen die Wartung und Pflege das »Geheimnis« langer Laufleistung. Es gibt jedoch auch sogenannte Industrielager, Rillenlager, bei denen es nichts einzustellen oder zu fetten gibt. Bei zu großem Lagerspiel oder rauhem Lauf müssen sie deshalb komplett ausgewechselt werden.

Ein weiteres wichtiges Merkmal für eine gute Radnabe ist deren Abdichtung gegen Schmutz und Feuchtigkeit. Dagegen sind gute Radnabentypen neuerer Produktion fast ausnahmslos hervorragend abgedichtet. Die allgemein übliche Abdichtung ist dabei eine auf beiden Seiten des Nabenkörpers integrierte Labyrinthdichtung aus Gummi bzw. Kunst-

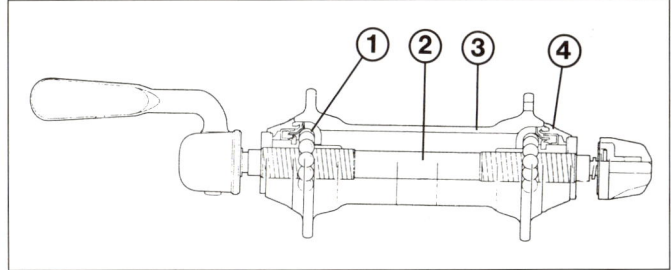

Die Querschnittzeichnung zeigt, wie die einzelnen Teile in der vorderen Radnabe sitzen.
Es bedeuten:
1 – Lagerkügelchen (meist neun);
2 – Nabenachse (bei einer Schnellspannabe hohl);
3 – Nabenkörper;
4 – flexible Staubmanschette zum Schutz vor Schmutz und Feuchtigkeit.

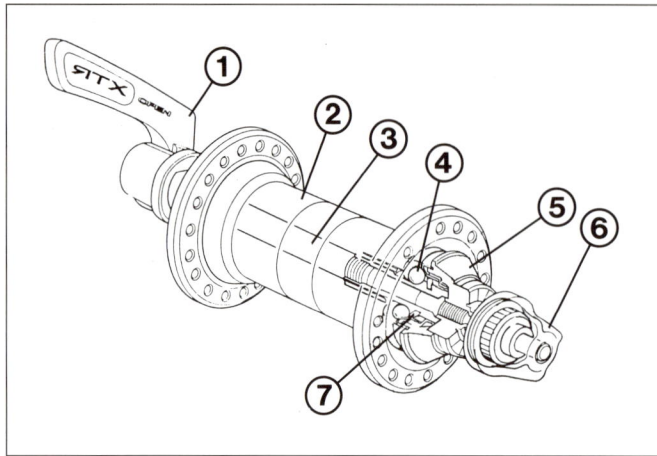

Die sogenannte Phantom-
zeichnung einer Radnabe von
Shimano zeigt recht schön das
Zusammenspiel aller Teile.
Es bedeuten:
1 – Schnellspannhebel;
2 – Nabenkörper;
3 – Nabenachse (oversized);
4 – Lagerkugeln;
5 – Staubmanschette gegen
    Schmutz und Feuchtigkeit;
6 – Schnellspann-Einstell-
    mutter;
7 – Lager-Einstellkonus.

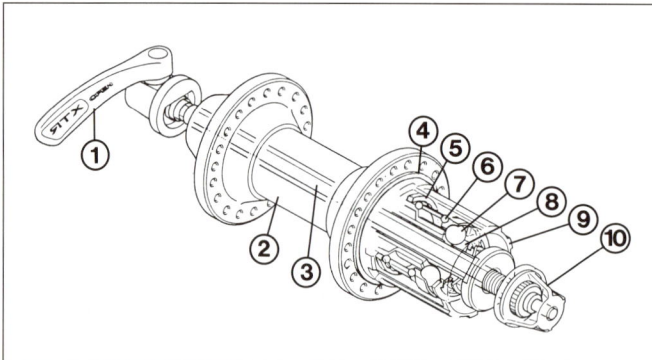

Die Phantomdarstellung
einer Shimano-Kassettenfrei-
laufnabe zeigt bei:
1 – Schnellspannhebel;
2 – Nabenkörper (oversized);
3 – Spannbolzen der Schell-
    spannabe;
4 – Distanzring;
5 – Dichtung;
6 – Lagerkugeln des Ritzel-
    freilaufs;
7 – Lagerkugeln der Rad-
    nabe;
8 – Lager-Einstellkonus;

stoff. Solcher Art abgedichtete Radnabentypen sind zuverlässige, gut gegen Schmutz und
Wasser abgedichtete Langläufer. Bei Qualitätsradnaben der neuesten Generation kommt
sogar zusätzlich noch eine an der Nabenachse schleifende Gummikappe zum Einsatz, die
nahezu gegen alle äußeren Einflüsse abschirmt.
Da also besonders die Abdichtung älterer und billiger Radnaben meist zu wünschen übrig
läßt, sollten Sie gerade bei diesen Radnaben kürzere Wartungsintervalle ansetzen.

Schnellspann-Naben

Bei modernen Fahrrädern werden Laufräder mit massiven Radnabenachsen und Nabenmutter immer mehr von Laufrädern mit sogenannten Schnellspann-Naben verdrängt.
Bei der Schnellspann-Nabe werden die Radmuttern durch einen ausgeklügelten und daher einfachen Verriegelungsmechanismus ersetzt, dessen Funktionsprinzip darauf beruht,
daß die Radnabe durch eine einfache Drehbewegung des Schnellspannhebels in den Ausfallenden gehalten wird. Dazu ist der Schnellspannhebel durch eine lange Gewindestange
in der hohlen Radnabenachse auf der anderen Seite mit einer Radnabenmutter verbunden. Durch diese Mutter kann die Spannung, mit der die Radnabenachse festgeklemmt
wird, eingestellt werden. Die Einstellung sollte dabei so gewählt werden, daß der Schnellspannhebel gerade noch ohne Hilfsmittel von Hand umgelegt werden kann.

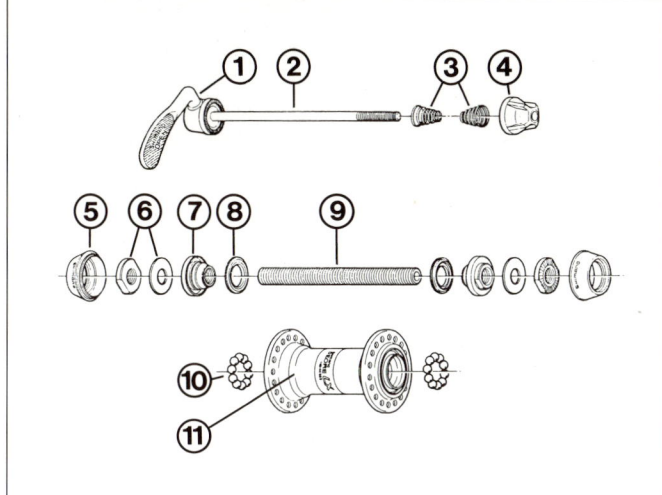

Die Einzelteile einer modernen Vorderradnabe (Shimano Deore XT):
1 – *Schnellspannhebel;*
2 – *Spannbolzen der Schnell-*
    spannabe;
3 – *Druckfedern;*
4 – *Schnellspann-Einstellmutter;*
5 – *Staubmanschette;*
6 – *Kontermutter mit Distanz-*
    scheibe;
7 – *Gewindekonus;*
8 – *Dichtungsring;*
9 – *Hohlachse;*
10 – *Lagerkugeln;*
11 – *Nabenkörper.*

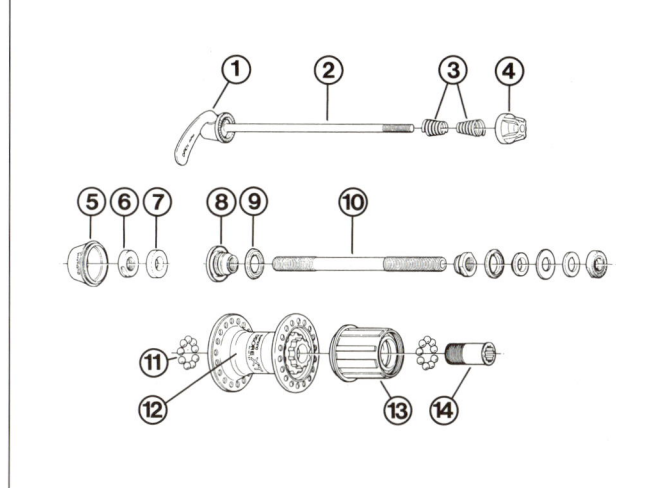

Die Teilezeichnung einer Kassettenfreilauf-Radnabe (Shimano Deore XT).
Es bedeuten:
1 – *Schnellspannhebel;*
2 – *Spannbolzen der Schnell-*
    spannabe;
3 – *Druckfedern;*
4 – *Schnellspann-Einstellmutter;*
5 – *Staubmanschette;*
6 – *Kontermutter;*
7 – *Distanzscheibe;*
8 – *Gewindekonus;*
9 – *Dichtungsring;*
10 – *Hohlachse;*
11 – *Lagerkugeln;*
12 – *Radnabenkörper;*
13 – *Freilaufkörper;*
14 – *Hohlachse des Freilaufkörpers.*

 Wichtig bei der Montage von Schnellspann-Naben ist, daß sie immer so eingesetzt werden, daß der Schnellspannhebel auf der linken Rahmenseite zu sitzen kommt. Außerdem sollten Sie darauf achten, daß der geschlossene Schnellspannhebel nach hinten gerichtet ist, oder entlang der Gabelscheide bzw. der Sitzstrebe anliegt. So verhindern Sie, daß z.B. im Gelände ein Ast im Vorbeifahren den Hebel aufdrücken kann.

Das Radnabenspiel

Von der richtigen Einstellung des Radnabenspiels hängt nicht nur die Lebensdauer der Nabenlager, sondern auch Ihre Fahrsicherheit ab. Nicht zuletzt wird durch falsche Nabeneinstellung – ob zu locker oder zu fest – auch der Rollwiderstand erheblich beeinflußt. Bei einem zu straff eingestellten Nabenlager besteht erhöhter Verschleiß. Dies gilt aber auch für ein mit zuviel Spiel laufendes Lager.

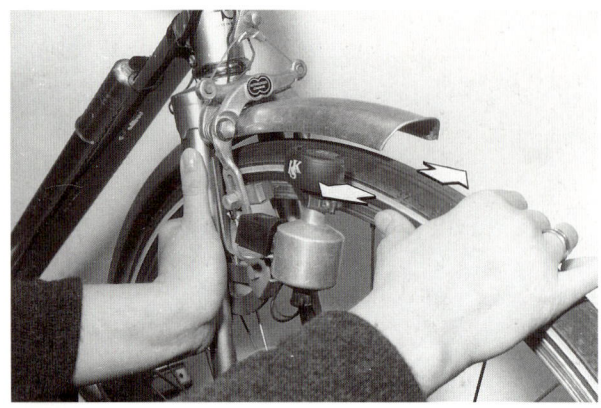

Auch so kann das Lagerspiel der Radnabe kontrolliert werden: Mit der einen Hand die Gabel festhalten und mit der anderen Hand das möglichst entlastete Laufrad quer zur Laufrichtung mit Gefühl hin- und herbewegen (Pfeile). Geringfügig spürbares Lagerspiel ist ohne Belang. Mehr als 0,5 mm in eine Richtung sollte das Laufrad aber nicht bewegt werden können.

Zum Einstellen des Radnabenspiels muß die Kontermutter »3« geöffnet werden, damit der Gewindekonus »1« entsprechend auf der Nabenachse »4« verdreht werden kann. Mit der Kontermutter wird die durch den Nut in der Nabenachse gegen Verdrehen gesicherte Nasenscheibe »2« dann wieder gegen den Gewindekonus gepreßt.

Radnabenspiel prüfen (Wartung Nr. 11)

Am eingebauten Laufrad können Sie das richtige Spiel relativ einfach kontrollieren:

- **Vorderrad:** Fahrrad am Lenkervorbau anheben.
- Mit der anderen Hand das entlastete Laufrad mit Gefühl seitlich nach links und rechts bewegen.
- Ist bei frei drehendem Laufrad mehr als 0,5 mm Spiel vorhanden muß das Nabenspiel etwas fester eingestellt werden.
- Ist keinerlei Spiel spürbar und bleibt das Laufrad ohne auszupendeln gleich stehen, muß das Nabenspiel etwas lockerer eingestellt werden.
- **Hinterrad:** Fahrrad am Sitzrohr hochheben und die Kontrolle wie für das Vorderrad beschrieben wiederholen.

Da das Hinterrad mit dem ganzen Antrieb in Verbindung steht, ist die Kontrolle des Radnabenspiels etwas problematisch. Wer es also ganz genau machen will, sollte das Hinterrad ausbauen und die Kontrolle am ausgebauten Rad vornehmen.

Bei manchen Radnaben ist die Kontrolle des Nabenspiels bei fest angezogenen Nabenmuttern bzw. bei angezogenem Schnellspanner verfälscht. Deshalb bei der Kontrolle des Radnabenspiels ggf. die Radbefestigung an den Ausfallenden lösen.

Um das Radnabenspiel einzustellen, sind solche flachen Gabelschlüssel unerläßlich. Mit normal breiten Gabelschlüsseln gibt es spätestens beim Kontern der Einstellung Probleme. Zum Lösen wie zum Festziehen der Konterung muß der Gewindekonus (1) immer mit dem einen Gabelschlüssel festgehalten werden, während mit dem äußeren Gabelschlüssel die Kontermutter (2) gedreht wird. Sonst gibt es verfälschte Einstellergebnisse.

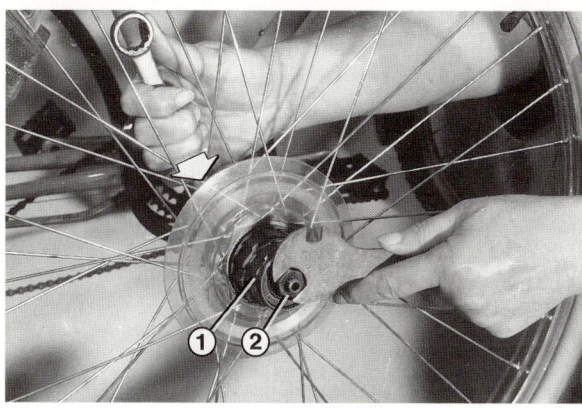

Nach Abbauen des Ritzelpakets vom Kassettenfreilauf (1) kommt man zum Einstellen des Radnabenlagers besser an die Konusmutter (2) und den davor sitzenden Gewindekonus heran. Zum exakten Einstellen des Lagerspiels immer mit einem anderen Schlüssel gegenhalten (Pfeil).

Radnabenspiel einstellen

Zur problemlosen Einstellung des Radnabenspiels sollten Sie sich möglichst einen für die an Ihrem Fahrrad eingebauten Radnabentypen passenden, flachen Gabelschlüssel (Konusschlüssel) besorgen. Sonst kann es beim Lösen oder Festziehen der Kontermutter Probleme geben.

- Um bei einem Hinterrad besser an den Einstellkonus (meist SW 14) heranzukommen, ggf. das Ritzelpaket abbauen, wie im Kapitel »Kette, Ritzel und Schaltung« beschrieben.
- Je Nach Radnabentyp ggf. Staubabdeckung abziehen, um die Kontermutter und den Einstellkonus freizulegen.
- Kontermutter (meist SW 17) lösen. Dabei mit dem flachen Konusschlüssel gegenhalten. Achtung, beim plötzlichen Lösen der Kontermutter besteht die Gefahr, daß Sie sich die Finger einklemmen können.
- Nabenspiel mit dem Einstellkonus durch Verdrehen auf der Nabenachse einstellen.
- Einstellkonus mit Konusschlüssel festhalten und Kontermutter fest dagegendrehen.
- Radnabeneinstellung kontrollieren und ggf. Feineinstellung vornehmen.

Tip Ist das Nabenlager zu stramm eingestellt, hilft es zur Feineinstellung manchmal, wenn die Kontermutter festgehalten wird und der Einstellkonus etwas fester gegen die Kontermutter gedreht wird.

Weist das Nabenlager nach der Einstellung noch vielleicht etwas zuviel Spiel auf, hilft es zur Feineinstellung wenn Sie den Einstellkonus mit dem Konusschlüssel festhalten und die Kontermutter fester gegen den Einstellkonus drehen.

Beim Festziehen der Kontermuttern auf der Nabenachse müssen Sie mit viel Gefühl vorgehen, denn durch die langen Hebel der Gabelschlüssel können die Muttern leicht »überdreht« werden. Oft ist dann nicht nur die Kontermutter, sondern auch das Gewinde der Nabenachse zerstört und sie muß komplett ausgetauscht werden.

Bei Radnaben mit selbstsichernden Einstellkonen zur Spieleinstellung lediglich den Konus entsprechend verdrehen.

Bei Radnaben mit Schnellspannern sollte bei der Einstellung ein unmerkliches Spiel belassen werden, da die Einstellkonen beim Schließen des Schnellspannmechanismus etwas zusammengepreßt werden und dadurch das Spiel verschwindet, zumindest jedoch verringert wird.

Radnabenachse ausbauen

Der Ausbau der Radnabenachse ist in den meisten Fällen nur dann erforderlich, wenn die komplette Radnabe mit Einstellkonen, Lagerschalen und -kugeln neu gefettet werden soll, einzelne verschlissene Radnabenteile ausgewechselt werden sollen, weil das Gewinde der Radnabenachse total »vermauert« ist, oder, was seltener der Fall ist, die Achse gebrochen ist.

- Kontermutter der Radnabe lösen. Dazu Einstellkonus mit Konusschlüssel gegenhalten.
- Kontermutter abschrauben und Anlauf-Sicherungsring abnehmen.
- Einstellkonus von der Nabenachse abschrauben.
- Nabenachse soweit aus dem Nabenkörper schieben, bis die Lagerkugeln frei zugänglich sind.
- Lagerkugeln entfernen. Dabei die Kugeln für den Wiedereinbau zählen.
- Nabenachse vollständig aus dem Nabenkörper ziehen. Dabei auf herausfallende Lagerkugeln achten. Einbaurichtung wegen der Laufrichtung der Nabenachse für den Wiedereinbau merken.
- Lagerkugeln der anderen Nabenseite entfernen. Dabei ebenfalls die Kugeln für den Wiedereinbau zählen.
- Nabenkörper auf eventuell noch im alten Schmierfett klebende Lagerkugeln kontrollieren. Dazu ggf. eine Spitzzange zuhilfe nehmen.
- Laufen die Kugeln in einem Lagerlaufring, müssen vorher die Staubdeckel vorsichtig mit einem Schraubendreher aus dem Nabenkörper gehebelt werden. Dabei werden die Deckeleinsätze meist deformiert. Deshalb sollten Sie sich vorsorglich neue Einsätze besorgen. Die Werkstatt hat zum Ausbau der Staubkappeneinsätze einen speziellen Staubkappenabzieher.
- Beim Herausnehmen der Lagerlaufringe müssen Sie sich die Einbaulage für den Wiedereinbau merken.
- Wird der zweite Einstellkonus von der Achse abgebaut, für den Wiedereinbau den genauen Sitz auf der Nabenachse merken, sonst sitzt die Nabenachse beim Wiedereinbau eventuell außermittig im Nabenkörper.
- Alle Nabenteile reinigen und auf Verschleiß kontrollieren. Ist die Nabenachse verbogen, muß sie ausgetauscht werden. Zeigen die Kugeln matte Rauhigkeiten oder sind die Lagerkonen bzw. -schalen eingelaufen oder angerostet, sollten Sie versu-

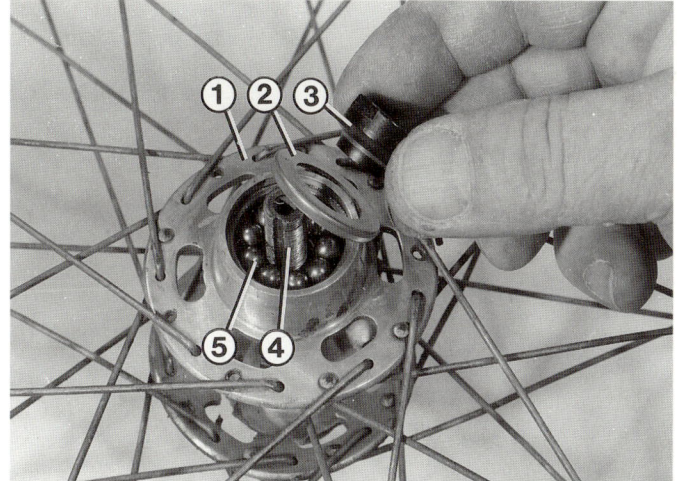

Nach Abschrauben des Gewindekonus (3) auf einer Seite der Nabenachse (4) und Heraushebeln des Lagerdeckels (2) mit einem Schraubendreher und Herausnehmen der Lagerkugeln (5) kann die äußere Lagerlaufbahn im Nabenkörper (1) gut auf Verschleiß überprüft werden

chen, die Verschleißteile neu zu besorgen und auszutauschen. Geht dies nicht, muß die komplette Radnabe ausgetauscht werden. Dazu muß das Rad neu eingespeicht werden.
- Zum Zusammenbau die Lagerschalen des Nabenkörpers mit Fett (weißes Lithiumfett) ausfüllen.
- Die Lagerkugeln abzählen und in das Fettpolster der Lagerschalen drücken, oder den Lagerlaufring in richtiger Einbaulage in die Lagerschalen drücken. Sitzen die Lagerlaufringe falsch herum in den Lagerschalen des Nabenkörpers, werden unweigerlich die Lagerschalen und Einstellkonen beschädigt und müssen erneuert werden.
- Falls ausgebaut, Staubdeckel in den Nabenkörper drücken. Ggf. Gummihammer oder Hammer mit zwischengelegtem Holz zu Hilfe nehmen.
- Nabenachse mit einem bereits in seine Endstellung aufgeschraubten Einstellkonus vorsichtig in den Nabenkörper einschieben. Dabei darauf achten, daß keine Lagerkugeln verloren gehen.
- Den anderen Einstellkonus aufschrauben.
- Anlauf-Sicherungsscheibe aufsetzen. Dabei darauf achten, daß der Zapfen genau in der Achsennut sitzt.
- Kontermutter aufschrauben und Radnabenlager einstellen, wie zuvor beschrieben.
- Nach ca. 100 km Radnabenspiel kontrollieren und ggf. einstellen.

 Radnaben mit festen Lagereinsätzen (Rillenlagern), sogenannten Industrielagern, sollten Sie vom Fachmann in der Werkstatt auswechseln lassen, da hierzu spezielle Auszieh- und Eindrückwerkzeuge nötig sind.
Zum Schmieren der Nabenlager darf nie Öl benutzt werden. Vielmehr muß immer das entsprechende Fett, möglichst weißes Lithiumfett, verwendet werden.
Ist der kleine Arretierzapfen der Anlauf-Sicherungsscheibe (falls eingebaut) abgenutzt und die Scheibe findet keinen Halt mehr in der Nut der Nabenachse, muß die Scheibe ersetzt werden, denn sie soll ein Verstellen des Nabenspiels verhindern.
Bei deformierten Staubdeckeln ist der nächste Lagerschaden sozusagen schon mit eingebaut und es kann zu verfälschten Einstellergebnissen beim Radnabenspiel kommen.

Die Felge

Der Felgentyp eines Rades ist ausschlaggebend für Reifendimension (Durchmesser und Breite) und -typ (z.B. Draht- oder Schlauchreifen). Bei der Felgenbezeichnung gibt es dafür drei aussagekräftige Größenbezeichnungen, die nach DIN 7815 genormt sind:

- **Felgendurchmesser** in mm: Maß über den Felgenmittelpunkt von Felgenhorn zu Felgenhorn.
- **Felgenmaulweite** in mm: Maß der Felgenbreite von Felgenhorn zu Felgenhorn gemessen.
- **Ventillochdurchmesser** in mm.

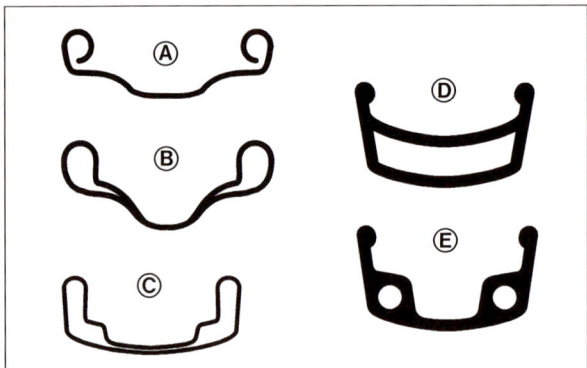

Die Zeichnung zeigt verschiedene Felgenprofile.
Es bedeuten:
A – Tiefbettfelge aus Stahlblech;
B – Westwoodfelge aus Stahlblech;
C – Kastenfelge aus Stahlblech;
D – Hohlkammerfelge aus Leicht-
*   metall;*
E – Doppelkammerfelge aus Leicht-
*   metall.*

Die für Drahtreifen ausgelegte Felge hat ein im Querschnitt tiefes Felgenbett, in das sich die seitliche Drahtversteifung eines Drahtreifens legen kann. Weiter geht aus dem Felgenprofil hervor, ob das Laufrad für Felgenbremsenbetrieb durch entsprechend ausgebildete Felgenflanken geeignet ist. Heute allgemein üblich sind sogenannte Hohlkammerfelgen, die durch ihr Querschnittsprofil besonders robust sind. Sie haben die althergebrachten Stahl-Tiefbettfelgen und die sogenannte Westwoodfelge abgelöst und sind heute allgemein üblicher Standard.

Darüber hinaus gibt es auch bei den Felgen Spezialprofile, z.B. Doppelkammerfelgen oder kaltgehärtete besonders widerstandsfähige Felgen für den harten sportlichen Einsatz. Ein weiteres Qualitätsmerkmal bei den Felgen sind die Nippellöcher. Sind sie gepunzt, d.h. die Aufnahmelöcher der Speichennippel sind in Spannrichtung der Speiche aus dem Metall des Felgenkörper herausgetrieben, handelt es sich schon um eine qualitativ hochwertige Felge. Weiter gibt es Felgen, in denen jedes Nippelloch zusätzlich mit einem kleinen Einsatz für die Aufnahme des Speichennippels versehen ist. Solche sogenannten geösten Nippellöcher sind zwar Luxus, aber heute Standard bei besseren Felgen.

Die Speichen-Spannsysteme

Je nach Einsatzbedingungen kann das Rad nach unterschiedlichen Spannsystemen eingespeicht sein. Kreuzt sich eine Speiche mit zwei anderen, so spricht man von zweimaliger Speichenkreuzung. Kreuzt sie sich dagegen mit drei – das ist die Regel – oder gar vier, so nennt man dies eine drei- oder vierfache Speichenkreuzung. Mit der Anzahl der Speichenkreuzungen wächst die Festigkeit des Rades, da sich die Speichen gegenseitig stützen. Je öfter sich aber die Speichen kreuzen, desto länger muß die einzelne Speiche sein.

Da beim Hinterrad seitlich zusätzlich das Ritzel bzw. das Ritzelpaket der Kettenschaltung auf die Radnabe aufgeschraubt ist, würde das eingebaute Hinterrad außermittig in den Streben des Rahmens sitzen. Um dies auszugleichen ist das Hinterrad einseitig, also außermittig eingespeicht, vergleichbar etwa mit einem Schirm.

Verwirrend wie ein Schnittmusterbogen zeigt die Abbildung verschiedene Spannsysteme, die bei näherem Studium jedoch das klare Spannsystem erkennen lassen, das dem Speichenrad erst seine Stabilität gibt. Die Abbildung links zeigt die zweifache, die Abbildung in der Mitte die dreifache und die rechte Abbildung die vierfache Speichenkreuzung.

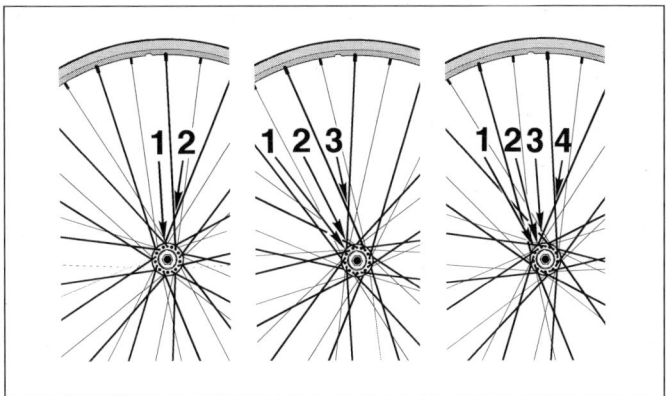

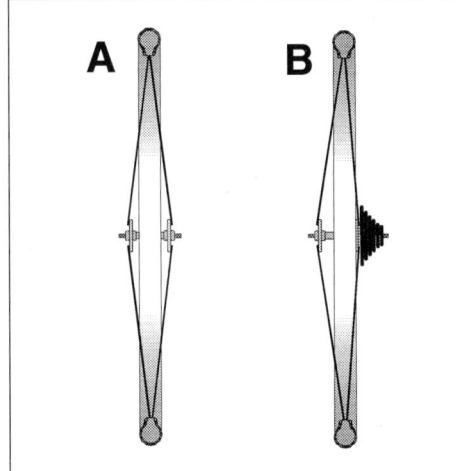

Die Abbildung »A« zeigt die symmetrische Speichenführung mit entsprechend gleichmäßiger Speichenspannung für beide Radseiten bei einem Vorderrad. Die Abbildung »B« verdeutlicht, wie die Speichenführung bei einem Hinterrad versetzt angeordnet werden muß, damit das Laufrad mittig im Rahmen ausgerichtet werden kann.

Der Speichentyp

Die Speichen bestehen meist aus verzinktem oder verchromtem Stahldraht. Es gibt aber auch vermehrt Laufräder, die mit Edelstahlspeichen eingespeicht sind. Die Speichen sind an einem Ende mit einem gekröpften Senkkopf, dem Speichenkopf und am anderen Ende mit einem Gewinde versehen, auf das der Speichennippel geschraubt wird. Mit dem Speichennippel wird die Speiche im Laufrad gespannt. Da die Speichen besonders an der Radnabe – der Stelle wo das höchste Drehmoment übertragen werden muß – beansprucht werden, gibt es Speichen, deren Drahtquerschnitt am Radnabenbereich bis zum Speichenkopf verdoppelt ist. Besonders bei einem Reiserad sind solche endverstärkten Speichen sehr sinnvoll.

Die Speichenspannung

Wie wichtig die Speiche für die Festigkeit eines Rades ist, geht aus den vorangegangenen Absätzen hervor. Die richtige Spannung der Speichen ist deshalb ausschlaggebend für das Fahrverhalten des ganzen Fahrrades. Besonders bei gewichtigen Fahrern, eventuell noch im Gelände, kann eine schlaffe Speichenspannung fatale Folgen haben. Deshalb stellt ein Laufrad mit schlecht gespannten oder gar lockeren Speichen ein erhebliches Sicherheitsrisiko dar.

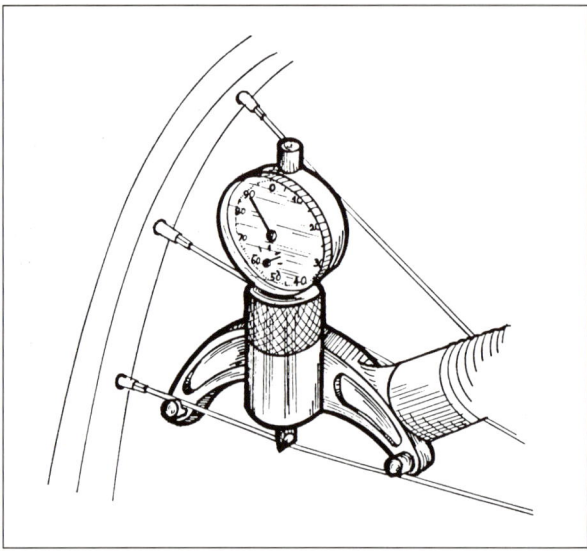

Mit einem solchen Meßgerät wird die Gleichmäßigkeit der Spannung bei den einzelnen Speichen gemessen. Voraussetzung für vergleichende Messungen ist dabei immer derselbe Meßpunkt an der Speiche nahe am Nippel.

Der Fahrkomfort bei einem weich gespannten Laufrad geht zu Lasten häufiger Speichenbrüche, weil die gekröpften Speichenköpfe zu stark in den Aufnahmen der Radnabe »arbeiten« können. Ein stramm eingespeichtes Laufrad schützt daher besonders vor häufigen Speichenbrüchen.

Speichenspannung kontrollieren (Wartung Nr. 12)

Schon einige Wochen nach dem Kauf sollten die Speichen das erste Mal nachgezogen werden. Wenn Sie Ihr Fahrrad in einem guten Fachgeschäft gekauft haben, ist dies bei der Erstinspektion automatisch mit im Service enthalten.
Die Kontrolle der Speichenspannung ist bei dem symmetrisch, also auf beiden Seiten gleich stark gespannten Vorderrad leichter als bei dem durch das Ritzelpaket asymmetrisch, also einseitig stärker gespannten Hinterrad.

- **Vorderrad:** Zur Kontrolle der gleichmäßigen Speichenspannung jeweils systematisch am Ventil beginnend nacheinander an jeder Speiche wie an der Saite einer Harfe zupfen und den dabei entstehenden Ton vergleichen.
- Klingen die Speichen annähernd gleich, und das Laufrad dreht sich einwandfrei rund, ist die Speichenspannung korrekt.
- **Hinterrad:** Da die Speichen auf der Ritzelseite mit mehr Spannung eingespeicht sind als die der anderen Laufradseite, jeweils nur die Speichen einer Radseite durch Zupfen auf korrekte Spannung kontrollieren.
- **Vorder- und Hinterrad:** Um eine lockere Speiche etwas anzuziehen, nehmen Sie einen passenden Speichenschlüssel und ziehen die entsprechende Speiche vorsichtig so an, bis sie einen ganz leichten Widerstand spüren. Hierbei ist sehr viel Gefühl und Geduld gefragt, denn schon eine Teilumdrehung des Speichennippels kann das Rad unrund laufen lassen.

Grundsätzlich können sich die Speichen von alleine immer nur lockern und nicht fester ziehen. Deshalb muß eine »auffällige« Speiche bei der Kontrolle der Speichenspannung immer angezogen werden. Anders ist dies bei einem durch mechanische Einwirkung (z.B. harten Einsatz im Gelände oder Sturz) deformierten und dadurch unrund laufendem Rad (siehe einen der folgenden Absätze unter »Laufrad zentrieren«).

Bei der Wahl eines Speichenschlüssels sollten Sie darauf achten, daß der Schlüssel den Vierkant des Nippels an drei Ecken anpackt. Ein als »Gabel« ausgebildeter Schlüssel packt den Nippel nur an zwei Flanken an. Dadurch kann ein festgebackener Nippel schnell »vermauert« werden und kann, wenn überhaupt nur noch mit der Kombizange verdreht werden.

Um Speichennippel am Verdrehen, also Lockern der Speichen zu hindern, gibt es flüssige Gewindesicherung, die Sie nach Festziehen der gelockerten Speichen am Speichennippel angeben können. Dadurch wird jedoch nicht die natürliche Streckung des Speichenmaterials verhindert.

Wenn Sie bei der Kontrolle der Speichenspannung eine beschädigte, z.B. geknickte Speiche entdecken, müssen Sie die Speiche vor dem Auswechseln mit einem Seitenschneider durchtrennen, damit Sie leichter ausgewechselt werden kann (siehe folgenden Abschnitt).

So »spielerisch« müssen Sie bei der Kontrolle der Speichenspannung an den Speichen zupfen (Pfeile). Ist das »Klangbild« annähernd gleichmäßig, dürfte auch das Laufrad sauber rund drehen. Zu lockere Speichen erkennen Sie am wesentlich dumpferen Ton. Solche »Ausreißer« dürfen aber nur mit viel Gefühl wenige Grade einer Umdrehung nachgezogen werden, und das auch nur, wenn das Laufrad schon eiert.

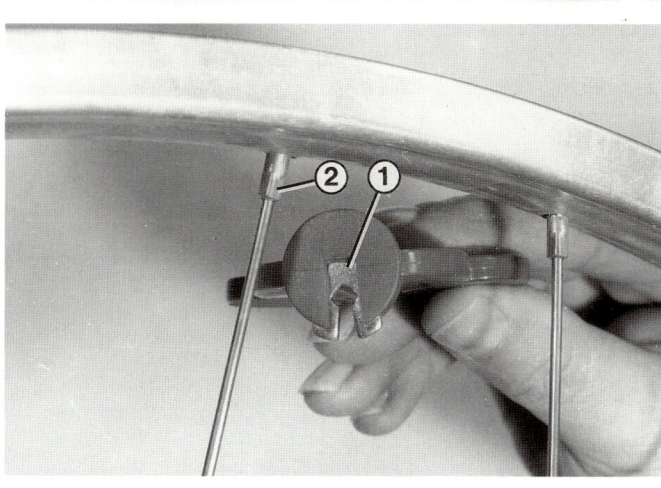

Ein guter Speichenschlüssel (1) muß den Speichennippel (2) auf drei Seiten umfassen, sonst ist der Vierkant der manchmal festgebackenen Nippel schnell vermurkst. Selbst mit einer Zange kann dann oft der Nippel nicht mehr für eine genaue Speichenspannung kontrolliert verdreht werden. Einen vermurksten Nippel sollten Sie auswechseln, damit ein genaues Spannen der betreffenden Speiche mit dem Spannschlüssel möglich ist.

Gebrochene Speiche auswechseln

Um eine gebrochene Speiche gegen eine neue auswechseln zu können, sollte auf jeden Fall das Laufrad ausgebaut und der Reifen demontiert werden. Zwar können die Speichenbruchstücke auch bei eingebautem Laufrad entfernt werden, indem z.B. das nippelseitige Bruchstück mit der Kombizange festgehalten wird und der Nippel mit dem Speichenschlüssel gedreht wird, bis das Speichenstück freikommt, doch gibt es beim Einbau der neuen Speiche Probleme, da der Nippel beim Ansetzen des Speichengewindes in die Felge zurückgedrückt werden muß. Sonst muß die Speiche zu stark durchgebogen werden.

- Reifen demontieren (siehe nächstes Kapitel).
- Ggf. das Felgenband, das zum Schutz des Schlauches im Felgenbett über die Nippelrückseiten gespannt ist, abziehen.
- Nippel mit Speichenbruchstück aus der Felge ziehen.
- Inneres Speichenbruchstück durch das Speichenaufnahmeloch der Radnabe drehen und herausziehen.
- Beim Hinterrad muß ggf. das Ritzel- bzw. Ritzelpaket abgebaut werden (siehe Kapitel »Kette, Ritzel und Schaltung«).
- Die neue Speiche durch das Speichenaufnahmeloch der Radnabe ziehen. Dabei auf die richtige Einbaurichtung achten. Zum Vergleich auf der gleichen Radseite das Einbauschema zwei Speichen weiter betrachten.
- Speiche durch das Nippelloch der Felge stecken. Dabei ggf. Speiche etwas biegen.
- Nippel vom Felgenbett her am Speichengewinde ansetzen.
- Mit dem Speichenschlüssel den Nippel soweit aufschrauben, bis der Nippel ganz durch das Nippelloch der Felge geschraubt ist und ein leichter Widerstand spürbar wird.
- Nippel mit dem Speichenschlüssel noch eine Achtelumdrehung (45°) anziehen.
- Rundlauf des Laufrades kontrollieren und ggf. zentrieren, wie im nächsten Absatz beschrieben.
- Eventuell am Nippelrücken überstehendes Speichengewinde mit einem Seitenschneider abtrennen und ggf. mit einer Feile glätten.
- Falls vorhanden, Felgenband zum Schutz des Schlauchs auflegen.
- Falls abgebaut, Ritzel bzw. Ritzelpaket wieder anbauen (siehe Kapitel »Kette, Ritzel und Schaltung«).
- Reifen montieren (wie im nächsten Kapitel beschrieben).

Eine gebrochene Speiche kann unterwegs an einer anderen Speiche mit Klebeband gegen Herumbaumeln festgemacht werden. Besser ist jedoch, Sie entfernen sie und ziehen beim nächsten Halt eine neue Speiche ein. Zum Ausbau die gebrochenen Speiche (2) mit einer Zange (3) festhalten und den Speichennippel (1) solange gegen den Uhrzeigersinn drehen, bis das Speichenbruchstück freigegeben wird.

Wenn Sie bei der Kontrolle der Speichenspannung an einem der Laufräder Ihres Fahrrades eine gebrochene Speiche entdecken, sollten Sie diese schnellstens auswechseln, sonst werden die angrenzenden Speichen überlastet und es können »serienweise« Speichen brechen.

Da es eine Unzahl verschiedener Speichenlängen und -stärken gibt, sollten Sie, wenn Sie eine gebrochene Speiche auswechseln wollen, unbedingt entweder die Bruchstücke der Speiche mit zum Fachhändler nehmen, eine noch intakte Speiche für den richtigen Ersatzteilkauf mitnehmen, oder die genaue Länge ausmessen.

Kaufen Sie immer gleich mehrere Ersatzspeichen auf Vorrat. Sie lassen sich bei einer größeren Radtour raumsparend am Rahmen mit Gewebeklebeband, z.B. am Sattelrohr unterbringen. So sind Sie auch für solche Pannen ausreichend »gewappnet«.

Laufrad zentrieren

Für diese Arbeit müssen Sie sich besonders Zeit lassen, denn das Zentrieren eines Laufrades bereitet nur dann keine größeren Probleme, wenn Sie immer in kleinen Schritten abwechselnd einen Seiten- und Höhenschlag auszentrieren und sich dabei immer systematisch vom größten zum kleinsten Schlag vorarbeiten. Deshalb sollte besonders ein ungeduldiger Selbermacher diese Arbeit der Werkstatt überlassen.

Beim Zentrieren eines Laufrades unterscheidet man zwei Hauptzentrierungsrichtungen, nach denen ein unrund laufendes Rad gerichtet werden kann. Lockert sich mit zunehmender Kilometerleistung eine Speiche, wird die Felge von den Speichen der gegenüberliegenden Laufradseite ausgelenkt und »schlingert« – das Rad hat einen »Achter«.

Höhenschlag: Sind gleich zwei oder mehrere Speichen beider Laufradseiten hintereinander locker, ziehen die restlichen gespannten Speichen die Radnabe aus der Laufradmitte – das Rad hat ein »Ei«.

Bei einem stark unrund laufenden Laufrad kommt es meist zur Kombination von Seiten- und Höhenschlag. Werden Sie von einer solchen »Panne« unterwegs überrascht oder haben Sie keinen Zentrierständer, stellen Sie das Fahrrad einfach auf den Kopf. Dabei nicht vergessen, zum Schutz der Lenkerteile und des Sattels etwas unterzulegen.

- **Seitenschlag:** Felgenbremse so knapp einstellen, daß das unrund laufende Rad am Bremsklotz schleift.
- Ggf. die Felge an der Stelle markieren (Bleistift oder Kreide).
- Innerhalb der Markierungslinie müssen die Speichen justiert werden, damit die Felge wieder zentriert genau mittig zwischen den beiden Bremsklötzen durchläuft.
- Die Speiche auf der Seite, an der die Felge am Bremsklotz schleift bzw. auf der Seite der Markierung, etwas lockern und die Speiche auf der Gegenseite entsprechend spannen.
- Wenn Sie eine Speiche um eine halbe Umdrehung lockern, muß die andere Speiche um eine halbe Umdrehung festgezogen werden.
- Zieht sich der Seitenschlag über eine ganze Speichengruppe hin, müssen Sie die Speichen innerhalb des Schlags ansteigend lockern bzw. spannen. Also z.B. beginnend mit einer Achtelumdrehung (45°) über eine Viertelumdrehung (90°) bis zu einer Halbdrehung (180°).
- Nach einer Laufkontrolle gefühlvoll mit immer geringeren Teildrehungen der Speichennippel das Laufrad weiter zentrieren, bis die Felge ohne zu schleifen zwischen den Bremsgummis durchläuft.
- Zum Feinzentrieren ggf. die Felgenbremse noch mehr anspannen.

- **Höhenschlag:** Um einen Höhenschlag einigermaßen zentrieren zu können, muß eigentlich der Reifen demontiert werden.
- Dann den Schlagbereich mit Bleistift oder Kreide markieren.
- Weicht die Felge nach außen vom Normalrund ab (Ausbeulung), müssen die Speichen im gesamten Markierungsbereich mit ansteigenden Teilumdrehungen der Speichennippel angezogen werden. Dabei sollten die Nippel in kleinen Schritten nie mehr als eine Viertelumdrehung (45°) angezogen werden.
- Zwischen den einzelnen Zentrierschritten das Laufrad immer probelaufen lassen.
- Weicht die Felge nach innen vom Normalrund ab (Einbeulung), müssen die Speichen in diesem Bereich in kleinen Schritten etwas gelockert werden.
- Unterstützend ggf. die angrenzenden Speichen minimal anziehen.
- Da sich beim Zentrieren eines Höhenschlags die Felge meist wieder in einen Seitenschlag dejustiert, sollten Sie bei der Fein instellung unbedingt nochmals die Felge auf einen Seitenschlag kontrollieren und gegebenenfalls neu zentrieren, wie beschrieben.

Ist ein Laufrad deformiert, kommt es meist zur Kombination von Höhen- (H) und Seitenschlag (S) – das Rad eiert. Ein besonders guter Bezugspunkt zur Laufradkontrolle auf Höhen- und Seitenschlag (Pfeile) ist das Bremsgummi der Felgenbremse.

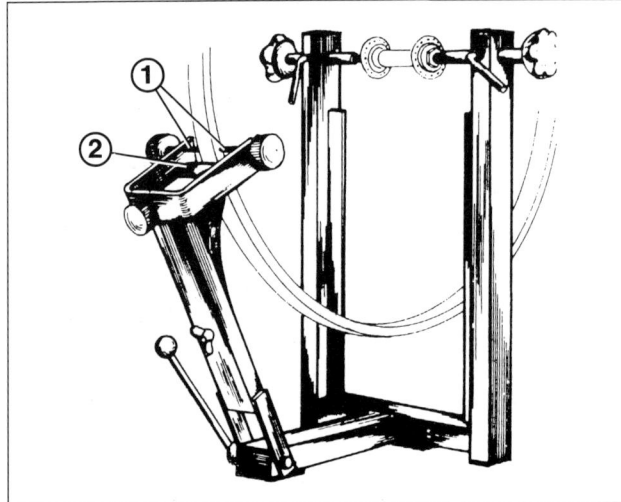

Mit einem solchen Zentriergerät wird ein Laufrad in der Werkstatt für exakten Rundlauf zentriert. Die Abbildung zeigt einen Zentrierständer des französischen Spezialwerkzeugherstellers VAR. Es bedeuten:
1 – Fühler für Seitenschlag;
2 – Fühler für Höhenschlag.

Wenn Sie an der Qualität Ihrer Laufräder zweifeln, weil sie überdurchschnittlich oft zentriert werden müssen, sollten Sie wissen, daß die Ursache dafür besonders holprig Straßen und entsprechender Geländeeinsatz sein können.

Vor dem Zentrieren muß das Radnabenspiel geprüft und ggf. eingestellt werden, da es sonst zu falschen Zentrierergebnissen kommen kann.

Beim Zentrieren immer in der gleichen Drehrichtung arbeiten und vom stärksten Schlag schrittweise die Felge immer mehr richten.

Auf keinen Fall sollten Sie die Nippellöcher der Felge ölen, um z.B. leichter und gefühlvoller zentrieren zu können. Ein geölter Speichennippel »findet« keinen festen Sitz im Nippelloch der Felge, so daß das Laufrad dauernd nachzentriert werden muß.

Laufrad neu einspeichen

Wenn Sie kein ausgesprochen talentierter »Handwerker« sind, sollten Sie das Einspeichen eines neuen Laufrades unbedingt der Werkstatt mit ihren speziellen und teuren Werkzeugen überlassen. Selbst in der Fachwerkstatt wird diese Arbeit nur von erfahrenen Zweiradmechanikern ausgeführt. Sie ersparen sich also viel Ärger. Außerdem zeigt die Erfahrung, daß vom Fachmann mit dem entsprechenden Gerät eingespeichte Laufräder viel seltener nachgespannt werden müssen als »Eigenbaulaufräder«. Durch die absolut gleichmäßige Speichenspannung kommt es zudem auch wesentlich weniger zu Speichenbrüchen.

Für den ehrgeizigen Schrauber hier ein paar Tips, die unbedingt beachtet werden müssen: Die Zahl der Speichenlöcher der Felge muß mit der Zahl der Speichenaufnahmelöcher der Radnabe übereinstimmen. Die Normallänge für 28"(622 mm)-Drahtreifenfelgen (Trekkingbike) bei Niederflanschnaben beträgt 292 – 296 mm. Die Normallänge für 26"(559 mm)-Drahtreifenfelgen (Mountainbike) bei Niederflanschnaben beträgt 258 – 262 mm.

- Radnabe senkrecht halten, damit die Nabenflansche waagrecht sind.
- In jedes zweite Flanschloch des oben befindlichen Nabenflansches eine Speiche fallen lassen. Dies sind bei Normalflanschen neun Speichen.
- Felge waagrecht so vor sich legen, daß das Ventilloch genau gegenüber von Ihnen liegt.
- Radnabe mit den Speichen in Felgenmitte legen und die Speichen schirmartig ausbreiten.
- Eine Speiche nehmen und in das nach oben versetzte Felgenloch rechts neben dem Ventilloch einführen.
- Einen Speichennippel nehmen und etwa drei Umdrehungen auf die eingesetzte Speiche aufschrauben.
- Vier Felgenlöcher im Uhrzeigersinn (rechts herum) abzählen und die nächste Speiche in das nach oben versetzte Felgenloch einsetzen.
- So mit den restlichen sieben Speichen verfahren. Sie müssen alle in nach oben versetzen Felgenlöchern sitzen (ganz wichtig!).
- Laufrad wenden und weitere neun Speichen von außen nach innen in den Nabenflansch einsetzen. Dabei beim Einsetzen der ersten Speiche darauf achten, daß sie genau in das versetzte Flanschloch gegenüber der ersten neben dem Ventilloch eingesetzten Speiche zu sitzen kommt.
- Die erste Speiche dieser Laufradseite nehmen und neben dem Ventilloch in das nach oben versetzte Felgenloch einsetzen.
- Nippel drei Umdrehungen aufschrauben.

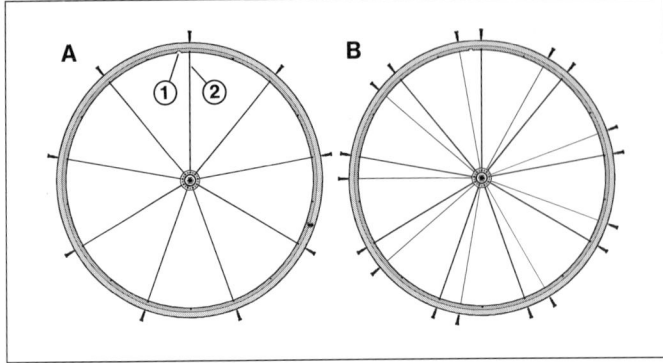

Das Schema »A« zeigt den ersten Schritt des Einspeichens: Rechts neben dem Ventilloch (1) wird die erste Speiche (2) in das nach oben weisende Loch der Felge gesetzt. Dann wird ein nach oben weisendes Loch ausgelassen und die nächste Speiche im Uhrzeigersinn in das nächste Loch gesetzt.
Das Schema »B« zeigt die schirmartige Lage der Speichen nach Wenden der Felge mit den immer mit der gleichen Umdrehungszahl aufgeschraubten, abstehenden Speichennippeln.

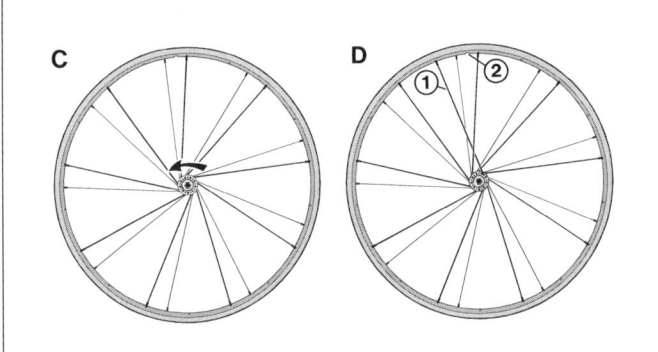

Abbildung »C« zeigt die Lage nach Verdrehen der Radnabe gegen den Uhrzeigersinn (Pfeil). Schema »D« veranschaulicht, wie die erste Speiche (1) nach links in das erste nach oben weisende Felgenloch links vom Ventilloch (2) eingesetzt ist. Dabei muß die Speiche die beiden ersten nach rechts weisenden Speichen nahe der Radnabe überkreuzen und erst bei der dritten, der Felge am nächsten liegenden Kreuzung, die Speiche unterkreuzen.

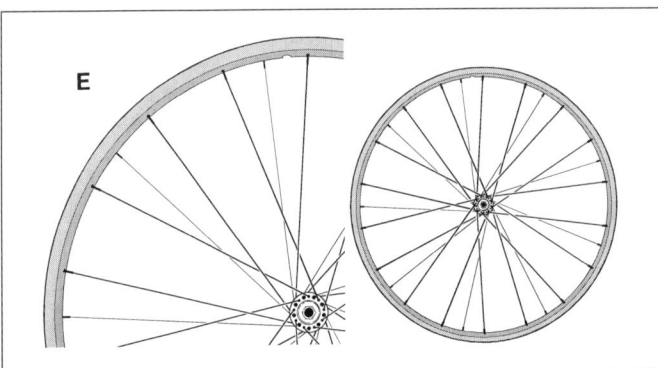

Schema »E« zeigt das Speichenmuster, wie es nach Fertigstellung einer Radseite aussehen muß. Bevor die Felge zum Einsetzen der restlichen Speichen gewendet wird, sollte sicherheitshalber kontrolliert werden, ob alle Speichen richtig unter- und überkreuzen. Die vergrößerte Abbildung zeigt nochmals die Lage der Speichen.

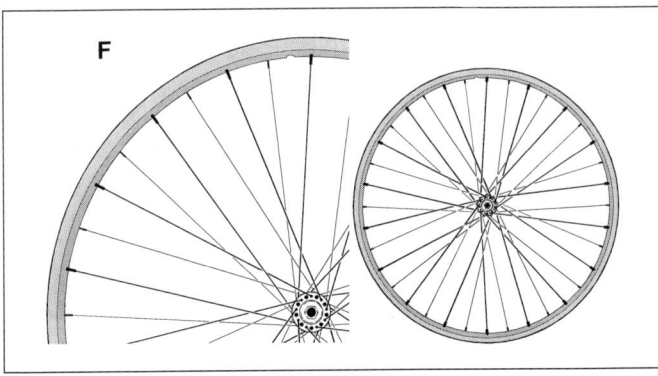

Schema »F« zeigt das Speichenmuster des fertig eingespeichten Laufrades.
Vor dem abschließenden Zentrieren muß das Laufrad »gedrückt« werden, damit eventuelle, das Zentrieren verfälschende Vorspannungen der Montage ausgeglichen werden.

- Die restlichen acht Speichen einsetzen und die Nippel mit drei Umdrehungen aufschrauben.
- Nun sind alle nach innen verlaufenden Speichen eingelegt. Beim nun erreichten »Speichenbild« dürfen sich die Speichen nicht kreuzen, sondern müssen schirmartig nach außen verlaufen.
- Je eine Speiche (neun) in die verbliebenen Flanschlöcher des unteren Radnabenflansch einsetzen.
- Das Laufrad umdrehen und die Speichen ohne Gewaltanwendung schirmartig flach ausrichten.
- Felge festhalten und die Radnabe verdrehen.
- Eine Speiche so verlegen, daß sie sich mit den nach der Flanschinnenseite abgehenden Speichen dreimal kreuzt.
- Dann die Speiche so ins Felgenloch einsetzen, daß sie die ersten beiden Speichen-Kreuzungsstellen überkreuzt, die dritte Kreuzungsstelle, also die der Felge am nächsten liegende, unterkreuzt. Ist die Speiche vermeintlich zu kurz, sitzen entweder die anderen Speichennippel nicht korrekt in den Felgenlöchern, oder Sie haben die Speichennippel zu weit auf die Speichen aufgedreht.
- Die verbliebenen acht Speichen auf die gleiche Weise kreuzen und mit den Nippeln fixieren.
- Die restlichen neun Speichen durch die unteren Flanschlöcher der Radnabe einsetzen.
- Das Laufrad wieder drehen, die Speichen kreuzen und mit den Nippeln fixieren, wie für die andere Radseite beschrieben.
- Mit einem Schraubendreher, der in die äußeren Speichenkreuzungen eingesetzt wird, die Kreuzungen mit Gefühl zur Radnabe drücken. Dadurch wird die Felge symmetrisch zur Radnabe ausgerichtet.
- Einspeichschema kontrollieren. Dabei muß das Ventilloch zwischen zwei fast parallel verlaufenden Speichen sitzen.
- Alle Speichen einer Radseite müssen auch in dem entsprechend versetzten Felgenloch sitzen.
- Alle Speichen müssen gleichmäßig locker sein.
- Stellen Sie bei einer der vorgenannten Kontrollen einen Fehler fest, sollten Sie mit Geduld das Einspeichen von vorne beginnen.
- Nun müssen die Speichen gespannt werden. Dazu muß das Laufrad in einen Zentrierständer gespannt werden.
- Mit dem Vorspannen der Speichen beginnen Sie wieder am Ventilloch.
- Jede Speiche mit einem Schraubendreher am Nippelrücken oder mit einem Speichenschlüssel am Nippelvierkant soweit vorspannen, daß gerade noch zwei Gewindegänge der Speiche am Nippelvierkant zu sehen sind.
- Wieder am Ventilloch angelangt, sollte die Speichenspannung immer noch locker sein.
- Nun die Speichen in einem weiteren Schritt spannen. Dazu wieder am Ventilloch beginnend an jeder Speiche den Nippel eine Umdrehung anziehen.
- Nach diesem »Spanndurchgang« das Laufrad drehen lassen und auf runden Lauf kontrollieren.
- Jetzt das Laufrad auf Mittigkeit zur Radnabenachse kontrollieren. Die Werkstatt hat hierfür eine spezielle Lehre, mit der millimetergenau gemessen werden kann.
- Mangels einer solchen Lehre messen Sie die Achslänge der Radnabe und ziehen das Maß der Felgenbreite ab. Das Ergebnis teilen Sie durch zwei. Beispiel: Radnabenachse 130 mm - 26 mm Felgenbreite = 104 : 2 = 52 mm.

- Auf dieses Maß sägen Sie sich zwei, besser jedoch gleich vier identische Holzklötzchen zurecht. Wichtig ist das maßgenaue Zusägen der Klötzchen auf das vorher errechnete Maß.
- Nun das Laufrad auf eine ebene Fläche, am besten einen Tisch, legen. Die Holzklötzchen als Quadrat so unter die Felgenflanke legen, daß Sie bei diagonal »Peilung« jeweils mit der Radnabenachse eine Linie bilden.
- Kontrollieren Sie auf jeden Fall, ob die Radnabenachse auch noch Kontakt mit der Tischfläche hat. Gleichzeitig darf aber bei keinem der Klötzchen »Luft« zur Felgenflanke bestehen.
- Sonst Felge wenden. Nun muß die Radnabenachse in der Luft hängen.
- Der gemessene Abstand von der Tischplatte zur Radnabenachse durch zwei geteilt zeigt das Maß an, daß die Felge außermittig eingespeicht ist.
- Auf dieser Laufradseite nun alle Speichen minimal lockern.
- Anschließend alle Speichen der Gegenseite um die gleiche Nippelteildrehung minimal spannen.
- Laufrad nochmals auf Mittigkeit zur Radnabenachse kontrollieren und ggf. Speichenspannung korrigieren.
- Nun die Speichen endgültig gleichmäßig spannen, bis das Laufrad in mehreren Durchgängen die richtige Speichenspannung aufweist.
- Die richtige Speichenspannung vergleichen Sie am besten mit einem anderen gut gespannten Laufrad. Die Werkstatt erhöht die Speichenspannung meist bis an den bei der entsprechenden Felgentype erlaubten Maximalwert. Dazu hat der Fachmann ein Tensiometer, mit dem die Speichenspannung gemessen wird. Zum Messen wird das Meßgerät genau in der Mitte der Speiche angesetzt.
- Zum Schluß muß das Laufrad gedrückt werden. Dazu gleichzeitig mit beiden Händen auf jeder Laufradseite jeweils zwei Speichen greifen, die fast parallel verlaufen, und kräftig zusammendrücken. Dadurch »setzen« sich die Speichen in Nabenflansch und Nippelloch der Felge.
- Ist die Felge richtig gespannt, braucht meist kaum nachzentriert werden.
- Ist die Spannung der Speichen dagegen zu hoch, und die Felge läuft in weiten Wellen unrund, muß die Speichenspannung nachgelassen werden.
- Braucht nach dem Drücken nicht mehr nachzentriert werden, kann der Reifen montiert und das Laufrad eingebaut werden. Vorher jedoch überstehende Speichen an den Nippelrücken kürzen und abfeilen.
- Nach ungefähr 50 km sollte die Speichenspannung kontrolliert und nachgestellt werden.

 Tip Wenn Sie ein gutes Verhältnis zu Ihrem Fahrradhändler haben, leiht er Ihnen vielleicht seinen Zentrierständer übers Wochenende und gibt Ihnen sogar noch ein paar gute Tips. Können Sie keinen Zentrierständer auftreiben, bleibt nur die Felgenbremse am Fahrrad als Zentrierhilfe übrig.

Die Speichen müssen beim Einspeichen möglichst ohne Verspannung gerade von der Radnabenbohrung zum Speichennippel verlaufen. Sonst gibt es Probleme beim Zentrieren und vorzeitige Speichenbrüche. Deshalb ist das sogenannte »Drücken« der Speichen ein wichtiger Arbeitsschritt beim Einspeichen eines Laufrades.

Beim endgültigen Spannen der Speichen den Nippel etwas überdrehen und dann etwas zurückdrehen. Dadurch vermeiden Sie in sich verdrehte Speichen und damit verspannte Speichen.

Laufräder

Störung	Ursache	Abhilfe
A) Knackgeräusche bei langsamer Fahrt	1) Speichen lose	Anziehen und Felge zentrieren lassen
	2) Speichen gebrochen	Gegen neue Speichen aus wechseln und Felge zentrieren (lassen)
	3) Felge am Felgenstoß gebrochen oder Stoßverbindung gelöst	Laufrad erneuern
	4) Felge hat Seiten- oder/und Höhenschlag	Zentrieren lassen
	5) Radnabenlager hat zuviel Spiel	Einstellen
	6) Radnabenlager verschlissen	Erneuern (lassen)
B) Schleif- oder Mahlgeräusche beim Fahren	1) Siehe A4	
	2) Radnabenlager ist zu stramm eingestellt	Einstellen
	3) Radnabenlager verschlissen	Erneuern (lassen)
C) Schwingungen beim Fahren	1) Siehe A 4 und 5	
	2) Reifen stark deformiert	Auswechseln
	3) Reifen falsch aufgezogen	Neu montieren (siehe Kapitel

Die Reifen

Ähnlich wie beim Auto, ist auch beim Fahrrad Reifenprofil und Gummimischung zu einer Wissenschaft geworden, denn auch bei ihm ist zwischen Felge und Fahrbahn das wohl wichtigste »Sicherheitspaket« montiert – der Reifen. Mit schlechten Reifen wird die Kurvenfahrt zum Risiko und die besten Bremsen sind durch fehlende Reifenhaftung »nichts mehr wert«. Aber auch zu niedriger Luftdruck stellt ein Sicherheitsrisiko dar, denn dadurch ist nicht nur der Rollwiderstand erhöht, sondern durch die gleichzeitig erhöhte Walkarbeit können alle guten Fahreigenschaften eines Bikes zunichte gemacht werden. Von der richtigen Behandlung der Reifen hängt es deshalb stark ab, ob die Eigenschaften, die in einen Reifen »eingebaut« sind, auch wirksam werden.

Man kann die Reifen in drei Typen aufteilen: in reine *Straßenreifen* mit relativ glattem Profil; reine *Geländereifen* (Offroad) mit groben Noppen und Stollen und in eine *Mischbereifung* für den Einsatz auf Straße und Gelände. Bei sogenannter Mischbereifung, auch Mittelstegreifen genannt, läuft der Reifen mit einer ebenen Mittellauffläche auf Asphalt hervorragend ab, während die seitlichen Stollen erst in starker Schräglage oder im Gelände die Fahrbahn bzw. den Boden berühren.

Je nach Fahrradtyp gibt es für die verschiedenen Einsatzbereiche eine Riesenauswahl an Reifen mit den unterschiedlichsten Profilen. Obwohl sich die Profile der Reifen in den einzelnen Einsatzkategorien sehr ähneln und sich in ihrer Vielfalt optisch nur schwer unterscheiden lassen, sind doch gravierende Unterschiede vorhanden, die das gesamte Fahrverhalten eines Fahrrades von Abrollkomfort über Kurvenverhalten bis Steigfähigkeit beeinflussen. Bei reinrassigen Mountainbikes sind selbst Vorder- und Hinterreifen mit unterschiedlichen Profilen ausgestattet. Der Grund sind hier die unterschiedlichen Anforderungen an beide Laufräder.

Drei »Schwalbe«-Reifen für unterschiedliche Einsatzgebiete:
Links: Ein Reifen für das reinrassige Mountainbike. Das Profil reinigt sich auch bei Matsch schnell von selbst und die kräftigen Außenstollen sorgen auch auf weichem Untergrund für ausreichende Kurvenstabilität.

Mitte: Ein sogenannte Allround-Reifen, der durch seine Profilgest tung auf Asphalt eine geringen Rollwidersta aufweist, aber genaus gut im Gelände seine Griffigkeit beweist un dort selbst harte Schlä »wegstecken« kann. Rechts: Ein speziell fü den Cityeinsatz entwickelter Reifen mit h hem Abrollkomfort u besonders gutem Brem verhalten auch auf na ser Fahrbahn. Das zu Flanken gröber werde de Profil erhöht die K vensicherheit.

Aufbau des Reifens und der Reifenmaße

Der Mantel eines Reifens besteht aus der Gummimischung des Profils von weich (besonders haftfähig) bis hart (besseres Abrollverhalten), in die bei Normalreifen ein mehrlagiges, über Kreuz gelegtes Nylon-/Cord- oder ein engmaschiges Polyamid-Gewebe eingebettet ist.

Damit der Reifen auch auf der Felge hält und nicht abspringt, ist links und rechts am Reifen ein aus mehreren Windungen bestehendes Drahtseil einvulkanisiert. Bei qualitativ besseren, aber auch teureren Reifen sind Nylon- Kunststoff- oder gar Kevlarkerne eingebettet. Sie sind dadurch besonders leicht und können raumsparend klein zusammengefaltet werden, ohne daß der Reifenwulst geknickt wird.

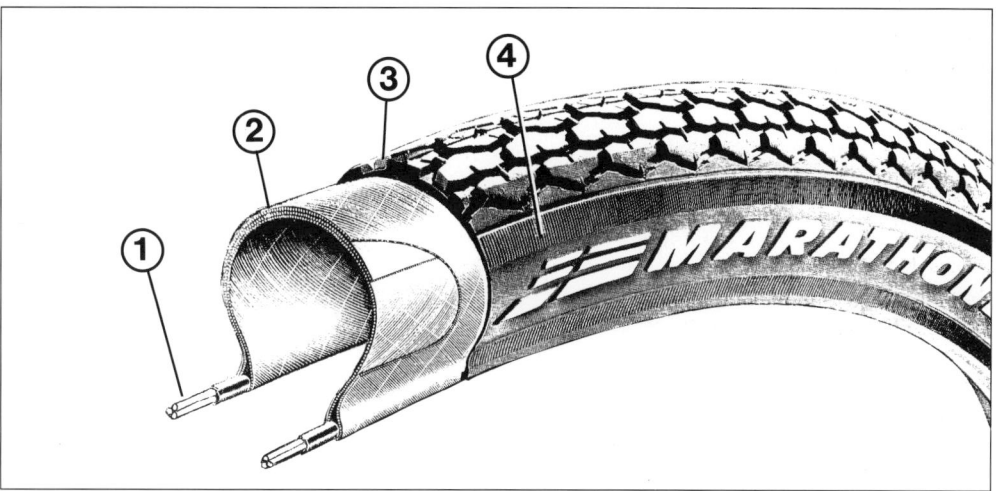

Der Aufbau eines Fahrradreifens. Es bedeuten: 1 – Drahtkern der Reifenwulst; 2 – Gewebeunterbau; 3 – Reifenprofil; 4 – Rändelprofil für den Rollendynamo.

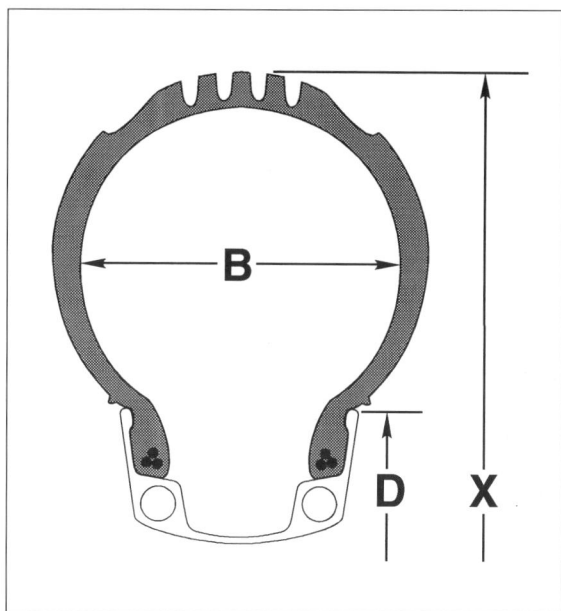

Die auf der Reifenflanke angegebenen Maße gelten für den aufgepumpten, unbelasteten Reifen. Die Größenbezeichnung setzt sich aus der Reifenbreite (B) und dem Felgendurchmesser (D) in mm zusammen. Der Außendurchmesser (X) des kompletten Laufrades kann annähernd genau aus der doppelten Reifenbreite plus dem Felgendurchmesser, also 2 x B + D = X, errechnet werden. So beträgt der Außendurchmesser eines Laufrades mit der Reifengröße 622 - 40 = 2 x 40 + 622 = ca. 702 mm.

Die Maße für Reifenquerschitt und Reifendurchmesser sind seitlich auf der Reifenflanke in Zoll (") und als sogenannte »ETRTO«-Größe (European Tire and Rim Technical Organisation) angegeben. So geht z.B. aus der eingestanzten ETRTO-Größenangabe der Felge die zu montierende Reifengröße hervor; z.B.: Felgengröße 559 - 22 = Reifengröße 559 - 50 (26 X 1,95") oder Felgengröße 622 - 20 = Reifengröße 622 - 40 (28 X 1,25"). Während der Reifenumfang immer genau stimmen muß, kann bei der Reifendicke etwas variiert werden, so daß Ihnen für jede Felgengröße und -typ eine große Reifenauswahl zur Verfügung steht.

Besonders bei billigen Reifen läßt die Verarbeitung manchmal zu wünschen übrig, wodurch die Reifen oft unrund abrollen. Durch diese Höhen- und Seitenschläge wird die Laufruhe eines Fahrrades erheblich beeinträchtigt. Dies merken Sie jedoch erst bei hohen Geschwindigkeiten auf asphaltierten Pisten.

Für die Reifenkaufberatung kann hier nur wieder das gute Fahrrad-Fachgeschäft empfohlen werden, denn meist können die Fachleute dort aus eigenen Praxiserfahrungen Empfehlungen geben, die in keinem Werbeprospekt stehen.

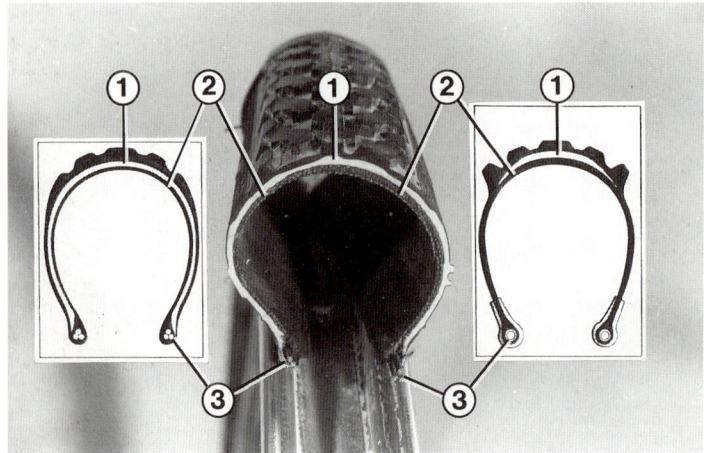

Der Reifenquerschnitt in Original und Zeichnung zeigt bei:
1 – Pannenschutzschicht, je nach Reifentyp und Anforderung unterschiedlich;
2 – Reifenunterbau (Gewebeschicht);
3 – Drahtkern, er ist ebenfalls je nach Reifentyp unterschiedlich in Material und Form.

Der Reifendruck (Ständige Kontrolle)

Die optimale Reifenhaftung und damit Ihre Sicherheit, aber auch der Rollwiderstand hängen ursächlich vom richtigen Reifendruck ab. Der maximal erlaubte Reifendruck ist auf den Reifenflanken angegeben, doch kann hier für Faktoren wie Fahrkomfort, Belastung und Einsatz (wichtig bei Mountainbikes) bzw. Untergrund etwas variiert werden.

Reifendruck prüfen

Ist zu wenig Luft im Reifen, läßt ein heftiger Schlag, wie er z.B. häufig beim Überfahren eines Bordsteins oder einer groben Wurzel im Gelände möglich ist, den Mantel des Reifens bis auf die Felge durchschlagen. Ein Plattfuß und oft auch ein Felgenschlag ist die Folge. Deshalb sollten Sie besonders bei schmalen Pneus stets mit genügend Luftdruck fahren, damit sie nicht auf die Felgen durchschlagen können. Mit sogenannten Felgenschlägen übersäte Felgen lassen selbst eine normale Bremsung zum gefährlichen Fahrmanöver werden.

Vorteil breiter Reifen ist, daß sie bei niedrigem Luftdruck den besten Fahrkomfort durch gute Stoßdämpfung bieten und trotzdem eine gewisse Sicherheit gegen Durchschlagen gegeben ist.

Wenn Sie einen Luftdruckmesser haben, auf dem nur ein Druckwert angegeben ist, hier eine Vergleichstabelle von psi- zu bar-Druckwerten (1 psi = 0,07 bar):

psi	bar	psi	bar
30	2,1	60	4,2
40	2,8	70	4,9
50	3,5	80	5,6

Mangels eines Luftdruckmessers unterwegs sollten Sie die Reifen immer so aufpumpen, daß der Reifen sich bei kräftigem Daumendruck nur ganz gering eindrücken läßt. Je nach Belastung (Fahrer und Gepäck) kann dann der Luftdruck für das Vorder- und Hinterrad nach einigen Metern Fahrt nach oben oder unten korrigiert werden.

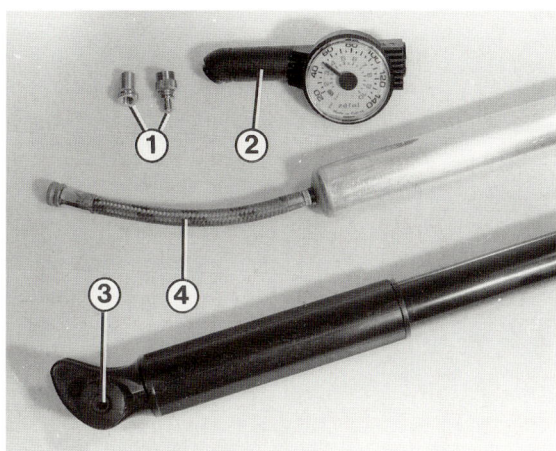

Falls die Pumpe mal nicht auf das Ventil paßt, können Sie sich entsprechende Ventiladapter (1) kaufen. Für die genaue Luftdruckkontrolle ist ein Luftdruckmesser (2) unerläßlich. Luftpumpen gibt es aus Metall oder Kunststoff in jeder Länge mit allen erdenklichen Klemmvorrichtungen. Dem technisch etwas weniger begabten Radfahrer ist eher eine Pumpe mit flexiblem Schlauchadapter (4) zu empfehlen, bei der die Gefahr des Ventilbruchs durch falsche Handhabung ausgeschlossen ist. Bei einer herkömmlichen Pumpe mit starrem Ventiladapter (3) muß beim Pumpen darauf geachtet werden, daß Reifen und Pumpe mit einer Hand so umschlossen werden, daß das Ventil nicht seitlich im Felgenloch weggedrückt wird.

Die Luftpumpe

Zum besseren Verständnis kurz die Funktion der Luftpumpe: Im sogenannten Pumpenzylinder, dem Pumpenrohr aus Metall oder Kunststoff gleitet der Pumpenkolben beim Betätigen der Pumpe auf der Kolbenstange auf und ab. Dazu ist die Kolbenstange mit dem Pumpengriff verbunden. Beim Aufziehen der Pumpe wandert der Pumpenkolben, zwei Metallscheiben, zwischen die eine tellerförmige Manschette aus Kunststoff, Kautschuk oder Leder geklemmt ist, im Pumpenzylinder zum Pumpendeckel zurück. Dadurch strömt Luft von der Rückseite des Kolbens an der flexiblen Kolbenmanschette vorbei auf die Kolbenvorderseite.

Bei der Laufrichtungsumkehr, wenn also am Pumpengriff von Zug auf Druck gewechselt wird, spreizt sich die Kolbenmanschette gegen den Pumpenzylinder und dichtet so den Kolben vollkommen gegen die Zylinderwand ab. Bei weiterem Drücken der Kolbenstange wird nun die beim Pumpenzug angesaugte Luft so stark komprimiert, daß sie gegen den Widerstand von Ventil und Reifendruck in den Reifen gedrückt wird.

Zwischen Kolben und Pumpendeckel sitzt eine Feder auf der Kolbenstange, die einmal den Anschlag beim Zurückziehen der Kolbenstange mindert und zum anderen als Druckfeder beim Einklemmen der Pumpe in den Pumpenhalter am Fahrrad dient.

Luftpumpe defekt

Obwohl der Aufbau der Luftpumpe recht einfach ist, gibt es doch hin und wieder kleine Funktionsprobleme, die jedoch meist auf einfache Weise behoben werden können.

- Pumpendeckel aufschrauben.
- Kolbenstange komplett mit Pumpendeckel und Druckfeder aus dem Pumpenzylinder ziehen.
- Kolbenmanschette kontrollieren. Ist sie verhärtet, die Manschette mit den Fingern spreizen und etwas fetten.
- Kolbenstange wieder einsetzen. Dabei darauf achten, daß die gespreizte Manschette nicht verletzt wird.
- Funktioniert die Pumpe immer noch nicht, muß die Pumpenmanschette ersetzt werden.
- Geht beim Pumpen zuviel Luft am Ventil vorbei, liegt dies meist an einem verschlissenen oder lockeren Dichtring des Ventiladapters der Pumpe.
- Hilft Festschrauben der Schraubkappe nicht, muß der Dichteinsatz des Ventiladapters ersetzt werden.

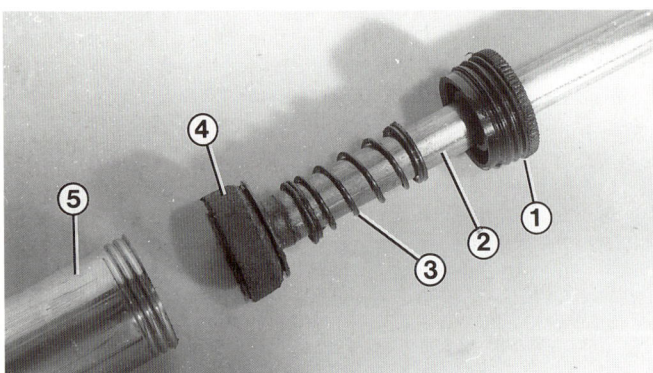

Die zerlegte Luftpumpe zeigt bei:
1 – Pumpenverschluß;
2 – Kolbenstange;
3 – Anschlagdämpfungsfeder;
4 – Pumpenkolben (flexible Manschette aus Leder oder Kunststoff);
5 – Pumpenrohr (Zylinder).

Wenn Sie eine Ersatzpumpe kaufen, müssen sie darauf achten, daß der Ventiladapter der Pumpe zu dem in Ihren Laufrädern eingebauten Ventiltyp paßt.

Reifenzustand kontrollieren (Wartung Nr. 6)

Gutes Reifenprofil garantiert besonders in Kurven eine optimale Seitenhaftung. Mit Kilometerlaufleistung verschlechtert mit der Abnutzung des Reifenprofils die Reifenhaftung und damit auch die Bremswirkung erheblich. Ist das Profil abgenutzt, muß der Reifen umgehend gewechselt und nicht abgefahren werden, bis die »Leinwand« sichtbar wird. Mit dem Reifenwechsel sollten Sie auch den Schlauch wechseln, denn er ist mit dem Reifen auch einem Alterungsprozess ausgesetzt und manchmal sogar schon brüchig.
Auch Radfahrer, die sich nur selten auf ihren »Drahtesel« setzen und daher vermeintlich gute Reifen haben, sollten den Reifenzustand begutachten. Auch bei einem unbenutzten Fahrrad altert nämlich der Reifen und wird rissig. Dies merken Sie am besten, wenn Sie den Reifen auf den vorgeschriebenen Luftdruck aufpumpen und sich dabei über den Reifen verteilt eine Unzahl kleiner Risse bildet. So sollten Reifen, die älter als fünf Jahre sind, vorbeugend komplett mit Schlauch ausgewechselt werden.

Reifen wechseln

Wechseln Sie den Reifen komplett mit Schlauch, müssen Sie darauf achten, daß der neue Schlauch auch das richtige, für Ihre Felge passende Ventil aufweist. Je nach Felgentyp und Ventillochdurchmesser können drei unterschiedliche Ventiltypen montiert sein: Das allgemein weit verbreitete Fahrradventil mit Ventilschlauch oder mit »Blitzventil«-Einsatz, das bei den in diesem Handbuch behandelten Fahrrädern nur selten eingebaute französische Rennventil (»Sklaverand«-Ventil) mit verschraubbarem Ventilstift und dem Autoventil (»Schrader«-Ventil) mit herausschraubbarem Stiftventileinsatz.

- Laufrad ausbauen (wie im Kapitel »Die Laufräder« beschrieben).
- Luft ablassen. Dazu das Ventil öffnen. Beim Fahrradventil den Einsatz durch Lösen des Überwurf-Rändelrings ausbauen; beim Rennventil die Stiftsicherungsschraube zurückdrehen und auf den Stift drücken; beim Autoventil den Stift des Ventileinsatzes drücken (Schraubendreher oder Kugelschreiber benutzen) bzw. den Ventileinsatz herausdrehen.
- Rändelring der Ventilbefestigung lösen und abschrauben.
- Ventil in den Reifen drücken.
- Mit den Händen die Reifenflanken ringsum an der Felge zur Felgenmitte drücken.
- Kann eine gelöste Reifenflanke nicht von Hand über den Felgenrand gehoben werden, dann gegenüber dem Ventil einen Reifenheber vorsichtig zwischen Felge und Mantel schieben. Darauf achten, daß weder Schlauch noch Mantel verletzt werden. Die kleine Einkerbung des Reifenhebers muß nach hinten zeigen.
- Dem Reifenheber umlegen und dabei den Reifen mit Gefühl über die Felgenschulter hebeln.
- Den Reifenheber mit der kleinen Einkerbung in einer Speiche einhängen.
- Eine Handbreit daneben einen zweiten Reifenheber ansetzen und versuchen, die Reifendecke ohne Gewaltanwendung über den ganzen Umfang von der Felge zu heben. Dabei vorsichtig zu Werke gehen, damit weder Schlauch noch Reifen beschädigt werden.
- Schlauch aus dem Reifen nehmen. Dazu am Ventil beginnen.
- Andere Seite des Reifens mit den Reifenhebern über den Felgenrand hebeln und Reifen abnehmen.
- Das Felgenband auf Verschleiß kontrollieren und ggf. auswechseln.
- Felge auf überstehende Speichen kontrollieren und ggf. abfeilen.

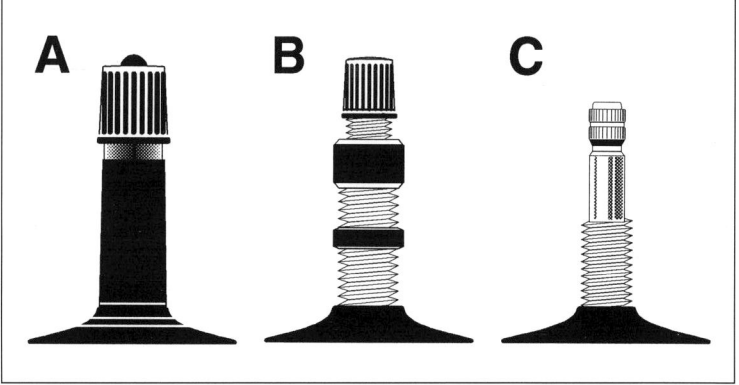

Die drei verschiedenen bei Fahrradschläuchen üblichen Ventilsysteme:
A – Schraderventil, auch als Autoventil bekannt;
B – Dunlop-Ventil, entweder mit dem kleinen Ventilschlaucheinsatz oder dem Alligator-Blitzventileinsatz ausgerüstet;
C – Sclaverand-Ventil mit verschraub- bzw. verschließbarem Ventilkörper.

Nach Ablassen der Luft zuerst einen Reifenheber (1) nahe dem Ventil (4) ansetzen und den Reifen vorsichtig über die Felgenschulter hebeln. Dann den Heber in einer Speiche einhängen und mit zweitem Reifenheber (2) eine Handbreit daneben genauso verfahren. Mit dem dritten Heber (3) kann dann eine Reifenseite endgültig von der Felge gehoben und der Schlauch entfernt werden.

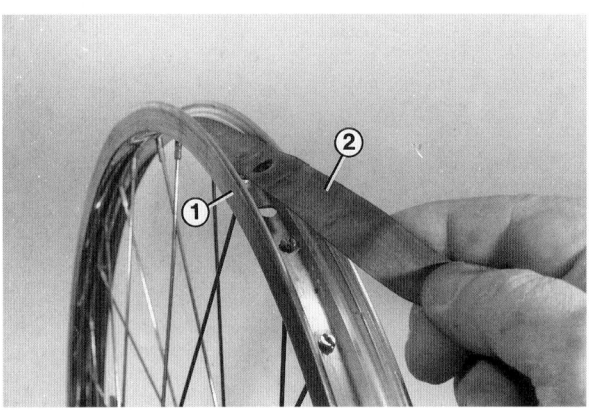

Bei abgenommenem Reifen sollten Sie immer gleich das Felgenband (2) auf Verschleiß kontrollieren und ggf. auswechseln, denn ein verschlissenes Felgenband ist weit mehr Ursache für eine Reifenpanne durch überstehende Speichen als man glaubt. Dabei dann die Felge (1) gleich auf überstehende Speichen überprüfen und abfeilen.

- Beim Aufziehen des neuen Reifens erst eine Seite über den Felgenrand drücken. Dabei den Reifen lose über die Felge stülpen und dann mit beiden Händen zueinander arbeitend über den Felgenrand drücken bis die Hände sich auf der gegenüberliegenden Laufradseite treffen.
- Falls ausgebaut, den Ventileinsatz in den Schlauch einsetzen und den Schlauch ganz leicht aufpumpen.
- Ventil durch das Felgenloch führen.
- Schlauch in den Reifen einlegen. Dabei auf korrekte Lage achten.
- Reifen nun von Hand über den Felgenrand ziehen bzw. drücken. Dabei wieder mit den Händen zueinander arbeiten, sonst springt der Reifen immer wieder aus dem Felgenbett. Falls dies zu viel Kraft erfordert, die Reifenheber zu Hilfe nehmen. Ggf. Luft wieder aus dem Schlauch ablassen.
- Damit sich der Schlauch sauber im Reifen legen kann, den Reifen leicht aufpumpen und ringsum kneten und drücken. Dabei gleich darauf achten, daß der Abstand von Felgenrand zur Ringmarkierung des Reifens gleichmäßig verläuft. Nur dann vermeiden Sie Seiten- und Höhenschläge.
- Ventil in das Ventilloch zurückdrücken, damit sich der Schlauch auch in diesem Bereich setzen kann und nicht etwa eingeklemmt ist.
- Reifen auf den vorgeschriebenen Druck aufpumpen und Laufrad einbauen (wie im Kapitel »Die Räder« beschrieben).
- Einstellung von Bremsen und Schaltung kontrollieren und ggf. korrigieren.

Tip

Ein verschlissenes Felgenband sollten Sie wie den Schlauch gleichzeitig mit dem Reifenwechsel erneuern, denn es schützt den Schlauch vor scharfen Nippelschlitzen und überstehenden Speichen.

Reifen flicken

- Vor jeglichen Montagearbeiten den betreffenden Reifen in vollem Umfang – auch an den Reifenflanken – auf eingefahrene Fremdkörper oder Verletzungen überprüfen und die Stellen markieren.
- Luft ablassen und eine Seite des Reifens von der Felge hebeln, wie zuvor beschrieben.
- Schlauch – dabei am Ventil beginnen – aus dem Reifen ziehen.
- Falls ausgebaut, das Ventil wieder einsetzen und den Schlauch aufpumpen.
- Schlauch auf Luftaustritt kontrollieren.
- Falls das Loch nicht lokalisiert werden kann, den Schlauch systematisch am Gesicht vorbeiführen. So spüren Sie auch den leisesten Luftstrom.
- Die so lokalisierte Stelle mit Spucke befeuchten. Bilden sich Blasen, waren Sie erfolgreich.
- Sonst Schlauch in Wasserbad tauchen oder mit nassem Lappen abwischen. Die Luftblasen verraten auch das kleinste Loch.
- Ggf. Schlauch trocken reiben.
- Rund um das Loch den Schlauch mit Sandpapier sorgfältig anrauhen. Die Schmirgelstelle muß dabei etwas größer als der spätere Flicken sein. Zur Not hilft hier auch das Abschaben mit einer Messerklinge.
- Schmirgelstelle trocken abwischen.
- Gummilösung auftragen und trocknen (ablüften) lassen. Die Ablüftzeit ist abhängig von der Flickzeugmarke und der aufgetragenen Menge.
- Nach ein paar Minuten den Flicken auf das Loch setzen. Vorher das Schutzpapier abziehen.
- Flicken von Hand einige Momente festpressen.
- Dann den Schlauch auf eine ebene Unterlage legen und den Flicken mit einem stumpfen Gegenstand (Schraubendrehergriff, runder Stein oder Trinkflasche) zusätzlich mit erhöhtem Druck festpressen.
- Schlauch noch ca. fünfzehn Minuten trocknen lassen.
- In der Trockenzeit den Reifen außen und innen auf Fremdkörper untersuchen und diese ggf. entfernen.
- Ventil in Felge einsetzen und Schlauch in Reifen legen.
- Reifen montieren, wie zuvor beschrieben und Luft aufpumpen.

Eine recht gute Vorbeugung gegen Reifenpannen ist das Befüllen des Schlauchs mit einem flüssigen Gel. Diese Pannensicherung (1) wird einfach mit einem kleinen Schlauch (2) an das Ventil (3) angeschlossen und in den Schlauch gedrückt. Zum Befüllen des Schlauchs muß allerdings der Ventileinsatz ausgebaut sein.

Wenn der »Übeltäter« der Reifenpanne von außen sichtbar ist, können Sie sich besonders den mühsamen Ausbau des Hinterrades »sparen«. Dann den Mantel nur an der Schadstelle mit den Reifenhebern von der Felge hebeln und den herausgezogenen Schlauch »an Ort und Stelle« flicken.
Eine vermeintliche Reifenpanne hat ihre Ursache manchmal auch in einem defekten Ventil. Deshalb zuallererst am Ventil Spucke angeben und Ventil auf Dichtheit überprüfen.
Auf keinen Fall den fertig geflickten Schlauch zur Dichtigkeitskontrolle außerhalb des Reifens übermäßig aufpumpen, da sonst die Klebeverbindung durch das Aufblähen des Schlauchs reißt.

Störungsbeistand

Reifen

Störung	Ursache	Abhilfe
A) Fahrrad flattert bei bestimmten Geschwindigkeiten	1) Profillauffläche eiert durch ungleichmäßig aufgezogenen Reifen	Reifen korrekt montieren (Montagehilfslinie auf der Reifenflanke beachten)
	2) Reifen deformiert	Auswechseln
	3) Luftdruck zu gering	Luftdruck korrigieren
B) Häufige Reifen pannen	1) Reifendruck über längere Zeit zu gering	Luftdruck regelmäßig kontrollieren
	2) Speichen stehen über und perforieren Felgenband und Schlauch	Abschleifen und Schlauch mit Felgenband erneuern
	3) Fremdkörper vom letzten Platten steckt noch im Reifen	Fremdkörper entfernen, ggf. neuen Reifen aufziehen
	4) Schlauch wird durch alten Durchschlag im Mantel durchgescheuert	Neue Reifen aufziehen
	5) Schlauch porös durch Überalterung	Auswechseln
	6) Schlauch im Reifen faltig eingelegt	Schlauch korrekt einlegen (Mantel bei leicht aufgepumptem Schlauch fertigmontieren)
	7) Reifen abgefahren (kein Profil mehr)	Neuen Reifen aufziehen
C) Reifen schleift an Rahmenteilen	1) Felge hat Seitenschlag	Zentrieren (lassen)
	2) Laufrad falsch in Ausfallenden eingespannt	Rad zentrisch ausgerichtet einbauen

Die Bremsen

Trotz verbesserter Fahrradbremsen durch Konstruktionsneuerungen sollten Sie sich als sicherheitsbewußter Radfahrer mit »Weitsicht« durch den Fahrradalltag bewegen. Mit dieser Fahrweise schonen Sie nicht nur Ihr Fahrrad, sondern vermeiden auch riskante und gefährliche Extremsituation. Zudem wird besonders der Reifenverschleiß in normalen Grenzen gehalten.

Obwohl die Bremswirkung der Fahrradbremsen in den letzten Jahren wesentlich verbessert wurde, sind Unfälle durch mangelhaft gewartete Bremsen weit häufiger Ursache für einen Radunfall als bisher angenommen wurde.

Nicht gewartete, schlecht ziehende Bremsen sind nach wie vor das größte Problem am Fahrrad. Mangelhafte Bremsleistung ist aber in den meisten Fällen auf die schlechte Abstimmung von Felge zu Bremsgummis zurückzuführen. Und es kommt immer noch vor, daß selbst bei Neurädern die Bremsen nicht exakt eingestellt sind, denn die sonst so gründliche StVZO verlangt für Fahrräder lediglich zwei unabhängig voneinander arbeitende Bremssysteme ohne aber auf die Bremswirkung einzugehen. Anforderungen an die Bremswirkung beinhalten jedoch die überarbeitete DIN 79100 für einen Trocken- und Naß-Bremstest, so daß ein Fahrrad mit derart ausgezeichneten Bremsen zumindest durch die Bremsen zu den sicheren Vertretern seiner Bauart zählt.

Es gibt *Felgen-, Rücktritt- und Trommelbremsen,* wobei die Felgenbremse am weitesten verbreitet ist. Nachteil bei Trommel-, wie Rücktrittbremse ist die große Hitzeentwicklung bei Dauerbremsungen und die erhöhte Belastung der Speichen, die ja das Bremsmoment der Trommel- bzw. Rücktrittbremse von der Laufradmitte auf die Felge und weiter auf die Fahrbahn übertragen müssen.

Die Felgenbremse

Bei den Felgenbremsentypen hat sich in den letzten Jahren die sogenannte Cantileverbremse, eine Art Mittelzugbremse als Standard durchgesetzt. Sie zeigt die beste Bremswirkung und ist dank ihrer einfachen Konstruktion besonders wartungsfreundlich. Doch auch die »altbekannte« Seitenzugbremse neuerer Bauart ist durch ihre Leichtgängigkeit mit dadurch verbesserter Bremskraftübertragung der Cantileverbremse in der Bremswirkung durchaus ebenbürtig.

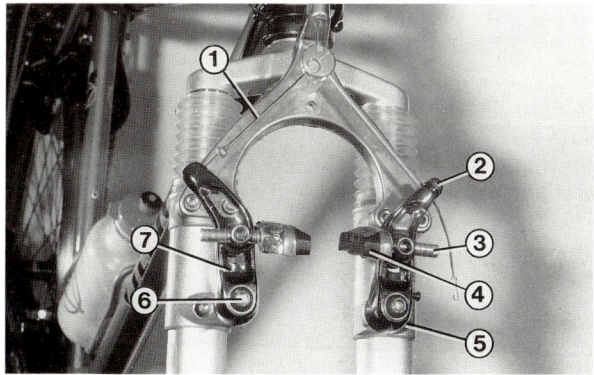

Die Cantileverbremse und ihre Teile:
1 – Querzug;
2 – Klemmnippel;
3 – Bremsschuh;
4 – Bremsgummi;
5 – Bremssockel (Anlötteil);
6 – Befestigungsschraube des Bremsarms am Bremssockel;
7 – Bremsarm.

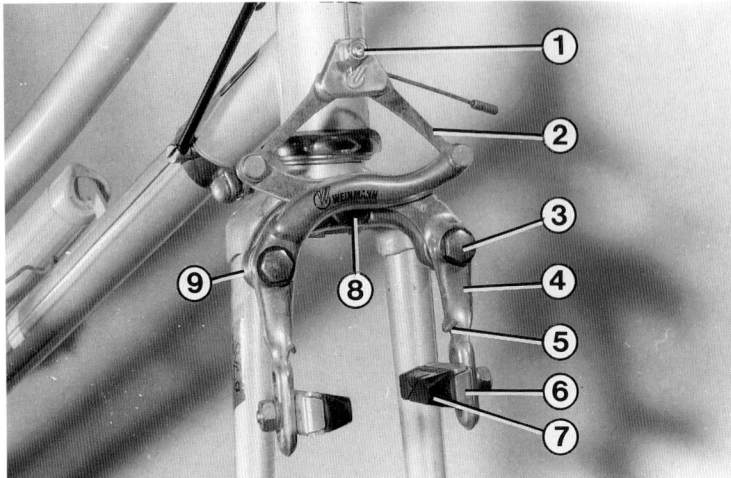

Die Mittenzugbremse
und ihre Teile:
1 – Bremszug-Klemm-
    nippel;
2 – Bremsschere;
3 – Bremsarmbefesti-
    gung am Brems-
    lager;
4 – Bremsarm;
5 – Bremsspreizfeder;
6 – Bremsschuh;
7 – Bremsgummi;
8 – zentraler Befesti-
    gungsbolzen;
9 – Bremsträger mit
    linkem und rechtem
    Bremsarmlager.

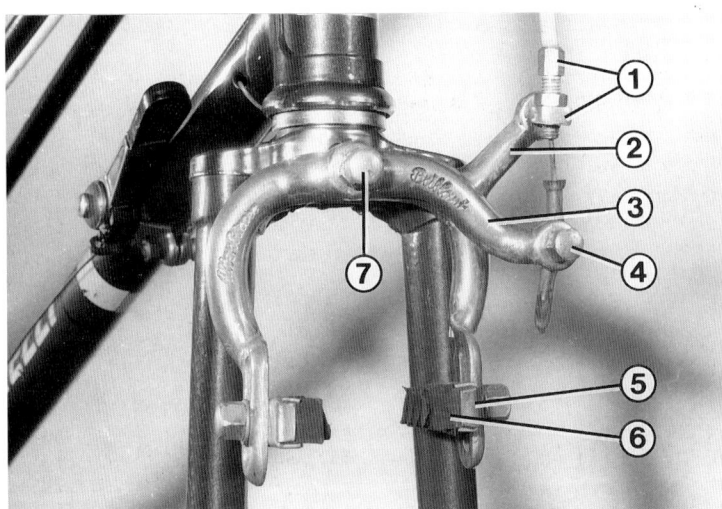

Die Seitenzugbremse
und ihre Teile:
1 – Bremszugwider-
    lager mit Einstell-
    schraube;
2 – linker Bremsarm;
3 – rechter Bremsarm;
4 – Bremszug-Klemm-
    nippel;
5 – Bremsschuh;
6 – Bremsgummi;
7 – zentraler Schwenk-
    lagerbolzen der
    Bremsarme.

Gleich welcher Felgenbremsentyp an Ihrem Fahrrad eingebaut ist, sie müssen für eine optimale Bremskraftausnutzung entsprechend der Bremsgummiabnutzung öfter nachgestellt werden. Aluminiumabrieb der Felge, Schmutz und verschmortes Gummi glätten und
verhärten die Oberfläche der Bremsklötzchen und verschlechtern zusätzlich ihren Reib-
wert auf der Felgenflanke, was durch erhöhte Bremskraft am Bremshebel ausgeglichen
werden muß.
Außerdem kann die Felgenbremse bei Nässe in ihrer Wirkung nachlassen. Dieses mangelhafte Ansprechen der Bremsen bei Regen entsteht durch einen Wasserfilm auf den meist
nicht angerauhten Felgenflanken. Es gibt aber auch Felgen, deren Felgenflanken gegen
Nachlassen der Bremswirkung bei Nässe schon vom Hersteller angerauht (gebürstet), oder
mit einer speziellen Anodisationsschicht aus Keramik versehen sind.
Mit einfachen Mitteln läßt sich die Bremswirkung bei normalen Felgen etwas verbessern,
wenn man die Felgenflanken vorsichtig mit feinem Schleifpapier oder Stahlwolle anrauht
und nach einiger Zeit bzw. ein paar hundert Kilometern mit Spiritus oder Waschbenzin
reinigt. Gleiches sollte man den Bremsgummis angedeihen lassen. Etwas Besserung schafft
oft auch der Einsatz spezieller Bremsgummis.

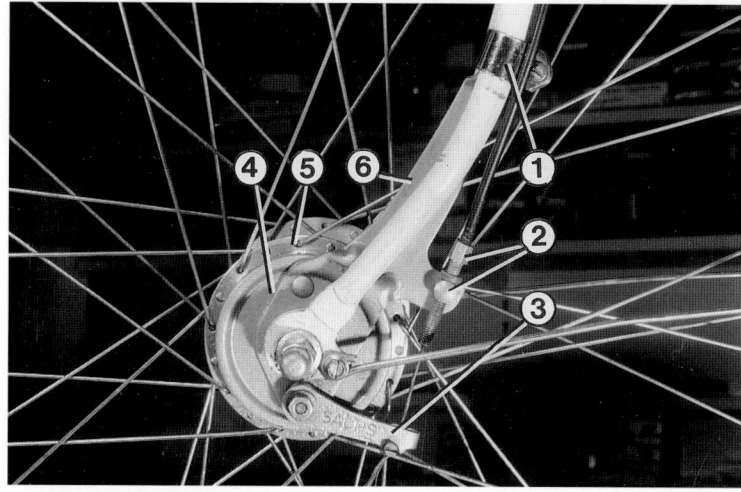

Eine Vorderradtrom-
melbremse und ihre
Teile:
1 – Klemmschelle des
 Bremsstützhebels;
2 – Bremszugwider-
 lager mit Einstell-
 schraube;
3 – Bremshebel;
4 – Bremsträgerblech;
5 – Radnabe mit
 Bremstrommel;
6 – Bremsstützhebel.

Die Trommelbremse

Trommelbremsen werden besonders bei Cityrädern zunehmend am Vorderrad als Hand-
bremse eingebaut, denn ihr Bremsverhalten ist witterungsunabhängig gleichbleibend sicher. Außerdem sind sie wesentlich wartungsfreier als Felgenbremsen.

Die Trommelbremse besteht aus zwei halbkreisförmigen Bremsbacken, die von einem am
Bremshebel der Bremsträgerplatte sitzenden Exzenter auseinandergedrückt und so gegen
die zylindrische Bremstrommel der Radnabe gepreßt werden. Dabei stützen sich die
Bremsbacken auf der gegenüberliegenden Seite des Bremsexzenters an einem an der
Bremsträgerplatte sitzenden Stützlager ab.

Vorteil der Trommelbremse ist, daß sie beim Bremsen selbstverstärkend wirkt. Und zwar
zieht sich eine Bremsbacke durch die Drehung des Laufrades in einem gewissen Maß
selbsttätig an die Bremstrommel. Dadurch sind geringere Bremskräfte am Bremshebel erforderlich.

Nachteil der Trommelbremse ist, wie schon erwähnt, die große Hitzeentwicklung bei Dauerbremsungen und der dadurch möglichen Verölung der Bremsbeläge durch flüssig ge-
wordenes Radnabenfett. Dies ist aber außer der höheren Beanspruchung der Speichen einer der wenigen Nachteile, denn jüngste Vergleichstests haben bewiesen, daß die Trommelbremse selbst bei Dauerbremsungen kaum in der Bremswirkung nachläßt. Somit bleibt
bei der Entscheidung für die Felgenbremse oder wider die Trommelbremse fast nur noch
das etwas höhere Gewicht und die höhere Beanspruchung der Speichen übrig.

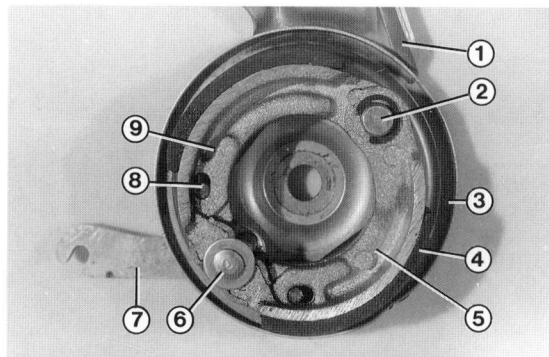

Die geöffnete Trommelbremse zeigt am
abgenommenen Bremsträgerblech folgende Teile:
1 – Bremsstützhebel;
2 – Stützlager der Bremsbacken;
3 – Bremsträgerblech;
4 – Bremsbelag;
5 – Auflaufbremsbacke;
6 – Spreiznocken des Bremshebels;
7 – Bremshebel;
8 – Rückzugfeder der Bremsbacken;
9 – Ablaufbremsbacke.

Die Rücktrittbremse

Die »gute alte Rücktrittbremse« wird heute besonders in Kombination mit Nabenschaltungen eingesetzt. Dabei ist hier die bremsverstärkende Wirkung von großem Vorteil, wenn z.B. in einem niederen Gang (Berggang) gebremst wird. Ein weiterer Vorteil ist die zuverlässige Funktion und die Wartungsfreiheit der Rücktrittbremse.

Rücktrittbremsen werden über den Kurbeltrieb und die Kette aktiviert. Dabei wird die Bremswirkung über zwei unterschiedliche Bremskonstruktionen erreicht: Der Rücktrittbremse mit Konusfreilauf und der Rücktrittbremse mit Rollenfreilauf, die heute aber kaum mehr verbreitet ist.

- **Rücktrittbremse mit Konusfreilauf:** Beim Zurücktreten wird in der Radnabe ein beweglicher Bremskonus durch eine Spiralbahn auf dem Antreiber seitlich auf den sogenannten Bremsmantel gedrückt. Der geteilte Bremsmantel wird wiederum auf den festen Bremskonus der gegenübeliegenden Nabenseite gedrückt. Dadurch wird der Bremsmantel gespreizt und nach außen gegen den Nabenkörper gepreßt – das Laufrad wird abgebremst.

  Wechselt man von der Rücktrittstellung wieder in die normale Tretbewegung, wird der bewegliche Bremskonus auf der Spiralbahn des Antreibers zurückgeholt und mit der Bremskonusrückseite gegen den Innenkonus des Radnabenkörpers gepreßt. Dadurch ist das Ritzel kraftschlüssig mit der Radnabe verbunden. Wird nicht mehr getreten, löst sich der Bremskonus durch den stehenden Antreiber vom Nabenkörper – die Freilaufstellung ist erreicht.

Die mit einer Rücktrittbremse ausgestattete Hinterradnabe erkennt man am Bremsstützhebel. Die Abbildung zeigt die Torpedo-5-Gangnabenschaltung »Pentasport« von Fichtel & Sachs.
Es bedeuten:
1 – Radnabe mit Schaltgetriebe und Rücktrittbremse;
2 – Bremsstützhebel;
3 – Klemmschelle des Bremsstützhebels

Die zerlegte Torpedo-3-Gang-Rücktrittnabe mit Konusfreilauf zeigt bei
1 – Einstell- und Kontermutter der Radnabeneinstellung;
2 – Radlagerring;
3 – Festbremskonus mit Bremsstützhebel;
4 – Bremsmantel;
5 – beweglicher Bremskonus mit Freilaufsperrklinken;
6 – Radnabenachse;
7 – Spiralbahn des beweglichen Bremskonus;
8 – Schaltgetriebeteil der Radnabe.

- **Nabenschaltung mit Rücktrittbremse:** Bei der Nabenschaltung ist der bewegliche Bremskonus mit Sperrklinken ausgestattet. Wechselt man von der Rücktrittstellung in die normale Tretbewegung, wird der bewegliche Bremskonus auf der Spiralbahn des Planetenradsatzes zurückgeholt und die Sperrklinken greifen in die entsprechende Verzahnung des Nabenkörpers. Dadurch ist das Ritzel je nach Gangstellung entweder kraftschlüssig über das Getriebe oder direkt mit dem Radnabenkörper verbunden. Wird nicht mehr getreten, lösen sich die Sperrklinken des Bremskonus durch den stehenden Planetenradsatz bzw. Antreiber vom Nabenkörper die Freilaufstellung ist erreicht und durch das Klicken der Sperrklinken hörbar.
- **Rücktrittbremse mit Rollenfreilauf:** Beim Zurücktreten wird in der Radnabe der bewegliche Bremskonus durch zwei Steigzähne auf dem Antreiber seitlich in den geteilten Bremsmantel gedrückt. Dadurch wird der Bremsmantel auf den festen Bremskonus der gegenüberliegenden Nabenseite gedrückt und gespreizt. So wird der Bremsmantel nach außen gegen den Nabenkörper gepreßt – das Laufrad wird abgebremst.
  Wechselt man von der Rücktrittstellung wieder in die normale Tretbewegung, dreht sich der bewegliche Bremskonus auf den beiden Steigzähnen des Antreibers zurück und im Antreiber eingearbeitete Rollen werden auf einer ansteigenden Rollenbahn aus dem Rollenkäfig des Antreibers gedrückt und gegen den Nabenkörper gepreßt. Dadurch ist das Ritzel kraftschlüssig mit der Radnabe verbunden. Wird nicht mehr getreten, wandern die Rollen durch den stehenden Antreiber auf die tiefste Stelle der Rollenbahn zurück – die Freilaufstellung ist erreicht.

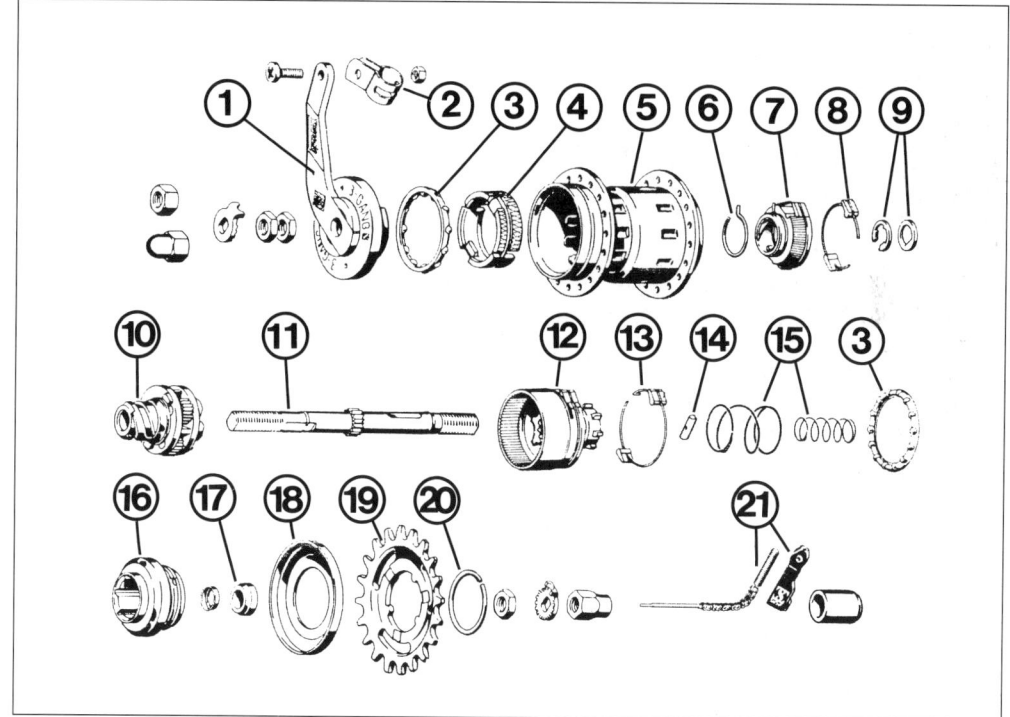

Die Teilezeichnung der Torpedo-3-Gangnabe mit Rücktritt zeigt bei:
1 – Bremsstützhebel mit Festbremskonus; 2 – Klemmschelle; 3 – Lagerlaufring; 4 – Bremsmantel; 5 –Radnabenkörper; 6 – Friktionsfeder; 7 – beweglicher Bremskonus; 8 – Freilaufsperrklinken mit Feder des Bremskonus; 9 – Sprengring mit Anlaufscheibe für Planetengetriebe; 10 – Planetengetriebe; 11 – Radnabenachse; 12 – Hohlrad mit Kupplungsrad; 13 – Freilaufsperrklinken des Hohlrades; 14 – Schubstück für Kupplungsrad; 15 – Druckfedern; 16 – Antreiber; 17 – Festkonus; 18 – Staubabdeckung; 19 – Ritzel; 20 – Sprengring für Ritzel; 21 – Schaltkettchen mit Einstellfixierhülse.

- Das Gegendrehmoment beim Bremsen wird bei beiden Bremskonstruktionen über den festen Bremskonus und den mit ihm verbundenen Bremsstützhebel auf den Rahmen abgeleitet. Dieser Bremsstützhebel ist durch eine kleine Klemmschelle an der Kettenstrebe des Rahmens fixiert. Für eine störungsfreie Funktion muß die Verbindung zum Rahmen immer absolut fest und spielfrei sein.
  Kritisch kann die Bremse durch Hitzeentwicklung bei Dauerbremsungen werden. Dabei kann sogar der Bremsmantel ausglühen, wodurch meist die komplette Radnabe ausgetauscht werden muß.

Bremsen prüfen (Wartung Nr. 1)

- **Felgen- und Trommelbremse:** Ziehen Sie im Stand ein paarmal mit aller Gewalt den Bremshebel an.
- Kann der Bremshebel dabei von Mal zu Mal dichter an den Lenkergriff gezogen werden, ist dies ein schlechtes Zeichen, da sich dann entweder der Zug längt oder/und die Übertragungsteile nachgeben.
- Sind die Zughüllen verschlissen oder gar die Züge selbst aufgesplissen, muß der Bowdenzug schnellstens ausgewechselt werden (siehe Absatz »Die Bowdenzüge« in diesem Kapitel).
- Gute Bremsen haben einen gleichbleibenden Leerweg, der sich erst mit abnutzenden Bremsgummis bzw. Bremsbelägen verändert und größer wird.

- **Felgenbremse:** Bremshebel ziehen und loslassen.
- Bleiben die Bremsarme hängen oder haben sie Spiel an den Lagerbolzen?
- Wenn ja, muß das Spiel nachgestellt und die Bolzen geschmiert werden (siehe unter »Bremse schmieren« in diesem Kapitel).
- Liegen die Bremsgummis an der Felgenflanke an, gibt eine gute Felgenbremse kaum mehr nach und Hinter- wie Vorderrad müssen blockieren.
- Schleift ein Bremsgummi einseitig beim Loslassen des Bremshebels, muß die Bremse entsprechend ausgerichtet werden (siehe einen der folgenden Absätze).
- »Rubbelt« die Bremse beim Bremsen, ist möglicherweise der Zentralbolzen (Seiten- und Mittelzugbremse) oder ein Bremsarm auf dem Drehbolzen des Anlötsockels (Cantileverbremse) locker.
- Quietscht und kreischt die Bremse beim Betätigen, müssen zumindest die Bremsgummis ausgerichtet oder auch andere Teile gerichtet oder gar ersetzt werden (siehe einen der folgenden Absätze).

- **Trommelbremse:** Bei richtigem Radnabenspiel muß das Hinterrad bei normaler Bremshebelkraft zum Blockieren gebracht werden können.
- Auch beim Vorderrad muß das Fahrrad zum Blockieren neigen.
- Kontrollieren, ob der Bremsstützhebel mit der Klemmschelle fest verbunden ist und an der Vorderradgabel bzw. der Hinterradkettenstrebe nicht wackelt.
- Quietscht oder kreischt die Bremse beim Bremsen, muß der Bremsträger ausgebaut und die Bremsbacken mit einer feinen Feile leicht angefast werden.

- **Rücktrittbremse:** Beim Zurücktreten in waagrechte Kurbelposition muß das Fahrrad ohne großen Kraftaufwand bis zum Stillstand abgebremst werden können.
- Beim plötzlichen und starken Tritt muß das Rad blockieren. Vorsicht, Rad kann ausbrechen.

Tip

Da jedes Fahrrad durch die individuelle Kombination verschiedener Komponenten (z.B. Bremsenfabrikat, Bremsgummityp und Felgenmaterial) beim Bremsen unterschiedlich reagiert, sollten Sie sich besonders beim Bremstest eines fremden Fahrrades vorsichtig mit dessen Bremsverhalten vertraut machen, damit Sie nicht plötzlich die Kontrolle über das Rad verlieren und stürzen.

Wenn Sie die Bremsen Ihres Fahrrades beim Fahren testen wollen, sollten Sie sich eine einsame Straße oder ein Gelände auswählen, auf dem Sie bei unvorhersehbarem Ausbrechen des Fahrrades mehr Platz für Gegenmanöver haben und Fußgänger oder andere Verkehrsteilnehmer nicht gefährden. Außerdem ist die Chance, im freien Gelände einen kleinen Sturz unbeschadet auch für das Fahrrad zu überstehen, größer.

Bei der Rücktrittbremse erzielen Sie die beste Bremswirkung bei waagrechter Tretkurbelposition. Deshalb zum Bremsen die Tretkurbel immer etwas nach schräg oben halten und erst dann zurücktreten. So kann die Bremse nach einem kleinen Bremsleerweg in waagrechter Tretkurbelposition problemlos und genau dosiert eingesetzt werden.

Läßt sich die Bremswirkung bei der Rücktrittbremse nicht dosieren, sondern neigt sie schnell und »giftig« zum sofortigen Blockieren, sollte die Bremse zerlegt und der Bremsmantel mit einem Spezialfett Typ A von Fichtel & Sachs (Best.-Nr. 0369 135 101) geschmiert werden. Meist normalisiert sich dann die Bremsfunktion.

Bremse einstellen (Wartung Nr. 2)

Die meisten Radfahrer sind bestimmt schon einmal in der »brenzligen« Situation gewesen, fast ungebremst einen »Beinaheunfall« verursacht zu haben, obwohl Sie verzweifelt versucht hatten, zu bremsen, der Bremshebel aber schon ganz oder fast ganz bis zum Lenkergriff angezogen wurde. Grund für die mangelhafte Bremsung war meist nur eine falsch eingestellte Bremse. Dabei ist es relativ einfach, die Bremsen, ob Felgen-, Trommel- oder Rücktrittbremse durch richtige Einstellung zu optimaler Bremswirkung zu bringen.

Felgenbremse

Damit die Bremsgummis so dicht wie möglich an die Felgenflanke heranreichen, muß das Laufrad selbst gut auszentriert sein. Gut zwei Millimeter Zwischenraum sollten aber zwischen Felgenflanke und Bremsgummi bestehen, damit die Felge nicht schon beim geringsten Seitenschlag an einem der Bremsgummis schleift. Die »Dritte Hand«, eine Art Federklammer aus dem Fahrradladen, hilft beim Nachstellen die Bremsarme zusammenzudrücken. Mangels eines solchen Werkzeugs kann aber auch eine Schraubzwinge eingesetzt werden.

- Je nach Felgenbremsentyp sitzt die Einstellschraube direkt am Bremshebel, am anderen Ende des Bowdenzugs in einem Widerlager oder direkt am Bremsarm (Seitenzugbremse). Es gibt aber auch Bremsen, deren Bowdenzüge mit zwei Einstellmöglichkeiten versehen sind.
- Falls vorhanden, die Kontermutter lösen.
- Einstellschraube entsprechend der gewünschten Bremseinstellung ein- oder ausdrehen.
- Hineindrehen vergrößert den Abstand zwischen Felgenflanke und Bremsgummi – der Bremshebel hat einen größeren Leerweg bis zum Ansprechen der Bremse.

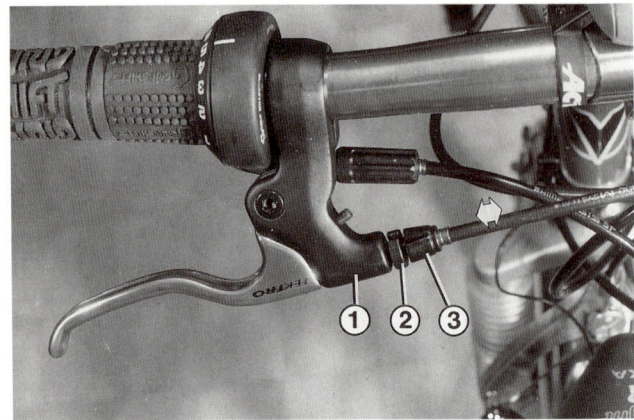

Cantileverbremsen können meist am Bremshebel (1) ohne Werkzeug eingestellt werden. Dazu lediglich die kleine Konterrändelmutter (2) lösen und die Bremszugaußenhülle mit der Einstellrändelhülse (3) je nach Bremseinstellung verstellen (Pfeile).

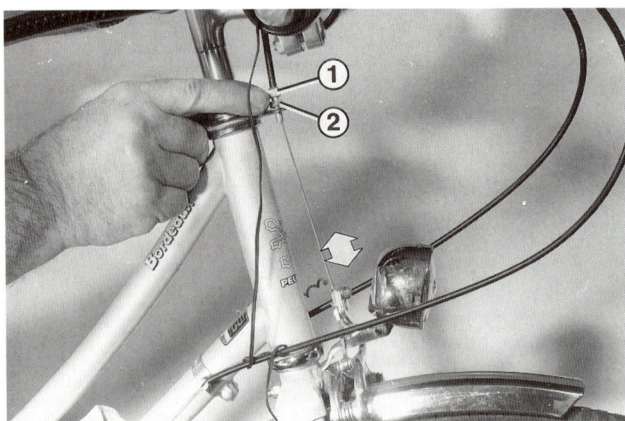

Bei Mittenzugbremsen sitzt das Bremszugwiderlager meist in einer separaten Halterung. Zum Einstellen der Bremse die Kontermutter (2) lösen und die Einstellhülsenschraube (1) entsprechend der gewünschten Bremseinstellung heraus- oder hineindrehen. Dadurch wird der Bremszug etwas angezogen bzw. losgelassen (Pfeile) wodurch sich die Bremsruhestellung der Bremsarme verändert.

- Herausdrehen verringert den Abstand zwischen Felgenflanke und Bremsgummi – die Bremse spricht durch den geringeren Bremshebelleerweg sofort an.
- Als Standardeinstellung gilt: Die Felgenbremse soll so eingestellt sein, daß die Bremsgummis bei zentriert eingebautem Laufrad links und rechts ca. 2 mm Abstand zur Felgenflanke haben.
- Bremshebel mehrmals kräftig betätigen.
- Bremseinstellung nochmals kontrollieren und Bremseinstellung ggf. etwas korrigieren.
- Falls vorhanden, die Bremseinstellung mit Kontermutter oder -schraube gegen selbsttätiges Verstellen sichern.

 Reicht der Einstellweg der Einstellschraube(n) nicht aus, muß erst der Klemmnippel an einem der Bremsarme gelöst, der Zug mit einer Kombizange stramm und der Nippel wieder festgezogen werden. Vorher müssen aber die Einstellschrauben des Bowdenzugs ganz zurückgedreht werden, damit man für die anschließende Bremseinstellung genügend Nachstellreserve hat.

Falls die Bremse einseitig schleift und deshalb nicht genau eingestellt werden kann, sitzt speziell die Seiten- und Mittelzugbremse schief auf dem zentralen Befestigungsbolzen und muß ausgerichtet werden (siehe die nächsten Absätze).

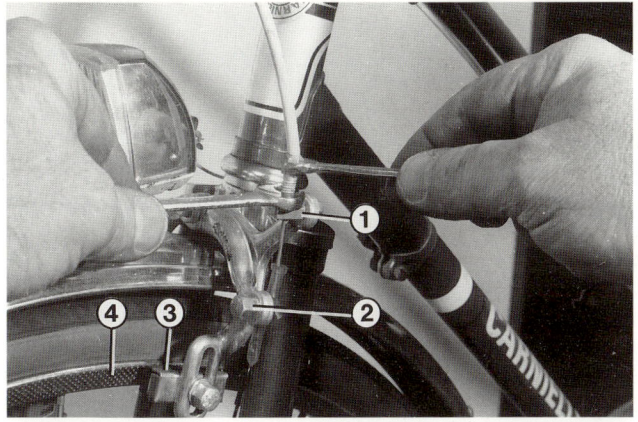

Bei der Seitenzugbremse sitzt das Bremszugwiderlager (1) direkt an einem der beiden Bremsarme. Zum Einstellen der Bremse muß die Kontermutter gelöst und die Einstellhülsenschraube verdreht werden. Dadurch verändert sich der Abstand zwischen dem Bremsarm mit dem Zugwiderlager und dem Bremsarm mit Klemmnippel (2) für den Innenzug. Entsprechend wird auch der Abstand der Bremsgummis (3) zur Felgenflanke (4) verändert.

Das Einstellen der Trommelbremse geht wie für die Felgenbremsen beschrieben vor sich. Wichtig ist jedoch das feinfühlige Einstellen der Bremse, denn auch ein unmerklich nur leicht schleifender Bremsbelag »kostet« unnütz Kraft. Durch den Einstellvorgang wird die Grundstellung des Bremshebels (3) je nach Drehrichtung der Einstellhülsenschraube (1) verändert. Nicht vergessen, die Einstellung mit der Kontermutter (2) zu sichern.

Trommelbremse

Das Einstellen der Trommelbremse ist eigentlich schon mit dem Einstellen des Bowdenzuges am Bremshebel bzw. Widerlager des Zugs am Bremsstützhebel der Bremse erledigt. Die Arbeitsschritte sind dabei übrigens exakt die gleichen wie beim Einstellen der Felgenbremse.

Wichtig vor der Bremseinstellung ist jedoch, daß die Radnabe kein Spiel hat und bei der Kontrolle der Bremseinstellung besonders gewissenhaft geprüft wird, daß die Bremsbeläge nicht an der Bremstrommel schleifen.

Ist der gesamte Einstellweg der Bowdenzug-Einstellschrauben »verbraucht« (Einstellschraube ganz herausgedreht) und der Bremshebel kann fast ganz zum Lenker gezogen werden, sind meist die Bremsbeläge abgenutzt und die Bremsbacken müssen ausgewechselt werden. Wird der Bremsvorgang noch durch stark schleifende Geräusche »untermalt«, muß die Bremse schnellstens überholt werden, da sonst die Bremsflächen der Bremstrommel durch abgeschliffene Bremsbeläge unweigerlich zerstört werden. Eine Kompletterneuerung der Radnabe ist dann unausweichlich.

Nur bei neuen Bremsbelägen bzw. bei einer neuen Bremse kann die Bremse so eingestellt werden, daß die Bremsbeläge etwas schleifen, da sich Bremstrommel und Bremsbelag so schneller aneinander anpassen. Erst dann wird bei der Trommelbremse die optimale Bremsleistung erreicht.

Rücktrittbremse

Bremsprobleme gibt es bei der Rücktrittbremse erst bei falscher Radnabeneinstellung oder verschlissenem Bremsmantel oder Bremskonen, wenn z.B. beim Bremsen die Tretkurbel immer mehr nachgibt und mehr als eine viertel Umdrehung (90°) zurückgetreten werden muß. Aber auch wenn die Radnabe zu stramm eingestellt ist, gibt es Probleme, weil dadurch auch der Bremskonus den Bremsmantel nicht ganz frei gibt, so daß sich der Kurbeltrieb z.B. beim Schieben des Fahrrades mitdreht. Dabei kann es durch den dauernd schleifenden Bremsmechanismus und damit erhitzten Nabenkörper zum Nachlassen der Bremswirkung kommen.

Bei Fahrrädern mit Rücktrittbremse wird zur Einstellung der Bremse oft ein mit einem Vierkant kombinierter Hakenschlüssel mitgeliefert. Mit diesem Schlüssel kann das Radnabenspiel und damit auch die Funktion der Bremse eingestellt werden.

- **Zu stramm eingestellt:** Kettenspannung kontrollieren (siehe im Kapitel »Kette, Ritzel und Schaltung«).
- Lagereinstellung kontrollieren (siehe Kapitel »Die Laufräder«).
- Leerweg der Tretkurbel kontrollieren. Dazu die Tretkurbel vom Anschlag in »Tretstellung« zurückdrehen.
- Der Leerweg muß ca. eine achtel Kurbelumdrehung (ca. 45°) betragen.
- Zum besseren Einstellen müssen Sie das Laufrad ausbauen (siehe Kapitel »Die Laufräder«).
- Mit dem Hakenschlüssel auf der linken Laufradseite die Einstellscheibe etwas lockern. Dazu die Kontermutter bzw. -scheibe lösen.
- Mit dem Vierkant des Hakenschlüssels auf der rechten Radnabenseite die Nabenachse etwas lockern.
- Radnabenspiel kontrollieren und ggf. etwas korrigieren.
- Einstellscheibe mit dem Hakenschlüssel festziehen.
- Einstellung links und rechts an der Nabenachse durch Festziehen der Kontermuttern bzw. -scheiben sichern.
- Laufrad einbauen und Bremsfunktion kontrollieren.

- **Zu locker eingestellt:** Benötigen Sie zum Bremsen mehr als eine viertel Tretkurbelumdrehung (90°) bis die Bremse anspricht, oder gibt die Tretkurbel beim Bremsen immer mehr nach, dann muß die Bremse beziehungsweise das Radnabenspiel eingestellt werden. Denn durch den langen Leerweg bis zum Ansprechen der Bremse wird zwar die Bremswirkung nicht beeinträchtigt, aber bis zum Ansprechen der Bremse der Bremsweg erheblich verlängert, was gefährlich werden kann.
- Einstellscheibe mit dem Hakenschlüssel lösen (wie zuvor beschrieben).
- Mit dem Vierkanteinsatz des Hakenschlüssels die Nabenachse etwas fester drehen, bis kein Spiel mehr spürbar ist.
- Einstellung durch Kontern sichern.
- Laufrad einbauen und Bremsfunktion kontrollieren.

Für eine einwandfreie Funktion der Nabenschaltung darauf achten, daß das Nabenspiel nicht zu stramm eingestellt wird. Es muß immer noch ein Minimalspiel vorhanden sein.

Falls die Bremswirkung trotz genauer Radnabeneinstellung unbefriedigend ist, muß ggf. der Bremsmantel oder mehrere Teile (z.B. Bremskonen) der Nabe erneuert werden.

Nach Lösen der Kontermutter (1) auf der Bremsstützhebelseite der Radnabe kann das Nabenspiel durch gefühlvolles Verdrehen der Einstellmutter (2) eingestellt werden. Mit Einstellen des Radnabenspiels wird auch die optimale Funktion der Bremse eingestellt. Besonders wichtig ist wiederum die Sicherung der Einstellung mit der Kontermutter und die Schlußkontrolle der Einstellung. Oft verändert sich nämlich die Einstellung etwas und muß korrigiert werden.

Bremsgummis ausrichten (Wartung Nr. 3)

Das Ausrichten der Bremsgummis ist eine recht diffizile Arbeit, denn deren exakte Ausrichtung zur Felgenflanke ist die Voraussetzung dafür, daß zwischen diesen beiden Reibpartnern die größtmögliche Reibung und damit die beste Bremswirkung entstehen kann. Dazu müssen die Bremsgummis mit ihrer ganzen Kontaktfläche auf die Felgenflanken gepreßt werden. Setzen die Bremsgummis beim Bremsen schon oberhalb des Felgenhorns an, kann der Reifen seitlich aufgeschlitzt werden. Weitaus schlimmer kann es aber enden, wenn die Bremsgummis beim Bremsen zu tief an der Felgenflanke ansetzen und unversehens in die Speichen geraten. Dies kann besonders bei Cantileverbremsen beim plötzlichen, kräftigen Bremsmanöver passieren, wenn die Bremsgummis mit den Bremsschuhschrauben am Bremsarm nur nachlässig festgezogen waren. Im schlimmsten Fall kann das Rad abrupt blockieren, was beim Vorderrad fatale Folgen haben kann. Aber nicht nur die Bremsgummis, auch die Bremsarme müssen genau ausgerichtet sein. Von vorn und von der Seite betrachtet, müssen die Bremsgummis bei angezogener Bremse parallel und mittig an der Felgenflanke anliegen. Der vordere Teil des Bremsgummis sollte die Felge beim Bremsen zuerst berühren. Dadurch wird bei Nässe der reibungshemmende Wasser- und Schmutzfilm schneller weggedrückt und bei trockener Felgenflanke eventuelles Bremsquietschen und -rubbeln verhindert. Bei angezogener Bremse müssen die Bremsgummis auf der ganzen Länge und Breite an der Felgenflanke anliegen. Neue Bremsgummis sollten so ausgerichtet werden, daß ihre Oberkante möglichst nah am Felgenhorn (1–2 mm) ansetzt, da sie bei Cantileverbremsen mit zunehmender Abnutzung »automatisch« zur Laufradmitte an den Felgeninnenrand wandern.

- **Mittel- und Seitenzugbremsen:** Bremse anziehen und Sitz der Bremsgummis auf der Felgenflanke kontrollieren.
- Befestigungsschraube bzw. -mutter des Bremsschuhs am Bremsarm nur soweit lösen, daß der Bremsschuh gerade noch von Hand verdreht und in der Langlochaufnahme verschoben werden kann.
- Bremsschuh so ausrichten, daß er beim Bremsen mittig auf der Bremsfläche der Felgenflanke aufliegt.
- Bremsschuh mit Gefühl festziehen.
- Einstellung kontrollieren und ggf. noch etwas korrigieren.

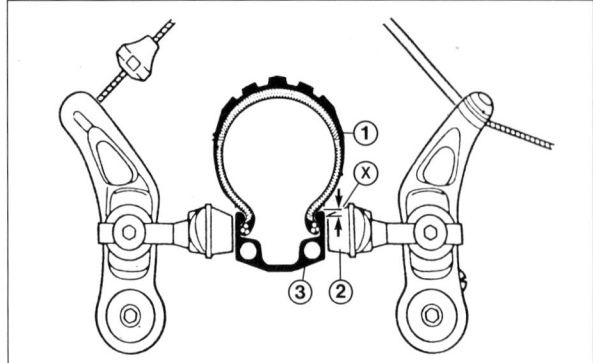

Die Zeichnung zeigt die Höhenausrichtung der Bremsgummis. Dazu muß der Bremsschuh etwas gelöst und so verschoben werden, daß das Maß »X« von der Oberkante des Bremsgummis (2) zur Schulter der Felge (3) maximal 2 mm beträgt. Mit »1« ist der Reifen gekennzeichnet.

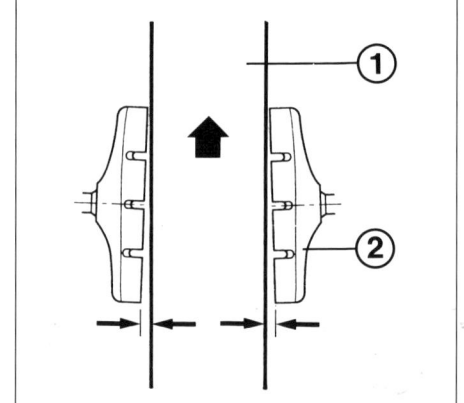

Um lästiges Bremskreischen zu vermeiden, sollten die Bremsschuhe (2) in der Längsrichtung so ausgerichtet sein, daß sie in Laufrichtung gesehen hinten ca. 1 mm weiter von der Felge (1) abstehen als vorne.

- Da die Bremsschuhe von Seiten- und Mittelzugbremsen im Langloch des Bremsarms meist nur in sich verdreht und nach oben und unten verschoben werden können, müssen die Bremsarme zum Ausrichten der Bremsschuhe nach vorne mit einem Spannschlüssel (Engländer) geringfügig mit Gefühl (Bruchgefahr!) so verschränkt werden, daß die Bremsschuhe beim Ansetzen an die Felge vorne 1 mm näher zusammenstehen als hinten. So wird lästiges Rubbeln und Bremskreischen vermieden.

- **Cantileverbremse:** Befestigungsmutter (SW 10) des Bremsschuhs nur soweit lösen, daß er gerade noch von Hand verdreht und im Langloch der mit gewölbten Distanzscheiben versehenen Bremsschuhaufnahme verschoben werden kann.
- Dazu ggf. mit einem 5-mm-Innensechskantschlüssel am Bremsschuhhalter gegenhalten.
- Bremsschuh so ausrichten, daß er beim Bremsen mit der ganzen Kontaktfläche auf der Bremsfläche der Felgenflanke aufliegt. Dabei die Bremsgummis gleichzeitig so stellen, daß sie beim Ansetzen an die Felgenflanke vorne ca. 1 mm enger zusammenstehen als hinten.
- Befestigungsmutter der Bremsschuhaufnahme mit Gefühl gut festziehen, dabei aber nicht überdrehen.

- **Alle Felgenbremsentypen:** Zur Bremskontrolle das Rad nach vorne schieben und bremsen – dabei genau kontrollieren, wie das Bremsgummi unter Belastung an der Felgenflanke anliegt. Stimmt die Position nicht, den Einstellvorgang wiederholen.

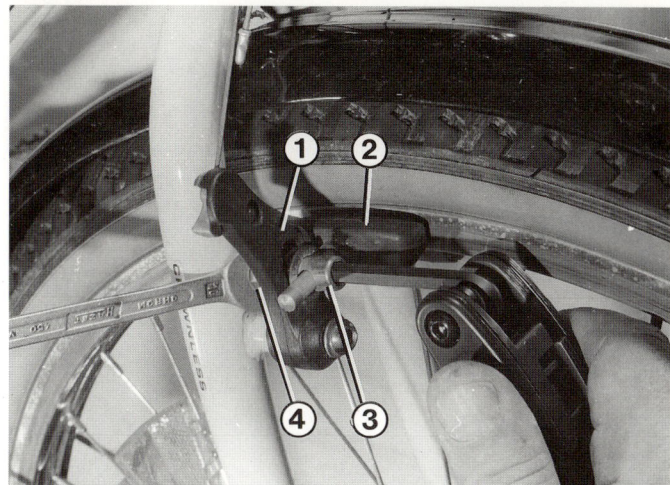

Zum Zentrieren der Mitten-
oder Seitenzugbremse die
Mutter (Pfeil) des zentralen
Befestigungsbolzens lösen, die
Bremse festziehen und festhalten, während die Mutter wieder festgezogen wird.
Anschließend die Bremse ggf.
einstellen.

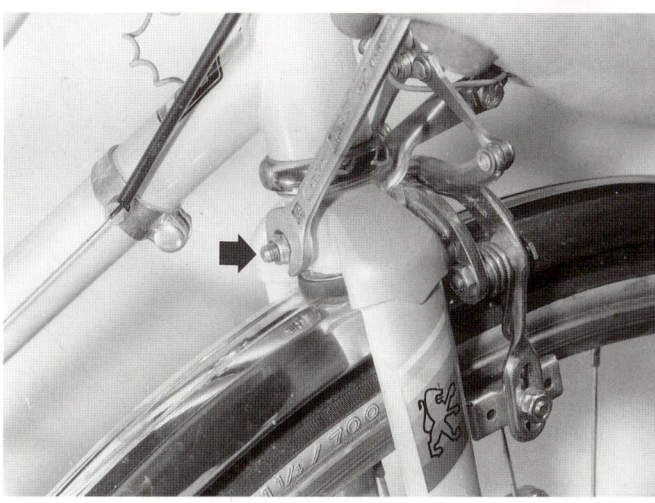

Zum Ausrichten der Brems-
schuhe (2) die Befestigungsmutter (4) am Bremsarm (1)
lösen. Dabei muß die Bremsschuhaufnahme (3) mit einem
5-mm-Innensechskantschlüssel
festgehalten werden.

Bitte achten Sie ganz besonders darauf, daß beim Anziehen der Befestigungsmutter der Bremsschuhaufnahme die Position des Bremsschuhes nicht zugleich
verstellt wird.
Bei Cantileverbremsen sind die Einstellbolzen der Bremsschuhe oft mit kleinen
Abstandringen versehen. Sie erleichtern die gleichmäßige Abstandseinstellung
der beiden Bremsschuhe zur Felge erheblich.

Felgenbremse zentrieren (Wartung Nr. 4)

Wenn die Bremsen beim Zug am Bremshebel nur einseitig an der Felge ansetzen, werden die Laufräder bei jedem Bremsmanöver aus der Mittelposition gedrückt. Dadurch
werden die Speichen zusätzlich beansprucht. Deshalb muß die Felgenbremse genau
zur Felge zentriert werden. Vor dem Zentrieren der Felgenbremse sollten Sie daher sicherstellen, daß das Laufrad genau ausgerichtet ist – meist ist dann das Bremsproblem
schon gelöst.

Durch Verdrehen dieser kleinen Kreuzschlitzschraube (Pfeil) kann die Cantileverbremse zentriert werden. Wird die Schraube verdreht, ändert sich die Vorspannung der Rückholfeder des Bremsarms, wodurch der Abstand beider Bremsgummis zur Felgenflanke ausgeglichen wird.

Sind die Bremsgummis durch falsche Einstellung einmal so abgenutzt (Pfeil), daß das Metall des Bremsschuhs auf der Felgenflanke schleift, muß nicht nur der Bremsschuh sondern auch die Felge ersetzt werden. Wie es um den »Rest« des Fahrrades mit solchen Bremsen aussieht, kann man sich denken.

Um die Bremse zu zentrieren, wird bei Seiten- und Mittelzugbremsen eine Kontermutter gelöst und mit einem Gabel-, Ring-, Steck- oder Innensechskantschlüssel die Bremse mittig ausgerichtet. Cantileverbremsen können über den sogenannten Querzug oder durch eine kleine Einstellschraube in einem der beiden Bremsarme zentriert werden.

- **Seiten- und Mittelzugbremse:** Gabel- oder Ringschlüssel (meist SW 10) an der Rückseite der Bremse ansetzen und Mutter lösen.
- Bremse zur Felge ausrichten. Dazu die Bremse fest betätigen. So zieht sie sich selbsttätig tätig in die richtige Stellung.
- Bremse mit der Mutter wieder festziehen.

- **Cantileverbremse:** Mit einem kleinen Kreuzschraubendreher oder einem 2-mm-Innensechskantschlüssel an einem der beiden Bremsarme die Kreuzschraube so verstellen, daß beide Bremsgummis zu der jeweiligen Felgenflanke den gleichen Abstand haben.

- **Alle Felgenbremsen:** Bremseinstellung kontrollieren und ggf. etwas korrigieren (wie zuvor unter »Bremse einstellen« beschrieben).

Bremsgummis ersetzen

Je nach Bremstyp und Hersteller sind die Bremsschuhe unterschiedlich gebaut und befestigt. Bei der Ersatzbeschaffung sollten Sie auf den Bremsgummityp bzw. Bremsschuhtyp achten, denn es werden auch hier mittlerweile für verschiedene Witterungseinflüsse und -temperaturen die unterschiedlichsten Bremsgummimischungen angeboten. Der beste Kaufberater ist hier außer der eigenen Erfahrung wieder der Fachmann im Fachgeschäft.

● **Seiten- und Mittelzugbremse:** Sicherungsmutter des Bremsschuhs lösen und abschrauben. Dabei auf Unterlegscheibe achten.
● Bremsschuh vom Bremsarm abnehmen. Für mehr Arbeitsspielraum beim Abnehmen ggf. die Bremseinstellung lösen.
● Neuen Bremsschuh mit Bremsgummi an Bremsarm montieren. Dabei auf die Einbaurichtung achten.
● Bremsschuh ausrichten (wie zuvor im Absatz »Bremsgummis ausrichten« beschrieben).

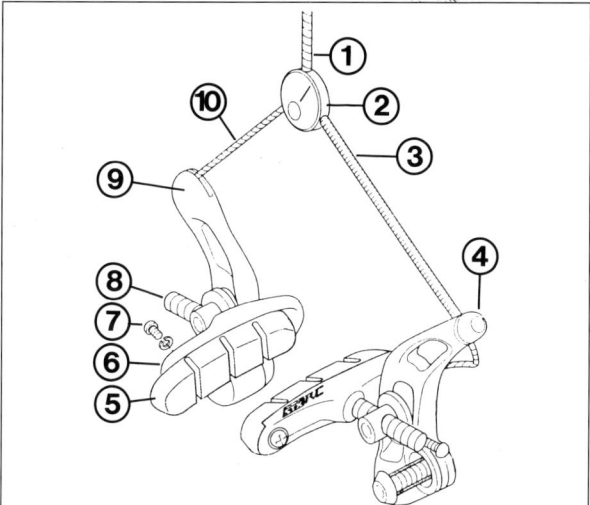

Die Zeichnung zeigt eine STX-Cantileverbremse mit Cartridge-Bremsschuhen von Shimano.
Es bedeuten:
1 – Bremszug;
2 – »Unit Link«-Verteilerstück;
3 – Abstandshülle für richtige Längeneinstellung des Querzugteils;
4 – Klemmnippel;
5 – Bremsgummi;
6 – Cartridge-Bremsschuh;
7 – Sicherungsschraube für Bremsgummianschlag;
8 – Befestigungssockel des Bremsschuhs;
9 – Bremsarm;
10 – Querzugteil.

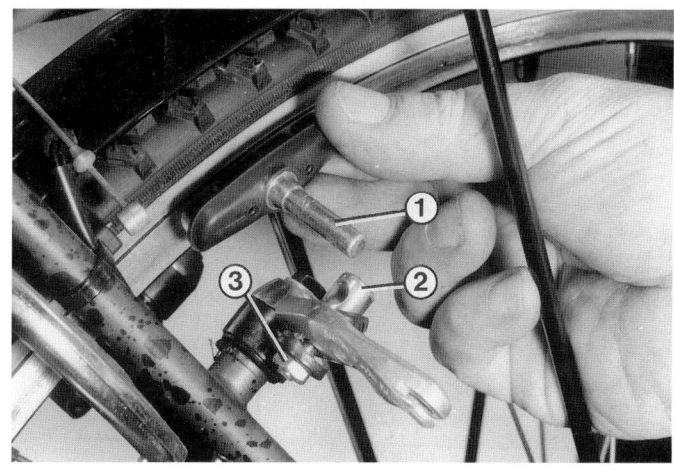

Zum Ausbau des Bremsschuhs (1) braucht bei der Cantileverbremse lediglich die Befestigungsmutter (3) der Bremsschuhaufnahme (2) gelöst werden. Dann kann der komplette Bremsschuh aus der Aufnahme gezogen werden. Wichtig bei der Neumontage ist die anschließende exakte Einstellung des Bremsschuhs zur Felgenflanke.

- **Cantileverbremse:** Je nach Bremstyp und Hersteller sind die Bremsgummis in einem separaten Bremsschuh, auch Kassettenbremsschuh genannt, eingeschoben und mit einer Schraube gesichert, oder der Bremsgummi ist mit der Bremsschuhbefestigung, einem Bolzen, zu einem kombinierten Bremsgummischuh zusammenvulkanisiert.
- Befestigungsschraube der Bremsschuhaufnahme lösen. Dabei ggf. mit einem 5-mm-Innensechskantschlüssel gegenhalten.
- Bremsschuh aus der Bremsschuhaufnahme am Bremsarm nehmen.
- Bei einem Kassettenbremsschuh mit separatem Bremsgummi die Sicherungsschraube lösen und Bremsgummi aus dem Bremsschuh drücken. Ggf. Schraubendreher zu Hilfe nehmen.
- Neues Bremsgummi bis zum Anschlag einschieben. Dabei auf die Laufrichtung achten.
- Falls vorhanden, Bremsgummi mit Schraube sichern.
- Bremsschuh an Bremsarm montieren und ausrichten (wie zuvor im Absatz »Bremsgummis ausrichten« beschrieben).
- **Alle Felgenbremsen:** Bremseinstellung kontrollieren und ggf. etwas korrigieren (wie zuvor unter »Bremse einstellen« beschrieben).

Da bei modernen Cantileverbremsen die Bremsschuhe für links und rechts sowie vorne und hinten unterschiedlich gebaut sind, dürfen die Bremsschuhe nicht verwechselt werden. Außerdem muß auf die meist durch einen Pfeil gekennzeichnete Einbaurichtung geachtet werden. Außerdem sind die großen Bremsgummis im Radius der Felgenflanke geformt, was die richtige Montage zusätzlich erleichtert.

Bremsschuhe, die zum Auswechseln der Bremsgummis an der hinteren Schmalseite offen sind, gibt es aus Sicherheitsgründen schon lange nicht mehr, weil bei diesem Bremsschuhtyp der Bremsgummi unabsichtlich – z.B. beim Rückwärtsschieben und Bremsen – herausrutschen konnte. Aus diesen Gründen können Bremsgummis, die in einem separaten Bremsschuh durch die Klemmung der auf allen vier Seiten umgebördelten Laschen gehalten werden, nur komplett mit Bremsschuh gewechselt werden.

Gegen Bremsenkreischen sollten neue Bremsgummis vor dem Einbau mit feinem Sandpapier etwas angerauht und die Felgenflanken von altem Bremsgummiabrieb mit Spiritus oder Waschbenzin gereinigt werde

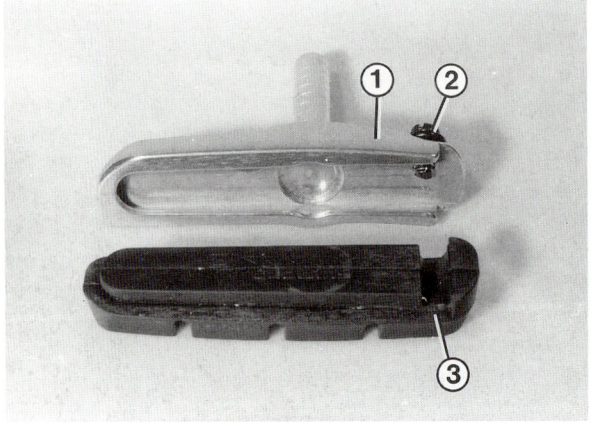

Die »eleganteste« Art, die Bremsgummis zu wechseln, bietet der sogenannte Cartridge-Bremsschuh (1). Beim Wechsel braucht meist nicht einmal der Bremsschuh abgebaut werden. Einfach die Anschlagsicherungsschraube (2) soweit herausdrehen, bis das alte Bremsgummi (3) aus dem Schuh geschoben werden kann.

Bremsteile schmieren (Wartung Nr. 23)

Auch die Leichtgängigkeit einer Bremse ist von ausschlaggebender Wichtigkeit für Funktion und Wirkung. Weil gerade die wichtigen Teile einer Felgenbremse besonders Schmutz und Feuchtigkeit ausgesetzt sind, sollten sie in regelmäßigen Abständen auf Verschleiß kontrolliert und geschmiert werden.

- Leichtgängigkeit der Bremse kontrollieren (wie am Anfang des Kapitels im Absatz »Bremse testen« beschrieben).
- Alle Bauteile der Bremse sorgsam reinigen und die beweglichen Teile und Gelenke mit Schmierfett oder Öl schmieren.
- **Seitenzugbremse:** An die Auflageflächen der Bremsfeder und an den Drehpunkt am zentralen Befestigungsbolzen jeweils vor, zwischen und hinter die Bremsarme einen Tropfen Öl oder etwas Schmierfett angeben.
- **Mittelzugbremse:** An die Auflageflächen der Bremsfeder und an die beiden Schwenklager von linkem und rechtem Bremsarm etwas Öl bzw. Fett angeben.
- **Cantileverbremse:** Am Schwenkbolzen beider Bremsarme, auch Anlötteile genannt, jeweils vor und hinter dem Bremsarm Öl bzw. Fett angeben.
- **Alle Bremsen:** Danebengelaufenes Öl abwischen.
- Auf keinen Fall darf Schmierfett bzw. Öl auf die Bremsgummis bzw. Felgenflanken gelangen.

An allen beweglichen Teilen, wie hier an den Bremsarmschwenklagern (Pfeile) einer Mittenzugbremse gezeigt, sollte von Zeit zu Zeit etwas Öl angegeben werden, damit die Leichtgängigkeit der Teile und damit volle Wirksamkeit der Bremse gewährleistet ist. Gleichzeitig wird der Verschleiß in natürlichen Grenzen gehalten. Überschüssiges Öl mit einem Lappen abwischen, sonst vermischt es sich mit Schmutz zu einer häßlichen Schmutzschicht.

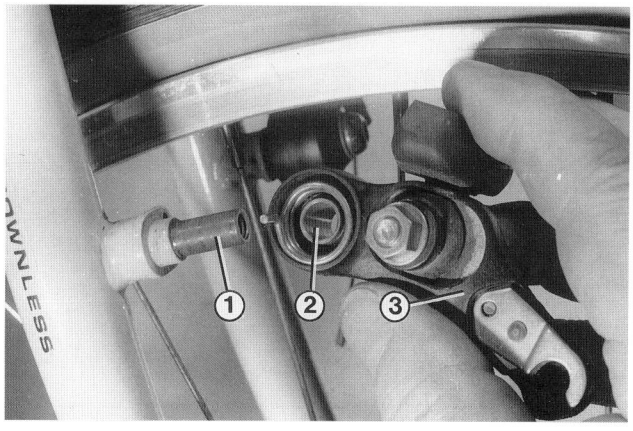

Der gewissenhafte Selbermacher baut zum »Schmierdienst« die Bremsarme (3) ab, und fettet die gereinigten Lagerflächen vom Bremssockel (1) des Anlötteils sowie die Lagerbüchse (2) der Schwenklager komplett neu. So trotzt eine solchermaßen gewartete Bremse allen Umwelteinflüssen und behält ihre volle Wirksamkeit viele Kilometer.

Tip Da man beim Schmieren der einzelnen Felgenbremsenteile doch recht nah an die Bremsgummis kommt, sollten Sie zur Sicherheit die Gummis und ggf. auch die Felgenflanke mit Waschbenzin oder Spiritus reinigen.

Spiel der Bremsteile kontrollieren (Wartung Nr. 5)

Ist zuviel Spiel in den beweglichen Teilen der Felgenbremse, verzieht sich beim Bremsen die gesamte Bremse und die Bremsgummis wandern unkontrolliert auf der Felgenflanke. Dadurch können sie z.B. die Reifenflanken zerstören oder, was viel schlimmer ist, in die Speichen rutschen. Ist das Spiel der Bremsteile zu stramm eingestellt, macht die Bremse oft beim Loslassen des Bremshebels nicht »auf« und die Bremsgummis schleifen an der Felge.

- **Seitenzugbremse:** Hutmutter lösen und ein bis zwei Umdrehungen aufschrauben.
- Bei zuviel Spiel Einstellmutter etwas fester ziehen – bei zu wenig Spiel Mutter etwas lockern.
- Einstellung mit der Hutmutter kontern.
- **Mittelzug- und Cantileverbremse:** Bei zuviel Spiel Bremsarme jeweils mit der Schraube (Gabelschlüssel SW 10 oder 5-mm-Innensechskant) am Schwenklager etwas fester ziehen.
- Wenn das Spiel nicht etwas knapper wird, den Bremsarm abbauen und den Bremssockel mit einer feinen Feile minimal abfeilen.
- Geht die Bremse trotz guter Schmierung zu stramm, den abgebauten Bremsarm an der Vorderseite minimal mit einer feinen Feile abfeilen.
- Bremsarm montieren und Sicherungsschraube (Unterlegscheibe nicht vergessen!) festziehen. Bei zu viel Spiel oder zu strammer Funktion ggf. nochmals an den entsprechenden Teilen feilen.
- **Alle Bremsen:** Bremseinstellung auf Leichtgängigkeit überprüfen und ggf. etwas korrigieren.

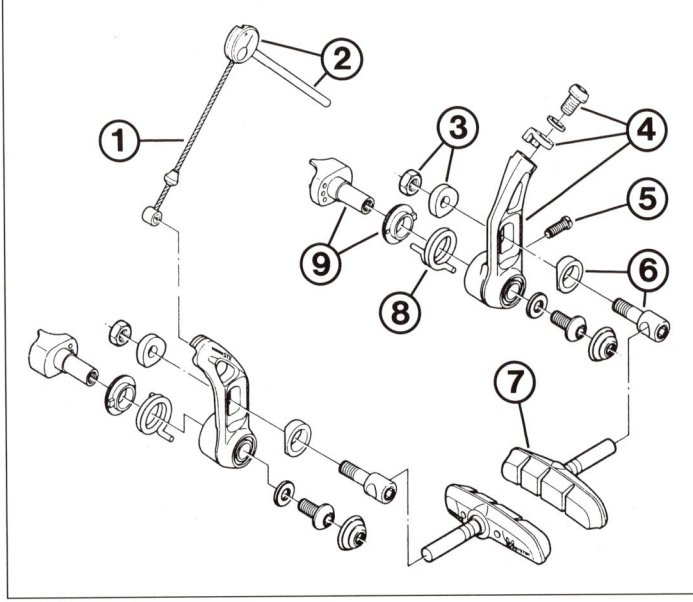

Die Teile einer Shimano-STX-Cantileverbremse:
1 – Bremsquerzug;
2 – »Unit Link«-Bremsquerzughalter mit Querzugeinstellhülle;
3 – Kontermutter mit gewölbter Einstellscheibe der Bremsschuhaufnahme;
4 – Bremsarm mit Klemmnippel;
5 – Bremsarmzentrierschraube;
6 – Bremsschuhaufnahme mit gewölbter Einstelldistanzscheibe;
7 – Bremsschuh;
8 – Rückholfeder des Bremsarms;
9 – Anlötteil mit Federaufnahmebohrungen und Schwenklageranlaufscheibe.

Gegen selbsttätiges Verstellen bzw. Lösen der Schwenkbolzenschrauben sollten sie mit flüssiger Schraubensicherung versehen werden. Dazu müssen die Schrauben jedoch vor der Einstellung ganz aus dem Gewinde des Schwenklagers herausgedreht werden.

Läßt sich das Spiel nicht mehr nachstellen, sind meist die Schwenklager verschlissen und ausgeschlagen. Die Bremse muß dann komplett ersetzt werden.

Bremse ausbauen

Felgenbremse

Ist nur ein Teil der Bremse verbogen, verschlissen oder ausgeschlagen, muß meist die komplette Bremse ersetzt werden. Auch dürfen durch einen Sturz verbogene Teile der Bremse nicht gerichtet werden, da Bruchgefahr besteht. Im eigenen Interesse sollten Sie deshalb immer die komplette Bremse ersetzen.

Wegen der Vielfalt der Bremstypen und -hersteller empfiehlt es sich, beim Ersatzteilkauf mit Ihrem Fahrrad zu Ihrem Fachhändler zu gehen, zumindest jedoch das ausgebaute Altteil mitzunehmen. So ersparen Sie sich unnötigen Ärger und Zeitaufwand.

- Bremszug aushängen.
- **Seiten- und Mittelzugbremse:** Auf der Bremsrückseite die Befestigungsmutter des zentralen Schwenklagerbolzens lösen und abschrauben.
- Bremse komplett mit Zentralschwenklager aus der Bohrung am Rahmen ziehen. Dabei ggf. auf Unterlegscheiben und Haltewinkel des Schutzblechs achten.
- **Cantileverbremse:** Querzug am Bremsarm aushängen. Dazu Bremsarme zusammendrücken und Nippel aus der Aufnahme des Bremsarms ziehen.
- Befestigungsschraube eines Bremsarms am Schwenklager lösen (5-mm-Innensechskantschlüssel oder Gabel- bzw. Ringschlüssel SW 10).
- Schraube herausdrehen und Bremsarm abnehmen. Dabei auf die Reihenfolge der einzelnen Teile achten. Gleichzeitig die Stellung der Rückholfeder merken, in der sie in dem mit verschiedenen Löchern (meist drei) versehenen Widerlager des Bremssockels bzw. Anlötteils sitzt.
- Anderen Bremsarm, wie beschrieben, abbauen.
- Vor dem Wiederanbau die Teile der Bremse reinigen und auf Verschleiß kontrollieren.

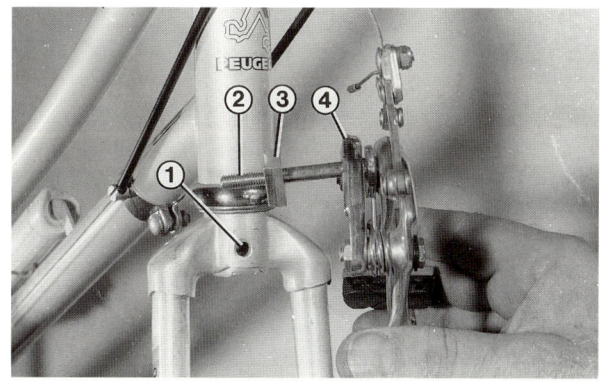

Nach Lösen der Befestigungsmutter am zentralen Befestigungsbolzen (2) kann die komplette Mittelzugbremse (4) aus der Gabelbohrung (1) gezogen werden. Für mehr Arbeitsspielraum ggf. Schutzblech und Lampenhalter abbauen. Beim Einbau darauf achten, daß das Distanzstück (3) passend auf der Wölbung der Gabel zu sitzen kommt.

Nach Aushängen des Querzugs bzw. Lösen des Klemmnippels kann der Bremsarm (1) einer Cantileverbremse abgebaut werden. Er ist lediglich mit einer Innensechskantschraube (2) am Schwenklager gesichert. Beim Einbau empfiehlt es sich, an das Gewinde der Schraube einen Tupfer flüssige Schraubensicherung gegen selbsttätiges Lockern anzugeben.

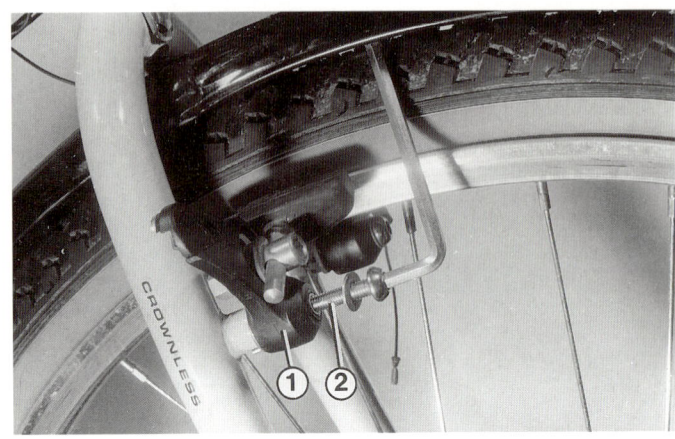

- Bremsarmschwenklager am Bremssockel bzw. Anlötteil reinigen.
- Am Schwenklager etwas Fett angeben.
- Der Zusammenbau geht wie für den Ausbau beschrieben in umgekehrter Reihenfolge vor sich.
- Bremse zentrieren, wie in einem der vorigen Absätze beschrieben.
- Ausrichtung der Bremsgummis kontrollieren und ggf. korrigieren.

 Schon eine falsch eingebaute Unterlegscheibe kann zu schweren Funktionsstörungen führen. Deshalb sollten Sie sich beim Ausbau und beim Zerlegen der Bremse gleich welcher Bauart die Einbaureihenfolge der einzelnen Teile und deren Montagerichtung merken. Dazu entweder die Teile in entsprechender Reihenfolge und Einbaurichtung ablegen oder beides auf einer kleinen Skizze festhalten. Falls es doch einmal Schwierigkeiten beim Zusammenbau gibt, die jeweils andere Bremse als »Vorlage« benutzen.

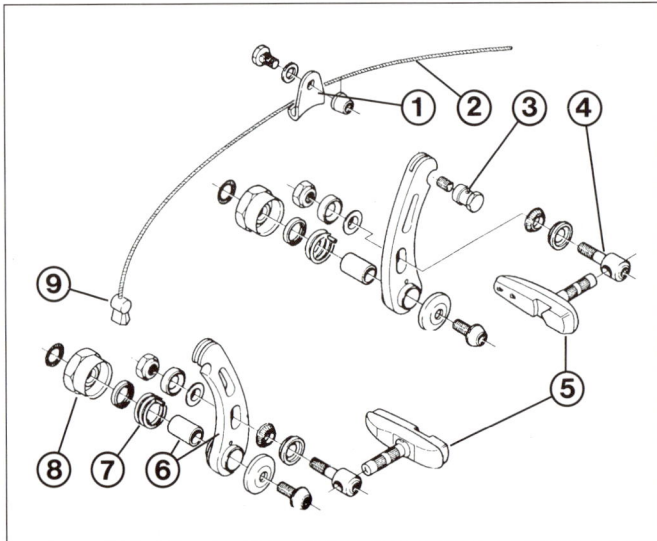

Die Teile einer Cantileverbremse älterer Bauart zeigt bei:
1 – Bremszugausgleichbügel mit Klemmnippel für den Hauptbremszug;
2 – Bremsquerzug;
3 – Klemmnippel für den Querzug;
4 – Bremsschuhaufnahme;
5 – Bremsschuhe mit anvulkanisierten Bremsgummis;
6 – Bremsarm mit Lagerbüchse;
7 – Rückholfeder;
8 – Federteller;
9 – Querzugnippel.

Nach Öffnen der Trommelbremse sehen Sie folgende Teile:
1 – Bremsträgerblech;
2 – Bremsbackenstützlager;
3 – Bremsbacke mit Bremsbelag;
4 – Rückholfederklammer;
5 – Bremsfläche der Bremstrommel;
6 – Bremshebel;
7 – Bremsbacke mit Bremsbelag.

Trommelbremse

- Bremszug am Bremshebel des Bremsträgers aushängen. Dazu ggf. die Stellschraube am Bowdenzugwiderlager ganz eindrehen.
- Laufrad ausbauen (wie im Kapitel »Die Laufräder« beschrieben).
- Auf der Bremsträgerseite die Nabenmutter lösen und abschrauben.
- Bremsträger komplett von der Nabenachse abziehen.
- Bremse reinigen. Dazu die Bremse entweder mit sauberem Tuch und Spiritus oder Waschbenzin auswischen. Der Abrieb kann auch mit einem Pinsel oder mit einem Staubsauger entfernt werden.
- Bremstrommel der Radnabe auf Verschleiß überprüfen. Dabei die Bremsflächen mit den Fingern auf Riefen abtasten.
- Bei stark spürbaren Riefen die Bremstrommel von Hand einigermaßen mit Schleifpapier glattschleifen.
- Ist die Bremstrommel zu weit eingelaufen, muß die komplette Radnabe mit Trommelbremse ersetzt werden.
- Abgenutzte, aber auch verölte oder verglaste Bremsbeläge erfordern den Austausch des kompletten Bremsträgers, da die Beläge auf die Bremsbacken geklebt sind.
- Beim Einbau, der in umgekehrter Ausbaureihenfolge vor sich geht, nicht vergessen, das Radnabenspiel zu kontrollieren und ggf. einzustellen.
- Bremse einstellen. Dabei kann die Bremseinstellung bei neuen Belägen ruhig etwas zu stramm gewählt werden, damit die Bremsbacken etwas schleifen und sich so die Bremsbeläge etwas schneller an die Bremstrommel anpassen können.
- Bremseinstellung nach ca. 100 km kontrollieren und ggf. korrigieren.

Rücktrittbremse

Aus Platzgründen wird hier nur die wohl am weitesten verbreitete »Torpedo-3-Gang«-Rücktrittnabe von Fichtel & Sachs abgehandelt. Die Arbeitsschritte können jedoch leicht abgewandelt auf die meist ähnlich aufgebauten Rücktrittnaben der meisten Hersteller angewendet werden. Wichtig ist dabei immer, daß Sie sich die Teile beim Auseinanderbauen ggf. in Lage und Ausbaureihenfolge genau aufzeichnen und beim Zusammenbauen nichts mit Gewalt zusammensetzen, was nicht logisch und »spielerisch« leicht zusammenpaßt. Andernfalls ist der nächste Schaden schon mit eingebaut.

Nach Öffnen der Bremsseite einer Radnabe mit Rücktritt durch Abnehmen des Festbremskonus (1) läßt sich schon an der Menge und dem Zustand der Fettfüllung darauf schließen, ob die Störung nur an der Fettfüllung liegt. Weitere Schlüsse sind jedoch erst zugelassen, wenn der Bremsmantel (2) und der Bremskonus (3) herausgenommen und gereinigt sind. Auch der Grad der Abnutzung des Bremszylinders läßt sich nur nach einer Reinigung der Nabe bestimmen. Dazu sollte jedoch auch der Getriebeteil mit Ritzel (4) aus dem Nabenkörper genommen werden.

Die ausgebaute Fichtel & Sachs 7-Gangnabe »Super 7« mit Rücktrittbremse zeigt bei:
1 – Konter- und Einstellmutter der Radnabe;
2 – Lagerlaufring;
3 – Festbremskonus mit Bremsstützhebel und Staubdeckel;
4 – Bremsmantel;
5 – beweglicher Bremskonus mit Freilaufsperrklinken,
6 – Radnabenachse;
7 – Spiralbahn des beweglichen Bremskonus;
8 – Schaltgetriebeteil der Radnabe mit Ritzel.

- Laufrad ausbauen und mit dem Bremsstützhebel nach oben ablegen.
- Konterscheibe bzw. -mutter lösen und abschrauben. Dazu Nabenachse mit verstellbarem Schlüssel (Engländer) oder Gabelschlüssel SW 9 gegenhalten.
  Distanzscheibe (falls vorhanden) abnehmen und Einstellscheibe bzw. -mutter abschrauben.
- Bremsstützhebel komplett mit Nabenabdeckung und Bremskonus vorsichtig von der Nabenachse abziehen.
- Lagerlaufring abnehmen, dabei Einbaurichtung merken.
- Bremsmantel aus dem Nabenkörper nehmen.
- Nabenachse so drehen, daß der bewegliche Bremskonus vom Steilgewinde des Antreiben.
- Bremsstützhebel komplett mit Nabenabdeckung und Bremskonus vorsichtig von der Nabenachse abziehen.
- Lagerlaufring abnehmen, dabei Einbaurichtung merken.
- Bremsmantel aus dem Nabenkörper nehmen.
- Nabenachse so drehen, daß der bewegliche Bremskonus vom Steilgewinde des Antreibers bzw. Planetenradsatzes nach außen gedrückt wird.
- Bremskonus abnehmen.
- Alle Teile reinigen und auf Verschleiß kontrollieren.

- **Nur Rücktrittnabe:** Bremsfläche des Nabenkörpers auf eingelaufene Rillen kontrollieren.
- **Nur Rücktritt-Nabenschaltung:** Ist der Bremszylinder eingelaufen und zeigt Rillen, den Getriebeteil der Radnabe ausbauen (siehe nächstes Kapitel).
- Nabenkörper reinigen und eventuelle Rauhigkeiten des Bremszylinders mit feinem Sandpapier glattschmirgeln.
- Ggf. Bremsmantel erneuern.
- Alle Teile schmieren.
- Bei Nabenschaltung zuerst Getriebeseite einbauen (siehe nächstes Kapitel).
- Beim Zusammenbau zuerst den beweglichen Bremskonus am Antreiber ansetzen und so aufdrehen, daß die Sperrklinken sauber in die Verzahnung des Nabenkörpers eingreifen.
- Beim Einsetzen des Bremsmantels darauf achten, daß der Spalt genau auf der Friktionsfeder des beweglichen Bremskonus zu sitzen kommt.
- Lagerlaufring in richtiger Einbaurichtung am Nabenkörper ansetzen.
- Festen Bremskonus mit Bremsstützhebel auf die Nabenachse schieben und so an der Nabe ansetzen, daß die beiden Bremsmantelklauen genau in den Aussparungen des Bremskonus zu sitzen kommen.
- Einstellscheibe(n) bzw. -mutter(n) ansetzen und Radnabenspiel einstellen (wie beschrieben).
- Laufrad einbauen, ggf. Schaltung einstellen und Probefahrt machen.

Störungsbeistand

Rücktrittbremse

Störung	Ursache	Abhilfe
A) Pedale drehen im Freilauf bzw. beim Schieben mit	1) Nabenlager zu stramm eingestellt	Spiel einstellen
	2) Kette zu stramm gespannt	Einstellung etwas lockern
	3) Kontermuttern der Nabe locker	Nabenspiel kontrollie ren und Konter- muttern festziehen
	4) Lagerdeckel der Nabe verbogen (eiern)	Auswechseln
	5) Sperrklinken oder -feder des Bremskonus gebrochen	Auswechseln
B) Pedalwiderstand gibt beim Bremsen langsam nach (Bremswirkung bleibt voll erhalten)	1) Bremskonus verschlissen	Austauschen (lassen)
	2) Bremsmantel verschlissen	Austauschen (lassen

Störung	Ursache	Abhilfe
C) Bremse neigt zum unkontrollierten Blockieren	1) Siehe B 2	
	2) Bremsmantel trockengelaufen (kein Schmierfilm)	Nabe reinigen, ggf. Bremsfläche glattschmirgeln, Nabe schmieren
D) Bremse knackt beim Bremsen	1) Radnabe hat zuviel Spiel	Einstellen (lassen)
	2) Bremsstützhebel hat zuviel Spiel am Rahmenrohr oder Klemmschelle ist locker	Rahmenrohr mit Gewebeklebeband umwickeln bzw. Klemmschelle festziehen

Die Bremshebel

Bei der Entwicklung zur besseren Bremse am Fahrrad ist auch an den Bremshebeln nicht halt gemacht worden. So sind moderne Bremshebel nicht nur handgerecht geformt, sondern lassen sich auch genau auf unterschiedliche Handspannweiten einstellen, so daß sie einem schon fast unbewußt in der Hand liegen und praktisch wie ein guter Schuh passen. Bestimmte Hersteller bieten auch kombinierte Brems-/Schalthebel an. Ausnahmslos sind alle Bremshebel mit einer Schelle am Lenker befestigt.

Bei der Bremshebelanordnung am Lenker gilt als Standard: Rechter Bremshebel = vordere Bremse; linker Hebel = hintere Bremse. Es gibt jedoch besonders bei älteren Rädern Ausnahmen. Vergewissern Sie sich also besonders, wenn Sie sich auf ein fremdes Rad setzen, welcher Bremshebel für welche Bremse zuständig ist, sonst kann es bei einem plötzlichen Bremsmanöver »brenzlig« werden.

Bremshebel einstellen

Zierliche Frauenhände haben beim Bremsen meist mit den sogenannten Griffweiten der Bremshebel Schwierigkeiten. Moderne Bremshebel können jedoch individuell auf die richtige Griffweite eingestellt werden, so daß je nach Hebeltyp immer zwei bzw. vier Finger bremsbereit und bequem auf dem Bremshebel liegen können.

- Mit einem kleinen Schraubendreher die kleine Griffweiten-Einstellschraube an der Stirnseite des Bremshebels drehen, bis die Finger den Bremshebel bequem greifen können.
- Hineindrehen verringert die Griffweite, Losdrehen vergrößert die Griffweite.
- Falls nun die Bremseinstellung nicht mehr stimmt, Einstellung korrigieren (wie in diesem Kapitel beschrieben).
- Bremshebel mit ganzer Kraft wie bei einer Notbremsung ziehen und überprüfen, wie weit der Hebel bis zum Lenker angezogen werden kann.
- Liegt der Bremshebel am Lenkergriff an und die Räder blockieren noch nicht, muß die Griffweite vergrößert oder/und die Bremseinstellung überprüft und ggf. neu eingestellt werden.

Standard bei der Anordnung der Bremshebel ist, daß der rechte Bremshebel (2) für die Vorderradbremse zuständig ist, während beim Zug des linken Bremshebels (1) die Hinterradbremse anspricht. Wichtig für die optimale Wirkung der Bremsen ist auch der möglichst knappe, aber harmonische Verlauf der Bremszüge (3) zu den Bremsen.

Bei fast allen modernen Bremshebeln (1) läßt sich die Griffweite individuell passend zur Handspannweite so einstellen, daß die Hebel optimal in der Hand liegen. Zur Einstellung sind die Hebel entweder mit einer kleinen Kreuzschlitz- oder einer 3-mm-Innensechskantschraube (2) versehen.

Bremshebel abbauen

Je nach Bremshebeltyp sitzt die Klemmschraube der Halteschelle im Bremshebel oder sie ist unterhalb des Bremshebels direkt oder unter einer flexiblen Bremshebelmanschette zugänglich.

- Bremszug an der Bremse aushängen bzw. Klemmnippel lösen und Zug lösen.
- Falls vorhanden, Einstellschraube des Bowdenzugs und Konterung so verdrehen, daß sie mit dem Schlitz des Bremshebels fluchten.
- Bremshebel anziehen und Nippel im Bremshebel aushängen.
- Bremszug aus dem Bremshebel ziehen.
- Klemmschraube (Kreuzschlitz- oder Innensechskantschraube) der Halteschelle lösen. Je nach Bremshebeltyp sitzt die Schraube im Bremshebel oder unter dem Hebel. Ggf. Abdeckmanschette zur Seite drücken.
- Bremshebel vom Lenker abziehen. Dazu ggf. Lenkergriff abhebeln (wie im Kapitel »Lenker und Steuersatz« beschrieben).
- Vor dem Einbau Bremshebel ggf. reinigen.
- Beim Festziehen des Bremshebels am Lenkerrohr den Bremshebel so nach unten neigen, daß die Finger bei geradem Handgelenk unverkrampft auf dem Bremshebel zu liegen kommen.

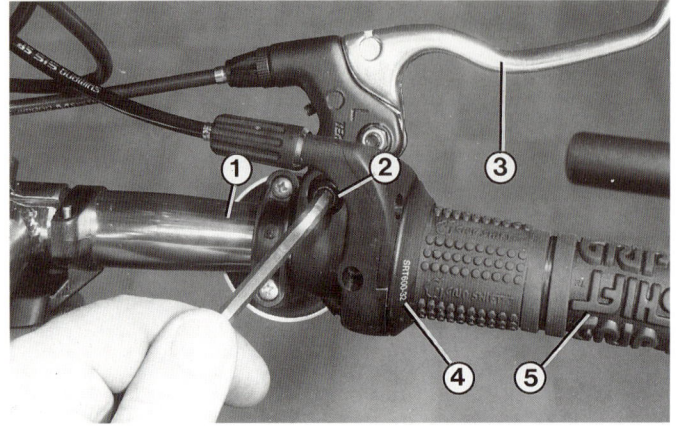

Zum Abbauen eines Bremshebels (3) muß entweder eine Kreuzschlitzschraube oder wie in der Abbildung gezeigt, eine Innensechskantschraube (2) soweit gelöst werden, bis der Hebel in der Neigung zum Lenker (1) verschoben werden kann. Zum Ausbau müssen allerdings vorher der Lenkergriff (5) und der jeweilige Schalthebel (4) abgebaut werden.

Die Bremszüge

Um die Bremskraft vom Bremshebel an die Bremse weiterzuleiten, ist zwischen beide Teile der Bowdenzug eingesetzt. Er besteht aus einer mit einer Kunststoffummantelung versehenen spiralförmigen Außenhülle, in der ein gedrillter Stahldraht sitzt. Durch den so biegsamen Übertragungszug wird die Bremskraft vom Bremshebel praktisch »um die Ecke« zur Bremse weitergeleitet. Ein Großteil der aufgewendeten Bremskraft wird jedoch durch die Dehnung des Innenzugs, bei gleichzeitiger Stauchung der Außenhülle und zur Überwindung der Reibung von Innenzug und Außenhülle aufgebraucht. Bei schlecht gewarteten Bowdenzügen können so über 80% der am Bremshebel aufgewendeten Bremskraft verloren gehen, so daß weniger als 20% an der Bremse wirksam und in entsprechende Verzögerung umgewandelt wird.

Um diesen Bremskraftverlust so gering wie möglich zu halten, werden bei Bremsen neueren Datums reibungsärmere Edelstahl-Bremszüge mit Teflonummantelung eingesetzt. In solchen Außenhüllen gleiten die Innenzüge mit wesentlich weniger Reibung, wodurch nicht nur die eingesetzte Bremskraft wirksamer in Bremsleistung umgewandelt, sondern mit mehr Gefühl auch feiner dosiert gebremst werden kann. Außerdem sind sie wesentlich wartungsfreundlicher als herkömmliche Bowdenzüge.

Die Bremszüge sollen für die höchste Wirksamkeit der Bremsen so lang wie nötig, aber so knapp wie möglich in harmonischen Biegungen von den Bremshebeln zu den Bremsen verlaufen. Wichtig ist dabei auch, daß die Außenhüllen in den Widerlagern (Pfeile) am Rahmen nicht verkantet zum Innenzug ansetzen, sonst geht hier schon ein Großteil der aufgewendeten Bremskraft bei erhöhtem Bremsseilverschleiß nutzlos verloren.

Zustand der Bremszüge kontrollieren (Wartung Nr. 30)

Bowdenzüge müssen regelmäßig auf Verschleiß wie z.B. Knicke und Rostspuren sowie ausgefranste (aufgesplissene) und angerissene Innenzüge kontrolliert werden. Dabei können Sie gleich entscheiden, ob die Bowdenzüge am besten nicht gleich ganz erneuert werden sollten, denn ein angerissener Innenzug verschlechtert die Bremsfunktion und stellt auch ein erhöhtes Bruchrisiko dar.

- Sitzen die Bremshebel fest und sind richtig ausgerichtet? Falls nicht, Hebel mit Klemmschelle ausrichten und festziehen. Dabei auf spannungsfreien Verlauf des Bowdenzuges achten.
- Ist die Kunststoffummantelung des Bowdenzugs unverletzt oder kann Wasser und Feuchtigkeit in die Außenspirale eindringen?
- Sind Rostspuren an den Außenhüllenöffnungen erkennbar?
- Sitzen die Kabelbinder fest und sind die Züge spannungsfrei und in harmonischen Biegungen verlegt?
- Fluchten die angelöteten Bremszugführungen mit dem -zug? Wenn nicht vorsichtig ausrichten – aber Vorsicht, damit sie nicht abbrechen!

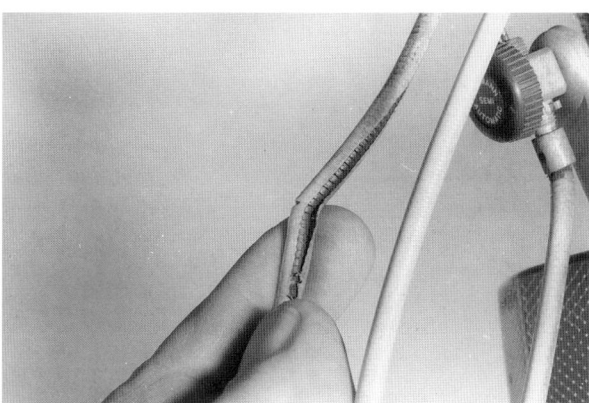

Ein solcher aufgeschlitzter Bremszug sollte umgehend ausgewechselt werden, denn durch eindringende Feuchtigkeit ist er meist schon auf ganzer Länge so in Mitleidenschaft gezogen und schwergängig, daß auch Schmieren nicht mehr viel hilft. Ist ein Zug zusätzlich noch geknickt, dürfte seine Reißfestigkeit auch nicht mehr allzu groß sein.

Bremszug schmieren (Wartung Nr. 24)

Ein Tropfen Öl hält Bowdenzüge nicht nur leichtgängig, er verlängert auch deren Haltbarkeit erheblich. Selbst neue Bowdenzüge sollten vor dem Einbau gleich mit einem Tropfen Öl geschmiert werden. Eine Ausnahme machen hier Teflonzüge (siehe auch nachfolgenden Fingerzeig).

- Bremshebel anziehen und auf Innenzug sowie die beweglichen Teile, wie Bremshebel- und Nippelgelenk einen Tropfen Öl angeben.
- Auch am anderen Ende des Bremszugs einen Tropfen Öl auf den Innenzug geben.
- Bremshebel mehrmals betätigen, damit das Öl in die Außenhülle gezogen wird und sich verteilt.
- Das Zuviel an Öl mit einem Lappen abwischen.
- Sind die Bowdenzüge in Ordnung, aber schwergängig, weil sie mit einem verkrusteten Schmierfilm aus Öl, Schmutz und Rost zugesetzt sind, müssen sie ausgebaut werden (siehe nächsten Absatz).

- Nur wenn das Zugende nicht aufgesplissen ist, den Innenzug aus der Hülle ziehen. Sonst versuchen, die einzelnen Enddrähte des Innenzugs zu verlöten oder zu verkleben. Das Ende ggf. etwas verschleifen.
- Von oben vorsichtig Öl in die Hülle tropfen lassen.
- Eine gewisse Menge Öl durch die Außenhülle laufen lassen, damit die gröbsten Schmutzrückstände ausgeschwemmt werden. Dabei das Öl in einen saugfähigen Lappen tropfen lassen und als Sondermüll entsorgen.
- Innenzüge reinigen und mit Schmierfett einreiben.
- Innenzug wieder in die Außenhülle schieben. Dabei zum leichteren Einfädeln ggf. Innenzug gleichzeitig drehen.
- Bowdenzüge einbauen (wie im nächsten Absatz beschrieben).

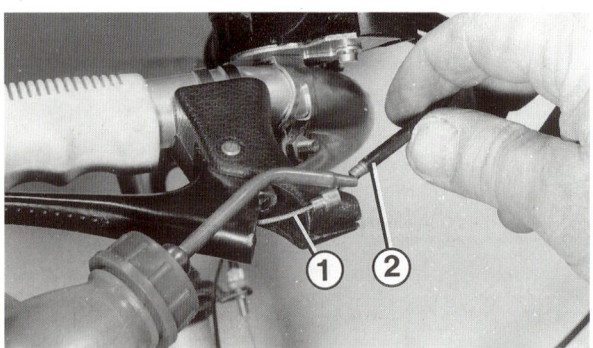

Zum Schmieren der Bremszüge an den Enden der Außenhüllen (2) etwas Öl angeben. Dazu den jeweiligen Zug (1) ggf. am Bremshebel aushängen, um ihn auf einer größeren Länge hin und her bewegen zu können. So kann das Schmieröl weiter in die Außenhülle vordringen.

Mit speziellen Bowdenzugölern aus dem Zubehörprogramm kann man die Pflegeintervalle verlängern. Die Öler werden einfach auf die Außenhüllen gedrückt. Vorsicht beim Ölen von Bowdenzügen mit Teflonaußenhüllen. Säuren im Schmiermittel können den Kunststoff anlösen.

Bowdenzüge verlegen

Geknickte Bowdenzüge, deren Außenspirale durch eine gerissenen und zerfetzte Kunststoffummantelung freiliegt, müssen über »kurz oder lang« ausgewechselt werden, weil durch eindringende Feuchtigkeit entstandene Rostnester den Zug schneller schwergängig und verschleißen lassen. Beim Einbau neuer Bowdenzüge sollten Sie aber ein paar Grundsätze beachten: Verlegen Sie die Bowdenzüge so knapp wie möglich, ohne das dabei der Verlauf unharmonisch wird. Auf keinen Fall dürfen Knicke entstehen, wenn z.B. der Lenker voll eingeschlagen wird. Zu lange Bremszüge vermindern die Bremswirkung durch zu hohen Bremskraftverlust. Außerdem ist das Ansprechverhalten der Bremse meist ohne Druckpunkt sehr teigig und das Hinterrad kommt nicht zum Blockieren. Für das Kürzen von Bowdenzügen nur einen kräftigen Seitenschneider oder eine spezielle Bowdenzug-Schneidezange verwenden, damit die Außenhülle nicht deformiert oder gar so gequetscht wird, daß der Innenzug ausfranst bzw. aufspleißt. Nach Kürzung der Außenhülle immer die Endkappe(n) wieder aufschieben, da die Hülle nur so korrekt in den Hüllenwiderlagern sitzt. Nach dem Befestigen des Innenzugs im Klemmnippel an der Bremse, sollten auf die Zugenden immer Schutzkappen gesteckt und festgequetscht werden, damit die Enden nicht aufspleißen können.

- Bremseinstellung ganz lösen. Dazu die Einstellschraube(n) der Bremseinstellung ganz hineindrehen.
- **Seitenzugbremse:** Klemmnippel ganz lösen und Bremszug herausziehen.
- Bowdenzug komplett aus dem Widerlager der Bremse ziehen.
- **Mittelzug- und Cantileverbremse:** Klemmnippel am Ausgleichsbügel des Querzugs lösen. Oder z.B. bei Bremsen von Shimano den Klemmnippel an einem Bremsarm lösen.
- Zug aus dem Nippel ziehen. Bei Shimano-Bremsen zusätzlich das runde Klemmteil mit Querzug zum anderen Bremsarm vom Hauptzug abziehen.
- Bremszug komplett mit Innenzug aus dem Widerlager ziehen.
- **Trommelbremse:** Klemmnippel am Bremshebel an der Bremse öffnen und Zug herausziehen. Klemmnippel nicht verlieren!
- Bowdenzug komplett mit Einstellschraube aus dem Widerlager des Bremszugs ziehen.
- **Alle Handbremsen:** Bremshebel am Lenker anziehen und zurückstellen.
- Den nun gelockerten Bremszug so in die Nippelaufnahme des leicht gezogenen Bremshebels schieben, daß der Bremszugnippel seitlich ausgehängt werden kann.
- Kompletten Bremszug je nach Bremshebeltyp einfach mit Einstellschraube aus dem Widerlager des Bremshebels ziehen oder seitlich aus dem Schlitz des Bremshebelwiderlagers nehmen. Dazu ggf. Einstellschraube und Schlitz im Bremshebel zur Deckung bringen.

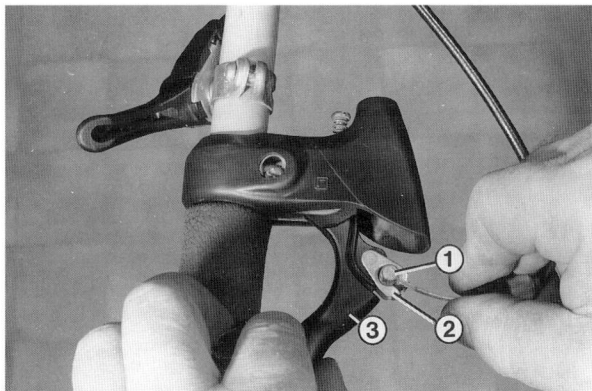

Beim Kauf eines neuen Bremszuges müssen Sie darauf achten, daß Sie einen Zug mit passendem Nippel erstehen. Beim Einsetzen des Nippels (1) auf korrekten Sitz in der Nippelaufnahme (2) des Griffs (3) achten.

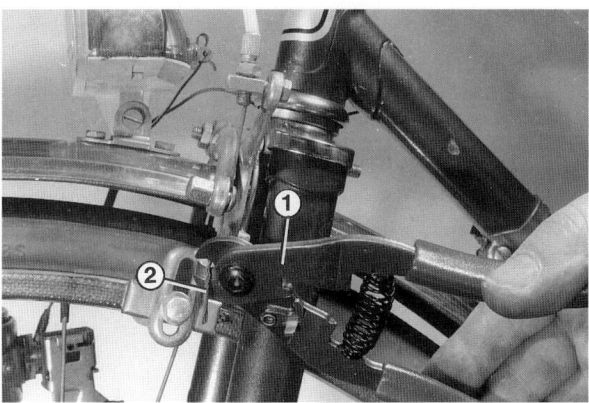

Für das Zurechtkürzen von Bowdenzügen (2) gibt es eine spezielle, stark übersetzte Schneidezange (2), mit der der Stahldraht mühelos durchschnitten werden kann. Mit einem scharfen, handelsüblichen Seitenschneider geht es jedoch auch. Auf die gekürzten Zugenden sollten Schutzkappen gesteckt und festgequetscht werden, damit die Enden nicht aufspleißen und eventuell Verletzungen verursachen können.

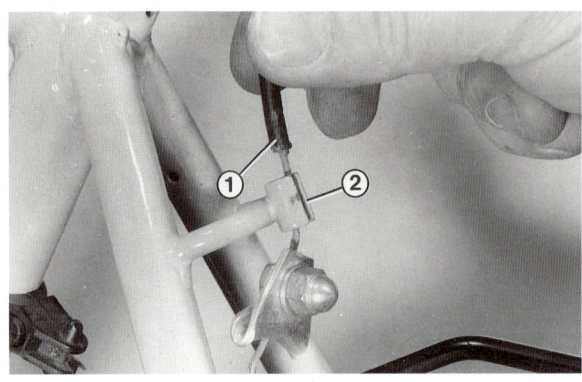

So wie hier gezeigt, sollten die Enden der Bremszugaußenhüllen (1) nicht in die Widerlager (2) am Rahmen gesteckt werden. Nur mit Endkappen versehene Außenhüllen gewährleisten den optimalen Sitz im Widerlager und damit auch die entsprechende Führung des Innenzugs.

Um den Bremszug (4) problemlos am Klemmnippel (3) auf richtiger Länge festklemmen zu können, kann man die Bremsschuhe mangels einer »dritten Hand« auch mit einer an beiden Bremsschuhen (2) angesetzten Schraubzwinge (1) auf die Felgenflanken drücken.

Ein Problem beim Anklemmen der Bremszugs (1) am Klemmnippel (2) ist immer die optimale Grundlänge des Zugs, da beide Bremsarme gespannt sein müssen. Dazu gibt es eine solche Bowdenzugspannzange (3). Am Ende des Innenzugs angesetzt, spannt sie sich gegen den Klemmnippel der Bremse und der Zug kann festgeklemmt werden. Dann muß die Bremse eingestellt werden.

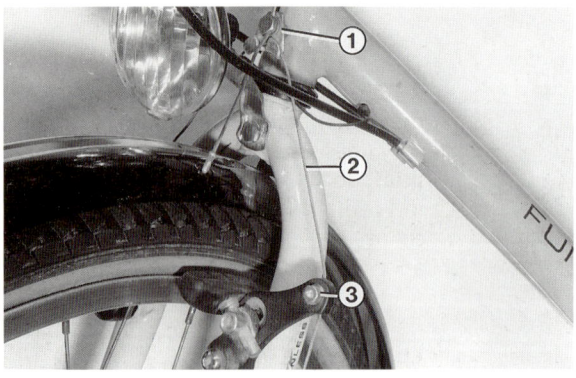

Zum Auswechseln des Querzugs (2) einer herkömmlichen Cantileverbremse braucht lediglich der Klemmnippel (3) gelöst, der Zug am gegenüberliegenden Bremsarm ausgehängt und vom Ausgleichsstück (1) abgenommen werden. Vor Festklemmen des neuen Querzugs muß die Bremseinstellung ganz zurückgedreht, der Hauptbremszug also vollkommen entspannt werden. Außerdem muß auf den optimalen Zugwinkel zum Bremsarm geachtet werden.

- Bei der hinteren Bremse den Bremszug aus den Führungsösen (falls vorhanden) am Rahmen ziehen. Dabei den genauen Bremszugverlauf für den Wiedereinbau merken.
- Zum Einbau die Außenhülle auf Mindest- bzw. Höchstmaß kürzen. Dabei darauf achten, daß die Hülle nicht deformiert wird und den Innenzug anquetscht.
- Endkappe(n) der Außenhülle ansetzen. Dazu ggf. Kunststoffschutzhülle in Länge der Endkappe entfernen, damit die Kappe sauber auf der Außenspirale sitzt.
- Bremsinnenzug einfetten. Dazu den ganzen Innenzug ggf. aus der Außenhülle ziehen. Dabei auf die Reihenfolge der Teile der Bremseinstellung achten.
- Bremszug in Bremshebel einführen und mit Nippel korrekt in der Nippelaufnahme einhängen.
- Bremszug bis zur Bremse verlegen. Dabei gleichzeitig durch etwaige Führungsösen schieben.
- Ist die Außenhülle geteilt, darauf achten, daß das freiliegende Bremszugstück korrekt in eventuell eingebauten Umlenkrollen sitzt.
- Anschließend zweites Teilstück der Außenhülle auf den Zug schieben.
- Bremszug in Zugwiderlager an der Bremse einschieben und Innenzug je nach Bremstyp in Klemmnippel einfädeln.
- **Felgenbremse:** Bremsarme mit »dritter Hand« (passende Schraubklemme) zusammendrücken, Innenzug mit Flach- oder Kombizange anziehen und Klemmnippel festziehen.
- **Trommelbremse:** Bremshebel an der Bremse etwas anziehen. Gleichzeitig Innenzug mit einer Zange anziehen und Klemmnippel festziehen.
- **Alle Handbremsen:** Bremse einstellen (wie im Absatz »Bremse einstellen« in diesem Kapitel beschrieben).
- Zugenden auf ca. 3 cm hinter den Klemmnippeln kürzen.
- Schutzkappen aufstecken und mit Kombizange festquetschen.

 Um den Bremskraftverlust möglichst gering zu halten, werden speziell bei Mountainbikes auch dickere Bowdenzüge verwendet, da sie sich nicht so sehr dehnen. Allerdings passen die größeren Endkappen ihrer Hüllen nicht in die Widerlager und Führungsösen aller Rahmen, Bremsen und Bremshebel. Deshalb sollten Sie sich vor der Ersatzteilbeschaffung über die richtige Bowdenzugdicke an Ihrem Fahrrad informieren.

Auf jeden Fall muß der Nippel des neuen Zuges zum Bremshebel passen. Am gängigsten sind bei Mountainbike-Bremshebeln und auch bei »alten« Bremshebeln tonnenförmige Nippel.

Querzug erneuern (nur Cantileverbremsen)

Besonderes Augenmerk sollten Sie der Verlegung des Querzuges bei Cantileverbremsen schenken. Oft bildet der Querzug durch einen zu hoch angesetzten Ausgleichsbügel einen zu spitzen Winkel zum Bremsarm, so daß die Bremskraft schon dadurch vermindert wird. Am günstigsten ist ein rechter Winkel (90°) zwischen Bremsarm und Querzug. Schutzbleche, Reflektoren und Lampenhalter zwingen jedoch oft zu einer großzügigeren Verlegung. Mit einem normalen Querzughalter hat man aber die Möglichkeit, sich dem idealen 90°-Winkel anzunähern.

Bei Shimano wird dieser Winkel durch eine spezielle Innenzugklemme vorgegeben, so daß die aufgewendete Bremskraft auch optimal an der Felge ansetzt.

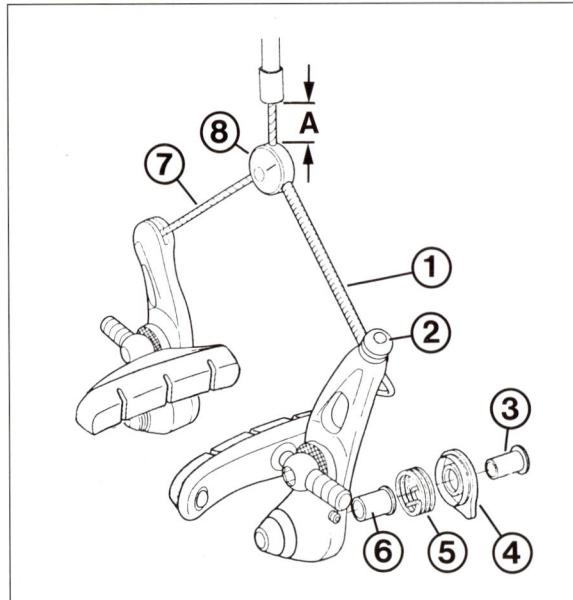

Bei Cantileverbremsen von Shimano mit dem sogenannten »Unit Link«-System wird der optimale Bremskraftwinkel erreicht, wenn bei zentrierten Bremsarmen die Umhüllung (1) den Bremsarm am Klemmnippel (2) gerade berührt und die Markierung am Verteilerstück (8) mit dem kurzen Querzug (7) fluchtet. Dabei muß der Abstand (A) zwischen Außenhüllenwiderlager und Verteilerstück mindestens 20 mm betragen, sonst gibt es Probleme beim Bremsen. Weiter bedeuten: 3 – Bremssockel; 4 – Federteller; 5 – Rückholfeder; 6 – Schwenklagerbüchse.

Hydraulische Bremsen

In jüngster Zeit werden speziell Mountain- und Trekkingbikes mit einem hydraulischen Bremssystem angeboten, bei dem besonders deutsche Hersteller führend sind. Die Firma MAGURA und seit 1993 auch SACHS bieten hier verschiedenen Bremsvarianten, z.B. auch hydraulische Scheibenbremsen, an.

Das hydraulische Bremssystem bietet gegenüber der herkömmlichen »Seilzugbremse« einige Vorteile:

● Das hydraulische Bremssystem leitet die Bremskraft nahezu ohne Reibungsverluste an die Bremse weiter.
● Wesentlich geringerer Wartungsaufwand, da die Teile weitgehend gekapselt sind.

Funktion der hydraulischen Bremse

Ähnlich wie beim Auto besteht das System aus einem Nehmer- und einem Geberzylinder. Der Geberzylinder sitzt beim hydraulischen Bremssystem des Fahrrads direkt im Bremshebel. Wird der Hebel betätigt, drückt ein mit dem Bremshebel verbundener Kolben im Geberzylinder auf die Bremsflüssigkeit (ein Hydrauliköl). Dieser hydraulische Druck pflanzt sich über die Hydraulikleitung verlustfrei an den Nehmerzylinder (Magura HS 22) links und rechts an der Felge oder an einen zentral zwischen den Bremsarmen montierten Zylinder (Magura HS 77) fort. Bei der Scheibenbremse sitzt der Nehmerzylinder in der Bremszange auf der Bremsscheibe. Im Nehmerzylinder wiederum drückt der Kolben bei der HS-22-Bremse von Magura den Bremsklotz direkt gegen die Felgenflanke. Bei der HS-77-Bremse drückt der Kolben im Nehmerzylinder dagegen die in einem Schwenklager beweglichen Bremsarme auseinander, so daß die Felge wie bei der Seilzugbremse praktisch wie mit einer radübergreifenden Zange eingeklemmt wird. Bei der Scheibenbremse drückt der Kolben im Nehmerzylinder auf den Bremsklotz in der Bremszange und zieht dadurch den gegenüber sitzenden Bremsbelag ebenfalls gegen die Bremsscheibe.

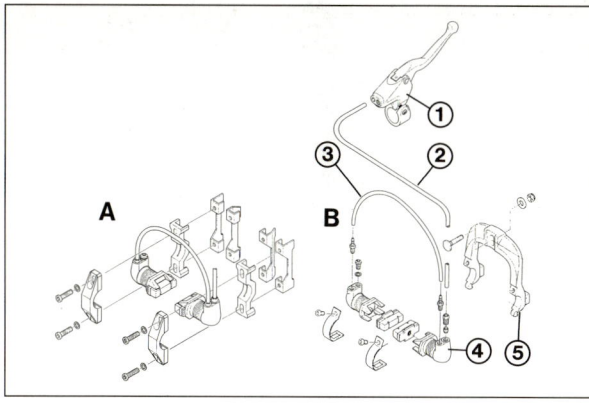

Die Magura-Bremse HS 22 zeigt bei
»A« und »B« unterschiedliche Klemm-
befestigungen.
Weiter bedeuten:
1 – Bremshebel mit Geberzylinder;
2 – Bremsdruckleitung;
3 – Bremsleitungsbrücke zum zweiten
    Nehmerzylinder;
4 – Nehmerzylinder;
5 – Bremsträgerbügel zur Montage bei
    Gabeln ohne Anlötteile.

Eigenarbeiten an der Hydraulikbremse

Die Hydraulikflüssigkiet fließt in stabilen und dabei leichten Kunststoffleitungen. Bei
Bruch einer Leitung fällt die von ihr versorgte Bremse aus.
Für Reparaturen gibt es dafür von der Firma Magura ein Reparaturset mit Ersatz-Hydrau-
likflüssigkeit und Teilen für die Leitungsreparatur. Für das Befüllen und anschließende
Entlüften des Systems wird jedoch etwas Erfahrung verlangt. Wichtig bei der Entlüftung
ist, daß das System absolut frei von Luftblasen ist, sonst wirkt die Bremse teigig. Außerdem ist bei einem mit Luftblasen versetzten Bremssystem die Bremswirkung erheblich verschlechtert.
Der Wechsel und das Ausrichten der Bremsgummis ist denkbar einfach. Zum Einstellen bewegt man bei der HS-22-Bremse gleich den ganzen Bremszylinder in die richtige Stellung.
Bei der HS-77-Bremse wird der Abstand der Bremsgummis einfach durch Drehen des
gerändelten Nehmerzylindermantels eingestellt.

Allen hydraulischen Bremssystemen liegen umfangreiche und detaillierte Monta-
ge- und Wartungsanleitungen bei. Dies gilt auch für die Verwendung des richtigen Hydrauliköls. Deshalb und auch aus Platzgründen wird hier auf die Beschreibung verzichtet.

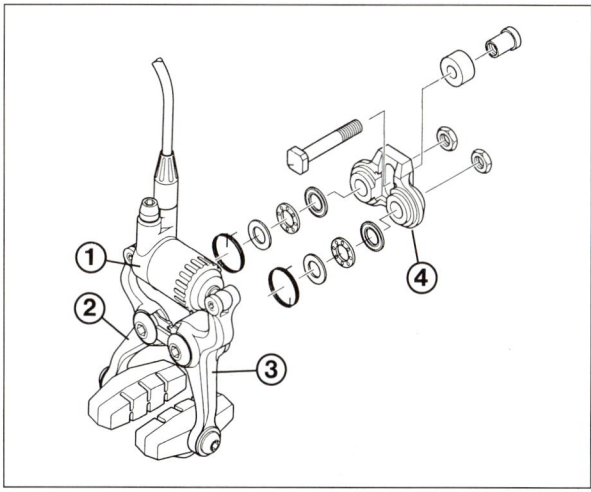

Die Magura-Bremse HS 77 ist eigentlich Triatlon-Rädern vorbehalten,
doch kann sie bei Laufrädern bis 26
mm Felgenbreite eingebaut werden.
Es bedeuten:
1 – Nehmerzylinder;
2   und 3 – rechter und linker Brems-
    arm;
4 – Bremsträger mit zentralem Befe-
    stigungsbolzen.

Felgenbremsen

Störung	Ursache	Abhilfe
A) Bremsen ziehen schlecht	1) Bremseinstellung falsch	Einstellen
	2) Griffweite am Bremshebel falsch eingestellt	Einstellen
	3) Bremsgummis verschlissen bzw. abgenutzt	Auswechseln
	4) Bremsgummis bzw. Felgenflanken verschmutzt oder fettig	Bremsgummis bzw. Felge reinigen
	5) Bowdenzüge schwergängig	Ausbauen, reinigen und fetten, ggf. erneuern
	6) Bowdenzüge beschädigt, bzw. Innenzüge gesplissen	Austauschen
B) Bremsen quietschen und kreischen beim Bremsen	1) Siehe A 3 und 4	
	2) Bremsschuheinstellung falsch	Einstellen (vorne enger zusammen als hinten)
	3) Bremsarme bzw. -hebel haben zuviel Spiel	Spiel einstellen
C) Rubbeln und mechanische Schlaggeräusche beim Bremsen	1) Siehe B 2 und 3	
	2) Steuersatz hat zuviel Spiel	Einstellen
	3) Felge hat einen Höhen- oder Seitenschlag	Felge zentrieren (lassen)
	4) Felgenstoß etwas versetzt (nicht deckungsgleich)	Felgenstoß mit Feile oder Holzklötzchen mit Sandpapier planfeilen bzw. -schleifen
D) Bremse schleift trotz losgelassenem Bremshebel	1) Siehe A 1	
	2) Siehe B 2	
E) Bremse schleift einseitig bei losgelassenem Bremshebel	1) Siehe A 1	
	2) Siehe B 2	
	3) Bremshebel am Laufrad außermittig eingestellt bzw. am Rahmen montiert	Bremse zentrieren

Kette, Ritzel und Schaltung

Wann und wie schalten?

Um die Muskelkraft über Pedale, Kurbeltrieb und Hinterrad mit möglichst wenig Verlust auf die Straße übertragen zu können, ist die richtige Gangwahl von größter Bedeutung. So muß z.B. am Berg oder beim »Antritt« an einer Ampel die höchste Durchzugskraft der Beine genutzt und mit einer »kurzen Übersetzung« durch eine hohe Trittfrequenz auf die Straße übertragen werden, während beim gemächlichen Dahinrollen des Fahrrads mit einer »langen Übersetzung« und niedriger Trittfrequenz die Muskelkraft der Beine hauptsächlich in Geschwindigkeit umgesetzt wird. Es bleibt dem Radler vorbehalten, die richtige Übersetzung zu wählen.

Wie beim Auto immer im optimalen Motordrehzahlbereich geschaltet wird, sollte auch der Radfahrer immer im optimalen Trittdrehzahlbereich schalten. Diese Tretkurbeldrehzahl liegt für den durchschnittlichen Radfahrer beiderlei Geschlechts zwischen 50 und 80/min und kann durch vorausschauendes, also rechtzeitiges Schalten »über Berg und Tal« ohne große Trittdrehzahlschwankungen beibehalten werden. Ausnahme sind natürlich extreme Steigungen.

Beim Schalten selbst sollten Sie den Druck der Beine auf die Pedale kurz etwas vermindern. Dies gilt besonders bei Nabenschaltungen mit ihrem komplizierten Innenleben. Aber auch bei Schaltungen mit Power- bzw. Hyperglide-Technik sollten Sie diese Schalttechnik anwenden, obwohl bei diesem Schaltungstyp selbst unter Last geschaltet werden kann. Durch das Zurücknehmen des Pedaldrucks wird erhöhter Verschleiß des gesamten Kettenantriebs vermieden. Ebenso sollten Sie Übersetzungen vermeiden, bei denen die Kette beispielsweise vom innersten (kleinsten) Kettenblatt diagonal zum äußersten (kleinsten) Ritzel des Hinterrades und umgekehrt verläuft. Dadurch wird die feingliedrige Kette unter Last zu stark seitlich verzogen.

Bei der Kombination von Kettenblatt- und Hinterradschaltung sind oft als Standard schon 3 x 8 = 24 Übersetzungskombinationen möglich. Die Übersetzungsverhältnisse gehen dabei computerberechnet von 1 : 3,81 im Schnellgang (Kettenblatt 42 Zähne : Ritzel 11 Zähne) bis zu 1 : 0,68 im Berggang (Kettenblatt 22 Zähne : Ritzel 32 Zähne).
Es bedeuten:
1 – Ritzelpaket Hinterrad;
2 – Umwerfer Kettenblätter;
3 – Kettenblattgarnitur;
4 – Schaltwerk .

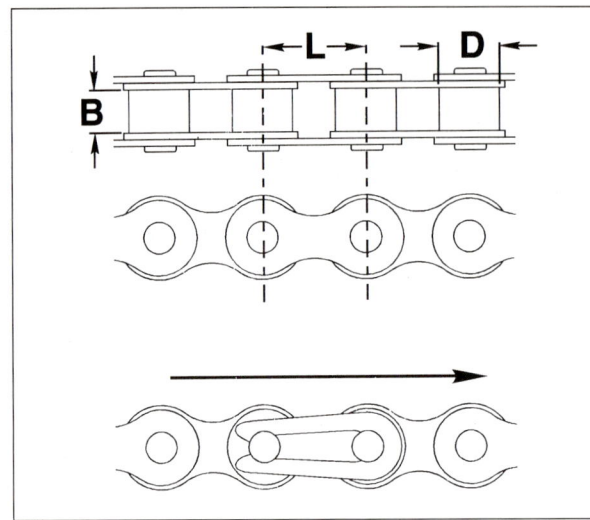

Auf- und Seitenriß der Kette zeigen die wichtigsten Maße:
B = Kettengliedbreite (3,3 oder 2,38 mm);
D = Rollendurchmesser des Kettenglieds (7,75 mm);
L = Kettengliedlänge (12,7 mm).
Die Abbildung unten zeigt die Montage des Kettenschlosses in Laufrichtung (langer Pfeil) bei einer Normalkette.

Die Kette

Wichtiges Übertragungsteil der Beinarbeit auf das Hinterrad ist die Fahrradkette. Sie überträgt die Muskelkraft vom Kettenblatt der Tretkurbel auf die Zahnritzel des Hinterrades. Bei Rädern mit Nabenschaltung, also ohne die eng zusammenstehenden Ritzelpakete einer Kettenschaltung, wird meist eine Kette mit Kettengliedern der Größe 1/2" x 1/8" verwendet, deren Enden mit einem Kettenschloß zusammengehalten werden. Bei Rädern mit Kettenschaltung ist dagegen eine sogenannte Endloskette eingebaut. Sie ist gleichzeitig schmäler und hat die Kettenglieddimension 1/2" x 3/32".

Was bei der oft »stiefmütterlichen« Behandlung der Kette nicht bedacht wird, ist der Kraftverlust, der durch eine ungepflegte, oft rostige Kette durch schwergängige Kettenglieder entsteht. Regelmäßige Wartung fördert nicht nur den leichten Kettenlauf, sondern verhindert gleichzeitig vorzeitigen Verschleiß von Kette, Kettenblättern und Ritzeln.

Da sich die Kette mit zunehmender Kilometerleistung längt, ist die Kontrolle der Kettenspannung ein wichtiger Wartungspunkt.
Das Maß »X« soll dabei zwischen 1,5 und 2,5 cm liegen.

Kettenspannung kontrollieren
(Normalkette ohne Kettenschaltung; Wartung Nr. 9)

Die Kettenspannung in regelmäßigen Intervallen zu überprüfen ist ein wichtiger Kontrollpunkt. Dies gilt hauptsächlich für Räder mit einer Nabenschaltung, bei denen die Kette nicht durch ein Schaltwerk, wie bei der Kettenschaltung, auf Spannung gehalten wird. Eine lockere Kette, besonders wenn sie schon stark verschlissen ist, kann leicht von den Zahnkränzen abspringen. Bei einer zu straff gespannten Kette sind außer der Schwergängigkeit des ganzen Antriebs, Kette, Tretlager und Kettenblatt sowie Ritzel und Hinterradlager verstärktem Verschleiß ausgesetzt.

- Eine richtig gespannte Kette muß sich in der Mitte zwischen Kettenblatt und Ritzel nach oben und unten insgesamt zwischen 1,5 bis 2,5 cm auslenken lassen.
- Bei falscher Kettenspannung das Hinterrad in den Ausfallenden soweit lösen, daß es gerade noch verschoben werden kann.
- Hinterrad entsprechend der Kettenspannung in den Ausfallenden nach hinten oder vorne verschieben.
- Kontrollieren, ob das Rad sauber zentrisch im Rahmen sitzt.
- Nabenmuttern festziehen.

Kette reinigen und auf Verschleiß kontrollieren (Wartung Nr. 26)

Wie schon bemerkt, verlängert die regelmäßige Reinigung der Fahrradkette deren Leben um ein Vielfaches. Der Zustand der Kette kann Ihnen übrigens auch beim Gebrauchtradkauf einigen Aufschluß darüber geben, wie es um den Rest der Fahrradpflege steht.
Ist die Kette schon stark verschlissen, sollten Sie mit dem Austausch der Kette nicht mehr lange warten. Werden Sie nämlich von einem Kettenbruch überrascht, kann dies zu katastrophalen Unfällen mit entsprechenden Verletzungen führen.

- **Reinigung und Kontrolle bei montierter Kette:** Ist die Kette nur leicht verschmutzt und das Fett nur gering mit Schmutz vermischt, kann die montierte Kette mit einem nicht fasernden, ggf. mit Petroleum oder Waschbenzin getränkten Lappen sauber abgewischt werden.
- Bei einem Hinterrad mit Freilauf drehen Sie eine Tretkurbel rückwärts und lassen die Kette einfach ein paar mal durch den Lappen laufen.
- Bei einem Rad mit Rücktrittbremse funktioniert diese Methode jedoch nicht. Hier müssen Sie die Kette zwischen Kettenblatt und Ritzel abwischen, anschließend das Hinterrad anheben, die Tretkurbel ein Stück weiterdrehen und die Kette erneut abwischen.
- Diesen Vorgang wiederholen, bis die Kette komplett gereinigt ist.
- Zur Verschleißkontrolle bei montierter Kette versuchen Sie die gereinigte Kette an der Vorderseite des äußersten Kettenblattes vom Zahnkranz abzuheben.
- Können Sie die Kette mehr als 5 mm abheben oder wird gar ein ganzer Zahn des Kettenblattes freigegeben, muß die Kette schnellstens ausgewechselt werden.
- Dann sollten Sie jedoch auch die Kettenblätter und die Ritzel am Hinterrad auf Verschleiß überprüfen und ggf. mit erneuern (siehe einen der folgenden Absätze).
- **Reinigung und Kontrolle bei abgenommener Kette:** Ist die Kette stärker verschmutzt, wie dies meist bei entsprechend genutzten Mountainbikes der Fall ist, sollten Sie die Kette abnehmen (siehe nächster Absatz) und in einem mit Petroleum oder Waschbenzin gefüllten Behälter (Büchse oder Schale) gründlich auswaschen.

Bei einer total verdreckten Kette bleibt nur noch das »Vollbad« in Petroleum oder Waschbenzin übrig, wenn vorzeitiger Verschleiß aufgehalten werden soll. Mit Abreiben würden hier nur die feinen Schmutzpartikel in die Kettenglieder massiert, wo sie mit Fett vermischt wie Schmirgelsand wirken könnten. Auch das Kettenschloß profitiert von dieser Reinigung. Die gebrauchte Waschlösung in einem geschlossenen bruchsicheren Behälter aufheben und bei Gelegenheit als Sondermüll in einem Wertstoffhof abgeben.

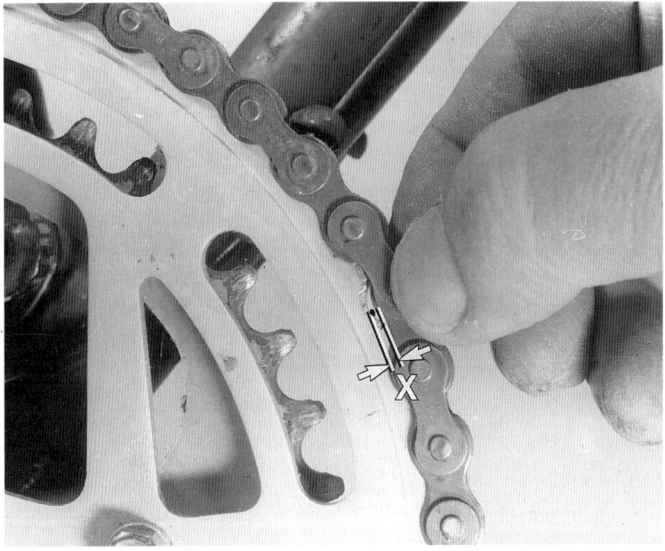

Bei der Verschleißkontrolle der Kette am Kettenblatt soll die Kette bei »X« maximal 5 mm abgehoben werden können. Allerdings gibt dieses Maß nur Aufschluß über den gemeinsamen Verschleiß von Kette und Kettenblatt. Aufschluß über den genauen Verschleiß der Kette kann nur die Meßlehre der Werkstatt geben.

- Dabei mit einem Pinsel die einzelnen Glieder auspinseln, denn besonders hier »nistet« sich der Schmutz ein und wirkt mit dem Schmierfett wie Schmirgelpaste.
- Die gereinigte Kette zum Schluß noch einmal mit sauberem Petroleum oder auch Diesel (Heizöl) abspülen und dann abtrocknen lassen.
- Zur Verschleißkontrolle benutzt die Werkstatt eine spezielle Meßlehre.
- Da Sie keinen Vergleich zu einer neuen Kette haben, zur Verschleißkontrolle fünfzig Kettenglieder abzählen und die Länge messen.
- Eine Länge von 65 cm darf nicht überschritten werden, sonst muß die Kette ersetzt werden.
- **Kette schmieren:** Die abgenommene, gereinigte und abgetrocknete Kette am besten wieder auflegen (siehe nächster Absatz).
- Die montierte Kette kann nun mit einem speziellen Kettenfett sorgfältig eingerieben oder eingesprüht werden. Sprühfett hat den besonderen Vorteil, daß es sich wirklich in alle Winkel der Kettenglieder setzt und erst dann fest wird.

Die »Schlußspülung« beim Reinigen der Kette sollten Sie möglichst nicht mit Waschbenzin machen, sondern mit Diesel oder Petroleum, da die Kette so schon etwas »vorgeschmiert« ist.

Die gebrauchte Petroleum- bzw. Waschbenzinmenge kann einige Male auch für andere Reinigungsarbeiten benutzt werden, bevor sie entsorgt wird. Das verschmutzte Reinigungsbad dürfen sie nicht einfach weggießen, sondern müssen es in einem bruchsicheren Behälter aufbewahren und zum Sondermüll geben.

Beim Fachhändler können Sie auch eine recht praktische Vorrichtung zur Kettenreinigung erwerben. Dabei läuft die Kette in montiertem Zustand durch einen mit einer speziellen Kettenführung versehenen Behälter, der mit einer Reinigungsflüssigkeit versehen ist.

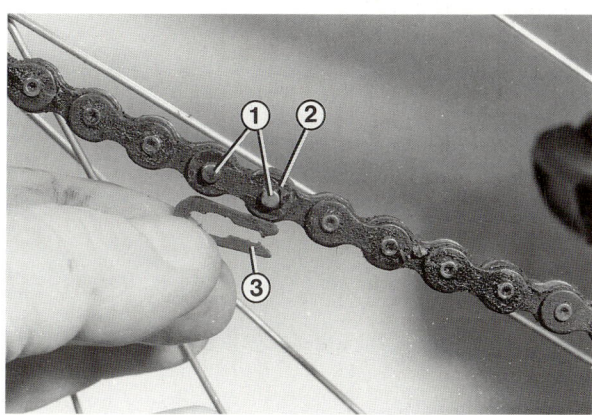

Nach Abdrücken des Sicherungsbügels (3) vom Kettenschloß (Laufrichtung merken!), kann die Außenlasche (2) abgenommen werden. Dann muß der sogenannte Stiftbock (1) aus den beiden Innengliedern gedrückt werden, um die Kette zu trennen. Auf den ersten Blick nicht zu erkennen, zeigt die Nahaufnahme, wie verdreckt eine Kette sein kann.

Kette auswechseln

- Falls damit ausgerüstet, ggf. Kettenschutz abmontieren.
- Kette mit Kettenschloß: Tretkurbel so verdrehen, daß das Kettenschloß auf dem Kettenblatt zu liegen kommt. Dadurch können Sie das Kettenschloß besser öffnen, weil die Kette durch den Zahnkranz besser fixiert ist.
- Schraubendreher an der offenen Seite der Sicherungsklammer ansetzen und Klammer seitlich abdrücken. Vorsicht Verletzungsgefahr!
- Das darunter sitzende Kettengliedteil, die sogenannte Außenlasche, abnehmen.
- Kettenglied, auch Stiftbock genannt, aus den beiden Kettenenden (Innenglieder) nach hinten herausdrücken. Dabei ggf. die beiden Kettenenden etwas zusammenziehen, damit das Kettenschloß ohne Spannung leichter herausgedrückt werden kann.
- Kette abnehmen und ggf. reinigen (siehe voriger Absatz).
- Kette beim Montieren so um das Hinterradritzel legen, daß die beiden Innenglieder der Kettenenden am Kettenblatt mit einem Zahn Abstand aufgelegt werden können.
- Stiftbock des Kettenschlosses von hinten in die beiden Kettenenden eindrücken. Damit dies spannungsfrei geht, ggf. die beiden Enden etwas zusammendrücken.
- Außenlasche auf den Stiftbock drücken.
- Sicherungsklammer mit der offenen Seite in Kettendrehrichtung nach hinten am Kettenschloß ansetzen und mit Schraubendreher aufschieben. Dabei darauf achten, daß die Sicherungsklammer korrekt in den beiden kleinen Nuten des Kettenschlosses sitzt und eingerastet ist.

- Kettenspannung kontrollieren und ggf. Kette spannen, wie beschrieben.
- **Endloskette:** Ist das Rad mit einer Kettenschaltung ausgerüstet, sollten Sie zur Entspannung der Kette einen Gang einlegen, bei dem die Kette jeweils auf dem kleinsten Ritzel und dem kleinsten Kettenblatt zu liegen kommt.
- Am unteren Teil der Kette zwischen Schaltwerk und Kettenblatt einen handelsüblichen Kettennietenausdrücker mit der Spindel auf den Niet eines Kettengliedes setzen.
- Spindel des Ausdrückers gefühlvoll soweit eindrehen, bis der Niet gerade noch im gegenüberliegenden Teil des Kettengliedes festsitzt und nicht herausfällt. Dies erleichtert das spätere Zusammensetzen der Kette erheblich.
- Kettennietenausdrücker von der Kette abnehmen. Dazu die Spindel zurückdrehen.
- Kettenenden vorsichtig seitlich soweit verbiegen, bis die Kette getrennt werden kann.
- Wird die Kette wieder aufgelegt, die Kette mit dem nach außen stehenden Niet etwa in der Mitte unten zwischen Schaltwerk und Kettenblatt beginnend um das Kettenblatt legen und oben straff zum hinteren Ritzel und um das Ritzel führen.
- Dann die Kette mit dem dünneren Innenglied in das Schaltwerk einfädeln und um die beiden Umlenkrollen führen.
- Zum Schluß die Kette wieder nach vorne zum anderen Kettenende verlegen.
- Kettenende mit dem ausgedrückten Niet und den beiden Außenlaschen des Außenglieds über das Innenglied des anderen Kettenendes schwenken und Kettenenden zusammendrücken.
- Spindel des Kettennietausdrückers ganz zurückdrehen und so an der Kette ansetzen, daß die Spindel am nach außen stehenden Niet zu sitzen kommt.
- Mit Gefühl die Spindel eindrehen, bis der Niet auf der anderen Kettengliedseite soweit herausgedrückt ist, wie bei den anderen Kettengliedern. Beim Eindrücken darauf achten, daß der Niet nicht verkantet.
- Sonst Spindel etwas zurückdrehen, mit den Kettenenden etwas »spielen« und dann durch Eindrehen der Spindel erneut versuchen den Niet richtig zu plazieren und durchzudrücken.
- Falls sich das Kettenglied im Verbund mit den anderen Gliedern etwas stramm bewegt, die Kette ein paar mal hin und her biegen, damit das Kettenglied gelockert wird. Ggf. etwas Kettenfett angeben.

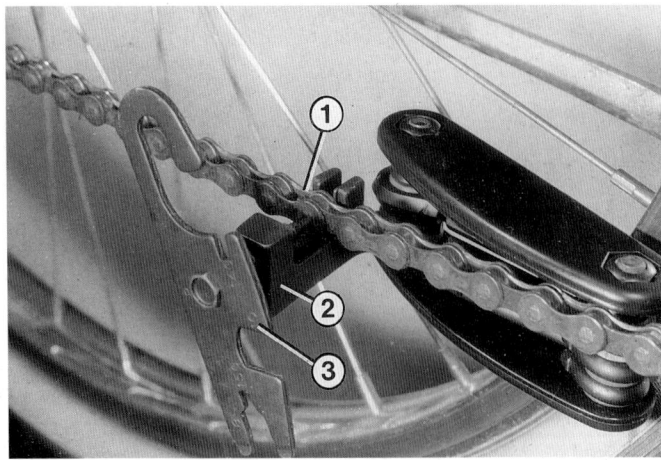

Der Kettennietausdrücker an diesem Universalwerkzeug von Minoura ist ein vollwertiges Werkzeug. So ist eine Kettenreparatur unterwegs kein Problem mehr, vorausgesetzt man hat für Ersatzkettenglieder im Gepäck gesorgt. Mit dem Kettennietausdrücker (2), am betroffenen Kettenglied (1) angesetzt, kann die Kette durch Eindrehen der Spindel mit dem Universalschlüssel (3) gefühlvoll getrennt werden.

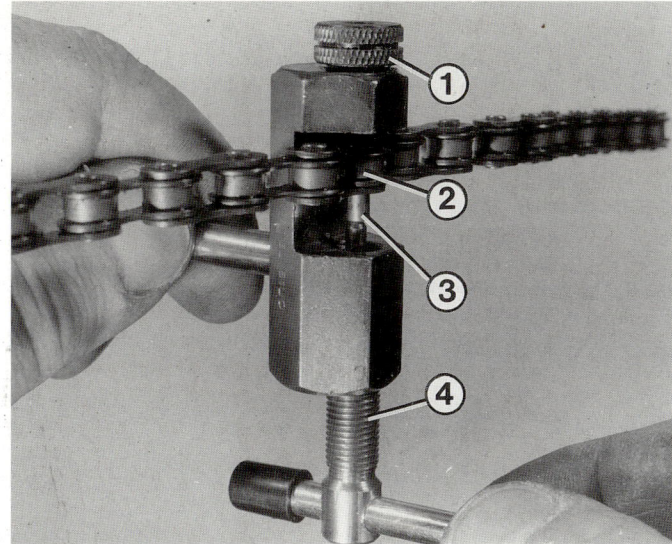

Wichtig beim Zusammendrücken der beiden Kettenenden ist der genaue Sitz des Kettenglieds im Kettennietenaus- bzw. -eindrücker. Ist das Kettenglied (2) mit der Rändelhohlschraube (1) korrekt fixiert, kann der Niet (3) ohne zu verkanten mit der Spindel (4) gefühlvoll in die richtige Position gedrückt werden.

Ist die Kette zu stramm eingestellt gewesen, obwohl das Rad in den Ausfallenden des Rahmens ganz vorne festgeschraubt war, sollten Sie die Kette mit ein paar Kettengliedern verlängern (siehe unter »Kette auswechseln – Endloskette«), vorausgesetzt sie ist nicht schon zu verschlissen und eine neue Kette ist angesagt. Die Kette möglichst nicht zweimal an der gleichen Stelle trennen, sonst kann sie durch geweitete Kettengliedlaschen einmal von selbst aufgehen.

Hyperglideketten von Shimano dürfen nicht am schwarzen Kettenniet geöffnet werden. Und auch für eine sichere Verbindung sollte ein schwarzer Kettenniet verwendet werden.

Wird eine neue Kette montiert, kann die richtige Kettenlänge durch Zählen der Kettenglieder der alten Kette bestimmt werden. Ist dies nicht möglich, legen Sie die neue Kette am größten Kettenblatt beginnend nach hinten über das größte Ritzel, durch das Schaltwerk und zurück zum Kettenblatt. Bei richtiger Kettenlänge müssen die beiden Umlenkrollen der Kettenführung noch gut nach vorne einfedern können, damit eine gleichbleibende Kettenspannung bis zur anderen »Extremstellung« der Kette (kleinstes Kettenblatt und kleinstes Ritzel) gewährleistet ist.

Die Kette muß mit den Kettenblättern und den Ritzeln des Hinterrades auch mechanisch »harmonieren«, also zusammenpassen, sonst kann es zu Schaltproblemen kommen. Deshalb bieten die Hersteller von Schaltungen meist auch genau auf ihre Schaltung abgestimmte Ketten an – beim Kauf daran denken, Ihr Fahrradhändler berät Sie gerne.

Die Kettenblätter und Ritzel

Die Kettenblätter und Ritzel sind je nach eingebautem Schaltungstyp unterschiedlich. Besonders bei der Hyperglide-Kettenschaltung sind die Zähne der Kettenblätter und Ritzel mit kleinen Traktionshilfen für die Kette versehen. Sie unterstützen beim Schalten den Wechsel der Kette von einem zum anderen Kettenblatt bzw. Ritzel.

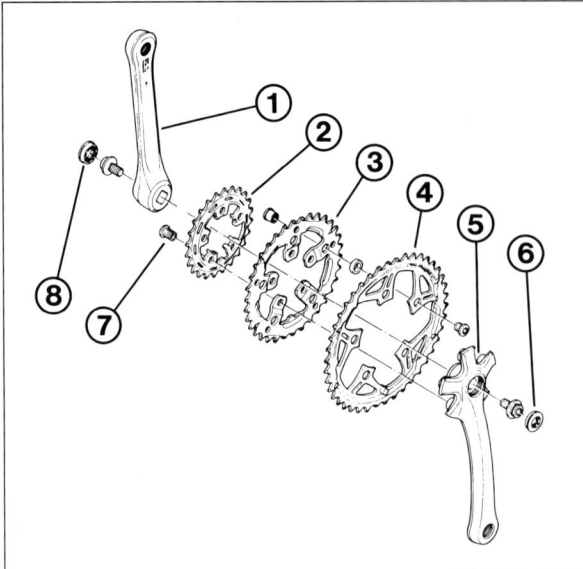

Die Teilezeichnung zeigt die STX-Kettenblattgarnitur von Shimano. Es bedeuten:
1 – linke Tretkurbel;
2 – kleinstes Kettenblatt (für Berggänge);
3 – mittleres Kettenblatt;
4 – großes Kettenblatt (für Schnellgänge);
5 – rechte Tretkurbel mit Befestigung für die Kettenblätter;
6 und 8 – Sicherungsschraube mit Abdeckung an Tretlagerachse;
7 – Kettenblattbefestigungsschraube.

Eine solche Schmirgelpaste aus Fett und Schmutz läßt nicht nur Ritzel und Kettenblätter, sondern besonders die Kette vorzeitig verschleißen. Regelmäßige Wartung ist hier also durchaus angesagt, wenn man vor unliebsamen Überraschungen sicher sein will. Außerdem macht auch die Arbeit an einem einigermaßen gepflegten Fahrrad mehr Spaß.

Kettenblätter bzw. Ritzel kontrollieren (Wartung Nr. 31)

Altes Fett vermischt mit Schmutz kann über längere Zeit regelrecht verkrusten, beeinträchtigt dann die Schaltfunktion und läßt Kettenblätter und Ritzel vorzeitig verschleißen. Deshalb müssen Kettenblätter und Ritzel in regelmäßigen Zeitabständen gereinigt werden. Gleichzeitig können die gereinigten Ritzel bzw. Kettenblätter auf Abnutzung kontrolliert werden.

Schlimmer als natürlicher Verschleiß sind durch Aufsetzer taumelnde Kettenblätter, durch die die Kette unabsichtlich auf ein anderes Kettenblatt springt. Auch deformierte und verbogene Zähne können die Schaltvorgänge erheblich stören oder gar unmöglich machen.

Ein verschlissenes hinteres Ritzel ist auf den ersten Blick nur schwer erkennbar. Spätestens aber, wenn die Kette einmal ein paar Zähne überspringt (meist auf dem kleinsten Ritzel), muß das Ritzelpaket auf Verschleiß überprüft werden. Der Verschleiß ist beim kleinsten Ritzel am höchsten und daher am besten erkennbar. Dann sind die Zähne asymmetrisch ausgearbeitet und die Ritzel komplett mit Kette sollten ausgewechselt werden. Die Kettenblattgarnitur zeigt dann aber auch schon Verschleißspuren.

- **Kettenblätter:** Ggf. Kettenschutz bzw. Kettenblattschutzring (Rock-Ring) abbauen.
- Falls vorhanden, Schraubabdeckungen abhebeln.
- Gekröpften Ringschlüssel oder Innensechskantschlüssel am Kettenblatt ansetzen und Kettenblattschrauben auf festen Sitz kontrollieren.
- Fahrrad auf einen Montageständer setzen oder auf den Kopf stellen und Tretkurbel durchdrehen.
- An der Kettenstrebe beobachten, ob die Kettenblätter ohne zu taumeln mit den Zähnen immer in gleichem Abstand an der Strebe vorbeilaufen.
- Leichtes Taumeln können Sie ggf. in eingebautem Zustand richten. Dazu an der Stelle, an der das Kettenblatt der Kettenstrebe am nächsten kommt, ein Stück Hartholz zwischen Strebe und Kettenblatt ansetzen und das Kettenblatt gefühlvoll gerade hebeln.
- Anschließend den Lauf des Kettenblattes erneut kontrollieren und ggf. mit dem Hartholz gerade richten.
- Leicht verbogene Zähne können ebenfalls in eingebautem Zustand gerade gerichtet werden. Dazu einen verstellbaren Gabelschlüssel (Engländer) jeweils am verbogenen Zahn ansetzen, Schlüssel zudrehen und Zahn vorsichtig gerade biegen.
- Stärker deformierte Kettenblätter müssen ausgebaut und einzeln gerichtet werden, eine Werkstattsache (siehe auch Fingerzeig).
- **Ritzel:** Wie beim Zahnkranz der Kettenblätter, treten Verschleißerscheinungen an den Zähnen der Ritzel auch nur in Antriebsrichtung auf.
- Bei starkem Verschleiß je nach Fabrikat und Typ des Ritzelpakets, entweder das ganze Paket oder die Ritzel einzeln austauschen (siehe einen der folgenden Absätze).
- Durch langsames Rückwärtsdrehen der Tretkurbel den einwandfreien »Ton« des Freilaufs kontrollieren. Dies gilt besonders für schon etwas verschlissene Ritzel.
- Klingt das »Klicken« einigermaßen gleichmäßig, dürfte alles in Ordnung sein.
- Gibt der Freilauf dagegen schon stark ungleichmäßiges Klicken, eventuell mit mahlenden Geräuschen von sich, sollte der Freilauf überholt, zumindest jedoch gereinigt und neu geschmiert werden. Ggf. eine Arbeit für die Werkstatt.
- Greift der Freilauf beim Wechsel der Tretkurbeldrehrichtung einwandfrei oder springt der Freilauf schon manchmal über?
- Falls ja, Freilauf mit dünnflüssigem Öl schmieren. Ist die Funktionsstörung nicht beseitigt, hilft meist nur der Austausch des Freilaufs bzw. des kompletten Ritzelpakets.
- Am gereinigten Ritzelpaket kann auch gleich das Spiel des Freilaufs kontrolliert und je nach Fabrikat und Typ eingestellt werden.

Ein etwas aus der Reihe tanzender Zahn des Kettenblatts kann auf diese Weise wieder einigermaßen gerichtet werden. Dazu einen Engländer oder eine Rohrzange benutzen und den Zahn vorsichtig in die gewünschte Richtung (Pfeile) hebeln. Etwas tiefer zur Tretlagerachse angesetzt kann so auch ein leicht taumelndes Kettenblatt ausgerichtet werden.

Ist ein Kettenblatt oder gar die ganze Kettenblattgarnitur stärker in Mitleidenschaft gezogen, kann sie die Werkstatt meist noch retten. Sie hat zur Kontrolle ein spezielles Kettenblattkontrollwerkzeug mit mehreren Meßspitzen und kann in Kombination mit einem Kettenblattrichteisen selbst komplizierte Deformierungen in den Griff bekommen.

»Fern der Heimat« kann bei manchen Ritzelpaketen zur Not ein Ritzel auch einfach gedreht und wieder eingebaut werden.

Falls der Freilauf unterwegs den »Geist« aufgegeben hat und nicht mehr greift, können Sie das mit Durchbrechungen versehene große Ritzel mit einem stabilen Draht fest mit den Speichen zusammenbinden. Dann haben Sie bis zum Reparaturhalt einen Starrlauf, müssen also ständig mittreten, können aber noch schalten.

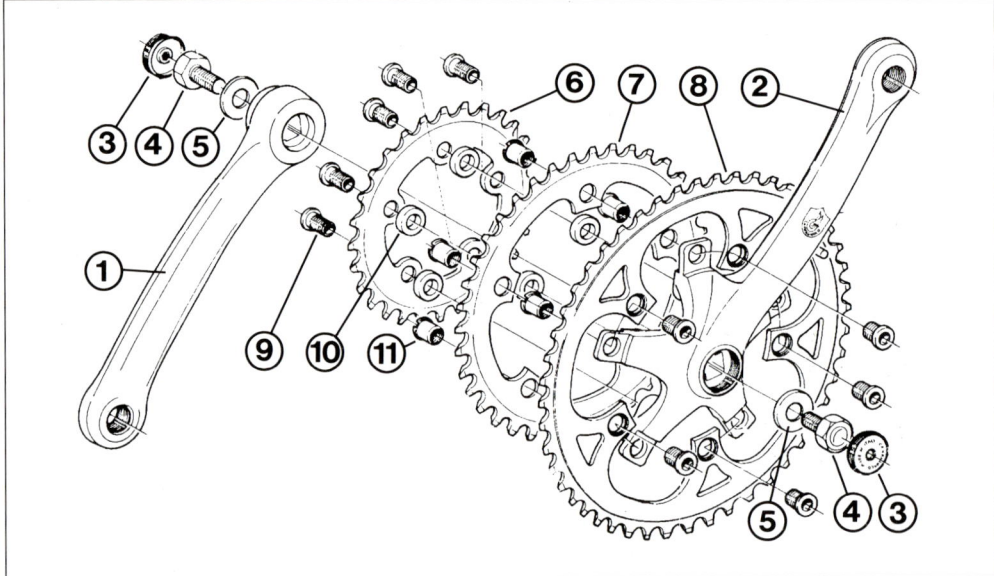

Die Kettenblattgarnitur des italienischen Luxuscomponenten-Herstellers Campagnolo:
1 – linke Tretkurbel; 2 – rechte Tretkurbel mit Befestigungsstern für die Kettenblätter; 3 – Abdeckung der Tretkurbelbefestigung; 4 – Sicherungsschraube der Tretkurbel an die -achse; 5 – Unterlegscheibe; 6 – kleinstes Kettenblatt (für Berggänge); 7 – mittleres Kettenblatt 8 – großes Kettenblatt (für Schnellgänge); 9 und 11 – Kettenblattbefestigungsschraube; 10 – Distanzhülse.

Kettenblatt bzw. -blätter auswechseln

Je nach Fabrikat und Typ des Kettenblattpakets kann entweder jedes einzelne Kettenblatt getrennt ausgewechselt oder aber die Tretkurbel muß komplett mit Kettenblättern ersetzt werden. Auch der Tausch der einzelnen Kettenblätter geht am besten bei abgebauter Tretkurbel vor sich. Will man sich die Arbeit des Tretkurbelausbaues sparen, können die Kettenblätter auch bei eingebauter Tretkurbel gewechselt werden. Meist muß jedoch beim Wechsel des kleinsten Kettenblattes dann doch die Tretkurbel demontiert werden, weil es nicht über die Tretkurbelarme gehoben, sondern nur nach innen abgenommen werden kann.

● Rechte Tretkurbel abbauen (wie im Kapitel »Tretlager, Tretkurbel und Pedale« beschrieben).
● Tretkurbel in einen mit Schutzbacken versehenen Schraubstock spannen.

- Kettenblattschrauben mit Innensechskantschlüssel (meist 5 mm) oder gekröpftem Ringschlüssel lösen.
- Falls vorhanden (fabrikatsabhängig), bei der Montage des großen Kettenblattes darauf achten, daß der kleine Kettenfangstift hinter dem Kurbelarm zu sitzen kommt – so wird beim eventuellen Abspringen der Kette ein Verklemmen vermieden. Oft ist der Stift aber auch an der Tretkurbel angegossen.
- Nach Montieren der Tretkurbel den exakten Lauf der Kettenblätter kontrollieren (wie beschrieben).
- Ggf. Umwerfer neu einstellen (wie beschrieben).

Falls Sie beim Tausch eines Kettenblattes ein Blatt mit anderer Zähnezahl wählen, sollten Sie, um Schaltprobleme zu vermeiden, möglichst beim gleichen Fabrikat bleiben. Sonst auf den gleichen Lochkreisdurchmesser achten. Nehmen Sie deshalb das alte Kettenblatt unbedingt mit zum Fachhändler.

Damit die Kettenblätter im Verbund absolut parallel rund drehen, muß die Reihenfolge und der Sitz der einzelnen Teile genau beachtet werden. Dies gilt besonders für die Distanzhülsen, die durch die Wölbung der einzelnen Kettenblätter manchmal unterschiedlich sind und daher nicht vertauscht werden dürfen. Es bedeuten:
1 – Mutter;
2 – Distanzhülse;
3 – Unterlegscheibe und Federring;
4 – Befestigungsschraube;
5 – Kettenblatt.

Der zerlegte Ritzelfreilauf zeigt bei:
1 – Ritzelpaket mit Freilaufhohlkörper;
2 – Sperrklinkeneinsatz mit Sperrklinken und Kerbverzahnung für Radnabe;
3 – Distanzringe für Freilaufspieleinstellung;
4 – Freilaufverschraubung;
5 – Lagerkugeln für inneres und äußeres Freilauflager.

Ritzelfreilauf einstellen (nur Kettenschaltung)

Hat das Ritzelpaket auf dem Freilauflager zuviel Spiel, kann dies bei manchen Ritzeln eingestellt werden. Diese Arbeit sollte jedoch dem erfahrenen Bastler vorbehalten bleiben, denn obwohl das Innenleben eines Freilaufs recht logisch und damit einfach aufgebaut ist, gestaltet sich der Zusammenbau von Federn, Sperrklinken und besonders der Vielzahl an Kugeln doch recht kompliziert.

- Hinterrad ausbauen (wie im Kapitel »Die Räder« beschrieben).
- Überprüfen, ob der Einstellring am Freilauf mit zwei Nuten versehen ist. Wenn nicht, sitzt der Einstellring innen auf der Speichenseite und das Ritzelpaket muß vom Rad abgebaut werden (siehe folgenden Absatz).
- Mit einem Stiftschlüssel oder einem passenden Durchschlag und Hammer den Ring rechts herum (im Uhrzeigersinn) etwas öffnen – dies vergrößert das Spiel. Die umgekehrte Drehrichtung verringert das Spiel.
- Ggf. den Freilauf mit Petroleum oder Waschbenzin reinigen und trocknen lassen.
- Danach mit dünnflüssigem Öl ölen. Dickes Öl bindet mehr Schmutz und die Verkrustungen führen zu Funktionsstörungen. Zum Ölen den Freilauf waagrecht stellen, damit das Öl in die Mechanik eindringen kann.
- Einstellung kontrollieren und ggf. korrigieren.

 Tip Wenn bei ganz eingedrehtem Einstellring trotzdem noch zuviel Spiel im Freilauf vorhanden ist, kann der auf der Hohlachse des Freilaufs sitzende dünne Distanzring entfernt werden. Das Spiel darf dann aber nicht zu stramm eingestellt werden.

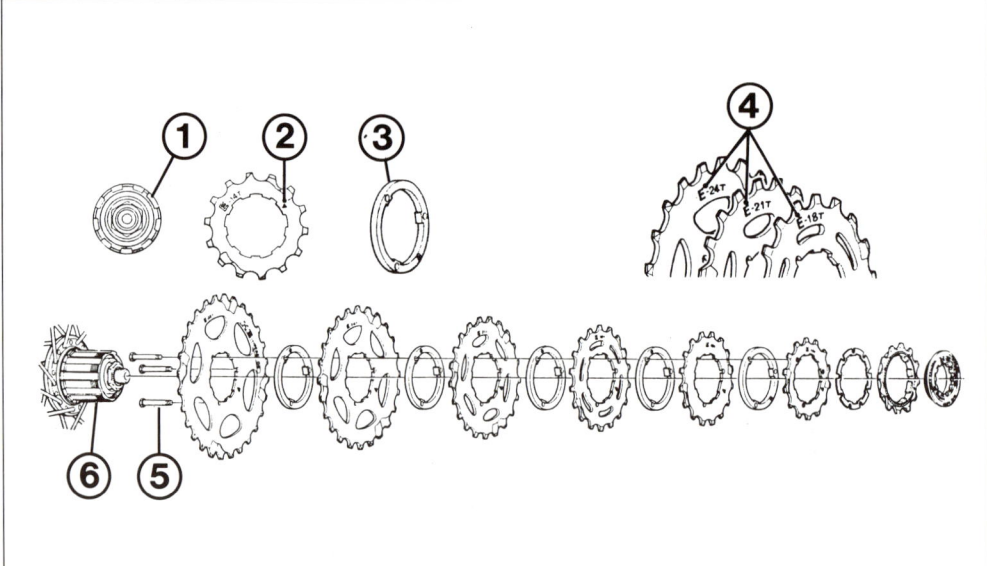

Schon beim Zerlegen des Ritzelpakets sollten Sie sich die Einbaulage der Passungen von Freilaufkassette (1) und Ritzel (2) sowie die Reihenfolge der Distanzringe (3) merken. Beim Kauf neuer Ritzel darauf achten, daß die Gruppenbezeichnung (4) mit den anderen Ritzeln übereinstimmt, sonst gibt es Schaltprobleme. Manche Ritzelpakete werden durch Gewindebolzen (5) zusammengehalten, so daß das Paket (Markierungen außen) vor Aufstecken auf den Freilauf (6) zusammengebaut werden muß.

Beim Abnehmen der Ritzel müssen Sie sich die Reihenfolge der einzelnen Teile, deren Sitz auf der Kerbverzahnung der Freilaufkassette sowie die Einbaurichtung genau merken, sonst gibt es unweigerlich Probleme beim Schalten.
Es bedeuten:
1 – Sicherungsring;
2 – Abschlußritzel;
3 – Ritzel;
4 – Distanzring;
5 – Freilaufkassette.

Ritzelpaket auswechseln (nur Kettenschaltung)

Problematisch beim Ausbau der hinteren Ritzel ist, daß es je nach Ritzelfabrikat und -typ unterschiedliche Abziehwerkzeuge gibt. Die Ausgabe lohnt sich aber für den Selbermacher und besonders für den Vielfahrer allemal.

Bei der Kassettennabe bilden Nabenkörper und Ritzelkassette eine Einheit. Dadurch wird ein leichter und schneller Wechsel der einzelnen Ritzel und nahezu jede beliebige Gangabstufung möglich. Die Ritzel werden über eine Kerbverzahnung auf die kugelgelagerte Ritzelkassette geschoben und entweder mit dem äußersten letzten schraubbaren Ritzel oder einem Schraubring gesichert.

● Hinterrad ausbauen (wie im Kapitel »Die Räder« beschrieben).
● **Schraubritzelpaket** (Normalnabe): Schnellspannhebel bzw. Achsmutter abschrauben.
● Abzieher in die Aufnahme am Freilauf einsetzen. Ggf. Kontermutter der Radnabe entfernen.
● Schnellspanner bzw. Achsmutter wieder ansetzen und mit etwas Spielraum gegen den Abzieher drehen. Dadurch wird ein Herausrutschen des Abziehers vermieden.
● Gabelschlüssel am Abzieher ansetzen und mit aller Kraft gegen den Uhrzeiger (links herum) das Ritzelpaket lösen. Dabei das Rad auf den Boden stellen und mit dem ganzen Körpergewicht gegenhalten.
● Oder Rad mit dem Abzieher in einen mit Schutzbacken versehenen Schraubstock spannen und Rad ebenfalls gegen den Uhrzeiger links herum drehen.
● Mit Lockern der Ritzel stufenweise auch den Schnellspannhebel bzw. die Achsmutter aufdrehen.
● Sind die Ritzel weitgehend gelöst, Achsmutter bzw. Schnellspannhebel wieder entfernen und Ritzelpaket von Hand von der Radnabe abschrauben.
● Vor der Wiedermontage unbedingt Naben- und Ritzelgewinde reinigen und einfetten, um Schäden am Gewinde zu vermeiden.
● Ritzel mit Gefühl am Nabengewinde ansetzen und soweit wie möglich von Hand aufdrehen. Erst dann den Abzieher ansetzen und mit dem Schraubenschlüssel weiterdrehen und festziehen.
● **Kassettennabe:** Je nach Ritzelfabrikat und -typ kann das Ritzelpaket auf dem Kassettenfreilauf durch einen Sicherungsring oder durch das äußerste Ritzel gesichert sein.

- Ritzel mit einer Kettenzange festhalten und Abzieher am Sicherungsring ansetzen. Oder mit zweiter Kettenzange das äußerste Ritzel losdrehen.
- Nach Lösen des Sicherungsrings bzw. des äußersten Ritzels können die einzelnen Ritzel abgenommen werden. Dabei für die Wiedermontage auf die Aufsteckreihenfolge von Ritzeln und Distanzringen achten!

 Den meisten Nachrüstsätzen für Zahnkränze und Zahnkranzgruppen sowie Kassettennaben liegen recht detaillierte und mit Zeichnungen versehene Einbau- und Montageanweisungen bei.
Auch den Umwerfern für zwei und drei Kettenblättern liegen genaue Einbauanleitungen bei.

Nach Ausbau des Laufrades kann das Ritzel (2) nach Abheben des Sicherungsrings (3) mit einem Schraubendreher vom Antreiber (1) der Radnabe genommen werden. Für den späteren Wiedereinbau müssen Sie sich die Einbaurichtung merken.

Ritzel auswechseln (nur Nabenschaltung und Rücktrittnaben)

- Laufrad ausbauen (siehe Kapitel »Die Laufräder«).
- Laufrad mit Ritzelseite nach oben ablegen.
- Mit einem Schraubendreher den Sprengring aus dem Nut des Antreibers hebeln. Vorsicht Verletzungsgefahr durch abrutschenden Schraubendreher!
- Sprengring vom Antreiber ziehen.
- Beim Ansetzen des neuen Ritzels darauf achten, daß die tellerförmige Ausbuchtung zur Speichenseite zeigt.
- Sprengring auf den Antreiber schieben und darauf achten, daß er korrekt im Nut einrastet.

 Je nach Nabentyp können die Ritzel unterschiedlich geformt sein. Deshalb beim Abbauen auf die Einbaurichtung achten und ggf. kennzeichnen.

Die Kettenschaltung

Die Kettenschaltung besteht bei einem modernen Fahrrad meist aus der Kombination einer vorderen und einer hinteren Gangschaltung. Je nach Anzahl der vorderen Kettenblätter bzw. der hinteren Ritzel ist so eine Vielzahl fein abgestimmter Übersetzungen möglich. Die hintere Gangschaltung besteht aus einem Schaltwerk mit Umlenkrollen in einem Ket-

Links: Das Schaltwerk des
Hinterrades.
Es bedeuten:
1 – Schaltzug;
2 – Schaltwerk;
3 – Kettenführung;
4 – Umlenkrollen.

Rechts: Der Umwerfer der
Kettenblattschaltung.
Es bedeuten:
1 – Schaltzug;
2 – Umwerfer;
3 – Kettenstreichbleche der
Kettenführung.

tenkäfig für die Kettenführung. Die Kettenführung legt die Kette von einem zum anderen Ritzel um und sorgt für eine gleichmäßige Spannung der Kette auf jedem Zahnkranz.
Bei der vorderen Schaltung wird beim Betätigen des Schalthebels lediglich ein sogenannter Umwerfer, durch den die Kette läuft, seitlich verschoben. Beim Schalten »legen« die seitlich am Umwerfer sitzenden Streichbleche die Kette sicher von einem zum anderen Kettenblatt. Für den Längenausgleich und die jeweils richtige Spannung der Kette sorgt bei der vorderen wie der hinteren Schaltung immer der federgelagerte Kettenkäfig mit den Umlenkrollen des hinteren Schaltwerks.
Je nach Bauart des Fahrrades und Typ der Gangschaltung sind die Schalthebel entweder am Lenker, am Lenkerschaft des Vorbaus oder am Rahmenunterrohr angebracht.
Auch die Schalthebelfunktion ist bei den einzelnen Schaltungstypen unterschiedlich. Bei älteren, lediglich reibungsgebremsten Schalthebeltypen muß mit Gefühl der richtige Gang »gefunden« werden, während bei moderneren Schalthebeltypen die einzelnen Schalthebelpositionen durch Rasten genau fixiert sind. Man spricht von einer sogenannten Indexschaltung.
Die Drehgriffschaltung, links und rechts im Lenkergriff untergebracht, ist die modernste Art, das richtige Übersetzungsverhältnis zu wählen. Auch bei ihr sind die einzelnen Schaltpositionen durch Rasten genau vorgegeben. Die Übertragung der Drehgriff-, wie der Schalthebelbewegung zum Schaltwerk erfolgt über Bowdenzüge. Diese flexiblen, teilweise mit Umhüllungen versehenen Seilzüge längen sich mit der Zeit. Deshalb ist eine regelmäßige Einstellung der Gangschaltung unumgänglich.

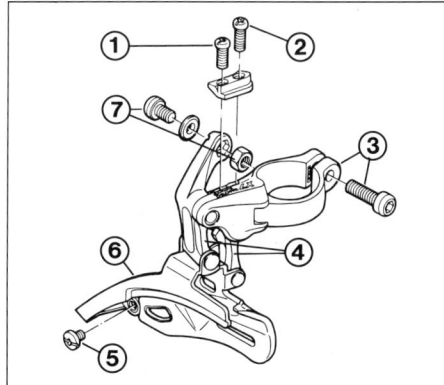

Der Umwerfer und seine Teile:
1 – Einstellschraube für Anschlag des kleinsten
    Kettenblatts;
2 – Einstellschraube für Anschlag des größten Kettenblatts;
3 – Klemmschraube und -schelle für Rahmenrohr;
4 – Umwerferschwenkarme;
5 – Verbindungsschraube der beiden Kettenstreichbleche;
6 – Kettenstreichbleche.

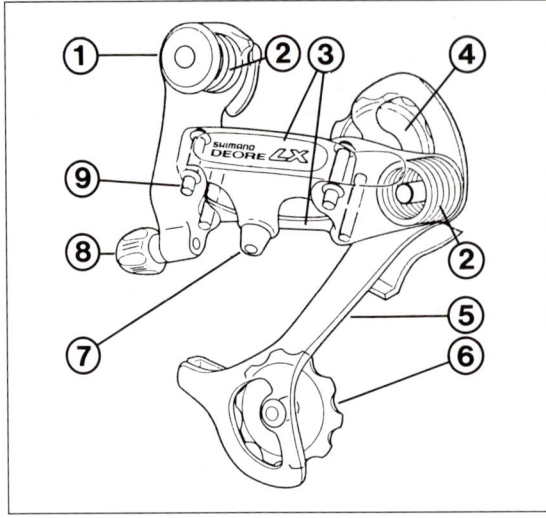

Das Schaltwerk und seine Teile:
1 – Schaltwerkaufnahme;
2 – Spiralfedern der Schaltwerk-Schwenk-
    gelenke in Längsrichtung;
3 – federgelagerte Schwenkarme des
    Schaltparallelogramms;
4 – obere Umlenkrolle;
5 – Kettenführung;
6 – untere Umlenkrolle;
7 – Klemmnippel des Schaltzugs;
8 – Einstellhülsenschraube für Schaltzugs-
    pannung;
9 – Gelenkbolzen des Schaltparallelo-
    gramms.

Schaltung reinigen (Wartung Nr. 32)

Für eine einwandfreie Funktion sollte die Schaltung auch gereinigt und gepflegt werden. Ist die Schaltung nur leicht verschmutzt, reicht meist ein Abreiben der Teile mit einem petroleumgetränkten Lappen. Ist die Schaltung jedoch stärker verschmutzt und haben sich an den beweglichen Teilen sowie den Umlenkrollen des Schaltwerks bereits Krusten gebildet, muß das Schaltwerk komplett und gründlich gereinigt werden. Die gleichen Kriterien gelten für den Umwerfer an den Kettenblättern.

 Sehr wichtig beim Reinigen des Schaltwerks ist auch die Kontrolle der Führungs- bzw. Umlenkrollen der Kette im Schaltwerkskäfig. Gehen sie schwergängig, sollten sie ausgebaut und die Lagerung nach der Reinigung neu geschmiert werden. Bei zuviel Spiel müssen die Umlenkrollen komplett mit Lagerbüchsen und Distanzringen ausgetauscht werden.

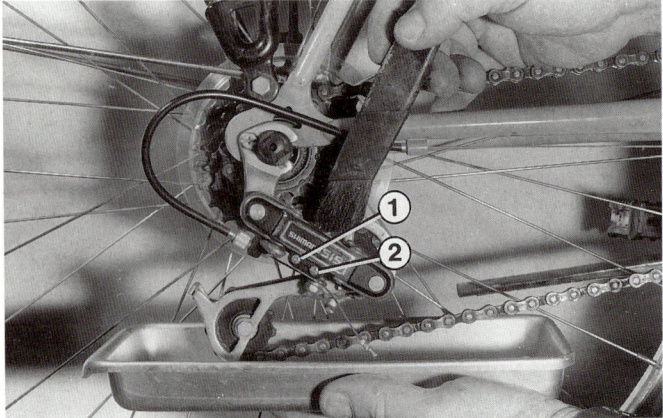

Zur gründlichen Reinigung muß das Schaltwerk nicht unbedingt abgebaut werden, sondern kann, wie hier gezeigt, mit einer untergehaltenen Schale und einem Waschpinsel mit Petroleum gereinigt werden. Anschließend müssen die Gelenke des Schaltwerks und die Führungsrollen der Kette neu geschmiert werden. Bei »1« ist die Einstellschraube (L) für das größte Ritzel, bei »2« die Einstellschraube (H) für das kleinste Ritzel gekennzeichnet.

Einstellung der Schaltung kontrollieren (Wartung Nr. 7)

Wenn Sie Ihr Fahrrad bei einem Fachhändler erstanden haben, ist die Schaltung meist genau eingestellt. Schon nach der ersten größeren Radtour sollten Sie jedoch die Einstellung der Gangschaltung überprüfen. Ein gutes Fahrradgeschäft führt dies beim ersten Service übrigens kostenlos aus.

- Kontrollieren, ob Kettenblätter und Ritzel genau fluchten, sonst gibt es verfälschte Kontrollergebnisse.
- Wenn der Schalthebel am Anschlag anliegt, muß der Umwerfer des Kettenblattes bzw. das Schaltwerk die Kette genau auf das kleinste bzw. größte Zahnrad gelegt haben.
- **Zuviel Spiel** (Kettenblattschaltung): Ist trotz Schalthebelanschlag für den Umwerfer noch über diese Hebelstellung Spiel vorhanden, kann die Kette über das größte Kettenblatt und Tretkurbel oder – je nach Umwerferposition – zwischen kleinstem Kettenblatt und der Tretlagerachse abspringen.
- **Zuviel Spiel** (Hinterradschaltung): Ist hier die Einstellung zu locker eingestellt, ist also trotz Schalthebelanschlag für das Schaltwerk noch über diese »Anschlagposition« Spiel vorhanden, kann die Kette zwischen größtem Zahnkranz und Speichen oder – je nach Schaltwerksposition – zwischen kleinstem Zahnritzel und dem Ausfallende des Rahmens abspringen.
- **Zuwenig Spiel** (Kettenblattschaltung): Ist der Schaltweg zu knapp eingestellt, legt zwar der Umwerfer die Kette auf das gewählte Kettenblatt, doch schleift die Kette hörbar an den Streichblechflanken der Umwerferkettenführung, oder aber der Umwerfer führt die Kette gar nicht mehr auf das gewünschte Kettenblatt.
- **Zuwenig Spiel** (Hinterradschaltung): Ist die Schaltung zu knapp eingestellt, legt zwar das Schaltwerk die Kette auf das gewählte Ritzel, doch schleift die Kette hörbar an den Kettenführungen des Kettenkäfigs, oder die Zähne des entsprechenden Ritzels versuchen unentwegt, die Kette auf das nächstgrößere bzw. -kleinere Ritzel zu schmeißen. Sie hören dies am Rattern der Kette.

Nach Kontrolle von Ausrichtung zum Kettenblatt und festem Sitz am Sattelrohr kann der Umwerfer eingestellt werden.
Es bedeuten:
1 – Einstellschraube für Anschlag des kleinen Kettenblatts;
2 – Einstellschraube für Anschlag des großen Kettenblatts.

Umwerfer einstellen

Voraussetzung für eine korrekte Einstellung ist der feste Sitz des Umwerfers am Sattelrohr des Rahmens und seine Grundausrichtung zum größten Kettenblatt. Weiter ist eine exakte Tretlagereinstellung (siehe Kapitel »Tretlager, Tretkurbeln und Pedale«) sehr wichtig. Außerdem müssen die Kettenblätter festsitzen und dürfen nicht zu stark verschlissen sein (siehe unter »Kettenblatt kontrollieren« in diesem Kapitel).

Da die Einstellung nur korrekt kontrolliert werden kann, wenn Sie alle Gänge durchschalten, sollten Sie das Fahrrad entweder in einen Montageständer spannen, an einem Fahrradlift aufhängen oder, falls Ihnen beides nicht zur Verfügung steht, das Rad mit entsprechend schützenden Unterlagen auf den Kopf stellen. Zum Einstellen ist der Umwerfer am Schwenkarm bzw. -parallelogramm mit zwei Anschlageinstellschrauben für innen (kleines Kettenblatt) und außen (großes Kettenblatt) versehen. Je nach Fabrikat und Schaltungstyp sind die beiden Einstellschrauben etwas unterschiedlich am Umwerfer plaziert.

● Tretkurbel durchdrehen und Einstellung kontrollieren, wie zuvor beschrieben.
● Eine Einstellschraube verdrehen und durch Schalten beobachten, welcher Anschlag des Umwerfers sich verändert. Meist sind die Schrauben auch mit »H« und »L« gekennzeichnet (High = Anschlagschraube für größtes Kettenblatt; Low = Anschlagschraube für kleinstes Kettenblatt).
● Hineindrehen der jeweiligen Einstellschraube verringert den Schwenkbereich, Herausdrehen vergrößert den Schwenkbereich des Umwerfers.
● Die optimale Einstellung ist erreicht, wenn bei der Umwerferposition für das kleinste Kettenblatt zwischen innerem Kettenstreichblech und Kette ca. 0,5 mm Abstand besteht.
● Zur Kontrolle der Einstellung sollten Sie alle die Schaltkombinationen mit beiden Schaltungen durchprobieren und ggf. die Einstellung etwas korrigieren.

Der Umwerfer ist lediglich mit einer Schraube (1) und Klemmschelle (2) am Sattelrohr (3) befestigt. Zum Ausbau des Umwerfers braucht nach Abklemmen des Schaltzugs lediglich die Klemmschelle gelöst werden. Beim Anbau des Umwerfers muß die Grundausrichtung zur Kette stimmen. Außerdem muß die Klemmschelle absolut fest sitzen und darf sich nicht verdrehen, sonst sind alle Einstellversuche umsonst.

Umwerfer auswechseln

Muß ein defekter Umwerfer ersetzt werden, sollten Sie unbedingt wieder den gleichen Umwerfertyp wählen, denn beide Schalteinheiten, Umwerfer und Schaltwerk sind genau aufeinander abgestimmt. Das gleiche gilt für die Umwerferbefestigung.

● Falls vorhanden, Endkappe vom Schaltzug abziehen.
● Mutter des Klemmnippels am Umwerfer lösen und Schaltzug aus dem Auge des Klemmnippels ziehen.
● Kette entfernen, wie beschrieben oder Schraubdistanzbolzen an der Umwerferspitze mit einem Kreuzschraubendreher ausbauen. Manchmal braucht auch nur eine Mutter gelöst und eine Schraube entfernt werden.

- Klemmschraube der Umwerferhalterung lösen (Sechskantkopf SW 9 oder 5-mm-Innensechskant) und Umwerfer vom Sattelrohr abnehmen.
- Beim Anbau den Umwerfer erst handfest am Sattelrohr befestigen.
- Kette auflegen bzw. Distanzbolzen an der Kettenführung montieren.
- Schalthebel so legen, daß der Umwerfer über dem größten Kettenblatt steht.
- Umwerfer einstellen, wie zuvor beschrieben.

Schaltwerk einstellen

Der Befestigungspunkt des Schaltwerkes am Ausfallende des Rahmens ist beim Schalten besonders hohen Belastungen ausgesetzt. Für die korrekte Einstellung ist deshalb der feste Sitz des Schaltwerks am Adapter bzw. der Schaltwerkaufnahme buchstäblich »maßgebend«. Genauso wichtig ist die fluchtende Grundausrichtung der Kettenführung zu den Ritzeln am Hinterrad.

Für die korrekte Einstellkontrolle sollten Sie das Fahrrad entweder in einen Montageständer spannen, an einem Fahrradlift aufhängen oder, falls Ihnen beides nicht zur Verfügung steht, durch Unterlagen an Sattel und Lenker gegen Schäden geschützt, auf den Kopf stellen.

Der exakte Links-/Rechts-Schwenkbereich für die gesamte Ritzelpaketstärke kann am Schaltwerk durch zwei Schrauben genau eingestellt bzw. begrenzt werden. Je nach Fabrikat und Schaltungstyp sind die beiden Einstellschrauben etwas unterschiedlich angeordnet.

Die Anschlagschraube für die Grundeinstellung des Schwenkbereichs in Längsrichtung ist ebenfalls je nach Schaltungstyp etwas unterschiedlich plaziert, erfüllt jedoch die gleiche Funktion und sitzt meist dicht bei der Schaltwerksaufnahme.

- **Links-/Rechts-Schwenkbereich:** Tretkurbel durchdrehen und Einstellung kontrollieren (wie unter »Einstellung der Schaltung kontrollieren« beschrieben).
- Eine Einstellschraube verdrehen und durch Schalten beobachten, welcher Anschlag des Schaltwerks sich verändert. Meist sind die Schrauben auch mit »H« bzw. »L« (High = kleinstes Ritzel; Low = größtes Ritzel) gekennzeichnet.
- Hineindrehen der jeweiligen Einstellschraube verringert den Schwenkbereich, Herausdrehen vergrößert den Schwenkbereich des Schaltwerks.
- Die richtige Einstellung ist erreicht, wenn jeweils die Umlenkrolle der Kettenführung genau unter dem inneren (größten) bzw. äußeren (kleinsten) Ritzel steht.

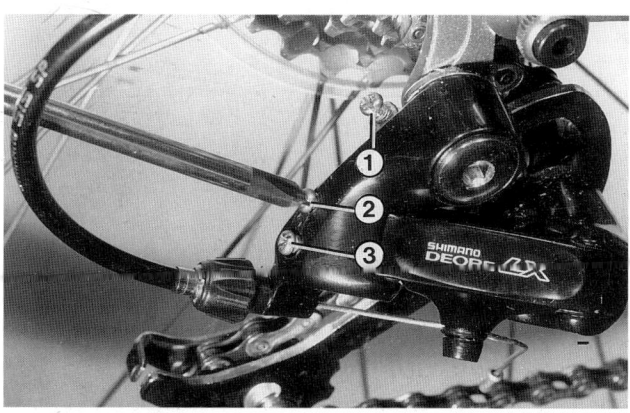

Fluchtet das Schaltwerk bzw. die Kettenführungsrollen mit den Ritzeln am hinteren Laufrad, kann das Schaltwerk genau eingestellt werden.
Es bedeuten:
1 – Anschlag- bzw. Einstellschraube für die Federvorspannung (Kettenspannung) des Schaltwerkschwenkbereichs in Längsrichtung;
2 – Einstell- bzw. Anschlagschraube für größtes Ritzel (Berggang);
3 – Einstell- bzw. Anschlagschraube für kleinstes Ritzel (Schnellgang).

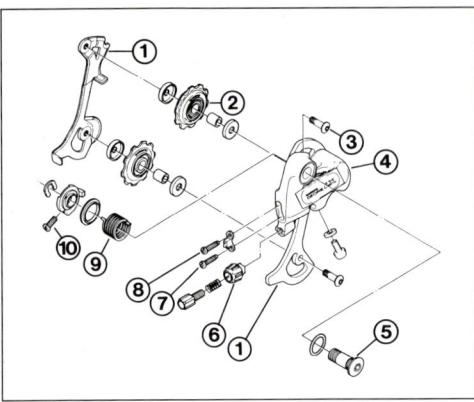

Die Teile des Schaltwerks:
1 – *Kettenführungsbleche;*
2 – *Kettenführungsrollen;*
3 – *Befestigungsschraube der Kettenführungsrolle;*
4 – *Schaltwerk mit Schaltparallelogramm;*
5 – *Befestigungsschraube des Schaltwerksaufnahme-gelenks;*
6 – *Schaltzugeinstellschraube;*
7 – *Einstell- bzw. Anschlagschraube für kleinstes Ritzel (Schnellgang);*
8 – *Einstell- bzw. Anschlagschraube für größtes Ritzel (Berggang);*
9 – *Spiralfeder für Schaltwerksaufnahmegelenk;*
10 – *Anschlag- bzw. Einstellschraube für die Feder-vorspannung (Kettenspannung) des Schaltwerks*

- Zur Kontrolle der Einstellung sollten Sie alle Schaltkombinationen durchprobieren und ggf. die Einstellung etwas korrigieren.
- Oft muß nach einer Probefahrt die Einstellung nochmals etwas korrigiert werden.
- **Schwenkbereich in Längsrichtung:**
  Kette auf größtes Ritzel und kleinstes Kettenblatt schalten; dann Tretkurbel rück-wärts drehen.
- Einstellschraube so verdrehen, daß die obere Führungsrolle mit Kette möglichst na-he am größten Ritzel läuft, ohne daß die Kette das Ritzel berührt.
- Kette auf kleinstes Ritzel und größtes Kettenblatt schalten.
- Tretkurbel rückwärts drehen.
- Einstellschraube wie zuvor beschrieben verdrehen.

Störungsbeistand

Kettenschaltung

Störung	Ursache	Abhilfe
A) Schleifgeräusche beim Treten	1) Kette schleift an der Kettenführung im Schaltkäfig bzw. am Kettenführungsblech des Umwerfers	Schaltung einstellen
	2) Kettenführungsrädchen im Schaltwerk verdreckt oder eingeklemmter Fremdkörper	Reinigen und schmieren
	3) Kettenblatt taumelt und schleift an Kettenstrebe	Richten (lassen), ggf. auswechseln
	4) Schaltwerk verbogen und schleift an den Speichen	Richten bzw. auswechseln
B) Knackgeräusche beim Treten*)	1) Kette verdreckt bzw. schwergängige Kettenglieder	Kette reinigen und schmieren

Störung	Ursache	Abhilfe
	2) Kette verschlissen	Auswechseln
	3) Einstellung von Schalt-werk oder/und Umwerfer stimmt nicht	Einstellen
	4) Siehe A 3	
	5) Einzelne Kettenblatt-zähne verbogen oder gebrochen	Richten (lassen), ggf. auswechseln
	6) Kettenblätter und/oder Ritzel verschlissen	Kontrollieren und ggf. auswechseln
	7) Kettenblatt oder -blätter locker	Festziehen
C) Kette rasselt beim Treten	1) Siehe B 3	Einstellen bzw.
	2) Zuviel Spiel in Freilauf bzw. Tretlager	Freilauf auswechseln
D) Kette springt ganz von Kettenblatt bzw. Ritzel	Siehe B 3	
E) Kette springt zwischen kleinstes Ritzel und Ausfallende oder zwischen größtes Ritzel und Speichen	Siehe B 3	
F) Schaltschwierigkeiten vom größten auf das jeweils kleinere Ritzel	1) Schaltzug schwergängig	Schaltzug gängig machen und schmieren
	2) Schaltzug zu stramm	Einstellen
G) Schaltschwierigkeiten vom kleinsten auf das jeweils größere Ritzel	1) Schaltzug zu locker eingestellt	Einstellen
	2) Kettenführungsrollen verschlissen und Lagerung ausgeschlagen	Einstellen
H) Kette schaltet nicht auf größtes Ritzel	1) Siehe B 3	
	2) Grundeinstellung des Schwenkbereichs in Längsrichtung stimmt nicht	Einstellen
I) Hakeliger Antritt beim Kraftwechsel	Freilauf hakt	Reinigen und schmieren, ggf. auswechseln
J) Kein Antrieb bzw.auswechseln	Freilauf defekt durch verdreckte oder gebro-chene Sperrklinken	Versuchen gangbar zu machen

*) weitere Hinweise siehe »Störungsbeistand« im Kapitel »Tretlager; Tretkurbeln und Pedale«.

Die Nabenschaltung

Fast unbemerkt für den Normalradler wurden parallel zur Kettenschaltung die Nabenschaltungen weiterentwickelt. Dadurch, aber auch durch ihre Wartungsfreundlichkeit werden immer mehr Gebrauchsräder mit diesem Schaltungstyp ausgerüstet.
Von der Zweigangschaltung, die durch kurzes Zurücktreten geschaltet wird, bis zur Siebengangschaltung mit Rücktritt bzw. Freilauf wird eine Vielzahl verschiedener Schaltungen angeboten, die alle auf einem ähnlichen Funktionsprinzip aufgebaut sind. So ist auch deren Wartung und Einstellung recht ähnlich. Aus Platzgründen wird hier nur auf die wohl am weitesten verbreitete »Torpedo«-Rücktrittnabe von Fichtel & Sachs eingegangen.

Funktion der Nabenschaltung

Bei der Nabenschaltung sitzt in der Radnabe ein kleines, wegen seiner kompakten Bauweise besonders geeignetes, sogenanntes Planetengetriebe. Bei der Fünf- und Siebengang-Nabenschaltung sind sogar zwei bzw. drei Planetengetriebesätze im Einsatz.

Dreigangschaltung

- 1. Gang (Berggang): Die Antriebskraft wird vom Ritzel (Eingangsdrehzahl) auf ein mit ihm verbundenes Antriebssegment, den sogenannten Antreiber übertragen. Ein mit dem Antreiber verbundenes beweglich gelagertes Kupplungsrad wird durch ein Schubstück und das in dieser Gangstellung ganz aus der Nabe herausgezogene Schaltkettchen ganz außen auf einer Mitnehmerscheibe fixiert, die wiederum ein innenverzahntes Hohlrad auf den Antreiber drückt.
- Der durch die Innenverzahnung des Hohlrades angetriebene Planetenradsatz ist im Planetenradträger gelagert. Er gibt so den Kraftfluß über eine entsprechende Sperrklinkenverzahnung (ähnlich dem Freilauf) an den äußeren Nabenkörper weiter und treibt diesen mit verminderter Drehzahl (Ausgangsdrehzahl) an.

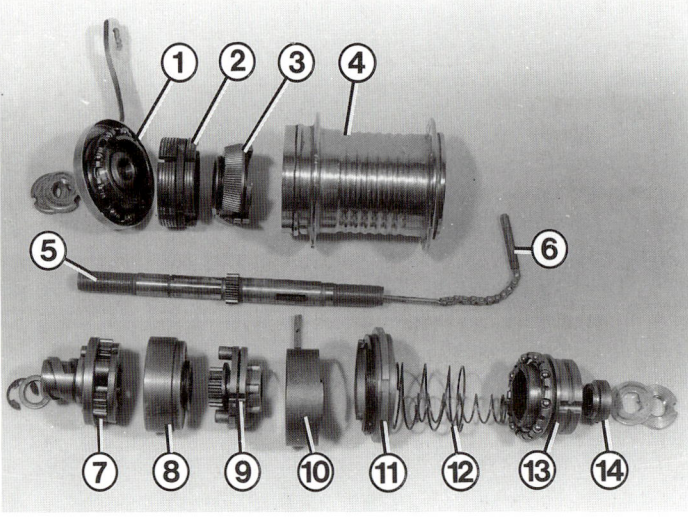

Hier das zerlegte ältere Modell einer Torpedo-3-Gangnabe.
Es bedeuten:
  1 – Festbremskonus mit Lagerring und Bremsstützhebel;
  2 – Bremsmantel;
  3 – Bremskonus;
  4 – Nabenkörper;
  5 – Nabenachse;
  6 – Schaltkettchen;
  7 – Planetengetriebe;
  8 – Hohlrad;
  9 – Kupplungs- mit Sonnenrad und Sperrklinkenring;
  10 – Freilaufrad;
  11 – Sicherungsring;
  12 – Druckfedern;
  13 – Antreiber mit Lagerring;
  14 – Lagerkonus.

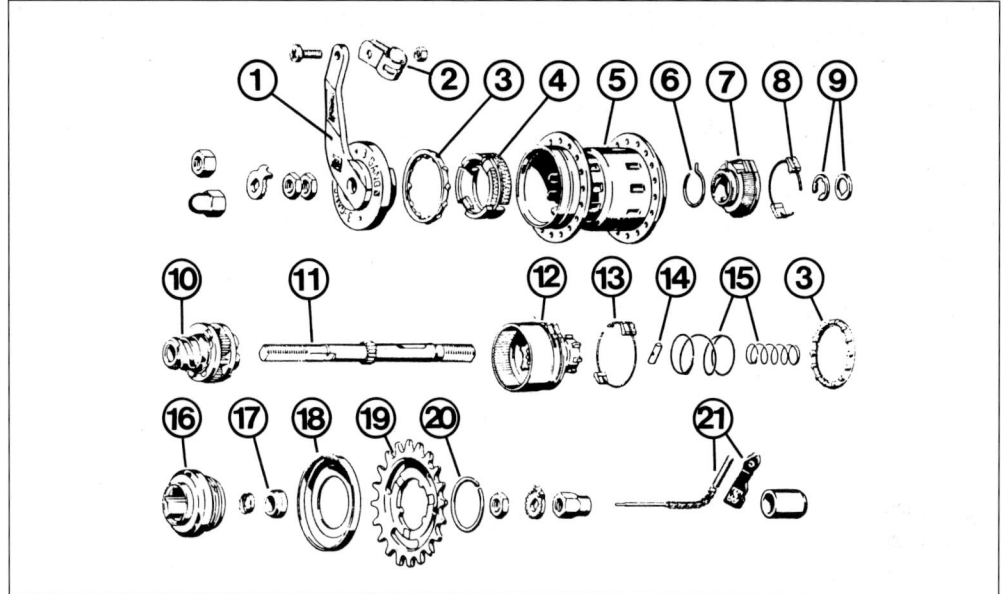

Die Teilezeichnung der Torpedo-3-Gangnabe mit Rücktritt zeigt bei: 1 – Bremsstützhebel mit Festbremskonus; 2 – Klemmschelle; 3 – Lagerlaufring; 4 – Bremsmantel; 5 – Radnabenkörper; 6 – Friktionsfeder; 7 – beweglicher Bremskonus; 8 – Freilaufsperrklinken mit Feder des Bremskonus; 9 – Sprengring mit Anlaufscheibe für Planeten-getriebe; 10 – Planetengetriebe; 11 – Radnabenachse; 12 – Hohlrad mit Kupplungsrad; 13 – Freilaufsperrklinken des Hohlrades; 14 – Schubstück für Kupplungsrad; 15 – Druckfedern; 16 – Antreiber; 17 – Festkonus; 18 – Staubabdeckung; 19 – Ritzel; 20 – Sprengring für Ritzel; 21 – Schaltkettchen mit Einstellfixierhülse.

- **2. Gang** (Normalgang): Beim Verstellen des Schalthebels auf die 2.-Gang-Position läßt das sich lockernde Schaltkettchen das Schubstück entsprechend zur Nabenmitte gleiten, wodurch die Verzahnung des Kupplungsrades in die entsprechende Verzahnung des Hohlrades eingreift.
- Über die Sperrklinkenverzahnung des Hohlrades wird der Kraftfluß so direkt an den äußeren Nabenkörper weitergeleitet und das Planetengetriebe läuft in dieser Gangstellung »leer« mit. Die Eingangsdrehzahl entspricht in dieser Gangstellung der Ausgangsdrehzahl.
- **3. Gang** (Schnellgang): Wird der Schalthebel auf den 3. Gang umgelegt, gleitet das Schubstück auf seine innere Endstellung. Dadurch greift die Mitnehmerscheibe des durch das Antriebssegment mit Ritzeldrehzahl (Eingangsdrehzahl) angetriebenen Kupplungsrades direkt in den Planetenradträger ein. Die Planetenräder mit dem fest auf der Radnabe sitzenden Sonnenrad rollen nun auf diesem ab und treiben so das Hohlrad und damit den durch seine Sperrklinken direkt verbundenen Nabenkörper mit schnellerer Drehzahl (Ausgangsdrehzahl) an.
- Die Sperrklinken des Planetenträgersatzes des 1. Ganges werden nun vom mit schnellerer Ausgangsdrehzahl drehenden Nabenkörper überholt. Sie hören dies an einem gleichmäßigen Klicken.

Funf- und Siebengangschaltung

Der Funktionsablauf bei der Fünf- und Siebengangschaltung ist dem der Dreigangschaltung ganz ähnlich, nur das der Planetenradsatz aus zwei bzw. drei verschiedenen Zahnradsätzen mit ebenfalls zwei bzw. drei Sonnenrädern für die den verschiedenen Gangstufen zugeordneten Zahnradgruppen besteht.

Einstellung der Schaltung kontrollieren (Wartung Nr. 8)

Beim Neurad ist die Schaltung vom Fachhändler meist genau eingestellt. Schon nach der ersten größeren Radtour sollten Sie jedoch die Einstellung der Gangschaltung überprüfen. Noch wichtiger ist die Kontrolle der Schaltungseinstellung nach jedem Ausbau des Rades, denn dabei müssen die Schaltkettchen vom Schaltzug getrennt werden.

Lassen sich alle Gänge schalten, ist die Gangeinstellung optimal. Knackt oder ruckt es beim Treten unter Last, stimmt etwas mit der Gangeinstellung nicht. Springen einzelne Gänge während der Fahrt heraus, stimmt die Einstellung eines oder, je nach Schaltungstyp, eines der beiden Schaltkettchen nicht. Drehen sich die Pedale während der Fahrt z.B. beim Schieben mit, ist wahrscheinlich das Schaltkettchen oder gar beide (falls damit ausgestattet) zu stramm eingestellt. Aber auch das Nabenspiel kann zu fest eingestellt sein. Zur weiteren Kontrolle das Fahrrad in einen Montageständer spannen, einen Fahrradlift hängen oder auf den Kopf stellen. Dabei nicht vergessen, zum Schutz für Sattel und Lenker Lappen unterzulegen. **Zuviel Spiel:** Schalthebel in Position »1« stellen. Tretkurbel ein-, zweimal durchdrehen, damit der Gang auch eingerastet ist. Läßt sich nun aus der Nabenöffnung das bzw. die Schaltkettchen aus der Kettchenleitmutter ziehen, ist die Einstellung zu locker. **Zuwenig Spiel:** Läßt sich der Schalthebel nur schwer in die Schalthebelstellung »1werde« drücken, ist wahrscheinlich das Schaltkettchen zu stramm eingestellt.

- **Dreigangschaltung:** Schalthebel entspannen. Dazu den dritten Gang einlegen und Tretkurbel ein- bis zweimal durchdrehen.
- **Fünfgangschaltung:** Schalthebel entspannen. Dazu je nach Schaltungstyp bzw. -fabrikat den 4. oder 5. (selten) Gang einlegen und Tretkurbel ein- bis zweimal durchdrehen.
- **Drei- und Fünfgangschaltung:** Kontrollieren, ob der entsprechend gewählte Gang auch geschaltet bzw. eingerastet ist.
- Spannung des bzw. der Schaltkettchen kontrollieren. Dazu an einem freien Stück Bowdenzug (z.B. am Unterrohr) etwas ziehen.
- Beim Loslassen dürfen die Schaltkettchen gerade gespannt und nicht locker sein. Dabei darf das entsprechende Schaltkettchen nicht aus der Kettchenleitmutter herausgezogen werden.

Nabenschaltung einstellen

Haben Sie vergessen, sich die Einstellung des Schaltkettchens auf der Gewindestange zu markieren, muß die Nabenschaltung neu eingestellt werden.

- **Dreigangschaltung:** Schalthebel entspannen. Dazu den 3. Gang einlegen und Tretkurbel ein- bis zweimal durchdrehen.
- **Fünfgangschaltung:** Schalthebel entspannen. Dazu je nach Schaltungstyp bzw. -fabrikat den 4. oder 5. Gang einlegen und Tretkurbel ein- bis zweimal durchdrehen.
- **Drei- und Fünfgangschaltung:** Falls die Einstellung nicht stimmt, Kontermutter an der Schraubkupplung zum Schaltkettchen lösen und durch Drehen der Schraubhülse das Schaltkettchen lockern oder spannen. Je nach Schaltungsfabrikat kann zur Einstellung anstatt der Schraubkupplung auch eine Schiebekupplung vorhanden sein, die auf der Gewindestange des Schaltkettchens einfach verschoben und dann entsprechend der Einstellung genau fixiert werden kann.

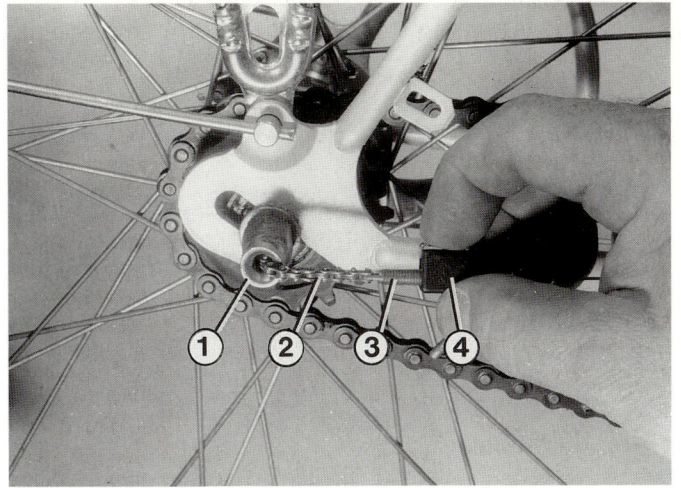

Egal um welchen Schaltungstyp es sich handelt, die Grundeinstellung am Schaltkettchen (2) muß immer in der Gangstellung geschehen, in der das Kettchen vollkommen entspannt ist. Dann kann die Schiebehülse (4) auf der Gewindestange (3) des Schaltkettchens in eine solche Position geschoben werden, in der das Schaltkettchen zwar locker in der Nabenachsen- bzw. Kettchenleitmutter (1) liegt, aber beim Verstellen des Schalthebels sofort bewegt wird.

- Schaltkettchen so spannen, wie zuvor bei der Einstellungskontrolle beschrieben.
- Alle Gänge durchschalten und Einstellung ggf. etwas korrigieren. Bei der Schraubkupplung nicht vergessen, die Einstellung mit der Kontermutter zu sichern.
- Kurze Probefahrt unternehmen und alle Gänge durchschalten. Meist verhält sich die Gangschaltung unter Last etwas anders wie bei der Standkontrolle und die Einstellung muß nochmals geringfügig korrigiert werden.

 Die Siebengangschaltung »Super 7« und seit '94 auch die Fünfgangschaltung »Pentasport« von Fichtel & Sachs ist mit einer sogenannten Klickbox ausgestattet, durch die eine Einstellung der Schaltung auch nach dem Ausbau des Laufrades nicht mehr nötig ist.

Nabenschaltung zerlegen

Bei mechanischen Störungen ist die Fachwerkstatt hier der beste Partner, und nur der fortgeschrittene Bastler sollte sich ans Zerlegen des komplizierten Innenlebens einer Nabenschaltung heranwagen.

Da eine Beschreibung der Zerlegeschritte für alle Nabenschaltungen den Rahmen dieses Handbuchs bei weitem sprengen würde, werden hier nur die Zerlegeschritte bei der Torpedo-Dreigangnabe mit Rücktritt beschrieben. Die Arbeitsschritte können jedoch leicht abgewandelt auf die meist ähnlich aufgebauten Fünf- und Siebengang-Rücktrittnaben auch anderer Hersteller angewendet werden. Wichtig ist dabei immer, daß Sie sich die Teile beim Auseinanderbauen ggf. in Lage und Ausbaureihenfolge genau aufzeichnen und beim Zusammenbauen nichts mit Gewalt zusammensetzen, was nicht logisch und »spielerisch« leicht zusammenpaßt. Andernfalls ist der nächste Schaden schon mit eingebaut. Wer sich nicht sicher ist, dessen Bike ist allemal in der Werkstatt besser aufgehoben.

- Laufrad ausbauen (wie im Kapitel »Die Laufräder« beschrieben).
- Laufrad mit Bremsstützhebel nach oben ablegen.
- Schaltkettchen aus der Nabenachse herausschrauben.
- Nabenachsen-Fixierscheibe abnehmen.

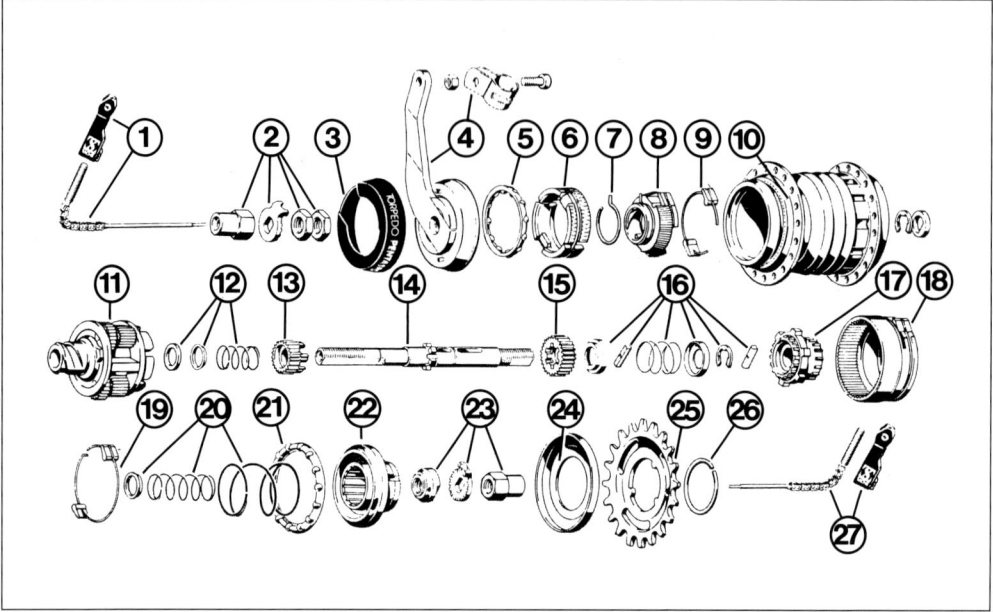

Die Teilezeichnung der Torpedo-5-Gangnabe »Pentasport« mit Rücktritt zeigt bei:
1 – Klemmschiebehülse mit Einstellkettchen (lang); 2 – Kettenleit- bzw. Nabenmutter mit Fixierscheibe sowie Konter- und Einstellmutter des Nabenspiels; 3 – Staubdeckel; 4 – Bremsstützhebel mit
Festbremskonus; 5 – Lagerlaufring; 6 – Bremsmantel; 7 – Friktionsfeder des Bremskonus; 8 – Bremskonus; 9 – Freilaufsperrklinken mit Feder; 10 – Nabenkörper; 11 – Planetengetriebe; 12 – Druckfeder mit
Kleinteilen 13 – Sonnenrad; 14 – Nabenachse; 15 – Sonnenrad; 16 – Druckfeder mit Kleinteilen;
17 – Kupplungsrad; 18 – Hohlrad; 19 – Freilaufsperrklinken mit Feder; 20 – Druckfedern; 21 – Lagerlaufring; 22 – Antreiber; 23 – Festkonus mit Fixierscheibe und Nabenmutter; 24 – Staubdeckel; 25 –
Ritzel; 26 – Sprengring des Ritzels; 27 – Schaltkettchen (kurz) mit Klemmschiebehülse

- Konterscheibe bzw. -mutter lösen und abschrauben. Dazu Nabenachse mit verstell-
  barem Schlüssel (Engländer) oder Gabelschlüssel SW 9 gegenhalten.
- Distanzscheibe (falls vorhanden) abnehmen und Einstellscheibe bzw. -mutter ab-
  schrauben.
- Bremsstützhebel komplett mit Nabenabdeckung und Festbremskonus vorsichtig von
  der Nabenachse abziehen.
- Lagerlaufring abnehmen, dabei Einbaurichtung merken.
- Bremsmantel aus dem Nabenkörper nehmen.
- Nabenachse so drehen, daß der bewegliche Bremskonus vom Steilgewinde des Pla-
  netenradsatzes nach außen gedrückt wird.
- Beweglichen Bremskonus abnehmen.
- Laufrad mit Nabe abheben.
- Nabenachse mit Planetenradträger umdrehen damit die Ritzelseite nach oben zeigt.
  Die Werkstatt setzt zur Montageerleichterung einen speziellen Montagering auf
  den Planetenradträger.
- Nabenachsen-Fixierscheibe abnehmen.
- Ggf. Ritzel abnehmen, dazu Sprengring mit Schraubendreher spreizen und vom An-
  treiber hebeln. Vorsicht Verletzungsgefahr durch abrutschenden Schraubendreher!
  Einbaurichtung des Ritzels merken.

- Festkonus lösen und von der Nabenachse abschrauben.
- Festkonus mit dünner Schubstückdruckfeder abnehmen.
- Antreiber komplett mit Staubdeckel, Innenlager und, falls nicht demontiert, mit Ritzel von der Nabenachse abnehmen. Dabei auf dicke Hohlraddruckfeder und äußeren Lagerring (Einbaurichtung merken!) achten.
- Bei älteren Dreigangnaben muß der äußere Lagerlaufring vom Nabenkörper geschraubt und mit Sperrklinkenring aus dem Nabenkörper genommen werden.
- Kupplungsrad etwas zurückziehen und so verdrehen, daß das Schubstück herausfallen kann.
- Schubstück von der Nabenachse ziehen.
- Hohlrad mit Sperrklinken vom Planetenradsatz abnehmen.
- Sicherungsklemmring auf der Bremskonusseite des Planetenradsatzes mit einem Schraubendreher von der Nabenachse abdrücken.
- Distanzring von der Nabenachse ziehen.
- Planetenradsatz vom Sonnenrad und der Nabenachse ziehen und abnehmen.
- Alle Teile reinigen, auf Verschleiß kontrollieren und ggf. auswechseln.
- Alle Teile schmieren (Sachs Spezialfett Typ A).
- Der Zusammenbau geht in umgekehrter Ausbaureihenfolge vor sich.
- Laufrad einbauen, Schaltung einstellen und Probefahrt machen.

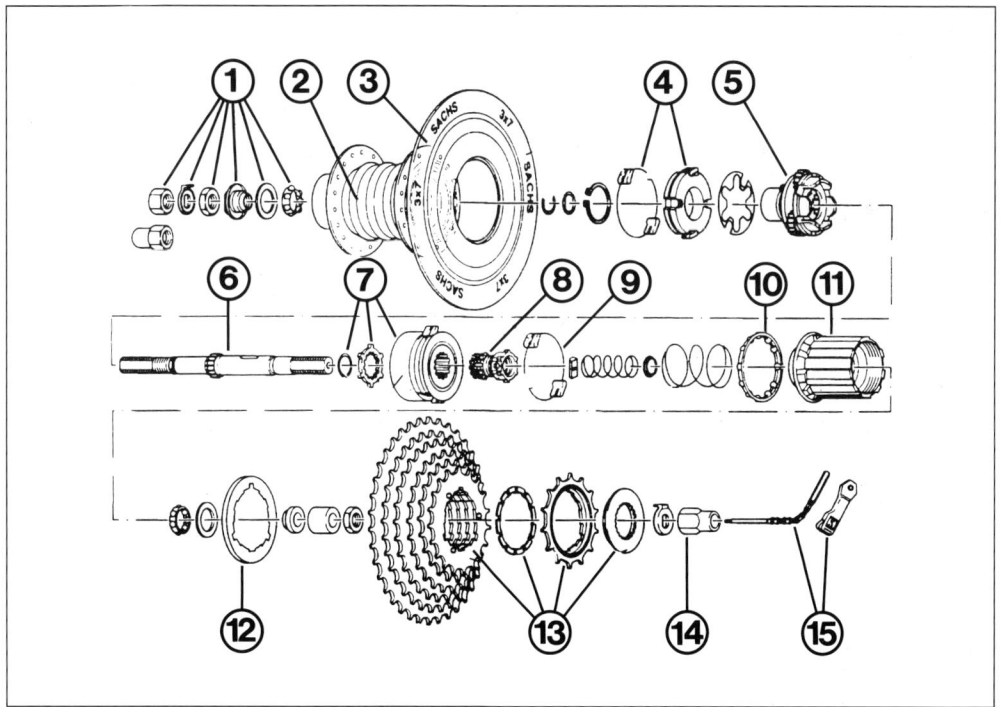

Die Teilezeichnung der 3 x 7 Gangnabe zeigt bei:
1 – Nabenmutter mit Gewindekonus und Nabenlager; 2 – Nabenkörper; 3 – Speichenschutzscheibe;
4 – Freilauf mit Sperrklinken; 5 – Planetengetriebe; 6 – Nabenachse; 7 – Kupplungs- mit Hohlrad;
8 – Antreiber mit Sonnenrad; 9 – Sperrklinken; 10 – Lagerring; 11 – Nabenhülse für Ritzelpaket;
12 – Staubdeckel; 13 – Distanzring mit kleinstem Ritzel und Schraubring; 14 – Naben- bzw. Kettchenleitmutter; 15 – Schaltkettchen mit Klemmhülse.

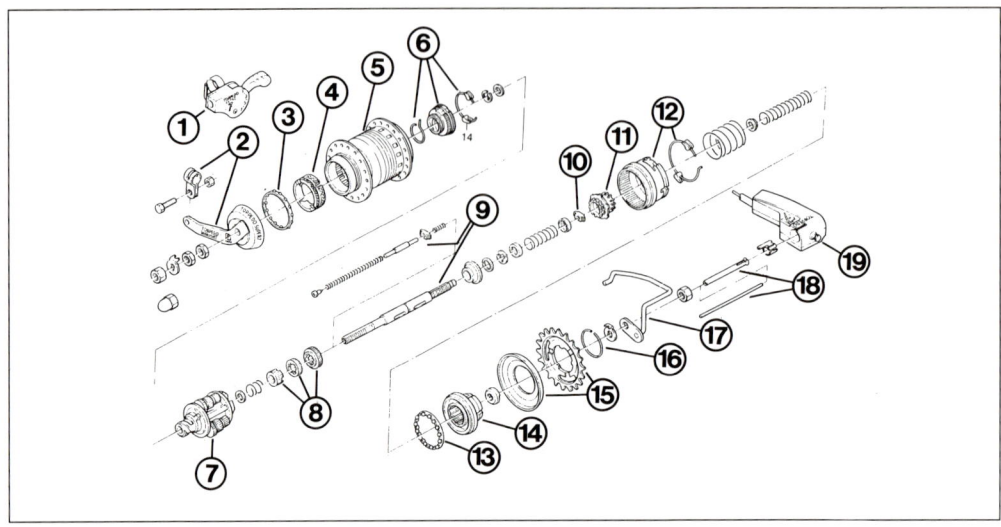

Die Teilezeichnung der 7-Gangnabe »Super 7« mit Rücktritt zeigt bei: 1 – Schalthebel; 2 – Bremsstütz-
hebel mit Festbremskonus und Klemmschelle; 3 – Lagerring; 4 – Bremsmantel; 5 – Nabenkörper;
4 – Bremsstützhebel mit Festbremskonus; 5 – Lagerlaufring; 6 – Bremsmantel; 7 – Friktionsfeder des
Bremskonus; 8 – Bremskonus; 9 – Freilaufsperrklinken mit Feder 10 – Nabenkörper; 11 – Planetenge-
triebe; 12 – Druckfeder mit Kleinteilen; 13 – Sonnenrad; 14 – Nabenachse; 15 – Sonnenrad; 16 – Druck-
feder mit Kleinteilen; 17 – Kupplungsrad; 18 – Hohlrad; 19 – Freilaufsperrklinken mit Feder; 20 – Druck-
federn; 21 – Lagerlaufring; 22 – Antreiber; 23 – Festkonus mit Fixierscheibe und Nabenmutter; 24 –
Staubdeckel; 25 – Ritzel; 26 – Sprengring des Ritzels; 27 – Schaltkettchen (kurz) mit Klemmschiebehülse

 Durch technische Weiterentwicklungen sind bestimmte Teile bei typgleichen Nabenschaltungen baujahrabhängig etwas unterschiedlich gebaut. Deshalb beim
Ersatzteilkauf Nabentyp und ggf. Baujahr angeben. Der Nabentyp ist im Nabenkörper eingeprägt. Da es fast alle Verschleißteile der Nabenschaltungen auch
als Ersatzteil zu kaufen gibt, sollten Sie deshalb sicherheitshalber das Laufrad
komplett mit zu Ihrem Fahrradhändler nehmen.
Ist die Nabe nach dem Zusammenbau schwergängig, müssen Sie nach der Ursache forschen und die Nabe ggf. nochmals zerlegen und wieder zusammenbauen.
Fahren Sie trotz schwergängigem Getriebe, wird es unter Last beim Fahren zerstört und die Nabe ist durch abgeschliffene Metallspäne ein Totalschaden.

Störungsbeistand

Nabenschaltung

Bei Bremsproblemen bitte Störungsbeistand im Bremsenkapitel nachlesen.

Störung	Ursache	Abhilfe
A) Allgemeine Schaltschwierigkeiten	1) Einstellung stimmt nicht	Einstellen
	2) Schaltzug bzw. -züge schwergängig	Gangbar machen und schmieren
	3) Schaltzug bzw. -züge verschlissen und aufgesplissen	Austauschen

Störung	Ursache	Abhilfe
	4) Schalthebel bzw. Grip Shift defekt	Reparieren (lassen) bzw. austauschen
	5) Zug- bzw. Druckfeder(n) in der Nabe lahm oder defekt	Austauschen (lassen)
	6) Nabenachse gestaucht bzw. verbogen	Austauschen (lassen)
B) Knackgeräusche beim Treten	1) Siehe A 1	
	2) Kette verdreckt bzw. schwergängige Kettenglieder	Kette reinigen und schmieren
	3) Kette verschlissen	Auswechseln
	4) Einzelne Kettenblatt- zähne verbogen oder gebrochen	Richten (lassen), ggf. auswechseln
	5) Kettenblatt und/oder Ritzel verschlissen	Kontrollieren und ggf. auswechseln
	6) Kettenblatt oder - blätter locker	Festziehen"
C) Pedale drehen im Freilauf bzw. beim Schieben mit	1) Nabenlager zu stramm eingestellt	Spiel einstellen
	2) Kette zu stramm gespannt	Einstellung etwas lockern
	3) Kontermuttern der Nabe locker	Nabenspiel kontrollieren und Kontermuttern festziehen
	4) Lagerdeckel der Nabe verbogen (eiern)	Auswechseln
	5) Freilauf defekt durch verdreckte oder gebrochene Sperrklinken	Nabe zerlegen, reinigen und schmieren, ggf. Teile auswechseln (lassen)
	6) Siehe A 5	
D) Gang springt beim Treten heraus	1) Siehe A 1 – 3	
	2) Siehe C 3	
	3) Getriebe verschlissen	Verschlissene Teile auswechseln (lassen)
E) Hakeliger Antritt beim Kraftwechsel	Siehe C5	
F) Kein Antrieb	Siehe C 5	

Die zerlegte 7-Gangnabe »Super 7«. Es bedeuten:
1 – *Bremsteil der Nabe mit Festbremskonus, Bremsmantel und Bremskonus;*
2 – *Nabenkörper;*
3 – *Nabenachse;*
4 – *Schaltrohr mit -stift;*
5 – *Planetengetriebe;*
6 – *Sonnenräder;*
7 – *Kupplungsrad;*
8 – *Hohlrad mit Freilauf sperrklinken;*
9 – *Druckfedern;*
10 – *Ritzel mit Staubdeckel;*
11 – *Festkonus.*

Die Schaltzüge

Um die einzelnen Gänge exakt schalten zu können, ist zwischen Schalthebel bzw. Drehgriff der Schaltzug eingesetzt. Dieser den Bremszügen ähnliche Bowdenzug besteht aus einer mit einer Kunststoffummantelung versehenen spiralförmigen Außenhülle, in der ein gedrillter Stahldraht sitzt. Durch den so biegsamen Übertragungszug wird die Schalthebel- bzw. Drehgriffstellung exakt praktisch »um die Ecke« zur jeweiligen Schaltung weitergeleitet.

Zustand der Schaltzüge kontrollieren (Wartung Nr. 33)

Beschädigte oder verschlissene Schaltzüge sind die häufigste Ursache für Schaltstörungen. Deshalb sollten Sie einen beschädigten, geknickten oder gar aufgesplissenen Schaltzug sofort auswechseln (siehe übernächsten Absatz), sonst sind die Einstellergebnisse verfälscht und Schaltprobleme vorprogrammiert.

● Sitzen die Schalthebel fest und sind sie richtig ausgerichtet? Falls nicht, Hebel mit Klemmschelle ausrichten und festziehen. Dabei auf spannungsfreien Verlauf des Bowdenzuges achten.
● Ist die Kunststoffummantelung des Bowdenzugs unverletzt oder kann Wasser und Feuchtigkeit in die Außenspirale eindringen?
● Sind Rostspuren an den Außenhüllenöffnungen erkennbar?
● Sitzen die Kabelbinder fest und sind die Züge spannungsfrei und in harmonischen Biegungen verlegt?
● Fluchten die angelöteten Schaltzugführungen mit dem -zug? Wenn nicht, vorsichtig ausrichten – aber Vorsicht, damit sie nicht abbrechen!
● Liegen die Züge korrekt in den Umlenk-Gleitnuten unter dem Tretlager? Verdreckte Gleitnuten reinigen und Schaltzug sowie Nuten schmieren.

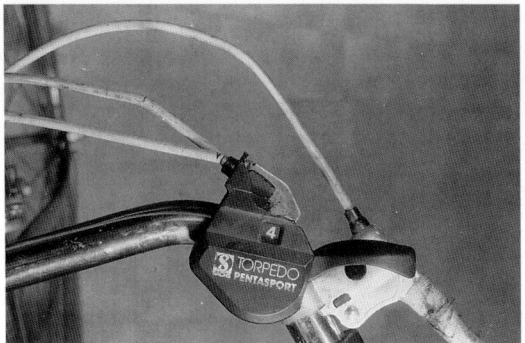

Sind die Schaltzüge erst einmal so abgeknickt und verschlissen, wie es diese Abbildung zeigt, sind alle Einstellkünste vergebene »Liebesmüh«. Auf Zug wird gerade noch der gewünschte Gang eingelegt werden, doch schaffen es die Rückstellkräfte der Federn in der Radnabe kaum, die schwergängigen Schaltzüge in eine andere Schaltstellung zu ziehen. So wird Schalten zum Lotteriespiel.

Links: Ob Umlenkrollen oder wie hier im Bild Gleitschienen – etwas Öl oder Fett macht die Schaltzüge leichtgängiger, besonders wenn sie dem Schmutz so ausgesetzt sind wie hier am Tretlager. Das Zuviel an Fett abwischen.
Rechts: Bei einem auf den Kopf gestellten Fahrrad können die kurzen Schaltzüge besonders leicht geölt werden. Überschüssiges Öl mit einem Lappen abwischen

Schaltzug schmieren (Wartung Nr. 25)

Ein Tropfen Öl hält die Schaltzüge nicht nur für problemloses Schalten leichtgängig, er verlängert auch deren Haltbarkeit erheblich. Selbst neue Bowdenzüge sollten vor dem Einbau gleich mit einem Tropfen Öl geschmiert werden.

- Schalthebel betätigen und auf Innenzug sowie die beweglichen Teile einen Tropfen Öl angeben.
- Auch am anderen Ende des Bremszugs einen Tropfen Öl auf den Innenzug geben.
- Schalthebel mehrmals betätigen, damit das Öl in die Außenhülle gezogen wird und sich verteilt.
- Das Zuviel an Öl mit einem Lappen abwischen.
- Sind die Bowdenzüge in Ordnung, aber schwergängig, weil sie mit einem verkrusteten Schmierfilm aus Öl, Schmutz und Rost zugesetzt sind, müssen sie ausgebaut werden (siehe nächsten Absatz).
- Nur wenn das Zugende nicht aufgesplissen ist, den Innenzug aus der Hülle ziehen. Sonst versuchen, die einzelnen Enddrähte des Innenzugs zu verlöten oder zu verkleben. Das Ende ggf. etwas verschleifen.
- Von oben vorsichtig Öl in die Hülle tropfen lassen.
- Eine gewisse Menge Öl durch die Außenhülle laufen lassen, damit die gröbsten Schmutzrückstände ausgeschwemmt werden. Dabei das Öl in einen saugfähigen Lappen tropfen lassen und als Sondermüll entsorgen.
- Innenzug reinigen und mit Schmierfett einreiben.
- Innenzug wieder in die Außenhülle schieben. Dabei zum leichteren Einfädeln ggf. Innenzug gleichzeitig drehen.

Tip

Mit speziellen Bowdenzugölern aus dem Zubehörprogramm kann man die Pflegeintervalle verlängern. Die Öler werden einfach auf die Außenhüllen gedrückt. Vorsicht beim Ölen von Bowdenzügen mit Teflonaußenhüllen. Säuren im Schmiermittel können den Kunststoff anlösen.

Schaltzugspannung einstellen (Wartung Nr. 18)

Vor der Längeneinstellung eines Schaltzugs sollte die Einstellung des Schaltwerks bzw. des Umwerfers stimmen. Auch der Zustand und die Leichtgängigkeit des betreffenden Schaltzuges sollte gewährleistet sein (siehe vorigen Absatz).

- **Zug mit Einstellschraube:** Ist der einzustellende Schaltzug mit einer Einstell-Rändelschraube bzw. -hülse am Zugwiderlager des Schaltwerks versehen, die Kontermutter lösen (meist SW 8), oder die Einstellhülse (Kunststoff) vom Widerlager zurückziehen und die Stellschraube verdrehen.
- Einstellschraube von Hand so verstellen, daß der Zug zwischen Schalthebel und Schaltwerk gerade spielfrei gespannt ist.
- Kontermutter festziehen bzw. Kunststoffhülse in die Grundstellung zurückschieben und Einstellung nochmals kontrollieren. Dazu Tretkurbel drehen und alle Gänge durchschalten.
- Ggf. Einstellung korrigieren.
- **Zug ohne Einstellschraube:** Schaltzüge, die ohne Einstellschraube im Widerlager des Schaltzuges sitzen, können nur direkt an der Klemmschraube des Schaltwerks bzw. Umwerfers eingestellt werden.
- Dazu die entsprechende Mutter des Klemmnippels mit einem Gabelschlüssel (meist SW 9) nur soweit lösen, daß sie den Zug mit der Flachzange zurecht ziehen und so entspannen oder spannen können.
- Nach Festziehen des Klemmnippels Einstellung nochmals kontrollieren. Dazu Tretkurbel drehen und alle Gänge durchschalten.
- Ggf. Einstellvorgang wiederholen.

Je nach Schaltungstyp und Schalthebel sitzt die Einstellschraube für die Bowdenzuggrundeinstellung entweder direkt am Außenzugwiderlager des Schaltwerks (Pfeil rechts) oder/und am Schalthebel am Lenker (Pfeil links). Nach Einstellen der Schaltzugspannung muß die Schaltungseinstellung durch Schalten aller Gänge kontrolliert werden. Falls es Probleme gibt, Schaltzugspannung oder Schaltungseinstellung korrigieren.

Tip Falls der Schaltzug trotz ganz herausgedrehter Längenausgleichs-Einstellschraube noch zu locker ist, muß die Einstellschraube ganz hineingedreht und der Schaltzug direkt am Klemmnippel des Schaltwerks bzw. Umwerfers etwas strammer neu befestigt werden (wie zuvor unter »Zug ohne Einstellschraube« beschrieben). Das gleiche gilt für einen zu stramm eingestellten Zug bei ganz eingedrehter Einstellschraube.

Oft sitzt auch direkt am Schalthebel bzw. am Drehgriff der Schaltung eine Verstellschraube zur Einstellung des Längenausgleichs des Schaltzuges. Dann muß die beschriebene Einstellung an diesen Einstellschrauben vorgenommen werden.

Schaltzug auswechseln

Geknickte Schaltzüge, deren Außenspirale durch eine gerissenen und zerfetzte Kunststoffummantelung freiliegt, müssen über »kurz oder lang« ausgewechselt werden, weil durch eindringende Feuchtigkeit entstandene Rostnester den Zug schneller schwergängig werden lassen, was exaktes Schalten praktisch unmöglich macht.

Bevor Sie einen verschlissenen oder gerissenen Schaltzug auswechseln, sollten Sie sich den genau für Ihren Schaltungstyp passenden Zug besorgt haben, sonst kann es böse Überraschungen mit nicht passenden Nippeln oder der Zuglänge geben. In der folgenden Montageanweisung sind stellvertretend zwei Drehgrifftypen berücksichtigt. Der Wechsel der Schaltzüge geht bei anderen Drehgrifftypen ähnlich vor sich. Einige Schalthebeltypen sind an der Schaltzugführung mit einer kleinen Abdeckung versehen, die beim Zugwechsel mit einem kleinen Schraubendreher vorsichtig abgehebelt werden muß. Beim Einbau neuer Schaltzüge sollten Sie aber ein paar Grundsätze beachten: Verlegen Sie die Züge so knapp wie möglich, ohne das dabei der Verlauf unharmonisch wird. Auf keinen Fall dürfen Knicke entstehen, wenn z.B. der Lenker voll eingeschlagen wird. Für das Kürzen von Bowdenzügen nur einen kräftigen Seitenschneider oder eine spezielle Bowdenzug-Schneidezange verwenden, damit die Außenhülle nicht deformiert oder gar so gequetscht wird, daß der Innenzug ausfranst bzw. aufspleißt. Nach Kürzung der Außenhülle immer die Endkappe(n) wieder aufschieben, da die Hülle nur so korrekt in den Hüllenwiderlagern sitzt. Nach Befestigung des Innenzugs im Klemmnippel am Schaltwerk, sollten auf die Zugenden immer Schutzkappen gesteckt und festgequetscht werden, damit die Enden nicht aufspleißen können

- Schaltzug in völlig entspannte Position bringen. Dazu in entsprechenden Gang schalten.
- Ggf. Schutzkappe mit einer Kombizange vom Zug abziehen.
- Mutter des Klemmnippels soweit lockern, bis der Schaltzug leicht aus dem Auge des Klemmnippels gezogen werden kann.
- Seilzug am Schalthebel bzw. Drehgriff beginnend vorsichtig aus der Schaltzughülle ziehen.
- **Nur Schalthebel:** Schalthebel etwas anziehen und den durch Lockern freigewordenen Zug in den Schalthebel hineinschieben, bis der Lötnippel des Zuges aus der Nippelaufnahme im Hebel herausgedrückt wird.
- Ist der Nippel vom Zug abgerissen, muß er mit einem kleinen Schraubendreher aus der Nippelaufnahme gehebelt werden.
- Zug aus dem Schalthebel ziehen.
- Neuen Zug einführen und darauf achten, daß der Nippel korrekt in der Nippelaufnahme zu sitzen kommt.

- **Nur Drehgriffschalter:** Beim Drehgriff von Sachs (ARIS Power Grip) die Griffklemm-schrauben soweit lockern, daß der Griff etwas auf dem Lenkerrohr zurückgeschoben werden kann.
- Dann beide Schrauben entfernen und die obere Klemmenhälfte abnehmen.
- Griff fest halten und Zugseil aus der Führung nehmen.
- Neuen eingefetteten Zug in die Nippelaufnahme und die Zugführung einlegen. Darauf achten, daß der Nippel korrekt in der Nippelaufnahme sitzt.
- Oberes Klemmstück wieder aufsetzen, Schrauben einsetzen und Griff wieder in der alten Position am Lenkerrohr festklemmen.
- Beim Drehgriff (Grip Shift) den Außengriff vom Lenkerrohr abziehen.
- Drehteil des Griffes nach außen ziehen. Dabei auf die Rastfeder achten.
- Schaltzug aus der Nippelaufnahme des festmontierten Drehgriffteils drücken und Zug herausziehen. Vorher die kleine Abdeckung der Schaltzugaufnahme heraushebeln.
- Neuen Zug durch das Loch der Nippelaufnahme im festen Drehgriffteil einschieben. Darauf achten, daß der Nippel korrekt in der Nippelaufnahme sitzt, sonst kann es Probleme bei der Montage des Drehgriffteils geben.
- Schaltzug einmal um das Lenkerrohr legen und durch die Zugführung nach außen durch die Einstellschraube schieben.
- Schlinge des Schaltzugs in die Führungsrille des Griffdrehteils einlegen.
- Falls bei der Demontage herausgefallen, die Rastfeder in den festmontierten Teil des Griffs einsetzen. Ggf. mit etwas Fett im Griff fixieren.
- Drehgriff so an das festmontierte Teil ansetzen, daß die Zahl der höchsten Ganganzeige mit der Markierung am festen Drehgriffteil übereinstimmt.
- Drehteil des Griffes mit Gefühl ganz in das Festteil einschieben, bis es bündig anliegt. Dabei den Schaltzug an der Einstellschraube herausziehen.
- **Schalthebel und Drehgriff:** Den Schaltzug durch die einzelnen Bowdenzughüllen (geteilte Außenhülle) führen. Dabei ggf. Zug fetten.
- Falls damit ausgerüstet, die Schaltzugabdeckung an der Zugführung anbringen.
- Zugende durch das Auge des Klemmnippels am Schaltwerk bzw. Umwerfer führen. Dabei muß die Mutter mit Scheibe den Zug beklemmen können.
- Schaltzugeinstellschrauben je nach Schalthebel- bzw. Drehgrifftyp eindrehen und Zug leicht gespannt mit der Mutter im Klemmnippel festklemmen.
- Tretkurbel drehen und alle Gänge durchschalten. Ggf. Schaltzug einstellen (wie beschrieben).
- Schutzkappe am Zugende anbringen.
- Probefahrt machen und ggf. Einstellung etwas korrigieren.

Beim Schalthebel der SIS-Schaltung von Shimano kann ein neuer Schaltzug (1) ohne das Hebelgehäuse zu zerlegen, direkt an der Nippelaufnahme (2) des Schalthebels eingefädelt werden. Anschließend muß die Außenhülle (4) auf den Innenzug (3) geschoben werden.

Links: Bei der 5-Gang-Naben-
schaltung können die beiden
Schaltzüge ohne Öffnen des
Schalthebelgehäuses direkt in
die Nippelaufnahmen (Pfeil)
eingefädelt werden.
Rechts: Während der Wechsel
des Schaltzugs am Schalthebel
der Super-7-Nabenschaltung
noch recht einfach nach
Öffnen des Hebelgehäuses vor
sich geht, wird es bei der
Klickbox schon schwieriger.
Die Klickbox muß nämlich
geöffnet werden und nur der
erfahrene Selbermacher sollte
sich daran wagen.

Das Auswechseln eines Schaltzugs beim Drehgriff »Grip
Shift« ist recht einfach, vorausgesetzt man achtet beim Aufschieben des Griffs auf den
korrekten Sitz des Nippels (1)
und auf die Lage des Zugs (2)
in den Gleitnuten (3) des Griffdrehteils.

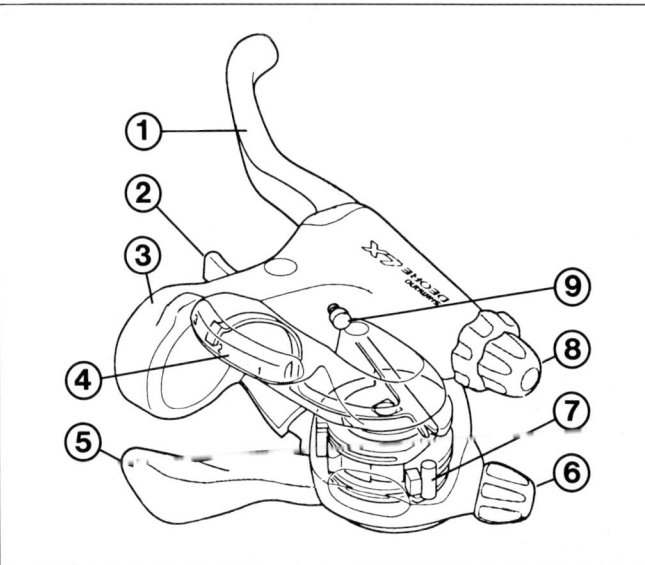

Die sogenannte Phantomzeichnung zeigt den kombinierten
Brems-/Schalthebel (linke Seite)
»Rapidfire« von Shimano.
 Es bedeuten:
1 – Bremshebel;
2 und 5 – Schalthebel für Hoch-
    und Runterschalten;
3 – Klemmhalterung an Lenker-
    rohr;
4 – Ganganzeige;
6 – Schaltzugeinstellhülse;
7 – Schaltzugnippel;
8 – Bremszugeinstellhülse;
9 – Griffweiten-Einstellschraube.

Schalthebel bzw. Drehgriffschalter auswechseln

Wenn Sie einen defekten Schalthebel oder Drehgriffschalter auswechseln müssen, sollten Sie unbedingt wieder die gleiche Schaltvorrichtung wählen oder beim Umrüsten einen Schalthebel oder Drehgriffschalter wählen, der auf die Schaltung abgestimmt ist.

- Bowdenzug der Schaltung ausbauen (wie zuvor beschrieben).
- **Schalthebel:** Je nachdem, ob der Schalthebel mit einer Klemmvorrichtung am Lenker, Rahmen oder direkt in einem Gewinde bzw. Sockel am Rahmenunterrohr befestigt ist, die Klemmschraube bzw. die Befestigungsschraube lösen.
- Griff abnehmen.
- Bei der Montage, die in umgekehrter Ausbaureihenfolge vor sich geht, eventuell die für die richtige Positionierung von Schalthebel zu Bremsgriff wichtigen Markierungen beachten.
- **Drehschaltgriff:** Beim Drehgriff von Sachs (ARIS Power Grip) die Griffklemmschrauben soweit lockern, daß der Griff vom Lenkerrohr abgezogen werden kann.
- Beim Anbau den Griff mit den Klemmschrauben so festklemmen, daß weder die Schalt- noch die Bremsfunktion beeinträchtigt ist.
- Beim Drehgriff (Grip Shift) den Außengriff vom Lenkerrohr abziehen. Dazu den Lenker mit der einen Hand fassen und das Drehgriffaußenteil kräftig schraubend nach außen ziehen.
- Klemmschraube der Drehgriffbefestigung (Innensechskant SW 2,5) lösen und Drehgriffinnenteil komplett vom Lenkerrohr ziehen. Dabei auf den Kunststoffring achten.
- Beim Anbau darauf achten, daß der Drehgriff nur in einer Position mit der Klemmschraube fixiert wird, in der weder die Schaltfunktion noch die Bremsfunktion beeinträchtigt wird.
- **Schalthebel und Drehschaltgriff:** Nach der Montage, die umgekehrt wie der Ausbau vor sich geht, die Einstellung von Schaltung und Schaltzug kontrollieren und ggf. einstellen.
- Probefahrt vornehmen und ggf. Einstellungen korrigieren.

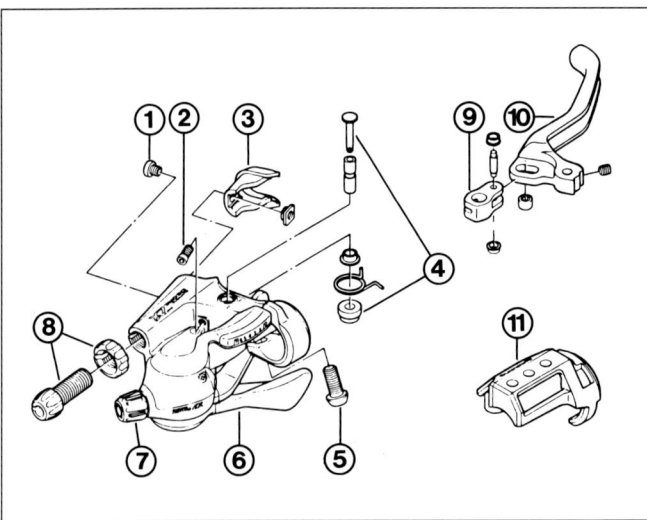

Die Teilezeichnung zeigt den kombinierten Brems-/Schalthebel (linke Seite) »Rapidfire« von Shimano. Es bedeuten:
1 – Klemmschraube der Hebelab-
   deckung;
2 – Griffweiten-Einstellschraube;
3 – Hebelabdeckung;
4 – Bremshebelachse mit Rückholfeder;
5 – Klemmschraube der Klemmschellenbefestigung;
6 – Schalthebel für Hoch- und
   Runterschalten;
7 – Schaltzugeinstellhülse;
8 – Bremszugeinstellhülse mit
   Kontermutter;
9 – Nippelaufnahmesegment
   des Bremszugs;
10 – Bremshebel.

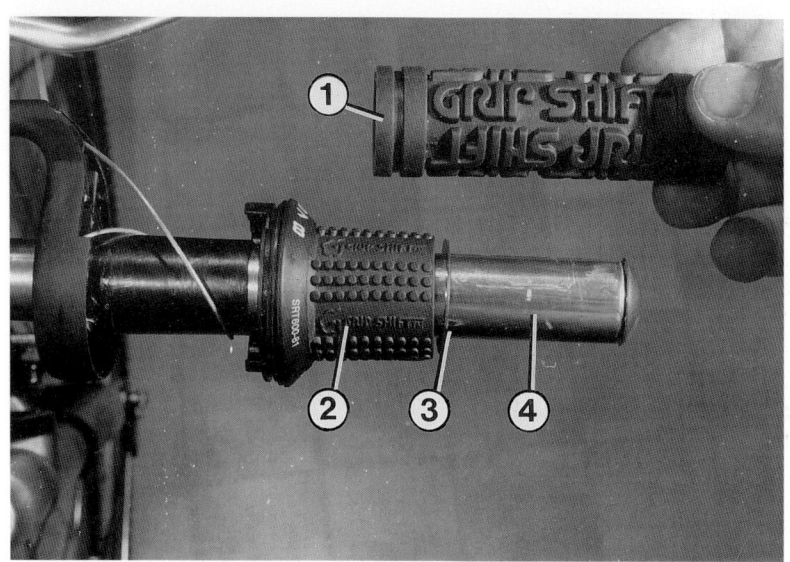

Zum Auswechseln eines geteilten Drehgriffs muß in jedem Fall der feststehende Griffteil (1) vom Lenkerrohr (4) abgezogen werden. Läßt sich der Griff nicht bewegen, einen Schraubendreher zwischen Lenkerrohr und Griff schieben und rundum etwas Spülmittel angeben. Der Griff läßt sich dann leicht abziehen. Beim Anbau die Anlaufscheibe (3) nicht vergessen, sonst läßt sich der Drehteil (2) des Griffs nur schwer drehen.

Tretlager, Tretkurbeln und Pedale

Das Tretlager

Die Tretkurbel am Fahrrad ist mit der Kurbelwelle eines Motors vergleichbar. Genau wie beim Hubkolbenmotor das Auf und Ab der Kolben in eine rotierende, drehende Bewegung umgewandelt wird, so wird beim Fahrrad die Kraft der auf- und niedertretenden Beine in eine drehende Bewegung umgewandelt, die vom vorderen Kettenblatt über die Gliederkette auf den hinteren Zahnkranz und somit auf das Hinterrad übertragen wird.

Durch den wechselseitigen Tritt auf die Pedale der Tretkurbeln werden auf das Tretlager enorm hohe axiale Kräfte ausgeübt. Dies gilt besonders bei Bergfahrten oder beim Antritt. Damit die Muskelkraft möglichst verlustfrei zum Hinterrad geleitet werden kann, ist das Tretlager am Fahrrad besonders aufwendig konstruiert.

Die Tretlagerachse ist beidseitig kugelgelagert. Dazu sitzen in jeweils einer äußeren Lagerschale, die links und rechts im Tretlagergehäuse sitzt, frei umlaufende Lagerkugeln oder aber Lagerlaufringe mit Kugeln.

Zwei Konstruktionsformen haben sich durchgesetzt: Das *Thomsonlager und das BSA-Lager.* Dazu kommt eine neuartige Tretlagerkonstruktion, mit der immer mehr hochwertige Fahrräder ausgestattet werden – das *Patronen-Tretlager.*

● Beim sogenannten **Thomsonlager** sind die Lagerschalen nur in das Lagergehäuse »auf Passung« eingelegt und werden vom linken und rechten Innenkonus der Tretlagerachse und den Lagerkugeln im Lagergehäuse fixiert. Zur Einstellung des Lagers ist der linke Innenkonus durch ein Gewinde beweglich auf der Tretlagerachse gelagert und gegen selbsttätiges Verstellen durch eine Kontermutter gesichert

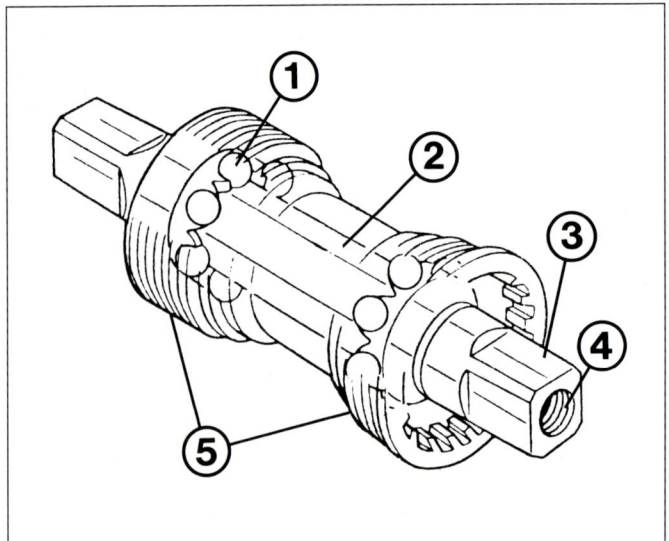

Die Phantomzeichnung zeigt ein sogenanntes Patronen- oder Kompaktinnenlager, ein Tretlager, daß als Komplettbauteil in das Tretlagerrohr des Rahmens eingeschraubt wird.
Es bedeuten:
1 – Rillenlager;
2 – hohle Tretlagerachse;
3 – Vierkant für Tretkurbel;
4 – Gewinde für Tretkurbel-
*   befestigungsschraube;*
5 – Gewindeträger für Tret-
*   lagerrohr am Rahmen.*

- Beim **BSA-Tretlager** sind die äußeren Lagerschalen in das Gehäuse am Rahmen einge-schraubt. Hierfür ist das Tretlagergehäuse auf beiden Seiten mit einem Feingewinde versehen. Die linke, gegenüber dem Kettenblatt sitzende Tretlagerschale ist einstellbar und mit einem Konterring gegen Verstellen gesichert. Die andere Tretlagerschale ist fest in das Tretlagergehäuse des Rahmens eingeschraubt. Je nach Bauart und Anforderung ist die Tretlagerachse mit angedrehten oder aufgepreßten (festen) inneren Lagerkonen aus Stahl oder Dur-Aluminium oder einer anderen leichten Metallegierung gefertigt.
- Bei der Bauweise der **Patronen-Tretlager** sind Kugellager mit Außen- und Innenring, so-genannte Rillenlager, fest auf die Tretlagerachse gepreßt und bereits bei der Montage mit großer Präzision eingestellt. Zudem sind Patronenlager meist optimal gegen äuße-re Einflüsse (Schmutz, Feuchtigkeit etc.) abgedichtet und mit einer Fett-Dauerfüllung versehen. Bei manchen Patronen-Tretlagern stehen die Lager jedoch bauartbedingt sehr dicht beieinander. Durch die so verringerte Stützbreite der Tretlagerachse an den Lagern kann sich die Achse mehr durchbiegen als bei herkömmlichen Tretlagern, wo-durch die Laufflächen an den Lagern höherem Verschleiß ausgesetzt sind. Im Schadens-fall sind Patronen-Tretlagerbauteile irreparabel und nicht nachstellbar – es muß des-halb komplett ausgetauscht werden. Vorteil bei einigen Patronenlagern ist jedoch, daß sie zur besseren Kettenführung (siehe Kapitel »Die Schaltung«) in der Patronenlager-aufnahme im Rahmen nach links und rechts verschoben werden können. Dazu ist die eigentliche Lagerpatrone und die Patronenaufnahme mit einem Feingewinde ausge-stattet. Die richtige seitliche Einstellung zur optimalen Kettenführung wird dann wie bei den herkömmlichen BSA-Lagern mit Konterringen gesichert.

Die Tretkurbeln

Während beim Thomsonlager die Tretkurbeln an der Tretlagerachse meist noch mit einem Schraubkeil gesichert sind, sitzen die Tretkurbeln bei sportlich aufwendiger ausgestatte-ten Fahrrädern mit BSA- oder Patronen-Tretlager ausnahmslos auf einem Vierkant der Tretlagerachse und sind dort mit einer zentralen Schraube gesichert. Aufgrund der Ge-wichtseinsparung werden Kurbeln mit Vierkantbefestigung heute fast ausnahmslos aus Aluminium gefertigt. Es gibt sie jedoch auch aus Stahl.
Das Ausrichten einer deformierten und verbogenen Tretkurbel sollten Sie unbedingt dem Fachmann in der Werkstatt überlassen. Er kann entscheiden, ob die Kurbel noch zu retten ist, oder durch Veränderungen in der Metallstruktur – dies gilt besonders für Tretkurbeln aus Leichtmetall – ein Bruch der Kurbel praktisch vorprogrammiert ist.

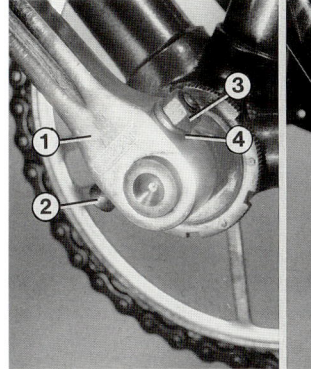 

Links: Die Tretkurbel mit Schraub-keilbefestigung.
Es bedeuten:
1 – Tretkurbel;
2 – Schraubkeil;
3 – Befestigungsmutter;
4 – Unterlegscheibe.
Rechts: Die Tretkurbel mit Vier-kant und zentraler Befestigung.
Es bedeuten.
1 – Sicherungsschraube;
2 – Tretkurbel.

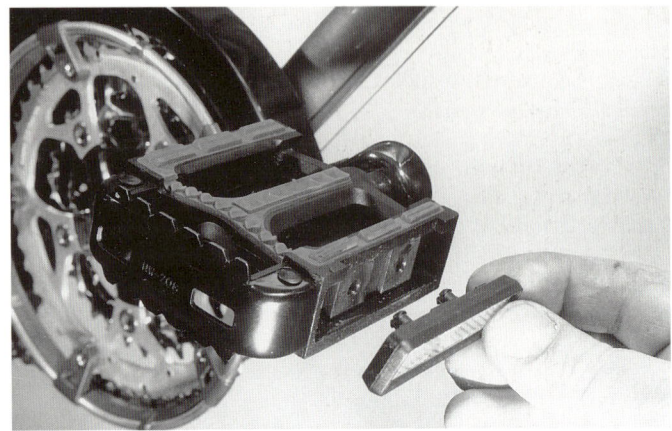

Nach der StVZO müssen Pedale beidseitig mit einem Rückstrahler ausgerüstet sein. Viele Pedale neuerer Herstellung lassen sich nach Abnehmen eines Rückstrahlereinsatzes zum Hakenpedal umrüsten.

Die Pedale

Die geballte Kraft der auf und nieder tretenden Beine muß von den Pedalen aufgenommen und möglichst verlustfrei über die Tretkurbeln und die Kettenräder ans Hinterrad übertragen werden. So ist die exakte 90°-Stellung der Pedale zur Tretkurbel das »A« und »O« für eine optimale Pedalarbeit der Füße. Eine verbogene Pedalachse bedeutet ein hohes Bruch- und damit Verletzungsrisiko und ist außerdem besonders bei Vielfahrern ein nicht unerhebliches Manko, denn durch den »leiernden« Tritt kann man sich unmerklich das Fußgelenk »ruinieren«. Deshalb sollte selbst auch eine nur leicht verbogene Pedalachse nur im Notfall gerichtet werden, denn absolut gerade wird sie auch mit der größten Richtkunst ohnehin nicht mehr. Das Pedal dann baldmöglichst auswechseln, da die Pedalachse, wie bereits erwähnt, allzuviel Biegen nicht verträgt und zudem bei einer zurechtgebogenen Pedalachse Bruchgefahr besteht.

Das altgediente Gummiblockpedal mit eingebautem Rückstrahler werden Sie bei allen in diesem Handbuch beschriebenen Radtypen kaum mehr antreffen. Vielmehr hat sich speziell bei den Pedalen eine Typenvielfalt breit gemacht, die selbst der Fachmann nur noch schwer überblickt. Alle Pedaltypen sind jedoch auf die gleiche Weise auf der Pedalachse gelagert, wobei eigentlich nur die »Billigtypen« nicht einstellbar sind.

Tretkurbelbefestigung kontrollieren (Wartung Nr. 15)

- Mit einer Hand den Rahmen am Sattelrohr festhalten und mit der anderen Hand versuchen, eine Tretkurbel seitlich hin und her zu bewegen.
- Spüren Sie hierbei auch nur das geringste Spiel, vergewissern Sie sich, ob dieses Spiel nicht eventuell am Tretlager zu suchen ist.
- Je nach Tretkurbelbefestigung die Verschraubung auf festen Sitz kontrollieren und ggf. nachziehen.
- Ist trotz Festziehen der Kurbelbefestigung immer noch Spiel vorhanden, ist der Wechsel des Tretlagers komplett mit Tretkurbeln meist nicht mehr zu umgehen.

Festsitzende Tretkurbelkeile lassen sich mit ein paar leichten Hammerschlägen problemlos lockern. Allerdings darf dabei die Befestigungsmutter nicht abgeschraubt, sondern nur ein paar Gewindegänge gelöst werden. Dadurch wird das Gewinde beim Schlag mit dem Hammer nicht zerstört.

Tretkurbel ab- und anmontieren (Tretkurbeln mit Keilsicherung)

- Mutter der Keilsicherung lösen und soweit zurückdrehen, bis sie etwas über den letzten Gewindegang des Sicherungskeils hinausragt.
- Mit ein paar Hammerschlägen auf die Mutter den Keil lockern (siehe auch folgenden Fingerzeig).
- Mutter ggf. noch eine oder zwei Umdrehungen lockern und mit dem Hammer den Keil weiter zurückschlagen.
- Mutter vollends abschrauben und mit Unterlegscheibe entfernen.
- Keil ggf. vorsichtig mit einem Durchschlag weiter zurückschlagen und abnehmen.
- Tretkurbel auf der Tretlagerachse hin und her drehen. Dabei die Kurbel nach außen von der Achse ziehen.
- Vor dem Anbau die Enden der Tretlagerachse säubern.
- Gesäuberte Achsenenden ganz dünn einfetten.
- Tretkurbel absolut gerade und 90° zur Tretlagerachse ausrichten und ohne zu verkanten auf die Achse schieben.
- Läßt sich die Tretkurbel nicht so ohne weiteres aufschieben, darf die Kurbel auf keinen Fall mit groben Hammerschlägen auf die Tretlagerachse getrieben werden.
- Ggf. die Tretkurbel vor dem Ansetzen etwas anwärmen. Dann sitzt die Kurbel nach dem Abkühlen schön stramm auf der Tretlagerachse.
- Sitz der Tretkurbel zum flachgefrästen Teil der Tretlagerachse kontrollieren – die Keilführung der Tretkurbel muß mit dem flachen Teil der Achse fluchten, sonst gibt es Schwierigkeiten mit dem Einsetzen des Keils.
- Keil in die Bohrung der Tretkurbel-Keilführung schieben. Dabei muß die Flachseite des Keils und der Tretlagerachse zueinander zeigen.
- Keil mit ein paar leichten Hammerschlägen oder mit der Schraubzwinge (siehe Fingerzeige) fest in die Keilführung eintreiben.
- Sicherungsschraube mit Unterlegscheibe ansetzen und festziehen.
- Beim Einsetzen des anderen Keils darauf achten, daß er entgegengesetzt zur anderen Kurbel eingesetzt wird, sonst fluchten die Tretkurbeln nicht bzw. sind zueinander versetzt und nicht auf einer Ebene.
- Nach ca. 10 km Fahrstrecke unbedingt den festen Sitz der Sicherungsschrauben kontrollieren.
- Durch gelockerte Sicherungsschrauben können die dadurch ebenfalls lockeren Tretkurbeln in ihrem Sitz schon ausgeschlagen sein – der Schaden ist nicht mehr behebbar.

- Den festen Sitz der Sicherungsschrauben deshalb in regelmäßigen Abständen kontrollieren.
- Ggf. die Sicherungsschrauben mit flüssiger Schraubensicherung einsetzen (siehe auch im Kapitel »Werkzeug und andere Hilfen«).

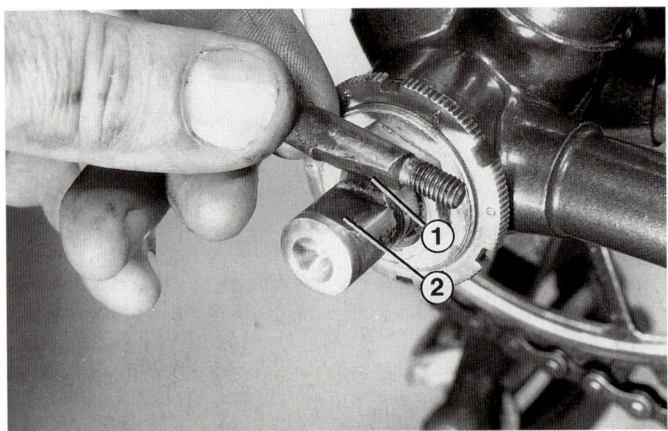

Bei auf der Tretkurbelachse ausgerichteter Tretkurbel muß der Schraubkeil so angesetzt werden, daß die flache Keilschräge (1) auf dem ebenfalls flachgefrästen Teil der Tretkurbelachse (2) zu sitzen kommt.

Das Spiel der Tretkurbeln auf der Tretlagerachse spüren Sie leicht oder hören es gar an einem Knacken bei jeder Kurbelumdrehung wenn die Kurbel wieder abwärts getreten wird.
Wenn Sie sich Ersatz für »vermauerte« Sicherungskeile besorgen, sollten sie die alten Keile mit zum Händler nehmen oder zumindest deren Durchmesser wissen. Standard ist 9,5 mm. Es gibt aber auch Keile mit 9 mm Durchmesser.
Beim Zurückschlagen des Tretkurbel-Sicherungskeils unbedingt mit einem zweiten Hammer gegenhalten.
Da das Gewinde des Sicherungskeils trotz zurückgedrehter Mutter beim Zurückschlagen deformiert werden kann, können Sie, wenn Sie sicher sein wollen, deshalb den Keil auch mit einer Schraubzwinge zurückdrücken. Dazu müssen Sie gegenüber der Sicherungskeilmutter eine Stecknuß ansetzen, die im Durchmesser größer als der Sicherungskeil ist. Dann können Sie mit einer Schraubzwinge den Sicherungskeil bei gelockerter Mutter fein dosiert zurückdrücken. Beim Eintreiben muß die Stecknuß dann über dem Gewinde des Sicherungskeils sitzen.

Tretkurbeln mit Vierkantbefestigung und Zentralschraubensicherung

Die Vierkantbefestigung ist die solideste Art, die Tretkurbel auf der Tretkurbelachse zu befestigen. So gehören ausgeschlagene Tretkurbeln und -lager weitgehend der Vergangenheit an. Wie bei fast allen Teilen am Fahrrad, gibt es auch bei den Tretkurbeln eine Unzahl von Typen und Formen. Trotzdem finden sich bei der Befestigung der Kurbel an der Tretlagerachse nur zwei Befestigungsarten: Mit Innensechskantschraube und Anschlagring im Tretkurbelauge und mit normaler Schraubbefestigung mit Staubabdeckung. Während sich bei der erstgenannten Befestigung die Tretkurbel beim Lösen der Innensechskantschraube durch den Anschlagring selbst von der Tretlagerachse abdrückt, brauchen Sie bei der anderen Befestigungsart einen speziellen Tretkurbelabzieher, der aber zu einem erschwinglichen Preis im Fahrradgeschäft zu haben ist.

Bei Tretkurbeln (1) mit Vier-kantbefestigung ist die zentra-le Befestigungsmutter (2) bzw. -schraube meist mit einer Staubkappe (3) abgedeckt. Die Staubkappe kann entwe-der mit einem Schrauben-dreher abgehebelt oder aber abgeschraubt werden.

Mit einem speziellen Tretkurbel-abdrücker (2) kann eine Tretkur-bel (1) mit Vierkantbefestigung problemlos von der Tretkurbe-lachse abgedrückt werden. Aller-dings muß auch dieses Werkzeug gewissenhaft bis zum Anschlag in das Tretkurbelauge einge-schraubt werden, sonst ist das Gewinde des Tretkurbelauges bei den meist aus Leichtmetall gefer-tigten Tretkurbeln sofort zerstört, wenn die Spindel (3) zum Ab-drücken der Kurbel einge-schraubt wird.

- **Befestigung mit Innensechskantschraube:** Innensechskantschlüssel (meist 6 mm) an der Zentralschraube der Tretlagerachse ansetzen und Schraube lösen, bis sie an den Anschlagring im Auge der Tretkurbel anstößt.
- Schraube mit Schlüssel weiter herausdrehen. Dabei wird die Tretkurbel langsam von der Tretlagerachse abgedrückt.
- **Befestigung mit Sechskantschraube:** Je nach Tretkurbelmodell Staubkappe mit klei-nem Schraubendreher vom Tretkurbelauge vorsichtig abschrauben.
- Mit einem Steckschlüssel die Zentralschraube lösen und herausschrauben (auf Un-terlegscheibe etc. achten!).
- Kurbelabzieher so weit wie möglich in das Tretkurbelauge einschrauben. Das Ge-winde muß einige Gewindegänge tragen, um die Kurbel ohne Schaden von der Tretlagerachse abdrücken zu können. Ggf. vorher die innere Schraube des Abzie-hers ganz zurückdrehen.
- Festen Sitz des Kurbelabziehers kontrollieren und Innenschraube bis zum Anschlag eindrehen.
- Innenschraube weiter eindrehen. Dabei wird die Kurbel langsam von der Tretlager-achse abgedrückt. Bei Schwergängigkeit des Abziehvorgangs ggf. Tretkurbel ge-genhalten.
- Tretkurbel von der Tretlagerachse abnehmen und Abzieher von der Kurbel ab-schrauben.
- Vor dem Anbau die Enden der Tretlagerachse säubern.
- Gesäuberte Achsenden ganz dünn einfetten.

- Tretkurbel absolut gerade und 90° zur Tretlagerachse ausrichten und ohne zu verkanten auf die Achse schieben.
- Zentralschraube einsetzen und festziehen. Dabei Unterlegscheibe, falls vorhanden, nicht vergessen.
- Staubabdeckung einschrauben.
- Nach ca. 50 km Fahrstrecke sollten Sie den festen Sitz der Tretkurbeln kontrollieren und ggf. die Zentralschrauben nachziehen.

Eine Tretkurbel mit verschlissenem oder gar deformierten Vierkantloch im Tretkurbelauge sollte nicht mit erhöhter Kraft »festgeknallt«, sondern umgehend ersetzt werden.
Bei längerer Beanspruchung kann zusätzlich die Vierkantaufnahme der Tretlagerachse Schaden erleiden.

Tretlagerspiel kontrollieren (Wartung Nr. 14)

Alle zwei- bis dreihundert Kilometer sollten Sie das Spiel des Tretlagers kontrollieren. Axiales Spiel, ggf. »untermalt« durch knackende Geräusche, ein taumelndes, eventuell sogar am Ausfallrohr des Rahmens schleifendes Kettenblatt oder Schwergängigkeit des Tretlagers mit mahlendem Drehgeräusch sind untrügliche Zeichen eines falsch eingestellten, meist sogar defekten Tretlagers.
Zur genauen Kontrolle setzen Sie das Fahrrad am besten auf den Montageständer (falls vorhanden) oder stellen es durch untergelegte Lappen entsprechend geschützt auf den Kopf. Zur exakten Prüfung sollten Sie auch noch die Kette vom Kettenblatt abheben.

- **Tretlager zu fest eingestellt:** Tretkurbel langsam von Hand durchdrehen.
- Spüren Sie unharmonische ruckelnde Stockungen in der Drehbewegung?
- Wenn ja, Tretlager einstellen (siehe folgenden Absatz).
- **Tretlager zu locker eingestellt:** Eine Tretkurbel quer zum Rahmen hin und her bewegen.
- Während der hebelnden Bewegung das Spiel kontrollieren. Voraussetzung für diese Kontrolle sind natürlich fest mit der Tretlagerachse verbundene Tretkurbeln, besonders bei durch Keile gesicherten Kurbeln.
- Ist spürbar Spiel vorhanden, Tretlager einstellen (wie im folgenden Absatz beschrieben).

Spüren Sie bei der Kontrolle des Tretlagerspiels trotz korrekter Einstellung ein ruckelndes, mahlendes Drehverhalten, vielleicht sogar mit einem knackenden Lagergeräusch, hilft Schmieren und Einstellen meist nicht mehr und das Tretlager muß komplett ausgetauscht werden.
Der Tausch nur bestimmter Teile am Tretlager ist nicht zu empfehlen, da beispielsweise beim Tausch nur vernarbter Kugeln der nächste Lagerschaden durch mikroskopisch feine Rauhigkeiten auf den Laufbahnen der Lagerschalen nicht lange auf sich warten läßt.

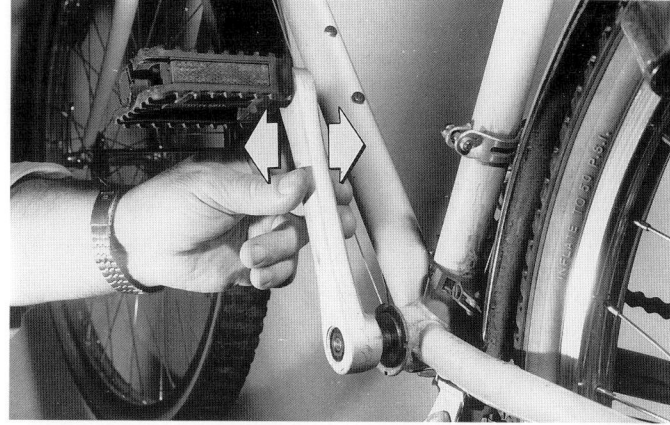

Um das Lagerspiel des Tretlagers zu prüfen, sollte möglichst die Kette vom Kettenblatt abgenommen sein, damit
das Lager ohne Vorspannung
ist. Dann die Tretkurbel mit
Gespür nach links und rechts
(Pfeile) bewegen. Bei spür-
barem Spiel muß das Lager
eingestellt werden, da es bei
den enormen Lagerdrücken
schnell verschleißt.

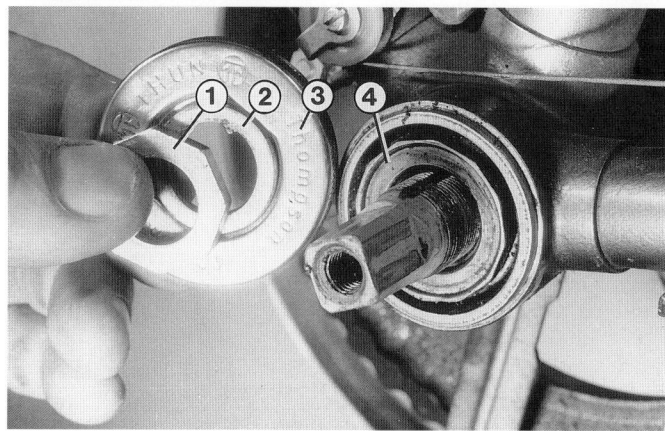

Ist beim Thomsonlager zuwenig Arbeitsspielraum zum Einstellen des Lagerspiels vorhanden, muß die Tretkurbel, Kontermutter (1), Nasenscheibe (2)
und Staubdeckel (3) abgenommen bzw. -geschraubt werden.
Dann kann der Gewindekonus
(4) entsprechend der Lagereinstellung verdreht (Linksgewinde!) werden.

Tretlager einstellen

Der gewissenhafte Schrauber kann bei dieser Kontrolle auch den rechten Staubdeckel
(Thomsonlager) bzw. die rechte Lagerschale (BSA-Lager) abnehmen und den Fettvorrat
kontrollieren. Falls Fett fehlt, sollte das Lager ausgebaut, gereinigt und mit neuem
Fettvorrat versehen wieder eingebaut werden (siehe nächsten Absatz).

● **Thomsonlager:** Mit flachem Gabelschlüssel Kontermutter zwischen Tretkurbel und
Tretlagergehäuse lösen. Achtung Linksgewinde!
● Kontermutter soweit zurückdrehen, bis der Lagerdeckel gerade frei beweglich ist.
● Lagerdeckel nach links drehen (gegen den Uhrzeigersinn) – das Lagerspiel wird klei-
ner.
● Lagerdeckel nach rechts drehen (im Uhrzeigersinn) – das Lagerspiel wird größer.
● Falls sich die Lagereinstellung nicht verändert, fehlen am Lagerdeckel die beiden in
die Nut des Lagerinnenkonus eingreifenden Zapfen. Dann muß die Tretkurbel abge-
baut und der Lagerdeckel abgenommen werden, damit das Lager direkt am Innen-
konus eingestellt werden kann (siehe auch nächsten Abschnitt).
● Einstellung mit Kontermutter wieder gegen selbständiges Verstellen sichern.
● Nach exakter Einstellung darf bei der Kontrolle des Tretlagerspiels kein fühlbares
Spiel vorhanden sein.

- **BSA-Lager:** Konterring etwas lösen. Dazu einen passenden Hakenschlüssel benutzen (Achtung Linksgewinde!).
- Einen passenden Klauenschlüssel an den Stirnlöchern der linken Lagerschale ansetzen und durch Verdrehen der Lagerschale das Tretlager einstellen.
- Lagerschale nach links drehen (gegen den Uhrzeigersinn) – das Lagerspiel wird kleiner.
- Lagerschale nach rechts drehen (im Uhrzeigersinn) – das Lagerspiel wird größer.
- Lagerschale festhalten und Einstellung mit Konterring wieder gegen selbständiges Verstellen sichern.
- Nach exakter Einstellung darf bei der Kontrolle des Tretlagerspiels kein fühlbares Spiel vorhanden sein.
- **Thomson- und BSA-Lager:** Bei richtiger spielfreier Einstellung müssen die in Schwung gebrachten Tretkurbeln einwandfrei rund drehen und ohne ruckeln ausdrehen.
- Falls nicht, Einstellung wiederholen, ggf. Tretlager austauschen (siehe nächsten Absatz).

Je nach Hersteller und Lagertyp des BSA-Tretlagers kann die Lagerschale zur Lagereinstellung entweder mit einem Gabelschlüssel (links) oder mit einem Klauen- bzw. Stiftschlüssel (rechts) verdreht werden.

 Zum Einstellen des Tretlagers den Innenkonus bzw. die Lagerschale gefühlvoll immer nur wenige Grade drehen und dabei das Spiel prüfen.
Vor der Tretlagereinstellung eines BSA-Lagers sollten Sie sich vergewissern, daß die rechte Lagerschale (Kettenblattseite) fest im Lagergehäuse des Rahmens eingeschraubt ist, sonst kann sich die Lagereinstellung schnell wieder verändern.

Tretlager aus- und einbauen

Eigentlich gehört diese Arbeit in die Werkstatt, denn außer »Profiwissen« wird auch noch Spezialwerkzeug benötigt. Deshalb sollte sich an den Aus- und Einbau eines Tretlagers nur der erfahrene Bastler wagen. Wichtig ist außerdem zu wissen, daß besonders bei BSA-Tretlagern die Tretlagerschalen keiner Norm unterliegen, sondern je nach Hersteller und Ursprungsland des Rahmens mit unterschiedlichen Gewinden ausgestattet sind. So gibt es englische Zollgewinde oder französische bzw. italienische Gewinde, bei denen die Dimensionen in Millimetern oder/und Zoll angegeben sind. Um einer Verwechslung vorzubeugen, sind je nach Rahmenhersteller die Gewindemaße in die Lagerschalen des Tretlagers eingeschlagen. Beim Ersatzteilkauf ist dies ein wichtiger Anhaltspunkt, denn die führenden Markenhersteller haben meist alle Gewindearten und -dimensionen im Programm.

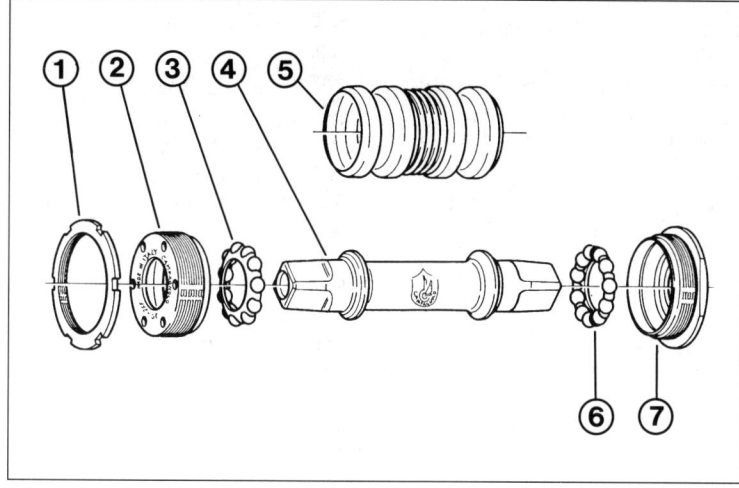

Die Teilezeichnung eines BSA-Tretlagers von Campagnolo zeigt bei:
1 – Sicherungs-Konterring;
2 – Einstell-Lagerschale;
3 – linker Lagerlaufring;
4 – Tretlagerachse mit Vierkant;
5 – Schutzmanschettenbalg;
6 – rechter Lagerlaufring;
7 – Fest-Lagerschale.

Die Gewindearten und -dimensionen lassen sich leicht aus einer bestimmten Maßangabe ableiten. Es handelt sich dabei um zwei Angaben, deren erste den Durchmesser des Gewindeäußeren wiedergibt – den größten Durchmesser also. Die zweite Maßangabe nennt die Anzahl der Gewindegänge je Zoll oder die Steigung des Gewindes in mm. Die Angaben für ein englisches Gewinde lautet z.B. folgendermaßen: 1,37" x 24 TPI; 1,37" = äußerer Gewindedurchmesser in Zoll; 24 TPI = 24 Gewindegänge je Zoll. Die Maßangabe für ein französisches Gewinde sieht so aus: 35 x 1,0 oder 35 x P 1; 35 = äußerer Gewindedurchmesser in mm; 1,0 oder P 1 = Gewindesteigung in mm. Die Maße bei einem italienischen Gewinde lauten z.B.: 36 x 24 TPI; 36 = äußerer Gewindedurchmesser in mm; 24 TPI = Gewindegänge in Zoll. Zur Übersicht folgende Tabelle:

Tretlagertyp	linke Lagerschale		rechte Lagerschale	
	Linksgewinde	Rechtsgewinde	Linksgewinde	Rechtsgewinde
BSA-Lager		1,37 x 24	1,37 x 24	
Ital. Lager		36 x 24		36 x 24
Franz. Lager		35 x 1	35 x 1	
		35 x 1		35 x 1

- Kette vom Kettenblatt abnehmen.
- Tretkurbeln abbauen (siehe nächsten Abschnitt).
- **Thomsonlager:** Auf der linken Tretlagerseite die Kontermutter lösen und entfernen. Achtung Linksgewinde!
- Staub- bzw. Lagereinstelldeckel abnehmen.
- Innenkonus lockern und vollständig von der Tretlagerachse abschrauben.
- Tretlagerachse vorsichtig nach rechts aus dem Tretlagergehäuse ziehen. Dabei auf herausfallende Lagerkugeln achten. Falls Lagerringe eingebaut sind, diese abnehmen.
- Alle Lagerteile mit Waschbenzin reinigen und auf Verschleiß prüfen.
- Entdecken Sie Rostnarben an den Lagerschalen, Lagerkugeln oder -ringen, müssen diese ersetzt werden. Ebenso müssen Ringlager bei gerissenem Lagerring ausgetauscht werden.

- Falls die Lagerschalen Rostnarben aufweisen, müssen Sie ersetzt werden. Dazu die Lagerschalen von der entgegengesetzten Seite im Tretlagergehäuse mit einem Durchschlag oder einem geeigneten Schraubendreher mit durchgehender Klinge ringsum vorsichtig herausschlagen.
- Beim Einbau die Lagerschalen genau am Lagergehäuse ansetzen und mit einem zwischengelegten Hartholzklötzchen in das Tretlagergehäuse eintreiben, bis der Rand der Lagerschale bündig am Rand des Tretlagergehäuses anliegt.
- Lagerlaufbahnen dick mit Lagerfett bestreichen.
- Lagerkügelchen in das Fettpolster einbetten. Werden Lagerringe verwendet, die Lager so einsetzen, daß der Lagerring zur Mitte der Tretlagerachse zeigt und nicht an der Lagerschale anliegt.
- Tretlagerachse mit dem Festinnenkonus von rechts (Kettenblattseite) in das Tretlagergehäuse einschieben.
- Beweglichen Innenkonus auf die Tretlagerachse aufschrauben (Linksgewinde!) und Tretlager einstellen, siehe vorigen Absatz.
- Lagerdeckel links und rechts anbringen und darauf achten, daß die Mitnehmerkerben genau in die Nuten des Innenkonus eingreifen, sonst werden sie beim Anziehen der Kontermutter platt gedrückt, was anschließende Einstellarbeiten erschwert.
- Nach ca. 50 km Fahrstrecke sollten Sie die Lagereinstellung kontrollieren und ggf. korrigieren.
- **BSA-Lager:** Konterring auf der linken Tretlagerseite mit Klauen-Ringschlüssel lösen und abschrauben.
- Stiftschlüssel an der Stirnseite der linken Lagerschale ansetzen und Schale aus dem Lagergehäuse herausdrehen. Dabei auf herausfallende Lagerkügelchen bzw. Lagerlaufring achten (Einbaurichtung der Ringlager merken!).
- Falls vorhanden, Staubhülse vorsichtig aus dem Lagergehäuse ziehen.
- Tretlagerachse aus dem Lagergehäuse ziehen. Dabei auf den Lagerlaufring bzw. die Lagerkugeln achten.
- Rechte Lagerschale mit ausbauen (Achtung Gewinderichtung!).
- Alle Lagerteile sorgfältig mit Waschbenzin reinigen und auf Verschleiß (Rostnarben, eingelaufene Lagerbahnen, defekte Lagerlaufringe) kontrollieren.
- Feingewinde des Lagergehäuses am Rahmen sorgfältig reinigen und einölen.
- Laufbahnen der rechten Lagerschale mit Kugellagerfett versehen und mit eingeöltem Gewinde in das Lagergehäuse einschrauben. Dabei auf Gewinde-Drehrichtung achten (siehe auch folgenden Tip!).

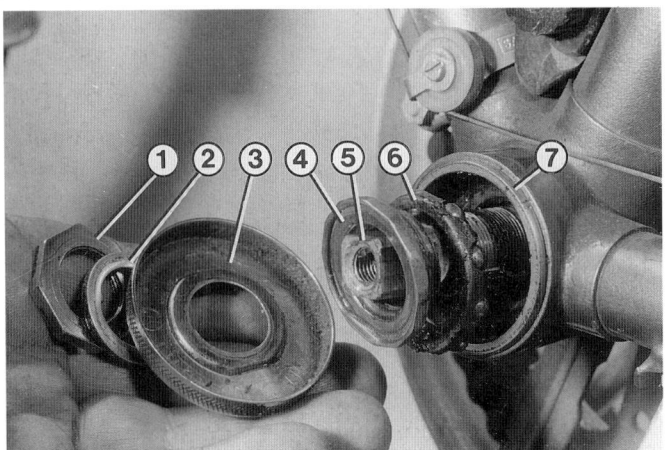

Die geöffnete linke Lagerseite des Thomsonlagers zeigt bei:
1 – Kontermutter;
2 – Nasenscheibe;
3 – Lagerdeckel;
4 – Gewindelagerkonus;
5 – Tretlagerachse mit Vierkant;
6 – Lagerlaufring;
7 – Lagerschale.

Die geöffnete linke
Lagerseite des BSA-
Lagers zeigt bei:
1 – Konterring;
2 – verstellbare Lager-
schale;
3 – Lagerlaufring;
4 – Tretlagerachse mit
Festkonus.

- Lagerring bzw. Lagerkugeln in das Fettpolster der rechten Lagerschale eindrücken.
- Tretlagerachse in richtiger Richtung (rechts/links nicht verwechseln; das rechte Ende ist bei den meisten Tretlagerachsen länger; Schrift auf der Achse zeigt in Fahrtrichtung) vorsichtig einschieben, bis der rechte Innenkonus am Kugellager anliegt.
- Staubhülse auf Risse kontrollieren und in das Tretlagergehäuse einsetzen.
- Gewinde der linken Lagerschale einölen.
- Linke, gefettete Lagerschale mit Kugellager einsetzen und handfest beidrehen bzw. mit dem Stiftschlüssel soweit eindrehen, bis die Tretlagerachse gerade kein Spiel mehr hat.
- Bei richtiger Lagereinstellung den Konterring aufschrauben, Lagerschale festhalten und Lagereinstellung mit Konterring sichern.
- Nach ca. 50 km Fahrstrecke sollten Sie die Lagereinstellung kontrollieren und ggf. korrigieren.

Das Gewinde der rechten Tretlagerschale kann ein rechts- oder linksgängiges Gewinde haben. Dies müssen Sie beim Herausschrauben feststellen. Versuchen Sie dazu die Lagerschale mit halber Kraft erst einmal rechts herum (im Uhrzeigersinn) zu drehen. Löst sich die Lagerschale nicht, versuchen Sie es einmal links herum (gegen den Uhrzeigersinn). Meist wird sich die Lagerschale dann lösen. Die Drehrichtung müssen Sie sich für den Einbau merken, damit nicht mit Gewalt versucht wird, z.B. eine Lagerschale mit Linksgewinde in ein Gehäuse mit Rechtsgewinde einzudrehen.
Die Tretlagerhülse sollten Sie beim Einbau nicht vergessen, denn sie schützt das Tretlager vor Schmutz und Feuchtigkeit (Kondenswasser im Rahmen). Vorhandene Bohrungen im Lagergehäuse des Rahmens sollten Sie auf Durchgang kontrollieren.
Beim Ansetzen der Lagerschale (Gewinderichtung beachten) mit äußerster Sorgfalt vorgehen, da eine auch nur etwas schräg angesetzte Lagerschale sofort die ersten Gewindegänge des Feingewindes beschädigen kann. Ein problemloses Eindrehen der Lagerschale ist dann nahezu ausgeschlossen.
Bei einer durch ein vermurkstes Gewinde schräg im Lagergehäuse sitzende Lagerschale ist der nächste Lagerschaden schon mit eingebaut.

Das Spiel der Pedale sollten Sie alle zwei- bis dreihundert Kilometer kontrollieren. Die Pedale dürfen bei der Kontrolle ein gerade spürbares Spiel haben, sonst muß es eingestellt werden. Eine falsche Lagereinstellung der Pedale erkennen Sie besonders durch knackende Geräusche, durch axiales Spiel oder Schwergängigkeit mit ruckelnder Drehcharakteristik und mahlendem Drehgeräusch.

Bei der Kontrolle sollten Sie auch gleich den festen Sitz der Pedale an den Tretkurbeln überprüfen.

- **Pedallager zu fest eingestellt:** Pedal von Hand durchdrehen.
- Spüren Sie unharmonische ruckelnde Stockungen in der Drehbewegung?
- Wenn ja, Pedallager einstellen (siehe folgenden Absatz).
- **Pedallager zu locker eingestellt:** Pedal quer zur Tretkurbel hin und her bewegen.
- Während der hebelnden Bewegung mit den Fingern an der Tretkurbelseite der Pedalachse versuchen, das Spiel zu fühlen.
- Ist spürbar Spiel vorhanden, Tretlager einstellen, wie im folgenden Absatz beschrieben.

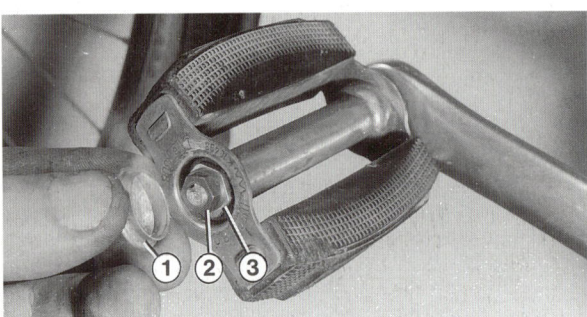

Nach Abhebeln der Staubkappe (1) kann die Kontermutter (2) gelöst und das Pedallagerspiel durch Verdrehen des Gewindekonus (3) eingestellt werden

Bei fehlendem Staubdeckel kann ruckelndes Drehverhalten mit mahlendem Drehgeräusch auch von Schmutz im Schmierfett herrühren. Wird dies rechtzeitig erkannt, hilft oft ein Zerlegen und Reinigen des kompletten Lagers. Mit einer neuen Fettfüllung versehen, kann das Lager dann noch viele Kilometer halten. Fett mit Schmutz vermischt wirkt jedoch über längere Zeit wie Schmirgel, so daß das Lager meist ausgetauscht werden muß.

Verschwindet das mangelhafte Drehverhalten eines Pedals trotz korrekter Einstellung nicht, hilft Schmieren meist auch nicht mehr und das Pedallager, bei gekapselten Pedallagern sogar das komplette Pedal bzw. der Pedalsatz muß erneuert werden.

Pedallager einstellen

Wer sicher gehen will, kann bei dieser Einstellarbeit zusätzlich gleich den Fettvorrat kontrollieren. Falls Fett fehlt, sollte das Pedal von der Achse abgebaut bzw. abgezogen, das ganze Lager gereinigt und das Pedal mit neuem Fettvorrat versehen, wieder angebaut werden (siehe nächsten Absatz).

- Je nach Pedalmodell den Staubdeckel mit einem kleinen Schraubendreher abhebeln oder mit einer Zange abziehen. Bei manchen Pedalmodellen sind die Staubdeckel auch geschraubt.
- Mit Gabelschlüssel oder schlanker Stecknuß Kontermutter lösen. Dabei die Mutter nur soweit zurückdrehen, bis sich der Innenkonus frei drehen läßt. Achtung Gewinderichtung beachten!
- Mit einem kleinen Schraubendreher den Innenkonus vorsichtig verdrehen, bis das Lagerspiel korrekt ist.
- Konus mit dem Schraubendreher festhalten und Kontermutter festziehen.
- Nach exakter Einstellung darf bei der Kontrolle des Pedallagerspiels kein fühlbares Spiel vorhanden sein.
- Zur Kontrolle das Pedal mit Schwung drehen und loslassen – das Pedal muß ohne ruckeln sauber ausdrehen.
- Ggf. Einstellung wiederholen oder das Pedallager auswechseln (siehe nächsten Abschnitt).
- Nicht vergessen, den Staubdeckel anzubringen und dessen korrekten Sitz überprüfen.
- Pedallagerspiel nach ca. 100 km überprüfen und ggf. neu einstellen.

 Tip Zum Einstellen des Pedalspiels den Innenkonus des Pedallagers gefühlvoll immer nur wenige Grade drehen und dabei das Spiel prüfen.

Je nach Pedaltyp kann der Gewindekonus zum Einstellen des Pedallagerspiels mit einem Ringschlüssel oder einer entsprechenden Stecknuß eingestellt werden. Bei vielen Pedallagern geht es jedoch so eng zu, daß der Gewindekonus nur mit einem schlanken Rohrschlüssel (meist SW 15) verdreht werden kann.

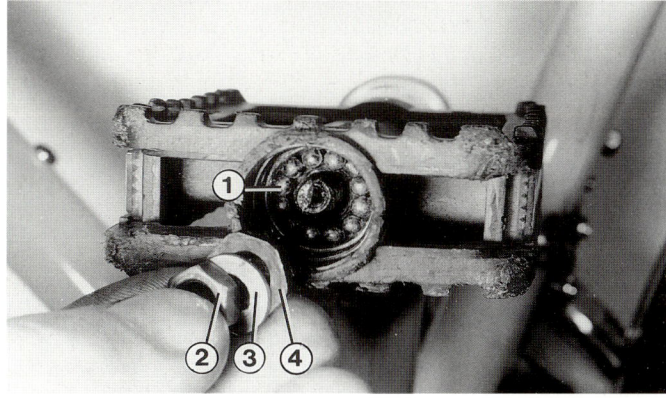

Vor Aufschieben des Pedals auf die Pedalachse, müssen die Lagerkugeln (1) auf beiden Pedalseiten mit Lagerfett in die Lagerschalen »geklebt« werden. Dann kann das Pedal mit dem (4) Gewindekonus, der Nasenscheibe (3) und der Kontermutter (2) auf der Pedalachse gesichert werden.

Pedallager aus- und einbauen

- Staubdeckel entfernen.
- Kontermutter des Innenkonus lösen und entfernen.
- Ggf. Anlaufscheibe mit Kerben für den Nut des Innenkonus abnehmen.
- Innenkonus von der Pedalachse abschrauben. Dabei auf herausfallende Kugeln achten.
- Pedal vorsichtig von der Pedalachse abziehen. Dabei weiter auf herausfallende Kügelchen achten.
- Pedalachse, innere Pedalnabe, Kugellager und Kleinteile sorgfältig in Waschbenzin reinigen.
- Lagerteile auf Verschleiß überprüfen.
- Ist die Pedalachse verbogen, können Sie jetzt die Achse von der Tretkurbel abbauen (siehe auch nächster Absatz) und, falls sie nicht zu stark verbogen ist, richten. Dabei darauf achten, daß das Gewinde nicht »vermauert« wird.
- Vor dem Aufschieben des Pedals die Lagerschalen der Pedalnabe mit Fett ausfüllen und die Lagerkügelchen in das Fettpolster einbetten.
- Pedal mit der Nabenöffnung des Staubdeckels nach außen vorsichtig auf die Pedalachse schieben. Dabei darauf achten, daß keine Lagerkügelchen verloren gehen.
- Pedal zur Anlage am kurbelseitigen Festkonus der Pedalachse bringen.
- Äußeren Innenkonus auf die Pedalachse aufschrauben.
- Die Anlaufscheibe aufsetzen und darauf achten, daß die beiden Kerben in den Nut des Innenkonus eingreifen.
- Kontermutter aufschrauben und Pedalspiel einstellen (siehe vorigen Absatz).
- Pedallagerspiel nach ca. 100 km überprüfen und ggf. neu einstellen.

Pedal komplett abbauen

Wie beim Tretlager unterliegen auch die Gewinde der Pedale keiner einheitlichen Norm. Dies sollten Sie wissen, wenn Sie »eben mal« Ihre alten Pedale gegen ein Paar neue Pedale auswechseln wollen. So gibt es bei den Pedalen einmal die internationale (9/16 Zoll) und zum andern die französische Norm (M 14 x 1,25).

Falls sich also ein Pedal nicht auf Anhieb leicht in die Tretkurbel einschrauben läßt, sollten Sie zuallererst den Gewindetyp überprüfen. Oder, wenn Sie sich nicht sicher sind, beim Kauf neuer Pedale einfach ein altes mit zum Fahrradhändler nehmen.

Je nach Pedaltyp und -hersteller wird zum Abbau unterschiedliches Werkzeug benötigt: Ein normaler Gabelschlüssel, ein flacher spezieller Pedal-Gabelschlüssel oder ein Innensechskantschlüssel.

Um ein (fast immer) fest sitzendes Pedal von der Tretkurbel abbauen zu können, hat die Werkstatt einen mit einem langen Arm versehenen speziellen Pedalschlüssel, mit dem die Pedalverschraubung gelöst werden kann. Ist die Pedalachse auf der Tretkurbelinnenseite zusätzlich mit einem Innensechskant versehen, kann der 6-mm-Innensechskantschlüssel für eine bessere Hebelkraft mit einem passenden Rohr verlängert werden.

- Tretkurbel bei stehendem Rad mit einer passend gesägten Dachlatte so unterbauen, daß die Tretkurbel horizontal steht.
- Oder ein mit einem Lappen umwickelten großen Schraubendreher am Rahmen anlegen und die Tretkurbel so dagegen schwenken, daß sie blockiert ist.
- Schraubenschlüssel bzw. Innensechskantschlüssel zwischen Tretkurbel und Pedal an der Pedalachse ansetzen und Pedal lösen.
- Das rechte Pedal hat Rechts-, das linke Pedal hat Linksgewinde. Entsprechend muß das rechte Pedal gegen den Uhrzeigersinn und das linke Pedal im Uhrzeigersinn gelöst werden.
- Sollen dieselben Pedale wieder angebaut werden, sollten Sie die Pedale verwechslungsicher für rechts und links ablegen. Meistens sind sie jedoch mit einem »L« für links und einem »R« für rechts markiert.
- Ggf. das Gewinde an der Tretkurbel reinigen und etwas einölen.
- Beim Einbau neuer Pedale das Pedal genau 90° zur Tretkurbel ansetzen und die ersten Gewindegänge von Hand eindrehen.
- Erst dann den Schraubenschlüssel bzw. Innensechskantschlüssel ansetzen und die Pedalachse festziehen. Dabei die Tretkurbel gegenhalten bzw. blockieren, wie eingangs beschrieben.

Tip — Wenn durch ein falsches Pedalgewinde oder durch Überdrehen des Gewindes auch das Gewinde in der Tretkurbel defekt ist, kann die Werkstatt einen Gewindeeinsatz einbauen (siehe auch im Kapitel »Werkzeug und andere Hilfen«).

Spezialpedale anbauen

Wenn Sie vom normalen Sportpedal auf Haken- oder gar Adapterpedale umsteigen wollen, sollten Sie um die Vor- und Nachteile Bescheid wissen.

Ausnahmslos sorgen beide Pedaltypen für einen runderen Tritt und dadurch eine gleichmäßigere und damit kraftschonendere Fußarbeit. Das Geheimnis liegt darin, daß sowohl beim Haken- als auch beim Adapterpedal das Großzehengelenk genau über dem Dreh-

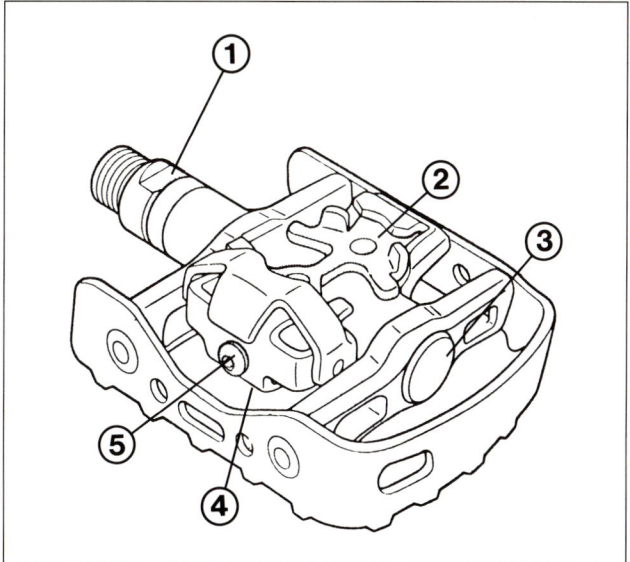

Ein sogenanntes Adapterpedal. Es bedeuten:
1 – gegen Feuchtigkeit abgedichtete Pedalachse mit plangefrästen Flanken für den Pedalschlüssel;
2 – Adaptereinsatz für Radschuhe;
3 – Staubdeckel für Pedallagereinstellschrauben und Lager;
4 – Anzeige für Spannungseinstellung des Adapters;
5 – Einstellschraube für Auslösespannung.

punkt der Pedalachse zu sitzen kommt und so das Fußgelenk durch den natürlichen Bewegungsablauf mithilft, durch Heben und Senken der Fußspitze den oberen und unteren Totpunkt zu überwinden. Dazu kommt, daß bei der Aufwärtsbewegung die Tretkurbel durch das Pedal zusätzlich gezogen werden kann, so daß das abwärts tretende Bein unterstützt wird. Durch diese kräftemäßig ausgeglichene Tretarbeit wird auch das Zickzackfahren am Berg, das sogenannte »Geigen«, fast ganz unterbunden.

Ein weiterer wichtiger Vorteil beim Haken- wie beim Adapterpedal ist der, daß das Verrutschen des Fußes auf dem Pedal, bei dem oft kräftezehrend mit dem Mittelfuß oder gar der Ferse getreten wird, nicht mehr vorkommt. Daher eignen sich diese Pedale besonders für weitere Touren und für Vielfahrer.

● Das **Hakenpedal** ist eigentlich »ein alter Hut« und hat sich besonders bei Rennrädern sehr bewährt. Vorteil der Hakenpedale ist, daß die eigentlichen Haken, die Schuhkäfige, nahezu an jedes Pedal montiert werden können und mit normalem Schuhwerk gefahren werden können. Die Schuhkäfige sind mit einem Riemen versehen, der während der Fahrt straffer gezogen werden kann und so die Verbindung zum Pedal fester macht. Dies hat aber bei Stürzen schon zu komplizierten Drehbrüchen geführt.
Beim Hakenpedal sollten Sie in der Eingewöhnungszeit vorsichtshalber den Riemen gelöst lassen, damit sich der Fuß schnell aus dem Schuhkäfig lösen kann, wenn Sie anhalten und absteigen wollen. Später erfolgt der Griff zum Riemenlösen schon automatisch.

● Das **Adapter-** oder auch **Sicherheitspedal** ist nach dem Prinzip der Skibindung konstruiert. Dazu ist der Pedalkörper mit einer Art Druckknopf-Adapter versehen, der nach dem Schlüssel-/Schloßprinzip in eine in die Schuhsohle eines Spezialschuhs eingearbeitete Platte eingehängt wird. Bei unvorhergesehenen Ereignissen mit entsprechend atypischen Bein- bzw. Fußbewegungen wie z.B. bei einem Sturz gibt die einstellbare Halterung den Fuß bei einer bestimmten Auslösekraft frei.
Vor dem »Umfaller« im Stand müssen Sie sich besonders am Anfang hüten. Die Verbindung vom Schuh zum Pedal kann aus dem Adapter am Pedal nur durch eine seitliche Drehung mit dem Fuß gelöst werden. Meist bedarf es jedoch nur einer kurzen Eingewöhnungszeit.

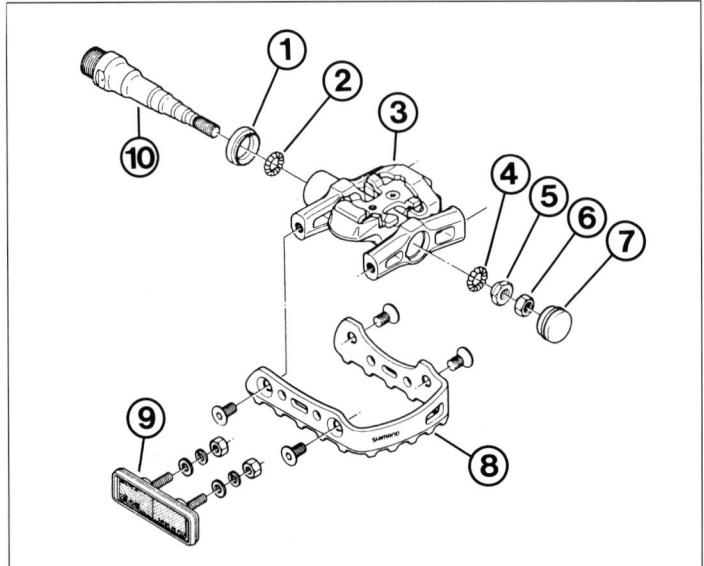

Die Teilezeichnung eines Pedals zeigt bei:
1 – Dichtring;
2 – Lagerkugeln für inneres Lager;
3 – Pedalkörper;
4 – Lagerkugeln für äußeres Lager;
5 – Gewindekonus;
6 – Kontermutter;
7 – Lagerdeckel;
8 – Pedaltrittkranz;
9 – Rückstrahler;
10 – Pedalachse mit Festkonus.

Da sich bei Adapterpedalen normales Schuhwerk nicht eignet, muß in jedem Fall mit einem Spezialschuh gefahren werden. Die Sportschuhindustrie bietet hier ein breites Angebot.

Der Härtegrad des Auslösepunktes kann beim Adapterpedal eingestellt werden. Dies geht meist mit einem Innensechskantschlüssel. Mit fortgeschrittener Routine kann so das Auslösemoment etwas stärker gestellt werden. Wer hier genaueres über den einzelnen Einstellvorgang erfahren will, sollte sich mit seinem Fachhändler in Verbindung setzen, da die Typenvielfalt der Adapterpedale den Rahmen des Handbuches sprengen würde.

 Wer auf Adapterpedale umrüsten will, sollte zumindest beim Schuhwerk darauf achten, daß es mit reflektierenden Klebestreifen versehen wird, denn nur wenige Adapterpedale lassen sich mit Rückstrahlern aus dem Zubehör nachrüsten.

Für Radler, die sich von ihren Normalschuhen nicht trennen können oder wollen, haben manche Pedalhersteller einen sogenannten Instep-Adapter im Programm, mit dem das Adapterpedal in ein Hakenpedal umgerüstet werden kann.

Störungsbeistand

Tretlager, Tretkurbeln und Pedale

Störung	Ursache	Abhilfe
A) Knackgeräusche beim Treten*)	1) Tretlager hat zuviel Spiel	Einstellen (lassen)
	2) Tretkurbel lose auf der Tretlager- achse	Festziehen, falls keine Abhilfe, evtl. neue Tretkurbeln einbauen
	3) Tretlagerachse verbogen	Tretlager auswechseln
	4) Pedallager hat zuviel Spiel	Einstellen
	5) Pedal im Tretkurbel- gewinde lose	Festziehen
	6) Pedalachse verbogen	Pedalsatz auswechseln
B) Schleif- und Mahlgeräusche beim Treten	1) Tretlager ist zu stramm eingestellt	Einstellen (lassen)
	2) Tretlager verschlissen	Auswechseln (lassen)
	3) Siehe A 3	
	4) Pedallager zu stramm eingestellt	Einstellen
	5) Pedallager verschlissen	Pedalsatz auswechseln
	6) Siehe A 6	

*) weitere Hinweise siehe »Störungsbeistand« im Kapitel »Kettenschaltung« bzw. »Nabenschaltung« auf Seite 150 und 158.

Die Beleuchtung

Nach dem Motto »Sehen und gesehen werden«, ist gerade für den Radfahrer der richtige Gebrauch des Lichts eine lebenswichtige Angelegenheit. Geradezu unverantwortlich – und sogar strafbar – ist es, wenn bei einbrechender Dunkelheit oder gar bei Nacht ohne Licht gefahren wird. Gerade Billighersteller haben bei der Installation der Elektrik meist viel zu leistungsschwache Dynamos eingebaut.

Weil der Dynamo – in der Straßenverkehrs-Zulassungs-Ordnung (StVZO) »Lichtmaschine« genannt – nur während der Fahrt funktioniert und der Radfahrer beim Halt oder beim Schieben für andere Verkehrsteilnehmer praktisch nicht erkennbar ist, müssen seit dem 1. Januar 1990 alle Fahrräder mit mindestens einem nach vorn wirkenden weißen Rückstrahler und einem zusätzlich zum beleuchteten Schlußlicht (mit »Katzenauge«) roten Großflächenrückstrahler ausgerüstet sein. Dieser Rückstrahler ist mit einem »Z« (für Zusatzrückstrahler) gekennzeichnet.

Für mehr Sicherheit bietet der Fachhandel auch seit einiger Zeit die zusätzliche batteriegespeiste Dauerbeleuchtung an (Standlicht). Dafür hat der Gesetzgeber die StVZO erweitert und diese Beleuchtungsart in die Vorschriften aufgenommen.

Der betreffende Paragraph (§ 67 StVZO) für die Beleuchtung am Fahrrad besagt, daß Fahrräder für den Betrieb des Scheinwerfers und der Schlußleuchte mit einer Lichtmaschine ausgerüstet sein müssen, deren Nennleistung mindestens 3 Watt und deren Nennspannung 6 Volt beträgt. Zusätzlich darf nun eine 6-Volt-Batterie für Dauerlicht im Stand benutzt werden.

Dabei muß man zwischen beiden Betriebsarten – Stand- und Fahrlicht – mit einem Umschalter wählen können. Darüber hinaus wird dabei vorausgesetzt, daß der verantwortungsbewußte Radfahrer zur eigener und persönlicher Sicherheit für gut geladene Batterien sorgt und beim Fahren wieder von Batterie (Standlicht) auf Dynamobetrieb (Fahrlicht) umschaltet.

Links: Die StVZO schreibt auf öffentlichen Straßen für das »Gesicht« des Fahrrads neben dem Scheinwerfer (2) auch einen nach vorne gerichteten Reflektor (1) vor, der das Fahrrad bei auftreffendem Licht auch bei ausgefallener Beleuchtung nach vorne kenntlich macht.
Rechts: Bei modernen Scheinwerfern ist dieser Reflektor (2) gleich in die Streuscheibe (1) integriert, ohne daß dabei die Wirkung des Scheinwerfers beeinträchtigt wird.

Hier noch einmal die Ausrüstungsvorschriften für die »Lichttechnischen Einrichtungen« am Fahrrad nach § 67 der StVZO:

- **Lichtmaschine** (Dynamo) für Scheinwerfer und Schlußleuchte 3 Watt/6 Volt. Zusätzlich darf eine 6-Volt-Batterie verwendet werden. Beide Betriebsarten dürfen sich nicht gegenseitig beeinflussen.
- **Einrichtung vorn:** Mindestens ein Scheinwerfer, fest montiert für weißes Licht. Nach vorn geneigter Lichtstrahl. Der Scheinwerfer muß so geneigt sein, daß die Mitte seines Lichtkegels in 5 m Entfernung vor dem Scheinwerfer nur noch halb so hoch ist, wie seine Anbauhöhe. Weißer Rückstrahler, nach vorne reflektierend.
- **Einrichtung hinten:** Rote Schlußleuchte, mindestens 25 cm bzw. maximal 60 cm hoch über der Fahrbahn befestigt. Roter Rückstrahler, maximal 60 cm über der Fahrbahn befestigt. Ggf. mit der Schlußleuchte kombiniert ein roter Großflächenrückstrahler, gekennzeichnet mit dem Buchstaben »Z«.
- **Scheinwerfer und Schlußleuchte** dürfen nur zusammen einzuschalten sein.
- **Ausnahmen für Rennräder bis 11 kg Gewicht:** Statt der Lichtmaschine darf eine Batterie eingesetzt werden, ggf. für vorne und hinten getrennt. Die Beleuchtung braucht nicht fest am Rad montiert sein, muß aber mitgeführt und bei Bedarf auch benutzt werden.
- **Pedalrückstrahler:** Gelb nach vorne und hinten reflektierend.
- **Speichenreflektoren:** Gelb, beidseitig wirkend, je 2 pro Rad oder sogenannte Weißwandreifen = ringförmig retroreflektierend (rückstrahlend) oder beides zusammen.
- **Ausnahmen zu § 67 StVZO:** Rennräder sind für die Dauer der Teilnahme an Rennen von dieser Vorschrift befreit.

Elektrik – ganz einfach

Die Elektrik am Rad hat schon manche abendliche Ausfahrt zum Problem werden lassen oder die Radtour unliebsam aufgehalten. Diese Erfahrung hat auf die eine oder andere Art sicher schon jeder Radler machen müssen. Eine Störung in der Elektrik braucht Sie jedoch nicht gleich verzweifeln zu lassen, denn bei der planmäßigen Suche nach der Ursache verliert gerade die vermeintliche Kompliziertheit elektrischer Zusammenhänge viel an Schwierigkeit.

Elektrizität kann man leider nicht sehen; das erschwert für manchen das Verständnis. Deshalb erst einmal ein vergleichendes Beispiel mit einer Wasserleitung, durch die unter einem bestimmten Druck eine gewisse Menge Wasser fließt.

- Der Wasserdruck ist mit der **Spannung,** gemessen in Volt (Abkürzung: V), vergleichbar.
- Die in einer bestimmten Zeit durchfließende Wassermenge entspricht dem **Strom,** der in Ampere (kurz: A) gemessen wird.
- Spannung und Strom miteinander multipliziert, ergibt die elektrische Leistung mit der Maßeinheit **Watt** (kurz: W).
- Ein anderer Wert wird erhalten, wenn die Spannung durch den Strom dividiert wird, nämlich der **Widerstand,** der in Ohm (Zeichen: Ω) gemessen wird. Den Widerstand kann man sich als Absperrhahn in der Wasserleitung vorstellen. Bei geöffnetem Wasserhahn ist der Widerstand gleich 0, das Wasser fließt ungehindert. Wird der Hahn zugedreht, erhöht sich der Widerstand schließlich bis zum Wert unendlich (∞), wobei der Strom versiegt.

Jeder Stromverbraucher stellt einen Widerstand dar, der für eine einwandfreie Funktion mit genügend Strom beliefert werden muß. Deshalb braucht das kleine Scheinwerfer- oder Rücklichtbirnchen lediglich ein dünnes Kabel, der leistungsstarke Anlasser eines Autos dagegen eine besonders dicke Leitung.

Stromkreislauf und »Masse«

Strom kann nur in einem geschlossenen Kreislauf fließen. Wenn Sie zu Hause den Lichtschalter anknipsen, leuchtet das Licht auf. Genauso ist es beim Fahrrad; der vom Dynamo kommende Strom fließt zum Scheinwerfer- bzw. Rücklichtbirnchen und von dort zurück zum Dynamo. Danach müßten jedoch jeweils zwei Kabel zum Scheinwerfer bzw. Rücklicht verlaufen. Doch nur eines läßt sich bis zum Dynamo zurückverfolgen. Der andere Pol des Birnchens ist dagegen meist schon fest mit dem Lampengehäuse verbunden.

Hier hat man sich zunutze gemacht, daß das Metall des Fahrradrahmens ebenfalls Strom weiterleiten kann. In der Elektrik bezeichnet man diese Art, den Stromkreislauf zu schließen, mit »Masse«. Sie sorgt für die Stromrückleitung zum anderen Pol der Spulenwicklung des Dynamos, der ebenfalls direkt mit dem Gehäuse verbunden ist. Wenn nun ein Stromverbraucher direkt auf Metall sitzt, braucht er nur ein einziges Anschlußkabel, aber im heutigen kunststoffreichen Zeitalter müssen fast immer kleine Verbindungsleitungen den Kontakt zur »Masse« herstellen, z.B. wenn das Rad mit Kunststoffschutzblechen ausgestattet ist.

 Wenn es Störungen an der Beleuchtungsanlage gibt, liegt dies in den meisten Fällen an einer fehlenden Masseverbindung.

Stromdurchgang prüfen

Falls der Verdacht einer Unterbrechung des Stromkreises besteht, helfen Sie sich am einfachsten mit einem entsprechend langen Überbrückungskabel, daß jeweils an den Anschlußklemmen vom Dynamo und der entsprechenden Leuchte angeschlossen wird, bzw. vom Massepol des Dynamos (Gehäuse) zum Massepol der entsprechenden Leuchte geklemmt wird.

Praktisch ist auch eine 4,5-Volt-Flachbatterie in Verbindung mit einer Auto-Prüflampe mit Nadelkontakt. Mit der Nadel kann einfach die Isolierung des zu prüfenden Kabels durchstochen oder sicherer Massekontakt zum Fahrradrahmen hergestellt werden. Ob Strom zum Scheinwerfer bzw. Rücklicht fließt, wird so auf recht einfache Weise geprüft.

- **Masseprüfung:** Bei einer Störung in der Beleuchtungsanlage wird die Klemme am Kabel der Lampe mit der Kontaktzunge der Flachbatterie verbunden. Die andere Kontaktzunge der Batterie wird irgendwo am Fahrrad an blankes Metall gehalten. Mit dem Nadelkontakt wird dann der gestörte Massestromkreis geschlossen.
- Das Aufleuchten der Prüflampe gibt Auskunft darüber, daß Massekontakt vorhanden ist.
- Leuchtet das Birnchen nicht auf, liegt ein Massefehler vor.
- **Durchgang am Kabel prüfen:** Dazu muß der Stromkreis aufgetrennt und die Prüflampe mit Flachbatterie an die Kabelenden geschaltet werden.
- Die Klemme am Kabel der Lampe mit der Kontaktzunge der Flachbatterie verbinden.
- Die andere Kontaktzunge der Batterie mit einem Ende des zu prüfenden Kabels verbinden.
- Mit dem Nadelkontakt das andere Kabelende verbinden, damit der Stromkreis geschlossen ist.
- Das Aufleuchten der Prüflampe zeigt an, daß Durchgang im Kabel vorhanden ist.
- Leuchtet das Birnchen nicht auf, ist das Kabel defekt und muß ausgewechselt werden.

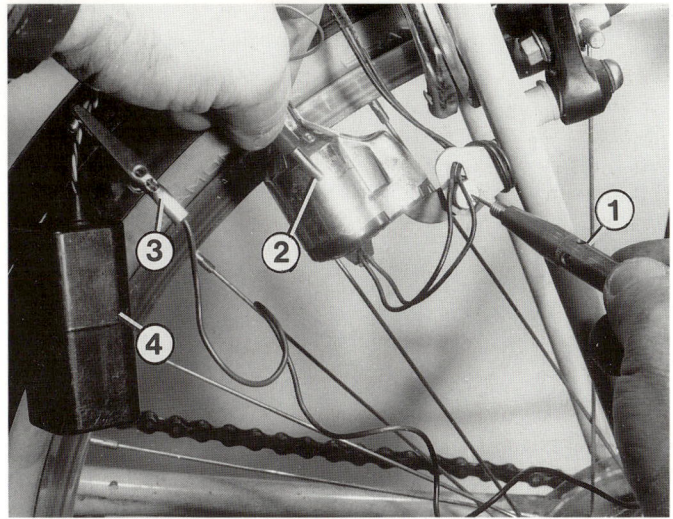

Die einfachste und zugleich sicherste Art, einem »Kabelwurm« auf die Spur zu kommen, ist die mittels Batterie und Autoelektrik-Prüflampe. Obwohl die Autoelektrik-Prüflampe für 12 Volt ausgelegt ist, leuchtet die kleine Lampe trotz der nur 4,5 Volt der Flachbatterie bzw. der 6 Volt des handelsüblichen 4er-Batteriepacks ausreichend hell, um Stromdurchgang nach der im Text beschriebenen Durchgangsprüfung zu signalisieren.

Es bedeuten:
1 – Autoelektrik-Prüflampe;
2 – Steckkontakt der Batterie;
3 – Krokodilklemme der Prüflampe (mit anderem Polstecker der Batterie verbunden);
4 – Batterie (4er-Pack 1,5-V-Babyzellen).

 Tip Haben Sie an Ihrem Fahrrad eine Standlichteinrichtung installiert, sollten Sie bei Verdacht auf eine elektrische Störung zuerst den Ladezustand der Batterie(n) bzw. Akkus kontrollieren.

Beleuchtung kontrollieren (Ständige Kontrolle)

Nahezu bei jedem dritten Fahrrad ist die Beleuchtungsanlage defekt. Dabei sind es meist Kleinigkeiten, derentwegen sich der Radfahrer unnötigen Gefahren aussetzt. Deshalb sollte die Beleuchtung in kurzen Abständen auf Funktion überprüft werden. Zumindest aber, wenn vorauszusehen ist, daß die Fahrt erst nach Einbrechen der Dunkelheit endet, müssen Sie zu Ihrer eigenen Sicherheit die Beleuchtungsanlage an Ihrem Rad überprüfen und ggf. instand setzen.

- Dynamo einschalten.
- Funktioniert der Kippmechanismus leichtgängig und ist der Dynamo korrekt zur Radnabe und zum Reifen ausgerichtet, siehe entsprechende Absätze in diesem Kapitel.
- Je nach Montagesitz des Dynamos, Vorder- oder Hinterrad anheben und Rad drehen. Dabei kontrollieren, ob der Dynamo einwandfrei angetrieben wird und nicht wegen Schwergängigkeit der Laufrolle am Reifen schleift.
- Drückt der Dynamo mit genügen Anpressdruck auf den Reifen oder schleift die Antriebsrolle teilweise durch?
- Spurt der Dynamo einwandfrei auf dem Reifen?
- Vorder- oder Hinterrad anheben und Rad drehen. Dabei kontrollieren, ob das jeweilige Lämpchen im Scheinwerfer bzw. im Rücklicht brennt.
- Falls eines der Birnchen nicht brennt, Störungssuche nach dem Störungsbeistand am Schluß des Kapitels durchführen.
- Bleiben beide Leuchten dunkel, die Fehlersuche ebenfalls systematisch nach dem Störungsbeistand durchführen.

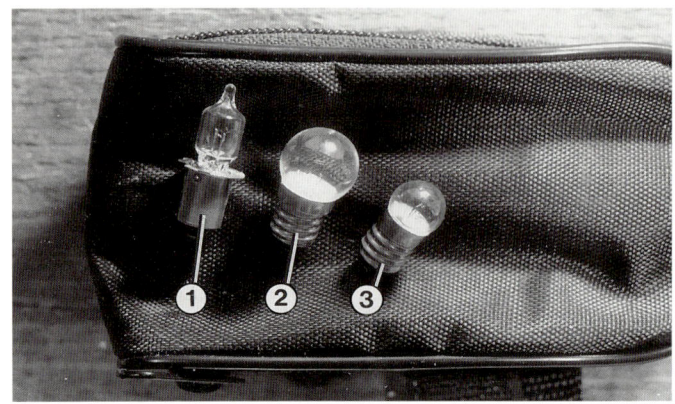

Ersatzlampen im Werkzeug-täschchen sind »lebensnot-wendig« und nehmen zudem keinen Platz in Anspruch. So ausgerüstet sind Sie für die häufigste Panne bei der Beleuchtung – ein durchgebranntes Birnchen – gewappnet. Es bedeuten:
1 – 6-V-2,4-W-Halogenbirn-chen (Scheinwerfer);
2 – 6-V-2,4-W-Glühbirnchen (Scheinwerfer);
3 – 6-V-0,6-W-Glühbirnchen (Rücklicht).

Wenn eines der beiden Birnchen nicht brennt, ist der Exodus für das andere Birn-chen schon vorprogrammiert, denn es muß nun die ganze Dynamoleistung ver-kraften. Dabei ist besonders das leistungsschwache 0,6-Watt-Rücklichtbirnchen gefährdet, wenn das Scheinwerferbirnchen ausgefallen ist.

Ersatzlampen für unterwegs

Einige Beleuchtungshersteller statten die Scheinwerfer werksseitig schon mit Ersatzbir-chen aus. Kontrollieren Sie das Scheinwerferinnenleben Ihres Fahrrades sicherheitshalber daraufhin und kleben Sie ggf. die Ersatzbirnchen mit Klebeband in das Lampenhaus des Scheinwerfers. Im »kleinen Werkzeug« für unterwegs sollten folgende Glühbirnchen vor-handen sein:

- **Normalscheinwerfer:** Glühlampe DIN-Form 49 848-F (Schraubfassung); 6 V 2,4 W.
- **Halogenscheinwerfer:** Halogenlampe DIN-Form 49848-HS3 (Steckfassung), 6 V 2,4 W.
- **Rückleuchte:** Glühlampe DIN-Form 49 848 (Schraubfassung), 6 V 0,6 W.

Rückstrahler kontrollieren (Wartung Nr. 29)

Die sogenannten Rückstrahler vorne und hinten sowie an den Speichen der Laufräder sind Teil der Beleuchtung, denn sie machen das Fahrrad bei Dunkelheit in alle Richtungen er-kennbar. Dazu wird auf sie auftreffendes Licht durch den prismaartig strukturierten Re-flektoreinsatz nahezu 100% gezielt reflektiert.

Bei einem gesprungenen Rückstrahler hinterwandert Feuchtigkeit und Schmutz das Re-flektorglas und macht den Rückstrahler mit der Zeit »blind«. Zu Ihrer eigenen Sicherheit sollten solcherart wirkungslos gewordene Rückstrahler umgehend erneuert werden.

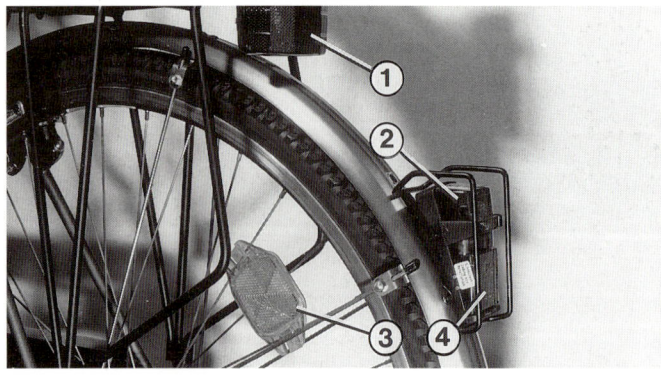

Die Abbildung zeigt die Hin-terseite des Fahrrades, wie es nach der StVZO ausgerüstet sein muß.
Es bedeuten:
1 – roter Großflächenrück-
  strahler;
2 – Schlußlicht;
3 – gelber Seitenreflektor;
4 – in das Rücklicht integrier-
  ter Rückstrahler (Katzen-
  auge).

Der Dynamo

Die Funktion des Fahrraddynamos, vom Fachmann richtiger auch Lichtmaschine genannt, beruht auf der sogenannten Magnetinduktion. Dabei gehen von den Polen eines mehrpoligen Rundmagneten verschiedene magnetische Kraftfelder aus, die durch »Einschalten« des Dynamos durch den fest mit der Eingangswelle verbundenen Magneten im Dynamogehäuse in Drehung versetzt werden. Dadurch wandern die sich drehenden magnetischen Kraftfelder an einer ringförmig um den Rundmagneten angeordneten Feldwicklung vorbei, wodurch an deren Leitungsenden eine elektrische Wechselspannung entsteht. Die Höhe der Spannung hängt beim Fahrraddynamo von der Stärke und der Drehzahl des Rundmagneten ab und wird in Volt gemessen. Je schneller also gefahren wird, desto höher steigen Spannung (V = Volt) und Leistung (W = Watt). Hier schreibt die StVZO z.B. bei einer Fahrgeschwindigkeit von 5 km/h 3 Volt und bei 15 km/h 5,7 Volt vor, so daß die ganze Helligkeit der Beleuchtung erst über 15 km/h erreicht wird.

Da aber Halogenlampen bei Überspannung sehr schnell durchbrennen, wie sie z.B. durch Ausfall des Rücklichtbirnchens oder bei höheren Fahrgeschwindigkeiten entstehen können, sind gute Halogenscheinwerfer mit einem elektronischen Baustein, einer sogenannten »Zenerdiode« ausgestattet, die zwischen Dynamo und Halogenbirnchen zwischengeschaltet ist. Diese Diode begrenzt die Spannung bei höheren Geschwindigkeiten auf »sichere« 6 Volt. Bei besseren Dynamos ist dieser Überspannungsschutz bereits mit eingebaut.

Der Fahrraddynamo wird je nach Typ vom Reifen oder direkt von der Radnabe angetrieben und ist praktisch wartungsfrei, da es nichts zu schmieren gibt. So hält ein guter Dynamo oft ein ganzes »Fahrradleben«.

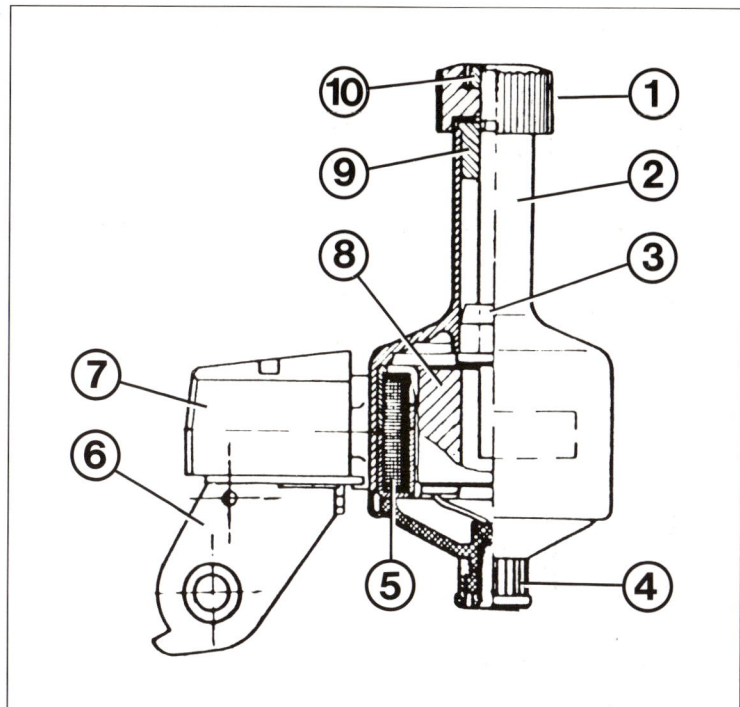

Die Querschnittzeichnung eines Rollendynamos (Seitenläufer) zeigt bei:
1 – Laufrolle;
2 – Dynamogehäuse;
3 – unteres Rotorlager;
4 – Kabelanschlußkappe;
5 – Spulenwicklung;
6 – Dynamohalter;
7 – Kippmechanismus mit Auslöser und Andruckfeder;
8 – Rotor mit Permanentmagnet;
9 – oberes Rotorlager;
10 – Kontermutter.

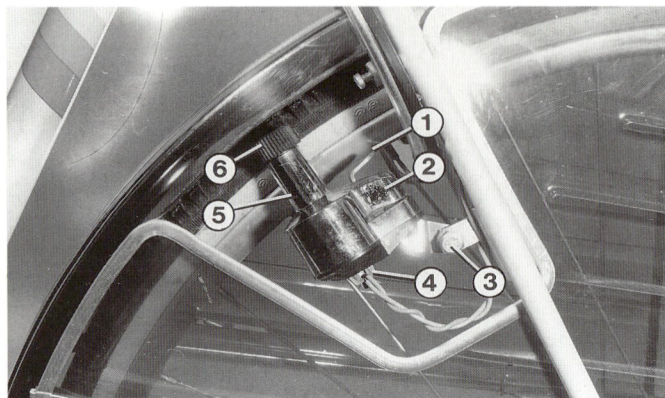

Der Rollendynamo zeigt bei:
1 – Auslösehebel für Kippme-
   chanismus;
2 – Kippmechanismus mit And-
   ruckfeder;
3 – Dynamohalterung;
4 – Kabelanschlußklemme;
5 – Dynamogehäuse;
6 – Laufrolle.

Dynamotypen

Es gibt verschiedene Dynamotypen zum Einbau am Fahrrad, die je nach Konstruktionstyp mit unterschiedlichem Wirkungsgrad, also dem Verhältnis von Kraftaufwand zu Lichtleistung, arbeiten.

● Der sogenannte **Seitenläufer** wird durch einen Kippmechanismus gegen den Reifen geschwenkt und von einer Feder auf die Reifenflanke gedrückt. Um den Schlupf beim Antrieb so gering wie möglich zu halten, ist die Antriebsrolle als Reibrolle mit Längsrillen ausgebildet, die bei richtiger Dynamomontage und -ausrichtung auf einem auf der Reifenflanke eingegossenen Querrillenprofil abrollt. So wird besonders bei Nässe das Durchrutschen der Reibrolle weitgehend vermieden.

● Der **Felgenläufer** ist ganz ähnlich wie der Seitenläufer aufgebaut, doch wird dieser Dynamo so am Rahmen montiert, daß seine im Umfang etwas größere Antriebsrolle genau auf der Felgenflanke abrollt. Felgenläufer sind besonders für Mountain- oder Trekkingbikes mit grobstolligen Reifenprofilen bis in die Reifenflanken geeignet.

● Der **Walzen**- oder auch **Rollendynamo** wird an den Kettenstreben hinter dem Tretlager montiert. Seine Antriebswalze wird durch ein Federgelenk direkt auf die Lauffläche des Reifens gedrückt, wobei durch den einstellbaren Anpreßdruck praktisch jeder Schlupf vermieden wird. Der Walzendynamo hat von allen vom Laufrad über ein Federgelenk angetriebenen Dynamotypen den weitaus besten Wirkungsgrad.

● Der **Speichendynamo** ist am Vorderrad zwischen Ausfallende und Radnabe montiert und wird durch einen in die Speichen hineinragenden Mitnehmer ähnlich wie bei einem konventionellen Tacho angetrieben. Durch diesen kraftschlüssigen Antrieb ist eine sichere Funktion auch bei Nässe, Schlamm und Schnee gewährleistet. Besonderer Gag ist bei diesem Dynamotyp der zweistufige Antrieb über zwei kleine Zahnriemen. In abgeschaltetem Zustand wird der Mitnehmer zurückgeklappt, so daß er nicht mehr im Eingriff zu den Speichen steht.

● Beim **Nabendynamo** sind alle zur Funktion wichtigen Dynamoteile in der Radnabe untergebracht und drehen ständig mit. Erst wenn der Dynamo Leistung abgeben muß, also bei eingeschaltetem Licht, ist er etwas schwergängiger. Funktionsstörungen durch Witterungseinflüsse gibt es wie beim Speichendynamo keine. Allerdings sind die Dimensionen von Magnetrotor und die Spulenwicklung wesentlich größer und damit leistungsstärker als bei den anderen Dynamotypen, denn die Drehzahl des Nabendynamos liegt nur bei ungefähr 1/20 der Drehzahlen eines konventionell angetriebenen Dynamos.

Der Walzendynamo zeigt bei:
1 – Auslösehebel für Kippmechanismus;
2 – Kippmechanismus mit
   Andruckfeder;
3 – Dynamoachse;
4 – Außenrotor und Laufwalze;
5 – Schwenkhalterbefestigung
   für Dynamoausrichtung;
6 – Kabelanschlüsse;
7 – Klemmbefestigung mit
   -schraube.

Dynamoausrichtung kontrollieren
(Wartung Nr. 17; nur Seiten- und Felgenläufer)

Da ein nachlässig an der Gabel ausgerichteter oder ein losgerüttelter Dynamo böse Stürze verursachen kann, werden Seiten- und Felgenläufer zunehmend an den Sitzstreben des Rahmens montiert und so vom Hinterrad angetrieben.
Wichtig für den »reibungslosen« Antrieb des Dynamos ist dessen möglichst genaue Ausrichtung zur Radnabenachse. Aber auch die genaue Abrollposition auf der Reifen- bzw. Felgenflanke ist von entscheidender Bedeutung für den Wirkungsgrad des Dynamos. Zudem ist durch eine falsche Einstellung des Seitenläuferdynamos der Reifen durch erhöhte Reibung der Antriebsrolle auf der Reifenflanke vorzeitig verschlissen.

● Stellung des Dynamos kontrollieren. In Ruheposition sollte die Antriebsrolle des Dynamos ca. 5–10 mm Abstand zum Reifen bzw. zur Felgenflanke haben. So wird der beste Anpressdruck der Antriebsrolle erreicht.
● Ausrichtung des Dynamos zur Radnabe kontrollieren. Dazu am besten eine Holzleiste oder ein langes Lineal zu Hilfe nehmen und von der Antriebsrolle zur Radnabe legen.
● Abrollposition der Antriebsrolle auf der Reifen- bzw. Felgenflanke kontrollieren. Dabei soll die Antriebsrolle des Seitenläufers möglichst mit der ganzen gerillten Auflagefläche auf der Rillenlaufbahn des Reifens aufliegen.
● Die Antriebsrolle des Felgenläufers muß genau auf der Felgenflanke ablaufen.
● Falls die Einstellung nicht stimmt, Befestigungsschraube der Dynamohalterung oder der Klemmschelle lösen.

Besonders beim an der Gabel montierten Rollendynamo muß auf dessen festen Sitz und genaue Ausrichtung zur Radnabe geachtet werden. Dazu verwendet man am besten einen Meterstab (Pfeile) oder ein Lineal, um jegliche »Fehlpeilungen« auszuschließen.

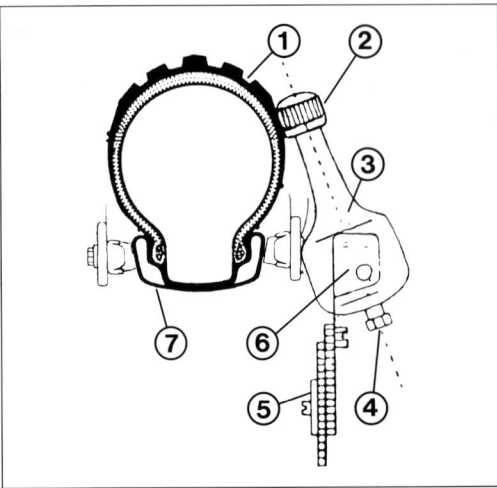

Die Zeichnung zeigt die Querausrichtung des Rollendynamos zum Laufrad. Es bedeuten:
1 – Reifen mit Antriebsrillenband;
2 – Dynamolaufrolle;
3 – Dynamo;
4 – Anschlußkappe für Kabel;
5 – Dynamohalterung;
6 – Kippmechanismus mit Andruckfeder;
7 – Felgenprofil.

- Sitzt der Dynamo in einem am Rahmen angelöteten Halter, Dynamo im Langloch der Dynamohalterung so verschieben, daß die Laufrolle genau auf der Rillenlaufbahn des Reifens bzw. der Felgenflanke abrollen kann. Gleichzeitig muß der Dynamo genau zur Radnabe ausgerichtet werden.
- Ist der Dynamo mit einer Klemmschelle am Rahmen befestigt, die kleine Masseschraube lösen und Dynamo mit Klemmschelle so verschieben, wie zuvor beschrieben. Die Ausrichtung zur Radnabe geschieht durch Lösen der vor der Klemmschelle sitzenden eigentlichen Befestigungsschraube des Dynamos. Nicht vergessen, die kleine Massekontaktschraube wieder so eindrehen, daß guter Massekontakt hergestellt ist.
- Zur Kontrolle der Dynamoausrichtung den Kippmechanismus auslösen und Laufrad ein paar mal mit Schwung drehen lassen
- Ausrichtung ggf. etwas korrigieren.
- Rutscht die Antriebsrolle durch, ist der Anpressdruck des Dynamos zu gering.
- Dynamo in Ruhestellung bringen und Abstand von Antriebsrolle zu Reifen bzw. Felgenflanke kontrollieren. Der Abstand sollte 5–10 mm betragen.
- Falls der Abstand nicht stimmt, die Dynamohalterung geringfügig mit Gefühl etwas zurechtbiegen.

Auch der sonst »narrensichere« Walzendynamo muß genau ausgerichtet sein, um seine volle Leistung entfalten zu können. Dazu muß er genau 90° quer zum Laufrad ausgerichtet sein und die Laufwalze in Ruhestellung einen Abstand zum Reifen von maximal 15 mm nicht überschreiten, sonst ist der Anpressdruck zu gering und die Walze neigt zum Schleifen. Zum Ausrichten des Dynamos die Einstellschraube (1) mit einem 4-mm-Innensechskantschlüssel etwas lösen und den Dynamo (2) entsprechend der Ausrichtung zum Laufrad (3) schwenken.

Bei einigen Markendynamos kann eine verschlissene Laufrolle ausgetauscht werden. Dabei müssen Sie aber unbedingt auf den Laufrollendurchmesser achten, sonst stimmt die Leistung des Dynamos nicht mehr. Nehmen Sie deshalb beim Ersatzteilkauf den Dynamo mit zum Fachhändler.

Der Scheinwerfer

Die Entwicklung hat auch bei der Fahrradbeleuchtung nicht halt gemacht. So werden Neuräder neben den althergebrachten Scheinwerfern mit normalem Glühlicht immer mehr mit Halogen-Fahrradscheinwerfern ausgestattet, in die der von der StVZO vorgeschriebene Frontrückstrahler gleich integriert ist. Neuartige Reflektoren und Streuscheiben sorgen bei beiden Scheinwerfertypen für optimalste Lichtausbeute. Dies gilt besonders für den Halogenscheinwerfer. Durch das im Sockel des Halogenscheinwerfergehäuse immer in der gleichen Lage fixierte Halogenbirnchen werden die Lichtstrahlen durch die genau ausgerichtete Glühwendel in einem speziell entwickelten Ellipsoidreflektor gebündelt, wobei durch die Streuscheibe selbst Streulicht gezielt für die optimale Ausleuchtung gerichtet wird. So übertrifft der Wirkungsgrad des Halogenscheinwerfers den des herkömmlichen Scheinwerfers bei weitem. Außerdem ist Halogenlicht bis zu dreimal heller als normales Glühlicht.
Wenn das Scheinwerferglas beschädigt oder der Reflektor matt ist, muß in jedem Fall der komplette Scheinwerfer ausgetauscht werden. Streuscheibe und Scheinwerferspiegel sind fest miteinander verbunden. Nach dem Einbau eines neuen Scheinwerfers muß grundsätzlich die Einstellung überprüft werden, siehe übernächsten Absatz.

Scheinwerferbirnchen auswechseln

- Falls vorhanden, am Lampensockel des Scheinwerfers eine kleine Sicherungsschraube lösen und herausdrehen.
- Scheinwerfer öffnen. Dazu den Scheinwerferreflektor nach links drehen (von vorne gesehen gegen den Uhrzeigersinn) und vom Bajonettverschluß des Lampensockels vorsichtig nach vorne vom Birnchen abheben.
- Birnchen aus der Fassung drehen.
- Federkontakt und Lampenfassung auf Korrosionsspuren überprüfen und ggf. blankschaben.

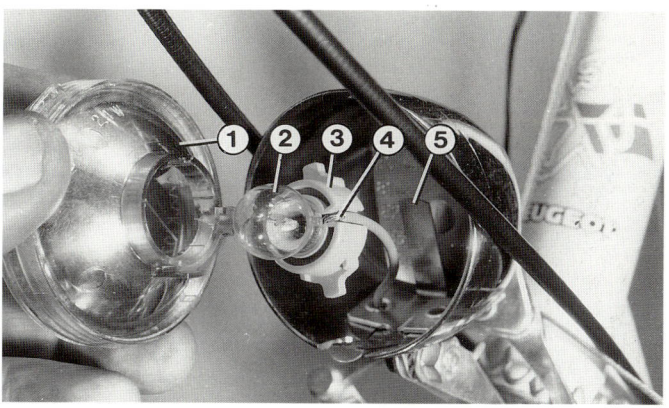

Beim Einschrauben des neuen Scheinwerferbirnchens (2) darauf achten, daß die abisolierten Drähtchen des Anschlußkabels (4) korrekt zwischen Lampensockel (3) und Schraubfassung des Birnchens eingeklemmt sind. Vor Einsetzen des Reflektors (1) auch die Federkontaktzunge (5) im Lampengehäuse auf genügend Vorspannung für einwandfreien Kontakt zur Birne kontrollieren und ggf. etwas zurechtbiegen.

- Neues Birnchen einschrauben (Glühlicht) oder einsetzen (Halogen). Dabei beim Halogenscheinwerfer darauf achten, daß das Birnchen mit der Haltenase richtig im Lampensockel fixiert ist.
- Reflektor vorsichtig über das Birnchen schieben. Dabei darauf achten, daß der Reflektor nicht auf dem Kopf steht (Typbezeichnung etc. auf der Streuscheibe beachten).
- Falls vorhanden, Sicherungsschraube einschrauben.
- Scheinwerfereinstellung kontrollieren und ggf. korrigieren.

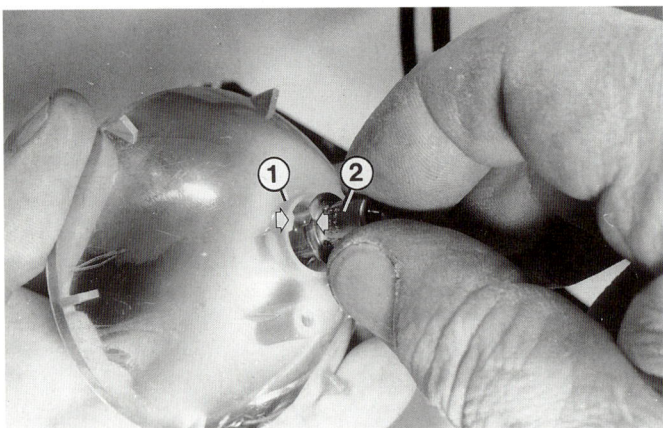

Beim Einsetzen eines neuen Halogenlämpchens (2) müssen Sie unbedingt darauf achten, daß die Kerbe im Sockel des Lämpchens an der angegossenen Nase des Scheinwerferreflektors (1) zu sitzen kommt und nicht verkantet ist (Pfeile). Nur so ist das Lämpchen ausgerichtet und die Fahrbahn optimal ausgeleuchtet.

 Bevor Sie eine unwillige Glühbirne wegwerfen, sollten Sie sie noch einmal genau ansehen. Vielleicht ist sie in Ordnung, aber es fehlt an der Stromversorgung bzw. am Massekontakt.
Da bei vielen Scheinwerfern mit Glühlicht das Zuführungskabel bei der Montage einfach abisoliert zwischen Schraubsockel des Birnchens und Lampenfassung geklemmt wird, müssen Sie beim Einschrauben des neuen Birnchens besonders darauf achten, daß das Zuführungskabel auch korrekt eingeklemmt wird. Zuführungskabel ggf. mit Taschenmesser etwas blankschaben.

Scheinwerfereinstellung kontrollieren (Wartung Nr. 10)

Das ganze Licht des Scheinwerfers ist »nichts wert«, wenn der Scheinwerfer falsch eingestellt ist und beispielsweise in den Himmel zeigt oder andere Verkehrsteilnehmer blendet. Das Licht sollte zwar weit wahrnehmbar sein, aber nicht blenden. Deshalb ist auch im § 67 der StVZO vorgeschrieben, daß der Scheinwerfer so nach unten geneigt sein muß, daß die Mitte seines Lichtkegels in 5 m Entfernung vor dem Scheinwerfer nur noch halb so hoch ist, wie seine Anbauhöhe. Bei einer durchschnittlichen Anbauhöhe des Scheinwerfers von ca. 80 cm muß der Lichtkegel also nach ca. 10 m auf der Fahrbahn auftreffen.
Die Einstellung des Scheinwerfers sollten Sie öfter kontrollieren, denn sie verstellt sich trotz fester Schraubverbindung von selbst. Am genauesten geht das im Stand, wenn der Scheinwerfer an eine fremde Stromquelle (4,5-Volt-Flachbatterie) angeschlossen wird, oder das Fahrrad im Montageständer eingespannt ist. Es gibt verschiedene, unterschiedlich genaue Einstellmethoden:

- Sicherstellen, daß der Scheinwerfer bei gerader Lenkerstellung mit der Längsachse des Fahrrades fluchtet.
- Fahrrad möglichst im rechten Winkel in 5 m Abstand vor eine helle Wand stellen.
- Genaue Hilfslinie der halben Scheinwerfermontagehöhe (Mittelpunkt) anzeichnen. Sie können auch an der Wand z.B. Kreppband ankleben
- Befestigungsschraube am Scheinwerferhalter gerade soweit lösen, daß er sich nach oben und unten neigen läßt.
- Laufrad in Schwung bringen, oder 4,5-Volt-Flachbatterie an Masse und Zuführungskabel des Scheinwerfers anschließen.
- Oder Fahrrad von Helfer vorne bzw. hinten wenige Zentimeter anheben lassen und Laufrad in Schwung bringen.
- Lenker gerade halten und dabei kontrollieren, ob die Mitte des Lichtkegels genau auf der Einzeichnung an der Wand auftrifft.
- Falls nicht, Scheinwerfer entsprechend nach oben oder unten neigen und Befestigung mit Gefühl gut festziehen.

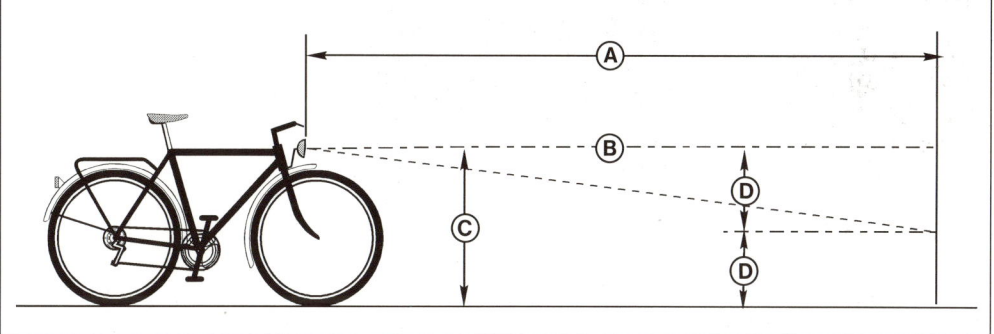

Das Einstellschema für den Fahrradscheinwerfer. Die Maßbezeichnungen bedeuten: A – 5 m Abstand zu einer Wand; B – Reflektormittelpunktlinie; C – Scheinwerferhöhe; D – halbe Scheinwerferhöhe.

 Damit sich der einmal eingestellte Scheinwerfer nicht dauernd verstellt, sollte die festgezogene Schraube des Lampenhalters ggf. mit flüssiger Schraubensicherung gegen Lockern gesichert werden.

Das Rücklicht

Je nach Fahrradtyp ist das Rücklicht entweder auf das hintere Schutzblech oder am Gepäckträger montiert, oder es ist an einem eigenen Halter an der linken Sitzstrebe befestigt. Egal an welchem Montageort, das Rücklicht muß waagrecht ausgerichtet sein und darf nicht durch Streben oder Gepäck verdeckt werden. Die Befestigung am Schutzblech, Gepäckträger bzw. Halter am Rahmen ist gleichzeitig Masseverbindung. Deshalb muß bei Schutzblechen aus Kunststoff eine zweite Leitung (falls nicht schon eingebaut) zumindest bis zum Rahmenmetall verlegt werden.

Rücklichtbirnchen auswechseln

Fast ausnahmslos sind die Rücklicht-Reflektorgläser heute mit dem sogenannten »Katzenauge« zu einer Einheit kombiniert. Die Reflektoren sind je nach Rücklichttyp auf unterschiedliche Weise auf dem Lampenhaus befestigt.

- Kleine Sicherungsschraube lösen oder Klemmlaschen (oben oder unten am Gehäuse) vom Lampenhaus abdrücken und Reflektor abnehmen.
- Birnchen aus der Fassung drehen.
- Neues Birnchen einschrauben. Wenn das Zuführungskabel bei der Montage einfach abisoliert zwischen Schraubsockel des Birnchens und Lampenfassung geklemmt wird, müssen Sie beim Einschrauben des neuen Birnchens besonders darauf achten, daß das Zuführungskabel auch korrekt eingeklemmt wird und abstehende Drähtchen nicht schon Masseschluß an einem angrenzenden Teil haben.
- Reflektorglas vorsichtig über das Birnchen schieben und korrekt einrasten lassen, sonst kann der Reflektor komplett verloren werden.
- Falls vorhanden, Sicherungsschraube einschrauben.
- Falls damit ausgestattet, Flachsteckverbindung auf Korrosion überprüfen, ggf. blankschaben und wieder aufstecken.

Für einwandfreie Funktion gilt auch beim Rücklichtbirnchen (4), daß für einwandfreien Kontakt die Drähtchen des abisolierten Anschlußkabels (3) korrekt in der Federanschlußklemme (1) sitzen bzw. mit der Schraubfassung des Birnchens im Sockel (2) eingeklemmt sind. Auch die Federkontaktzunge (5) muß auf gute Vorspannung kontrolliert und ggf. etwas nachgebogen werden.

Standlichtanlagen

Wie eingangs des Kapitels schon erwähnt, kann Ihr Fahrrad für mehr Sicherheit auch mit einer batteriegespeisten Standbeleuchtung ausgerüstet werden. Allerdings darf diese Batteriebeleuchtung nur zusätzlich zur fahrabhängigen Dynamobeleuchtung angebaut werden. Zudem muß zwischen Stand- und Fahrlicht umgeschaltet werden können.
Zum Umschalten von Fahr- auf Standlicht und umgekehrt sind die Standlichtanlagen namhafter Hersteller wie UNION oder ULO sogar schon mit elektronischen Schaltungen (teil-

Eine feine Sache sind diese neuartigen Rückleuchten mit Standlichteinrichtung ohne Batterie. Während der Fahrt wird dabei ein kleiner Kondensator (3) aufgeladen, der dann im Stand eine recht leistungsstarke helle Leuchtdiode (2) bis zu 30 Minuten speist. Beim Fahren schaltet eine elektronische Schaltung auf normales Glühlicht (1) um.

weise patentiert) ausgestattet, die durch entsprechende Spannungsimpulse des Dynamos das Standlicht zu- oder abschalten. Außerdem schaltet die Elektronik das Standlicht bei einer Störung (z.B. Kurzschluß) automatisch ab. Zusätzlich wird bei manchen Standlichtanlagen das Licht nach einer bestimmten Zeit von einer elektronischen Zeitautomatik abgeschaltet. Gespeist wird die Lichtanlage mit Steuerelektronik entweder von normalen Batterien oder von wiederaufladbaren Akkus, wobei die Elektronik die Anlage bei entladenen Akkus gegen Tiefentladung abschaltet.

Bei der Störungssuche kann wie für die normale Lichtanlage vorgegangen werden, denn die elektronische Schaltung ist so sicher ausgelegt, daß auch bei defekten Birnchen, entladenen Batterien oder Akkus, Kurzschluß oder falscher Verkabelung, kaum Schaden entstehen kann.

Die Kabel

Die Kabel am Fahrrad brauchen wegen der doch relativ geringen Leistung der beiden Birnchen nicht allzu dick sein. Bei Billigrädern sind die Kabelquerschnitte aber oft so schwach ausgelegt, daß schon in den zu dünnen Kabeln die meiste vom Dynamo aufgebrachte Leistung verlorengeht, und am Schlußlicht oder Frontstrahler bis zu 50% Spannungsabfall entsteht. So haben Sie trotz guter Dynamoleistung nur ein trübes Licht.
Damit die volle vom Dynamo erzeugte Spannung auch am Scheinwerfer bzw. Rücklicht ankommt, sollten Sie sich bei der Neuverlegung Kabel mit einem Querschnitt von mindestens 0,38 mm– besorgen. Außerdem darf das Kabel nicht nur einen Draht aufweisen, sondern es muß aus mehreren Drähten bestehen. Diese Kabel werden auch Litze genannt und sind durch ihrer große Flexibilität wesentlich bruchsicherer.

Kabelverlauf kontrollieren (Wartung Nr. 28)

Ein gerissenes oder in seiner Umhüllung gebrochenes Kabel ist äußerst selten Ursache für eine Störung an der Beleuchtungsanlage. Meist sind die Kabel an den Anschlüssen von Dynamo, Scheinwerfer oder Rücklicht nachlässig montiert oder überhaupt falsch verlegt und die lediglich aus den Anschlußklemmen gerutschten Kabel hängen lose herum. Wenn ein Kabel überhaupt einmal reißt, dann liegt dies oft an einer falschen Verlegung.

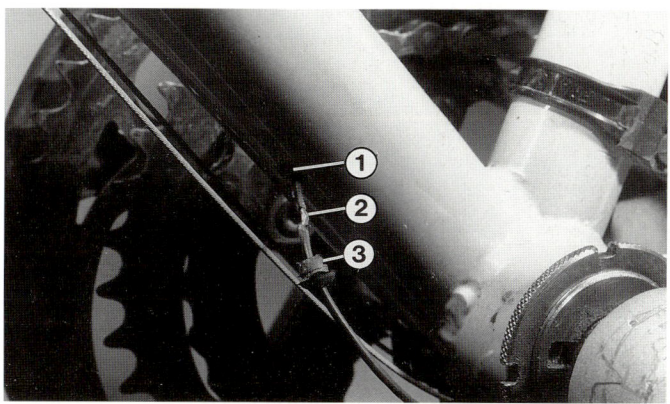

Eine aus der Bohrung im Rahmenrohr (1) herausgerutschte Gummimuffe (3) ist oft die Ursache für eine schadhafte Kabelisolierung (2).
Bei Berührung blankgescheuerter offenliegender Drähtchen eines Beleuchtungskabels mit einem Rahmenteil kommt es zum Kurzschluß und damit Ausfall der Beleuchtungsanlage. Vorbeugend sollten deshalb die Kabel kontrolliert und Schäden abisoliert werden.

- Grundsätzlich sollen die elektrischen Kabel nicht vom Rahmen abstehen. Am besten verlegen Sie deshalb neue Kabel an der Unterseite der Rahmenrohre. Dort sind sie am besten geschützt. Auch an den anderen Teilen des Rahmens sollten die Kabel so verlegt werden, daß sie so eng wie möglich anliegen und nur wo unbedingt nötig etwas abstehen. Dies sind die Bereiche vom Dynamo zur Gabel bzw. der Sattelstrebe, weiter vom Rahmen zum Scheinwerfer, vom Rahmen zum Schutzblech bzw. der Schutzblechstrebe und von der Strebe zum Rücklicht.
- Bei der Verlegung des Kabels zum Scheinwerfer muß das Kabel wegen des Lenkeinschlags in einer etwas großzügigeren Schlaufe verlegt werden.
- Am hinteren Schutzblech das Kabel möglichst in der Umbördelung verlegen. Sonst an der Schutzblechstrebe.
- Ist das Kabel im Rahmenrohr verlegt, darauf achten, daß die Gummimuffen sauber in den Durchlässen des Rahmens sitzen.
- Zum Befestigen der Kabel haben sich schmale unauffällige Kabelbinder am besten bewährt, doch können Sie auch in schmale Streifen gerissenes oder geschnittenes Gewebeklebeband nehmen. Selbst glasklarer breiter Tesafilm z.B. unter dem Rahmenrohr der Länge nach mit dem Kabel verklebt, ist eine Möglichkeit, die Kabel auf großen Strecken sauber zu verlegen, wenn einem die Kabelbinder oder Klebebänder zu störend sind, weil sie z.B. das Farbdesign des Rahmens verdecken.

Gerissenes Kabel reparieren

- Die Enden der Bruchstelle mit einer Abisolierzange, einem Seitenschneider, einer Schere oder einem Taschenmesser ca. 1 cm abisolieren.
- Drähte mit dem Taschenmesser vorsichtig blankschaben. Dabei darauf achten, daß nicht versehentlich einzelne Drähtchen »gekappt« werden, sonst ist durch Kabelbruch der nächste Elektrikschaden schon mit eingebaut.
- Jedes Ende getrennt zwischen den Fingern verdrillen.
- Die beiden Enden gegeneinander in eine Lüsterklemme stecken und verschrauben.
- Mangels einer Lüsterklemme beide Drähte parallel nebeneinander halten und die Enden miteinander verdrillen.
- Die Bruchstelle mit Isolier- oder Gewebeklebeband gegen Massekontakt (blanke Teile) und Korrosion umwickeln.

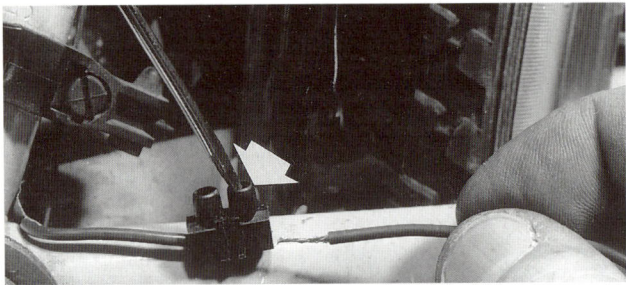

Eine sichere Verbindung bieten solche Lüsterklemmen (Pfeil) aus dem Elektroladen. Sie bieten bei der Kabelreparatur eine dauerhafte und oxidationsfreie Verbindung, sollten jedoch gegen Losschütteln mit Klebeband am Rahmen gesichert werden.

Eine nur zusammengedrillte Bruchstelle ist eine reine Behelfsreparatur und sollte umgehend fachgerecht ausgeführt werden, sonst stehen Sie bei der nächsten Nachtfahrt im Dunkeln.

Die Bruchstellen miteinander zu verlöten, ist nur bedingt zu raten, da die flexible Drahtlitze an der Lötstelle steif ist und so erfahrungsgemäß schneller wieder bricht.

Kabel auswechseln

Bei modernen Fahrrädern ist die Leitung zwischen Vorder- und Hinterrad zum Schutz vor Beschädigungen meist im Unterrohr des Rahmens verlegt. Die Durchlässe im Rahmenrohr liegen dafür hinter dem Steuersatzrohr und vor dem Tretlager bzw. hinter dem Tretlager auf der linken Seite der Kettenstrebe. Gegen Durchscheuern, eindringende Feuchtigkeit und gegen Masseschluß sitzt das Kabel in den Durchlässen in kleinen Gummimuffen.

- Neues Kabel am Fahrrad grob vom Dynamo zum Scheinwerfer oder Rücklicht anlegen und länger als tatsächlich gebraucht auf Länge schneiden.
- Kabel am jeweiligen Lampenkörper anschließen (Klemm- oder Schraubanschluß).
- Beim Scheinwerferkabel müssen Sie den Lenkereinschlag berücksichtigen. Dazu das Kabel ggf. stramm fünf bis acht Mal um die Klinge eines schmalen Schraubendrehers zu einer Spirale wickeln. So steht das Kabel nur wenig vom Rahmen ab und die Bewegungsfreiheit selbst bei starkem Lenkeinschlag ist nicht beeinträchtigt.
- Falls das Kabel im Rahmenrohr verlegt werden muß, vorsichtig die Gummimuffen aus den Durchlässen des Rahmens hebeln und vom alten Kabel abziehen.
- Das alte mit dem neuen Kabel verknoten (dünner Knoten!) oder verlöten.
- Am anderen Ende des alten Kabels vorsichtig mit Gefühl ziehen und gleichzeitig das neue Kabel nachschieben, bis es aus dem anderen Rohrdurchlaß herausgezogen werden kann.

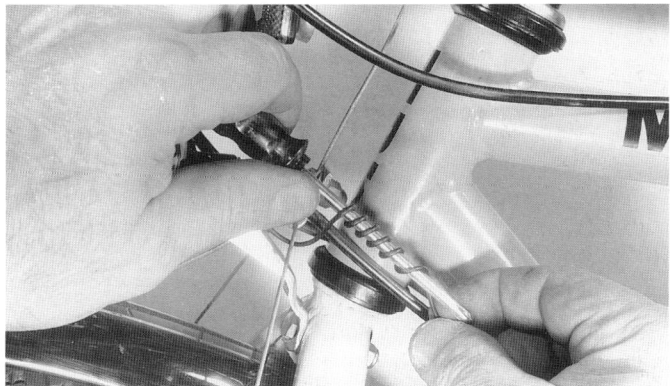

So können Sie das für den Lenkereinschlag etwas länger bemessene Anschlußkabel für den Scheinwerfer um einen Schraubendreher zu einer kleinen Spirale wickeln und haben so ein »aufgeräumtes« Anschlußkabel mit Dehnungsteil.

Immer mehr kommt auch bei der Fahrradelektrik die Steckverbindungstechnik zum Einsatz, wie sie schon seit geraumer Zeit bei der Autoelektrik Standard ist. Trotz hohem Klemmeffekt läßt sich die Steckverbindung (2) leicht lösen und wieder verbinden. In Isolierschläuchen (1) geschützt, sind Oxidationsprobleme praktisch ausgeschlossen. Solche Steckverbindungen lassen sich auch problemlos in Eigenregie nachrüsten.

- Knoten bzw. Verbindung trennen.
- Gummimuffen in richtiger Einbaurichtung auf die Kabelenden schieben und in die Rohrdurchlässe drücken.
- Kabel bis zum Dynamo verlegen und auf endgültige Länge schneiden.
- Kabel anschließen (Klemm- oder Schraubanschluß).
- Funktion der Beleuchtung kontrollieren.

 Wenn Sie sich für die Neuverlegung der Elektrik an Ihrem Fahrrad entschlossen haben, sollten Sie sich überlegen, ob Sie nicht gleich ein zweiadriges Kabel verlegen und auf diese Weise viele Masseprobleme ausschalten. Zweiadrige dünne Litze mit dem richtigen Kabelquerschnitt hat Ihr Fahrradhändler vorrätig.

Die Kabelklemmen und -stecker

Auch am Fahrrad finden elektrische Steckverbindungen Verwendung. Die Klemmverbindungen lassen jedoch viel zu wünschen übrig, denn entweder ist die Klemmwirkung zu schwach und oxidiert oder aber die Kabel sind falsch montiert.

Kabelstecker, ob Rund- oder Flachstecker sind am Kabelende lediglich aufgequetscht und stellen eine stabile Verbindung zur zugehörigen Steckerzunge dar. Diese Stecker gewährleisten aber auch mit zunehmender Alterung eine sichere und korrosionsfreie elektrische Verbindung, da durch ihre hohe Klemmkraft Wackelkontakte praktisch so gut wie ausgeschlossen sind.

Der entsprechende Stecker wird auf das blanke abisolierte Kabelende gesteckt und mit einer Zange festgequetscht. Dazu eignet sich eine normale Flach- oder Kombizange nur bedingt. Besser ist eine Autoelektrik-Quetschzange, mit der außerdem Kabel von ihrer Isolierung befreit und kleine Schrauben gekürzt werden können.

Störungsbeistand

Beleuchtung

Die Störung	Ursache	Abhilfe
A) Scheinwerfer funktioniert nicht	1) Birnchen defekt	Auswechseln
	2) Fassung des Birnchens oxidiert	Fassung mit Taschenmesser oder Sandpapier blankschaben bzw. sauberschmirgeln
	3) Anpreßdruck der Kontaktzunge am Lötsockel des Birnchens zu schwach	Vorsichtig nachbiegen, ggf. etwas blankschaben
	4) Kabel an der Dynamoklemme nicht angeschlossen oder lose	Korrket anschließen. Ggf. vorher Kabel abisolieren

Die Störung	Ursache	Abhilfe
	5) Kabel am Scheinwerfer nicht angeschlossen oder lose	Korrekt anschließen. Ggf. vorher Kabel abisolieren
	6) Kabel gerissen oder innerlich gebrochen	Auswechseln
	7) Kein Massekontakt	Lampenhalterung und Schwenkgelenk auf Oxidation (Rost) überprüfen und nach Demontage blankschaben bzw. -schleifen
B) Rücklicht funktioniert nicht	1) Siehe A 1 bis 7	
	2) Kabel am Rücklicht nicht angeschlossen oder lose	Korrekt anschließen. Ggf. vorher Kabel isolieren
	3) Kabel gebrochen oder Kontaktbahn (falls damit ausgestattet) im hinteren Schutzblech gerissen	Auswechseln; bei einem Schutzblech mit Kontaktbahn neues Kabel vom Dynamo bis zum Rücklicht einziehen
	4) Siehe A 5	Befestigungspunkte des Lampengehäuses auf Oxidation und Rost überprüfen und nach Demontage blankschaben bzw. -schleifen
	5) Massefehler durch oxidierte oder lockere Befestigungsschrauben von Schutzblech und -streben	Befestigungspunkte säubern und Schrauben festziehen
C) Beide Leuchten brennen nicht	1) Siehe A 1 bis 6	
	2) Siehe B 2 und 3	
	3) Laufrad des Dynamos verschmutzt und dreht sich daher nicht	Reinigen und gangbar machen; ggf. etwas ölen
	4) Dynamoeinstellung zum Laufrad falsch; zu wenig Anpreßdruck	Dynamoeinstellung kontrollieren und einstellen
	5) Dynamo defekt	Austauschen
D) Licht brennt, aber viel zu dunkel	1) Eines oder beide Birnchen mit falscher Leistung eingebaut	Auswechseln; Scheinwerfer 6 V 2,4 W; Rücklicht 6 V 0,6 W

Die Störung	Ursache	Abhilfe
	2) Zu dünne Kabel eingebaut	Auswechseln
	3) Dynamo rutscht auf dem Reifen durch falsche Dynamoausrichtung	Dynamoausrichtung kontrollieren und einstellen
E) Licht brennt, aber flackert	1) Eine oder beide Birnen in der Fassung locker	Festschrauben
	2) Wackelkontakt durch lose Kabelverbindung am Dynamo oder einer der beiden Leuchten	Kontrollieren und korrekt anschließen
	3) Laufrad hat einen »Achter«	Laufrad zentrieren (lassen)
F) Dynamo dreht nicht oder nur schwer	C 3 und 5	
G) Dynamo läßt sich nicht »einschalten«	1) Kippmechanismus verdreckt	Reinigen und gangbar machen
	2) Kippmechanismus eingerostet oder Druckfeder gebrochen	Gangbar machen und schmieren, ggf. Dynamo austauschen

Anbauteile und Zubehör

Welches Zubehör für welchen Zweck

Wollen Sie Ihr Fahrrad mit nützlichen Anbauteilen oder sinnvollem Zubehör aufwerten, sollten Sie sich besonders vertrauensvoll an Ihren Fachhändler wenden, denn er kann Sie meist auch aus praktischer Erfahrung besser beraten, als dies manche Hersteller in ihren Prospekten versprechen.

Egal ob Sie Ihr Fahrrad mit Schutzblechen, einem Gepäckträger oder Fahrradständer nachrüsten wollen, achten Sie beim Kauf bei allem immer auf Qualität. Sie wird fast nur von namhaften Herstellern angeboten und hat ihren Preis. Schlechtes Zubehör eines Billigherstellers, das sich schon bei der ersten Belastung verbiegt oder gar bricht, verursacht nur Ärger und verdirbt einem die Freude am Fahrrad.

Schutzbleche

Wenn Sie Ihr Mountainbike mit Schutzblechen nachrüsten wollen, können Sie sich neben unterschiedlichen Schutzblechprofilen auch zwischen verschiedenen Materialien entscheiden. Schutzbleche werden aus Stahl, Aluminium oder Kunststoff angeboten. Vorteil der Kunststoffschutzbleche ist neben dem geringen Gewicht die Flexibilität und Unempfindlichkeit gegen mechanische Einflüsse (z.B. Steinschlag). Seine Aufgabe kann ein Schutzblech aber nur dann voll erfüllen, wenn es mindestens so breit ist, daß es den Reifen auch seitlich etwas überdeckt.

Die Schutzbleche werden mit kleinen Winkelhaltern meist zusammen mit den Bremsen und am Vorderrad zusätzlich mit dem Scheinwerferhalter befestigt. Das hintere Schutzblech ist mit dem vorderen Ende zusätzlich am Quersteg der Kettenstrebe befestigt. Damit das frei nach hinten verlaufende Teil des Schutzblechs am Vorder- wie am Hinterrad nicht in unkontrollierte Schwingungen geraten kann, werden die feien Enden durch Drahtstreben gehalten. Diese Streben werden entweder mit Ösen versehen direkt auf die Nabenachse gesteckt und dort mit den Radnabenmuttern festgeschraubt, oder in eigenen mit Augen für die Drahtstreben versehenen Strebenhaltern an den Ausfallenden befestigt. Am Schutzblech sind die Streben entweder von innen (Unterlaufstrebe) oder von außen (Überlaufstrebe) befestigt, wobei die sogenannten Überlaufstreben konstruktionsbedingt mit etwas mehr Sicherheitsabstand vom Reifen verlaufen.

Schutzblechausrichtung und -befestigung kontrollieren (Wartung Nr. 21)

- Sitzt das Schutzblech schief, kann es durch Verschieben der Drahtstreben in den Strebenhaltern genau zum Laufrad ausgerichtet werden.
- Dazu die Muttern des jeweiligen Strebenhalters gerade soweit lockern, daß die Drahtstrebe im Auge des Strebenhalters entsprechend verschoben werden kann.

Egal welches Schutzblechsystem an Ihrem Fahrrad montiert ist, die Befestigungen (Pfeile) müssen von Zeit zu Zeit auf festen Sitz kontrolliert werden, denn eine lockere Strebenbefestigung ist weit häufiger Ursache für ein verzogen sitzendes Schutzblech als ein kleiner Rempler vom Anlehnen an einen Baum o. ä.

- Schutzbleche, deren Streben direkt auf der Nabenachse sitzen, können nur durch Biegen der Streben ausgerichtet werden.
- Schutzblechbefestigung von Zeit zu Zeit kontrollieren. Dabei lockere Strebenhalter an den Ausfallenden vorsichtig festziehen.
- Strebenbefestigung am Schutzblech kontrollieren und ggf. festziehen.
- Falls sich die Nietverbindung der Winkelhalterung zum Schutzblech losgerüttelt hat, hilft nur Ausbohren der Nieten und Befestigen der Winkelhalterung mit Schraube(n) und Mutter(n). Dabei Unterlegscheiben nicht vergessen.

Wichtig bei allen Befestigungen des Schutzblechs ist die Verwendung von Unterlegscheiben und sogenannten Sprengringen, Federscheiben, die ein Lösen der Verschraubung verhindern sollen.

Achtung, die Muttern der Schutzblechbefestigung können leicht überdreht werden. Falls sich die Schutzblechbefestigung öfter losrüttelt, hilft flüssige Schraubensicherung oder selbstsichernde Muttern. Sie finden bei der Fahrradmontage immer mehr Verwendung.

Kettenschutz

Der Kettenschutz soll verhindern, daß flatternde Kleidungsteile verdrecken und dort, wo Kette und Kettenblatt zusammenlaufen »in die Kette gezogen werden«. Da sich bei Fahrrädern mit Kettenschaltung die Kette auf der ganzen Breite des Ritzelpakets bzw. Kettenblattsatzes bewegt, werden solche Räder meist ohne Kettenschutz gefahren. Lediglich für die Kettenblätter gibt es einen Hosenschutz, der gleichzeitig das Abspringen der Kette verhindert. Es handelt sich dabei um einen Ring, der auf dem größten Kettenblatt sitzt und durch seinen größeren Außendurchmesser die Beinkleider schützt.

Fahrräder ohne Kettenblattschaltung können mit einem kurzen, nur das Kettenblatt und die obere Kettenführung abdeckenden Kettenschutz nachgerüstet werden. Dieser Kettenschutz bietet schon einen ausreichenden Schutz und hält flatternde Hosenbeine von den Zähnen des Kettenblattes und den schmierigen Kettengliedern fern. Den sogenannten Vollkettenschutz findet man nur an Fahrrädern mit Nabenschaltung. Ein solcher Vollkettenschutz verhindert nicht nur die Verschmutzung der Kleidung, er schützt die Kette auch vor Witterungseinflüssen und Schmutz.

Aus Kunststoff gefertigt, ist ein Kettenschutz kaum noch Ursache für Klappergeräusche. Zudem sind sie so perfekt an den Kurbeltrieb angepaßt, daß sie selbst bei einer 24-Gang-Kettenschaltung wie in der Abbildung problemlos montiert werden können. Zur Feinausrichtung können die Befestigungspunkte (Pfeile) zurechtgebogen werden.

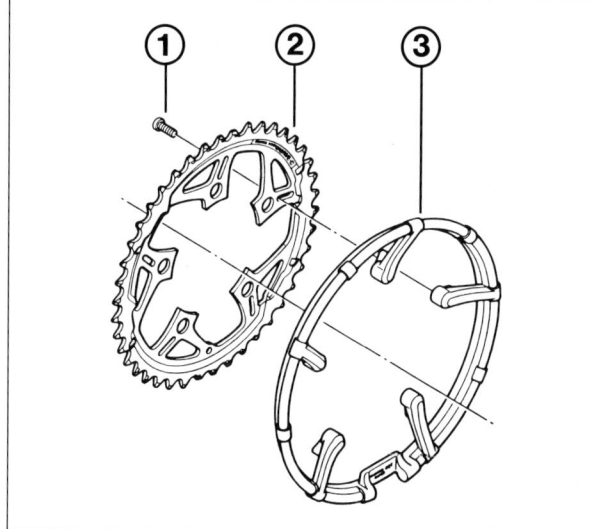

Ein solcher Kettenschutzring läßt sich auch nachträglich an viele Kettenblattgarnituren anbringen und bietet flatternden Hosenbeinen ausreichenden Schutz.
Es bedeuten:
1 – Befestigungsschraube;
2 – größtes Kettenblatt;
3 – Kettenschutzring.

Besonders aus Gewichtsgründen werden auch die verschiedenen Kettenschutztypen aus unterschiedlichen Materialien – Metall und Kunststoff – gefertigt. Einen Kettenschutz, besonders den Vollkettenschutz, nachzurüsten empfiehlt sich nur, wenn um den Kettenbereich genügend Platz vorhanden ist. Am besten nehmen Sie Ihr Rad mit zum Fachhändler. Dort kann man dann ausmessen, welcher Kettenschutz aus dem vielseitigen Angebot an Ihr Fahrrad paßt.

Kettenschutz ausrichten

So schön ein Kettenschutz ist, fast immer schleift irgend ein Teil oder er klappert gar.
- Schleift der Kettenschutz im Kettenblattbereich, den festen Sitz der Montageschellen und der Halterungen überprüfen und ggf. festziehen. Dazu den geschlossenen Vollkettenschutz öffnen (Drehpilze um 90° verdrehen oder Klemmverschluß aufhebeln).
- Falls der Schutz immer noch schleift, die Befestigungen etwas lockern und den Kettenschutz entsprechend ausrichten.
- Ggf. Halterung etwas nachbiegen.

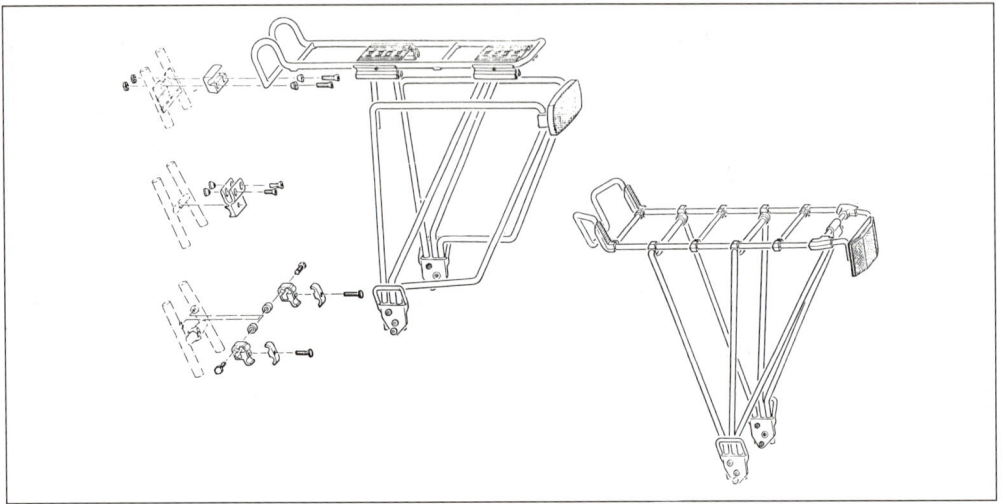

Zwei Gepäckträgervarianten von ESGE, die für 25 kg Belastung ausgelegt sind. Der linke Gepäckträger ist dazu mit dem firmeneigenen Glide-System ausgerüstet, durch dessen Gleitschienenadapter Einkaufskorb, Packtasche und Kindersitz etc. schnell und problemlos gegeneinander ausgetauscht werden können. Zur Befestigung unhandlicher Lasten gibt es passende Spanngurte.

 Falls sich die Teile des Vollkettenschutzes nicht mehr fest schließen lassen und der Kettenschutz dadurch klappert, können Ober- und Unterteil mit Gewebekleband umwickelt und so fest miteinander verbunden werden.

Gepäckträger

Bis auf das »reinrassige« Mountainbike sind alle in diesem Handbuch behandelten Fahrräder serienmäßig mit einem Gepäckträger ausgestattet. Für größere Radtouren gibt es als Zubehör eine ganze Reihe von Spezialgepäckträgern, wobei hier besonders der sogenannte »Low-Rider« erwähnt sei. Dieser Spezialgepäckträger ist für einen tiefen Schwerpunkt sehr tief an die Vorderradgabel montiert, was besonders die Lenkfähigkeit nicht beeinträchtigt. Allerdings sollte hier zur Stabilisierung immer ein Versteifungsbügel um das Vorderrad beide Seiten des Gepäckträgers miteinander verbinden.
Bei der Auswahl eines Gepäckträgers sollten Sie besonders auf Stabilität achten. Dies geht zwar immer auf Kosten des Gewichts, doch bleiben Sie so möglicherweise vor einer Panne durch Bruch bewahrt. Bei der Ausstattung des Gepäckträgers selbst ist der Fachmann aus dem Fahrradgeschäft wieder der beste Berater, denn es gibt eine Unzahl an Gepäckträgertypen für die verschiedensten Belange mit unterschiedlichen Befestigungsmöglichkeiten für Satteltaschen und Gepäck. Wichtig bei der Auswahl eines Gepäckträgers ist es jedoch, zu wissen, daß sie nach DIN in drei Belastungsstufen eingeteilt sind. Dazu muß der Gepäckträger vom Hersteller entsprechend gekennzeichnet sein:
● Gepäckträger mit einer Tragfähigkeit von 10 kg (für leichtes Gepäck; nicht geeignet zur Beförderung von Kindern) = 79121-10
● Gepäckträger mit einer Tragfähigkeit von 18 kg (für normales Gepäck; für den Anbau eines Kindersitzes geeignet) = 79121-18
● Gepäckträger mit einer Tragfähigkeit von 25 kg (für schweres Gepäck; für den Anbau eines Kindersitzes geeignet) = 79121-25

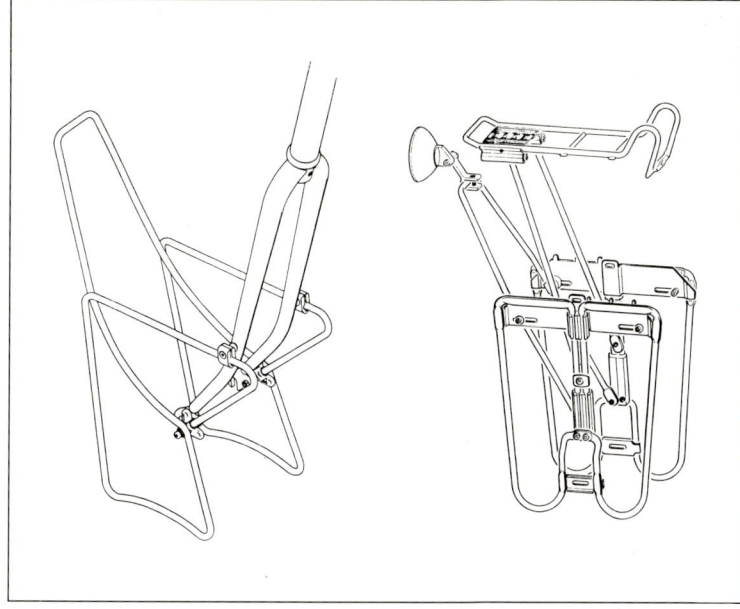

Hier die Spezialgepäckträger von ESGE fürs Vorderrad. Links ist die einfache Seitenträgerversion gezeigt, deren Träger für eine ausreichende Stabilität unbedingt mit einem Versteifungsbügel verbunden sein sollten.

Rechts ist die Kombination zwischen Seiten- und Vorderradgepäckständer gezeigt. Sie kann zusätzlich mit dem Glide-System ausgerüstet werden. Probleme mit der Plazierung des Scheinwerfers gibt es durch den passenden Halter ebenfalls nicht.

Unten:

Vor Antritt einer Radtour mit Gepäck müssen besonders die Befestigungspunkte (Pfeile) des Gepäckträgers (links: am Ausfallende, rechts: an den Sitzstreben) in Augenschein genommen und auf festen Sitz kontrolliert werden. Durch Übereinandermontieren verschiedener Komponenten, wie z.B. Schaltwerkschutzbügel (2) und Gepäckträger (1), kommt es auch vor, daß schon bei der Werksmontage zu kurze Schrauben verwendet werden und nur mit zwei, drei Gewindegängen im Ausfallende sitzen. Solche Schrauben müssen gegen passende ersetzt werden.

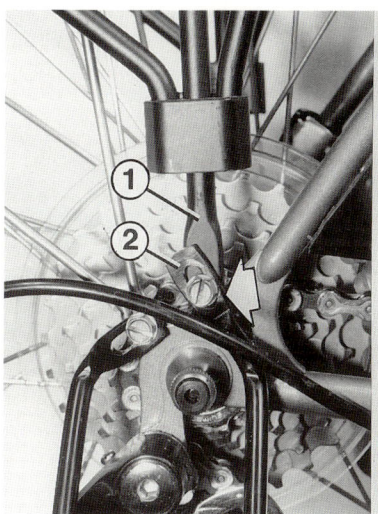

Gepäckträgerbefestigung kontrollieren (Wartung Nr. 20)

- Befestigung an den Ausfallenden kontrollieren. Falls sie sich gelockert haben, vorsichtig festziehen und ggf. gegen Lockern mit flüssiger Schraubensicherung sichern.
- Festen Sitz der Befestigung am Rahmen kontrollieren und ggf. nachziehen.
- Ist der Gepäckträger zusätzlich mit Schellen am Rahmen befestigt, deren festen Sitz kontrollieren und ggf. darunter angebrachtes Klebeband erneuern.

Falls gelockerte Befestigungsbolzen durch andauerndes Rütteln bereits im Durchmesser geschwächt sind und das Gewinde »vermauert« ist, sollten sie umgehend erneuert werden. Dabei Unterleg- und Federscheiben nicht vergessen.

Kindersitze

Für das Anbringen eines Kindersitzes gibt es am Fahrrad drei verschiedene Möglichkeiten: Vor dem Lenker, zwischen Lenker und Sattel auf dem Oberrohr und hinter dem Fahrer anstatt Gepäckträger oder auf dem Gepäckträger. In der Praxis hat sich hier die Sitzposition hinter dem Fahrer als die sicherste erwiesen.

Ein Kindersitz muß den Anforderungen nach DIN 79120 entsprechen. Danach dürfen Kinder bis zu einem Gewicht von 15 kg vor dem Fahrer und bis zu einem maximalen Gewicht von 22 kg hinter dem Fahrer befördert werden. Der Sitz muß vom Hersteller mit entsprechenden Typ- und Gewichtsangaben versehen sein. Hier sei noch einmal bemerkt, daß DIN-Normen beim Fahrrad immer nur die Mindestanforderungen an ein Teil abdecken und von Markenherstellern weit übertroffen werden können.

Zum Anbau eines Kindersitzes sollten Sie sich ein auf Ihre und Ihres Kindes Belange abgestimmtes Modell besorgen, damit es mit der Befestigung keine Probleme gibt. Wichtig ist auch ein sicherer Beinschutz, damit die Füße des Sprößlings nicht in die Speichen geraten können. Den Sitzen liegen meist recht verständliche Anbauanleitungen bei.

Durch ein neuartiges Profil-schienen-System (Glide-System von ESGE) nach dem Schlüssel-/Schloßprinzip kann ein Kindersitz gegen einen Einkaufskorb, eine Transportbox oder Packtasche »ruck-zuck« ausgewechselt werden und macht dadurch besonders das Cityrad zum Allzweckfahrrad.

Als beste und solideste Befestigung eines Kindersitzes hinter dem Fahrer hat sich die Befestigung mittels einer langen Klemmschelle direkt am Sitzrohr erwiesen. So werden auch vermehrt solche Kindersitze angeboten. Achten Sie beim Kauf darauf.

Radständer

Neben dem althergebrachten Seitenständer, wie er hinter dem Tretlager zwischen die Rahmenrohre der Kettenstreben montiert ist, hat sich mehr und mehr der Seitenständer durchgesetzt, der direkt am Hinterrad an die Rahmenrohre von Sitz- und Kettenstrebe montiert wird. Das Fahrrad hat mit diesem Seitenständertyp, besonders wenn es beladen ist, eine gute Standfestigkeit, vorausgesetzt er hat eine eingebaute Kippsperre.

Der sogenannte Zweibeinständer wird ebenfalls hinter dem Tretlager an den Rahmen montiert. Durch ihn steht das Fahrrad besonders kippsicher. Vorteil des Zweibeinständers ist zudem, daß die meisten Arbeiten am Fahrrad problemlos ausgeführt werden können. Dies gilt besonders bei Arbeiten an Schaltung und Hinterrad. Sehr zu empfehlen ist der Zweibeinständer von ESGE, dessen Beine beim Zurückklappen durch eine patentierte Mechanik nach links hochklappen und so nicht mit der Kette zusammen geraten können.

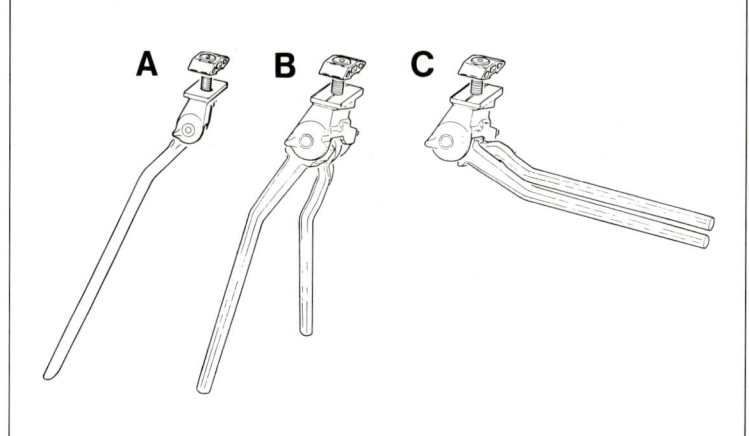

Bei »A« ist der her-kömmliche Seitenstän-der gezeigt. Abbil-dung »B« zeigt den Zweibeinständer in ausgestelltem und Ab-bildung »C« in zurück-geklapptem Zustand.

Ist der Seitenständer einmal schräg und das Rad fällt dau-ernd um, den Ständer nicht ein-fach zurechtbiegen. Dabei kön-nen die Rahmenrohre einge-drückt und deformiert werden. Oder die Stegplatte wird verbo-gen. Falls sich ein Radständer nicht mehr durch Lösen der Be-festigungsschraube (Pfeil) aus-richten läßt, den Ständer aus-bauen und versuchen, ihn im Schraubstock zu richten. Meist muß ein verbogener Ständer je-doch erneuert werden.

Radständerausrichtung kontrollieren (Wartung Nr. 19)

Wichtig bei den nur mit einem Schraubbolzen (meist 8-mm-Innensechskant) und Klemmplatte hinter dem Tretlager befestigten Ständertypen ist die Kontrolle der Befe-stigung, denn die Ständer sitzen oft schräg und gerade der Einbeinständer wird durch Überbelastung so verbogen, daß er mit der Tretkurbel kollidieren kann.

- Festen Sitz des Radständers kontrollieren.
- Ausrichtung zur Kettenstrebe kontrollieren. Der Fuß des Ständers muß parallel zur Kettenstrebe ausgerichtet sein.
- Falls die Ausrichtung nicht stimmt, Befestigungsschraube lösen und Ständer ausrich-ten.
- Beim Festziehen der Schraube darauf achten, daß die Klemmplatten parallel zum Tretlagergehäuse ausgerichtet sind.

Fällt Ihr Fahrrad bei ausgestelltem Ständer dauernd um, ist er höchstwahrschein-lich verbogen. Einen verbogenen Fahrradständer dürfen Sie jedoch nicht einfach in montiertem Zustand zurechtbiegen, sonst können die beiden Rahmenrohre der Kettenstrebe deformiert und der Rahmen dadurch geschwächt werden. Also den verbogenen Radständer ausbauen und am Schraubstock richten.

Klingel

Nach § 64 a der Straßenverkehrs-Zulassungs-Ordnung (StVZO) ist für Fahrräder eine Klingel als akustisches Warnsignal vorgeschrieben und muß den Anforderungen nach DIN ISO 7636 entsprechen. Das Gehäuse der Fahrradklingel besteht aus einer Unter- und einer Oberschale. Die Unterschale ist fest mit der Befestigungsschelle verbunden. Außerdem ist auf der Unterschale der Klingelmechanismus untergebracht. Das Oberteil der Klingel ist mit dem Unterteil verschraubt.

Mehr und mehr werden jedoch auch sogenannte Hammerklingeln montiert, bei denen beim Klingeln lediglich ein kleines federgelagertes Hämmerchen auf einen Glockenpilz schlägt. Diese Klingeln sind weitgehend wartungsfrei.

Ein winziges Tröpfchen Öl an den mit Pfeilen gekennzeichneten Stellen läßt eine schwergängige Klingel »butterweich« funktionieren, so daß sie dosiert von leise bis laut betätigt werden kann.

Funktion der Klingel kontrollieren (Ständige Kontr.)

Zur Pflege der Klingel und zur Vorbeugung von Funktionsstörungen gelegentlich den Deckel (Oberschale) abschrauben und den Mechanismus etwas ölen. Bei einer »heiseren« oder mißtönenden Klingel ist meist die Oberschale auf dem Gewindebolzen verzogen und muß lediglich wieder so zurecht gebogen werden, bis die Klingel wieder klar klingt. Schon bei der Befestigung muß man darauf achten, daß die Klingel nicht mit anderen Teilen in Berührung kommt

Fahrradschloß

Durch den epedemieartig ansteigenden »Fahrradklau« haben sich die meisten serienmäßig an Fahrrädern montierten Schloßsysteme als untauglich erwiesen. Deshalb gibt es als Zubehör vom Bügelschloß bis zum Kettenschloß eine Unzahl an verschiedenen Fahrradschlössern. Die beste Kaufberatung kann Ihnen hier wieder der Fachmann aus dem Fahrradgeschäft geben.

Versteifungsbügel für Bremsen

Da sich beim Bremsen auch bei einer kräftig dimensionierten Gabel oder Sattelstützen die angelöteten Bremssockel verwinden können, was die Bremswirkung beeinträchtigt, gibt es aus dem Mountainbike-Sport Versteifungsbügel, sogenannte »Brake Booster«, die diese Verwindung verhindern. Dieser Versteifungsbügel wird vor die Bremsarme auf die Brems-sockel geschraubt und verhindert, daß sich die Sockel beim Bremsen auseinanderbiegen. Allerdings lassen sich die Bremshebel dann nicht mehr sehr weit öffnen, so daß ein Laufrad mit breiter Bereifung nur noch ohne Luft an den Bremsgummis vorbeikommt und demon-tiert werden kann. Außerdem wird der Platz für Schutzbleche recht knapp.

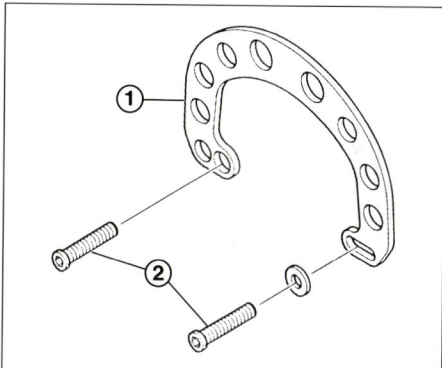

Besonders für den Vielfahrer lohnt sich die Montage solcher »Brake Booster«. Die Bremsversteifungsbügel gibt es in vielen Ausführungen und verbessern die Bremswirkung spürbar.
Es bedeuten:
1 – Bremsversteifungsbügel;
2 – lange Befestigungsschraube mit Unterlegscheibe zur kombinierten Befestigung zusammen mit den Bremsarmen.

Schlußleuchte

Als besonderes Sicherheitsplus ist eine neuartige Schlußleuchte mit integrierter Standlicht-funktion zu empfehlen. Dazu ist die Leuchte zusätzlich zu einer normalen Glühbirne (6 V; 0,6 W) mit einer Leuchtdiode ausgestattet. Sie leuchtet im Stand weiter und funktioniert ohne Batterie, also auch ohne Aufladung durch ein Netzgerät.
Bei Dynamobetrieb sorgt eine elektronische Schaltung dafür, daß schon nach wenigen Metern Fahrt soviel Energie in einem Kondensator gespeichert ist, daß die Leuchtdiode beim nächsten Halt bis zu 30 Minuten weiterleuchtet, wenn die Glühbirne durch den ste-henden Dynamo verlöscht ist.

Die schon im Beleuchtungskapitel erwähnte Schlußleuchte mit integrierter Standlichtfunktion durch eine Leuchtdiode sollten Sie in jedem Fall dann montieren, wenn eine defekte Schlußleuch-te sowieso ersetzt werden muß. Der Aufpreis zur Normalleuchte sollte Ihnen für Ihre Sicherheit nicht zuviel sein.
Es bedeuten:
1 – Rücklichtbirnchen 6 V, 0,6 W für Fahrlicht;
2 – helle Leuchtdiode für Standlicht;
3 – elektronische Schaltung für Lichtwechsel von Fahrlicht auf Standlicht unter Schrittgeschwin-digkeit;4 – aufladbarer Kondensator für Stromversorgung der Leuchtdiode im Stand.

Notreparaturen

Nach einem Sturz oder z.B. einem Auffahrunfall kommt es vor, daß die Gabel so verbogen ist, daß das Laufrad bzw. das Schutzblech beim Lenken am Unterrohr des Rahmens schleift oder gar hängen bleibt und Lenken unmöglich ist. Hier hilft oft nur eine Radikalmaßnahme. Die Gabel muß so gut wie möglich zurückgebogen werden, damit ein Weiterkommen möglich ist.

- Legen Sie sich der Länge nach vor das Fahrrad.
- Laufrad an der Felge fest mit beiden Händen greifen.
- Beide Füße links und rechts vom Unterrohr des Rahmens auf das Tretlagergehäuse stellen.
- Sicherstellen, daß die Füße abrutschsicher am Tretlager plaziert sind.
- Beine mit aller Kraft gegen das Tretlager stemmen und dabei mit den Händen die Stemmkraft so auf das Vorderrad verteilen, daß die beiden Gabelscheiden einigermaßen symmetrisch gerade ausgerichtet werden.
- Sichtprüfung am Gabelkopf vornehmen. Dazu ggf. gesprungene Lackteile abkratzen.
- Sind eventuell kleine Risse im Material erkennbar, dürfen Sie das Rad nur noch schieben.
- Auch ohne erkennbare Risse sollten sie sich des Risikos bewußt sein und mit dem Unfallrad nur noch mit äußerster Vorsicht bis zur nächsten Werkstatt fahren. Ggf. also schieben.

Eine Gabel sollte nach einem Sturz nur dann auf gezeigte Art einigermaßen gerade gebogen werden, um das Fahrrad wieder so fahrbereit zu machen, daß Sie mit größter Vorsicht bis zum nächsten Halt weiterkommen, wo die Gabel unbedingt gewechselt werden muß.

Rahmen

Nach einem Sturz einen deformierten Rahmen zurechtzubiegen, sollten Sie möglichst unterlassen, da speziell bei den Rahmenrohren durch die geschwächte Metallstruktur erhöhte Bruchgefahr besteht.

Deshalb sollten Sie sich des Risikos bewußt sein und mit einem Fahrrad, dessen Rahmen gestaucht und damit in seiner Struktur geschwächt ist, nur noch so weit wie eben nötig fahren.

Ist ein Rahmenrohr gebrochen, können Sie um weiter zu kommen versuchen, den Rahmen notdürftig zu reparieren.

- Ist ein Rahmenrohr nur angebrochen, eine Blechdose so zurecht schneiden, daß der Blechmantel als Blechmanschette möglichst mehrlagig um die Bruchstelle gewickelt werden kann.
- Falls keine Dose greifbar ist, die Bruchstelle ringsum mit etwas flach geformten und dem Rahmen angepaßten Stöcken (zuschnitzen) schienen.
- Die Blechmanschette bzw. die mit Stöcken geschiente Stelle dann mit ein paar Lagen Lassoband (Gewebeklebeband) fest umwickeln.
  Dabei das Lassoband auch überlappend auf das angrenzende Rahmenrohr wickeln. Dies gibt zusätzliche Stabilität und verhindert ein Verrutschen der Manschette.
- Ist ein Rahmenrohr gebrochen, mit einem Helfer den Rahmen soweit verwinden, daß die Bruchstelle etwas auseinandergespreizt wird.
- Ein kurzes Stück passend geschnitztes Holz in die Rohrstümpfe zu schieben und Rohrstümpfe durch einen Helfer zusammendrücken lassen.
- Dann an die Bruchstelle eine Manschette aus Holzstäbchen bzw. einer Blechdose anlegen, wie zuvor beschrieben.
- Die Manschette gibt der Bruchstelle soviel Festigkeit, daß Sie bei vorsichtiger Fahrt, zumindest jedoch schiebend weiterkommen und die nächste Werkstatt erreichen können.

Sattelstütze und Lenker

- Bei Bruch von Sattelstütze oder Lenker, einen im Durchmesser passend geschnitzten Ast (möglichst Hartholz) weit in die Rohrstümpfe zu schieben.
- Rohrstümpfe zusammenpressen. Ggf. mit ein paar Schlägen eines Steins »nachhelfen«. Dabei darauf achten, daß die Bruchstellen einigermaßen genau aufeinander ausgerichtet und nicht zueinander verdreht sind.
- Dann die Bruchstelle mit einer Manschette aus Holzstäbchen bzw. einer Blechdose bandagieren, wie im Absatz zuvor beschrieben.
- Die so notdürftig reparierte Bruchstelle hat nun wieder soviel Festigkeit, daß Sie bei vorsichtiger Fahrt weiterfahren können.

Wie alle Notreparaturen, dient auch diese Reparatur nur dem Ziel, in der Not weiterzukommen. Deshalb ist auch die Ersatz-Sattelstütze nur mit äußerster Vorsicht »zu genießen« und sollte umgehend durch eine neue Sattelstütze ersetzt werden, denn die Bruchgefahr dieses Astes ist enorm hoch.

Da die zuvor beschriebene Notreparatur besonders am Lenker eine »haarige« Angelegenheit ist, sollte sie nur im äußersten Notfall ausgeführt werden. Notreparaturen an einem gebrochenen Vorbau sollten Sie unterlassen.

Felge

Schon relativ harmloses seitliches Versetzen des Rades im Gelände oder ein etwas »verunglückter« unsanfter Sprung über eine Bordsteinkante kann das Laufrad so deformieren, daß es wie ein Kartoffelchip getellert ist und sich nicht mehr drehen läßt, weil es an den Durchlässen der Gabelscheiden bzw. der Sitz- und Kettenstreben blockiert. Auch hier kann eine »Radikalkur« zumindest notdürftig so helfen, daß die nächste Werkstatt »angelaufen« werden kann.

- Laufrad ausbauen.
- Ggf. Reifen demontieren.
- Laufrad rutschsicher schräg gegen eine Wand, einen Baum oder über eine Bordsteinkante legen.
- Nun mit den Händen die links und rechts in waagrechter Position befindlichen Felgenbereiche fest umfassen.
- Mit aller Kraft, aber Gefühl die Felge gegen die Wand bzw. den Baum oder die Bordsteinkante drücken, bis sie wieder einigermaßen ihre Form zurückerlangt hat.
- Laufrad einbauen.
- Laufrad notdürftig zentrieren und gerissene Speichen erneuern, falls im Gepäck.
- Ggf. Reifen montieren.
- Ggf. Gepäck anders verteilen, damit das Laufrad etwas entlastet ist, und mit äußerster Vorsicht bis zur nächsten Werkstatt fahren.

Bowdenzug

Um einen gerissenen Bowdenzug zu reparieren, sind Ihrer Phantasie in der Not keine Grenzen gesetzt. Hauptsache ist immer, daß die ausgefallene Funktion von Schaltung oder Bremse wieder einigermaßen problemlos vonstatten geht. Hier zwei der Reparaturmöglichkeiten, wobei einmal die für das Reparaturset empfohlenen Lüsterklemmen eingesetzt werden.

- Mit Ast: Einen kleinen, etwa fingerdicken Ast auf richtige Länge kürzen.
- An seinen Enden jeweils Kerben einschnitzen, aber nicht so tief, daß der Ast in seinem Durchmesser zu sehr geschwächt wird.
- Ast mit den gerissenen Bowdenzugenden verbinden. Dazu die Enden um die Kerben des Astes wickeln und so fest wie möglich verknoten.
- **Mit Lüsterklemme:** Klemmnippel öffnen und gerissenen Zug soweit es möglich ist zurückziehen.
- Klemmnippel wieder festziehen.
- An einer doppelten Lüsterklemme alle vier Schrauben öffnen.
- Gerissene Zugenden durch einen Teil der Lüsterklemme schieben und die beiden Schrauben festziehen.
- An der Klemme überstehende Zugenden umbiegen und in anderen Teile der Lüsterklemme schieben.
- Schrauben festziehen.
- Bremse oder Schaltung betätigen, damit der Zug sich in der Lüsterklemmenverbindung »setzt«.
- **Bei Ast oder Lüsterklemme:** Bremse bzw. Schaltung einstellen.
- Zug bei nächster Gelegenheit auswechseln.

Obwohl man bei den Bremsen mit Pfusch besonders aufpassen muß, ist diese doppelt genutzte Lüsterklemme (Pfeil) eine sichere Bremsseilreparatur. Auf die im Text beschriebene Art installiert, zieht sich die Verbindung beim Betätigen der Bremse noch selbst etwas zu, so daß die Bremse nach ein paar Kilometern nachgestellt werden muß.

Kette

Falls eine gerissene Kette durch Entfernen des defekten Kettenglieds zu kurz wird, müssen Sie sich entscheiden, ob Sie mangels Ersatzglieder und/oder Kettennietenausdrückers auf einen Teil der Gangkombinationen verzichten, oder ob sie zwar alle Gänge benutzen können, jedoch mit einer geschwächten Kette und erneutem Bruchrisiko fahren.

Die Notreparatur der Kette mit einem Nagel oder einer »geopferten Speiche« muß mit viel Geduld vonstatten gehen, denn sie muß bis zur nächsten Reparaturmöglichkeit halten. Dazu muß sie zumindest auf dem größten Ritzel laufen, ohne zu verklemmen und größeren Schaden anzurichten. Außerdem sollten Sie nur in der Ebene fahren und selbst bei kleinen Steigungen schieben.

- **Gerissene Kette kürzen:** Kette von den Ritzeln und Kettenblättern abnehmen.
- Falls kein entsprechend »passender« Nagel verfügbar ist, eine im Kettenniet-Durchmesser dünnere Schraube (z.B. Befestigungsschelle der Klingel oder Sicherungsschraube des Scheinwerferreflektors) vom Fahrrad »opfern«.
- Irgendwo am Fahrrad eine Mutter abschrauben, deren Gewindedurchmesser größer als der Kettenniet ist und auf eine widerstandsfähige Unterlage (z.B. Stein) legen.
- Kette mit Niet des zu kürzenden gerissenen Kettenglieds über die Mutter legen.
- Mit dem Nagel oder einer Schraube als Durchschlag und einem Stein oder Werkzeug den Niet zurückschlagen und defektes Kettenglied abnehmen.
- Kette auf Ritzel und Kettenblatt auflegen und intakte Kettenenden zusammenfügen.
- Kettenniet eintreiben.
- Laufrad falls möglich in vorderste Position der Ausfallenden schieben und festziehen.
- Kette möglichst auf dem mittleren Kettenblatt fahren.
- **Gerissene Kette provisorisch verbinden:** Gerissene Kettenenden auf dem Kettenblatt zusammensetzen.
- Ein starkes Stück Draht (Nagel, Kleiderbügel oder zur Not eine Speiche) durch die miteinander verbundenen Kettenglieder schieben.
- Draht links und rechts vom Kettenglied auf maximal 5 mm kürzen.
- Überstehende Drahtenden in Kettendrehrichtung nach hinten umbiegen.
- Drahtenden so flach wie möglich an das Kettenglied klopfen oder mit Zange drücken.
- Mit der so notdürftig geflickten Kette möglichst nur auf dem größten Ritzel fahren, denn das durch den Draht hakelige Kettenglied kann sich leicht in den engen Zwischenräumen des Ritzelpakets verfangen.

Tip

Eine einmal gerissene Kette hat erfahrungsgemäß noch weitere Schwachstellen. Zur Vermeidung weiterer Kettenpannen deshalb die Kette umgehend auswechseln.

Pedal

Eine gebrochene Pedalachse kann zwar relativ einfach durch den Einbau eines entsprechend stabilen und langen Gewindebolzens oder einer passenden sogenannten Schloßschraube ersetzt werden, doch geht es notdürftig auch ohne derlei Ersatzteile.

- Achsstumpf des Pedals von der Tretkurbel abschrauben.
- Einen stabilen entsprechend dimensionierten Ast auf Pedalachslänge zurechtschneiden.
- Ast an einem Ende flach konisch so zuspitzen, daß er gerade in das Gewindeauge der Tretkurbel paßt.
- Astspitze anfeuchten. Ggf. etwas länger in Wasser, Sprudel o.ä. halten, damit die Astspitze durchfeuchtet ist.
- Ast am Gewinde der Tretkurbel ansetzen und eindrehen. Dazu das Holz die ersten Gewindegängen vorsichtig mit Geduld und Druck eindrehen. Hat das Gewinde erst einmal »gepackt«, ggf. eine Zange zu Hilfe nehmen.
- Mit diesem Pedalersatz kommen Sie bei bedächtigem Treten ohne Probleme bis zur nächsten Werkstatt.

Reifen

In der »Lernphase« ist dieser Alptraum wohl schon manchem Vielfahrer gerade auf einer sonntäglichen Nachmittagstour passiert: Der Reifen verliert ständig Luft, aber die Luftpumpe liegt zu Hause im Keller. Oder noch schlimmer, die Reifenpanne »fern der Heimat« und die Feststellung, daß kein Flickzeug, geschweige denn ein Ersatzschlauch im Gepäck ist. Doch auch wenn Sie alles dabei haben, aber die Reifendecke samt Schlauch nach einem »Crash« im Gelände so beschädigt sind, daß Sie nicht mehr mit »Bordmitteln« geflickt werden können, bedeutet das das »Aus« für die Tour. Doch mit etwas Kreativität können Sie durchaus die nächste Reparaturstelle »anlaufen«.

Diesen Alptraum wünscht sich keiner. Und nach dem Motto »wer sein Fahrrad liebt, der schiebt« ist diese Fortbewegungsart bei einer solchen Reifen-Notreparatur besonders bei einem bepackten Fahrrad zu empfehlen. Schieben ist in diesem Fall immer noch besser als Tragen. Trotzdem kann man mit einem solcherart mit Textilien gefüllten Reifen auf vorsichtige Art erstaunlich gut fahren.

- Fehlt dem Reifen nur Luft und Sie haben kein Flickzeug dabei, den Reifen mit Grasbüscheln (ohne Wurzelballen), Laub, zu Schläuchen geformten Socken und/oder Unterwäsche möglichst gleichmäßig rundum fest ausstopfen. So können Sie mit gemäßigtem Tempo, aber erstaunlich gut zum nächsten »Halt« gelangen.
- Ist der Mantel an der Lauffläche so beschädigt, daß der Schlauch freiliegt, müssen Sie etwas Festes zwischen Schlauch und Mantel legen. Dazu müssen Sie sich aber für ein Opfer entscheiden: Meist können Sie ein entsprechend großes Teil der Satteltaschen abschneiden, oder mit einem scharfen Taschenmesser ein Stück Schuhsohle von einem Schuh »absäbeln« - der Kreativität ist hier in der Not keine Grenze gesetzt. Hauptsache, Sie kommen weiter.
- Eine aufgeschlitzte Reifendecke kann aber auch mit Gewebeklebeband oder z.B. Socken für einige Fahrkilometer präpariert werden. Das Klebeband dann fest um den ausgestopften Reifen und Felge wickeln. Bei Socken oder anderen Textilien muß der Knoten so geformt und plaziert sein, daß er nirgends streift. Bremsen ist bei beiden Bandagen natürlich nicht mehr möglich.

Bremse

Eine ausgefallene Bremse beispielsweise durch einen verloren gegangenen Bremsschuh wieder zu reparieren, damit sie wenigstens wieder etwas einsatzfähig wird, ist angeblich schon Extremfahrern mit Schnitzerambitionen gelungen, indem einfach ein nachgeschnitzter Bremsschuh eingebaut wurde. Von solchen phantasievollen Basteleien ist dem Normalradler abzuraten, aber eine durch eine gebrochenen Querzug ausgefallene Bremse kann durchaus mit einer festen Schnur noch für leichtere Bremsmanöver einsatzfähig gehalten werden.

Störungsbeistände

Fachbegriffe

Jede Sportart hat in ihrem speziellen Umfeld ihre eigene Umgangssprache hervorgebracht. Dabei ist zwangsläufig immer eine sogenanntes »Fachchinesisch« entstanden, in dem sich oft selbst »Insider« – was für ein Wort – kaum mehr z rechtfinden. In diesem Handbuch ist bewußt vermieden worden, exotische Fachbegriffe zu benutzen. Falls dies doch nicht zu umgehen war, aber auch damit Sie besser mitreden können oder sich z.B. beim Fachhändler besser verständlich machen können, hier eine Auswahl von Biker-Fachbegriffen, Abkürzungen bzw. übernommenen Fremdwörtern und der Versuch ihrer Erklärung.

Fachbegriff	Erklärung
Akku	Wiederaufladbare Batterie der Standlichteinrichtung
Allround Bike	siehe »Trekking Bike«
Anlötsockel	Angelötete Drehlagerung der Bremsarme bei Cantileverbremsen
ANSI	Abkürzung für den amerikanischen TÜV (American Norm Standard Institute)
Ausfallenden gen	Enden der Gabel oder Rahmenhinterbaus, in dessen U-förmi- Aufnahmen das Vorder- bzw. Hinterrad befestigt ist
ATB-Bike	siehe »Trekkingbike«
Bar-Ends	siehe »Bull-Horns«
Bärentatze	Pedal mit Metallzacken, das besonders guten Halt bietet
BMX	Spielräder für Radakrobatik und Geschicklichkeitstraining (Springen, Klettern etc.)
Bottom Brake	siehe »U-Brake«
Bowdenzug	Von einer Hülle umgebener Übertragungszug von Schalt- oder Bremskräften
Bremsen	siehe unter »Bottom Brake«, »Cantilever-«, »Felgen-«, »Hydraulik-«, »Trommel-«, »Scheiben-« oder »U-Brake«
Bremsschuh	Teil der Bremse zur Aufnahme des Bremsgummis. Oft schon zu einem Teil zusammenvulkanisiert
Bremssockel	Aufnahme der Bremsbefestigung am Rahmen
BSA-Lager	Tretlagertyp

Bull-Horns	Lenkeranbauten für zusätzliche ermüdungsfreie Griffpositionen, die wie Hörner an den Lenkerenden durch Innen- oder Außenklemmung befestigt sind
Cantileverbremse	Bremsentyp mit zwei voneinander unabhängig an der Gabel oder am Hinterbau des Rahmens montierten Ausleger- bzw. Bremsschenkeln. Die Bremskraft wird gleichmäßig auf beide Bremsklötze übertragen. Dadurch und durch steife Bauweise hoher Wirkungsgrad
Dur-Aluminium	Durch einen künstlichen Alterungsprozeß gehärtetes Aluminium
Chainsuck	Kettenklemmer zwischen Kettenblatt und Kettenstrebe; entsteht meist beim Schalten oder durch zu lockere Kette
Clip	Fixiert Bowdenzüge, Kabel oder andere lose Teile am Rahmen. Auch bei Pedalhaken zu finden
CrMo	Abkürzung für Chrom-Molybdän
Custom-made	Nach persönlichen Wünschen gebauter Rahmen oder ausgestattetes Komplettrad
Dart Comb	Für den Geländeeinsatz entwickelter faltbarer Reifen
DD-Speichen	Speichen mit im Durchmesser verstärkten Enden
Diagonalrohr	Siehe »Unterrohr«
Double Butted	Beidseitig gestauchtes Rahmenrohr aus Stahl. Siehe auch »Konifiziertes Rohr«
Dreifachkreuzung	Bestimmte Art, ein Rad einzuspeichen. Je höher die Anzahl der Speichenkreuzungen, desto höher die Festigkeit
Durchschlag	Reifenpanne, verursacht durch eine Quetschung zwischen Felge und Fahrbahn. Meist ist dann das Reifengewebe auch gebrochen
Dynamo	Lichtmaschine zur Erzeugung von Strom für die Fahrradbeleuchtung
Federgabel	Gefederte Vorderradgabel durch Elastomere, Spiralfedern oder auf Luft-/Öl-Basis
Freilauf	Ein nur in einer Richtung kraftschlüssiger Antrieb
Gabelkopf	Verbindungsstelle zwischen Gabelschaft und Gabelscheiden bzw. Gabelbrücke
Gabelschaft	Im Steuerkopf sitzendes drehbares Gabelrohr, in dem der Lenkerschaft des Lenkervorbaus sitzt

Gabelscheiden	Gabelrohre die links und rechts zur Radnabe verlaufen
Gelsattel	Ein mit Gelkammern gepolsterter Sattel, der sich der persönlichen Gesäßanatomie anpaßt
Grease Guard	Durch Fett versiegeltes und gegen Wasser und Schmutz geschütztes Lager
Grip Shift	Drehgriffschalter, bei dem ein Teil des Griffes drehbar gelagert ist. Durch eine einfache Drehung des Griffes in entsprechender Richtung wird die Schaltung betätigt
Hinterbau	Besteht aus Sitz- und Kettenstreben sowie den Ausfallenden
Hite Ride	Stahlfeder, mit der man die Sattelhöhe während der Fahrt verstellen kann. Dazu ist die Feder zwischen Sattelstütze und Klemmvorrichtung am Rahmen montiert. Besonders im Gelände zur Gewichtsverlagerung wichtig
Hydraulikbremse	Hydraulikbremse, bei der die Bremskraft mit Hilfe von Öl zur Bremse übertragen wird. Dadurch praktisch kein Schlupf mehr zwischen den Übertragungsteilen
Hybrid-Bike	siehe »Trekkingbike«
Hydro Stop	Hydraulikbremse von Magura, siehe unter »Hydraulikbremse«
Hyperglide-Ritzel	Hinterer Zahnkranz mit Ritzeln von Shimano, die mit kleinen Traktionshilfen so gearbeitet sind, daß mit der speziell zu den Ritzeln passenden Kette ein problemloses Schalten auch unter Last möglich ist
Indexschaltung	Feste, durch Rasten vorgegebene Schalthebelpositionen für exaktes Schalten
Innenlager	Allgemein gebräuchlicher Begriff für das Tretlager
Karkasse	siehe »Mantel«
Kassettennabe	Nabenkörper und Zahnradkassette bilden eine Einheit. Dadurch können die einzelnen Ritzel für jede beliebige Gangabstufung schnell gewechselt werden
Kettenblatt	Vorderer Zahnkranz. Je nach Ausstattung können mehrere Kettenblätter kombiniert montiert sein
Klip	siehe »Clip«
Konifiziertes Rohr	Stahl-Rahmenrohre können an einem Ende oder an beiden Enden konisch verstärkt sein. D.h. bei einem doppelt konifizierten (double buttet) Rahmenrohr verjüngt sich dessen Wandstärke zur Mitte

Lenkerschaft	Rohrteil des Lenkervorbaus, das im Gabelschaft sitzt und mit einer Konusverschraubung gesichert ist
Low-Profil-Bremse	Cantileverbremse, deren Bremsausleger raumsparend fast parallel zur Gabel angeordnet sind. Richtig eingestellt ist die Bremsleistung gleich wie bei der normalen Cantileverbremse
Low-Rider	Satteltaschen-Gepäckträger in Höhe der Vorderradachse. Durch den tiefen Schwerpunkt läßt sich das Rad problemlos auch mit Last lenken
Mantel	Bereifung eines Rades
Masse	Elektrischer Begriff. Am Fahrrad wird die elektrische Leitfähigkeit des Rahmens als »Masse« bezeichnet
Mittelstegreifen	Reifen mit engstehenden Mittelstollen in Laufflächenmitte
Monocoque-Rahmen	Ein in einem Stück um ein Rahmenskelett laminierter Carbon- bzw. Kevlarrahmen
MTB	Abkürzung für Mountainbike
Muffe(n)	Wird beim Rahmenbau als Verbindung zwischen den einzelnen Rahmenrohren verwendet
Nabe	siehe »Radnabe«
Nippel	verstärktes Abschlußstück eines Schalt- oder Bremszugs
Oberrohr	Rahmenrohr zwischen Steuerkopfrohr und Sattelrohr
Oversize-Rahmen	Bei einem Oversize-Rahmen sind bestimmte Rahmenrohre besonders dick ausgewählt. Dadurch kann bei größerem Rohrdurchmesser eine dünnere Wandstärke gewählt werden
Parallax-Nabe	Hochbelastbare Radnabe mit überdimensionierten Außenmaßen für MTB-Räder
Powerglide-Ritzel	siehe »Hyperglide-Ritzel«
Protektor	Profilteil des Reifens
Quad Kit	Spezialadapter zur Montage eines zusätzlichen (vierten) Kettenblattes für extreme Übersetzungen
Rahmenset	Alle zum Bau eines Fahrradrahmens gehörenden Rohre und Muffen
Radnabe	Gelagertes Mittelstück des Laufrades
Reflektor	Spiegelt auf ihn auftreffendes Licht zurück. Reflektoren sind nach der StVZO am Fahrrad vorgeschrieben, wenn es auf öffentlichen Straßen gefahren wird

Ritzel	siehe »Zahnkranz bzw. Kettenblatt«
Rock Ring	Dieser Ring sitzt auf dem größten Kettenblatt und schützt durch seinen größeren Außendurchmesser die Kettenblatt-zahnräder vor Aufsetzern
Rock Shox	Bekannte Federgabel aus USA, deren Dämpfung durch ein Elastomer oder durch Öl/Luft geschieht
Rollwiderstand	Er hängt vom Laufraddurchmesser, der Reifenbreite und dem Reifendruck, aber auch von der Qualität der Nabenlager ab. Je größer der Laufraddurchmesser und je schmaler der Reifen und je höher der Luftdruck der Reifen, je geringer der Rollwider-stand
Sattelstütze	Im Sattelrohr verstellbares Rohr zur Befestigung des Sattels
Schaltauge	Befestigungspunkt am linken hinteren Ausfallende für das Schaltwerk
Schaltkäfig	Teil des Schaltwerks zur Führung der Kette. Gleichzeitig wird die Kette immer optimal auf Spannung gehalten
Schaltwerk	Schaltarm mit Schaltmechanismus der Kettenschaltung
Schlupf	Konstruktionsbedingtes Spiel zwischen Übertragungsteilen, z.B. der Bremse. Setzt ihren Wirkungsgrad besonders bei Seitenzug bremsen erheblich herab
Schnellspanner	Hebelmechanismus, der bei den Laufrädern und der Sattelstütze zum schnellen Öffnen und Schließen verwendet wird
Semi Slick	Reifen mit feinem Profil auf der Lauffläche und grobem Profil an den Reifenflanken. Senkt den Rollwiderstand auf Asphalt und gibt im Gelände seitlichen Halt
Shark Fin	Schlagschutz an der Kettenstrebe. Verhindert das Anschlagen der Kette an die Kettenstrebe auf holprigen Wegen. Eine kleine haifischartige Finne verhindert zusätzlich, daß die Kette beim Schlagen z.B. am Profil der Reifen hängen bleiben kann
Sitzstreben	Dünnere Rahmenrohre links und rechts vom Sattelrohr zu den hinteren Ausfallenden
Sloping Top Tube	Für eine größere Schrittfreiheit vom Steuerrohr zum Sattel hinabfallendes Oberrohr
Smoke Comp	siehe »Dart Comb«
Speichennippel	Wird auf die Speiche geschraubt und spannt sie in der Felge. Mit dem Speichennippel wird die Felge zentriert

Sperrklinke	Einer der federgelagerter Keile, die beim Dahinrollen ohne Tritt« über die Freilaufzacken der Radnabe oder des Ritzelfreilaufs gleiten und sich beim Vorwärtstreten gegen die Zacken stemmen
Spur	Das deckungsgleiche Abrollen von Vorder- und Hinterrad in einer Spur
Steuersatz	Lenkungslager. Es sitzt im Steuerrohr zwischen Rohr und Gabelschaft
Steuerkopfrohr	Vorderes Rahmenrohr, in dem der Steuersatz eingebaut ist
Switch Blade	Aus mehreren Teilen zusammengesetzter Gabeltyp, bei dem sich Gabelschaft, -brücke und -beine einzeln austauschen lassen
Thomson-Lager	Tretlagertyp
Tiefbettfelge	Klassische Felgenform aus Stahl. Die Felge ist aus einem Stück gefertigt, d.h. sie ist am Felgenstoß verschweißt
Traktion	Die Griffigkeit eines Reifens auf dem Untergrund
Trekking Bike	Auch Hybrid Bike genannt, ist einen Kombination aus Teilen vom Mountainbike und Rennrad und speziell für Touren entwickelt
Tretlagergehäuse	Meist mit Gewinde versehener Teil des Rahmens, der das Tretlager aufnimmt
Trip-Computer	Radcomputer mit unterschiedlichen Funktionen: z.B. Geschwindigkeit, Entfernung, Zeit, Höhenunterschied, Steigung etc.
Twist Ring	siehe »Grip Shift«
U-Brake	Hinter dem Tretlager montierte Hinterradfelgenbremse in U-Form. Eine Variante ist die Bottom-Brake
Umwerfer	Hebelsegment zum Kettentransport von einem zum anderen Kettenblatt
Unterrohr	Rahmenrohr zwischen Steuerkopfrohr und Tretlagergehäuse
Ventiladapter	Teil zum Anpassen unterschiedlicher Ventiltypen an die Pumpe
Vorbau	Krückstockartige nach vorne verlängerter Lenkerbügel am Steuerrohr des Rahmens
Zahnkranz	Zahnrad bzw. Zahnradsatz an der Hinterachse des Fahrrades
Zahnräder	siehe »Zahnkranz« bzw. »Kettenblatt«

Stichwortverzeichis

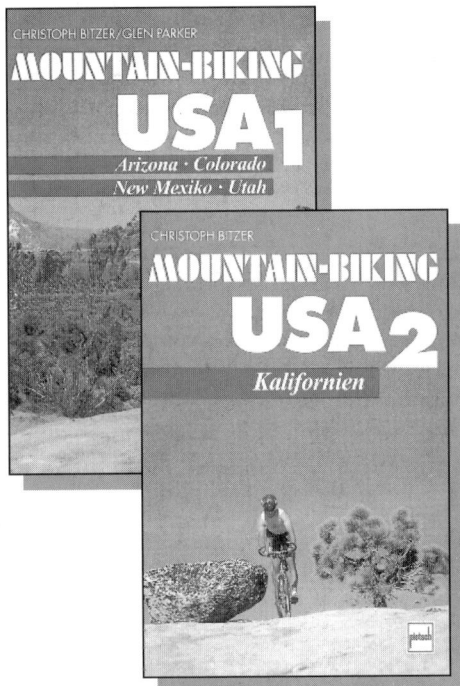